Starnberger Stadtgeschichte

Band 3

Kulturverlag Starnberg

© 2008 Kulturverlag Starnberg, 82319 Starnberg

Alle Rechte, insbesondere das Recht der Vervielfältigung und Verbreitung, vorbehalten. Reproduktionen, Speicherung in Datenverarbeitungsanlagen, Wiedergabe auf elektronischen, fotomechanischen oder ähnlichen Wegen, Funk und Vortrag – auch auszugsweise – nur mit schriftlicher Genehmigung des Copyrightinhabers.

Herausgeberin für die Stadt Starnberg und Lektorat: Dr. Eva Dempewolf, Starnberg
Layoutkonzept und Umschlaggestaltung vorn: bookwise GmbH, München
Umschlaggestaltung hinten: AdditivDesign, Starnberg
Satz: Volker Eidems für bookwise GmbH, München
Druck: Josef Jägerhuber GmbH, Starnberg

ISBN 978-3-941167-02-5

Autoren, Bücher, Zeitenwandel

2000 Jahre literarische Spuren im Raum Starnberg

von

Herbert Schmied

Inhalt

Grußwort des Bürgermeisters 7
Vorwort 9
Stadtgeschichte und Literatur –
eine Vorbemerkung 12

Anfänge und frühe Jahrhunderte . . 14
Das Christentum beflügelt
die Schreibkultur 15
Nachrichten aus Klöstern 17
Die ersten »Autoren« 18
Aventin und eine Sage
von der Geburt Kaiser Karls 19
Philipp Apian auf Besuch 20
Seefeste und Prunkschifffahrt 21
Ein »Ghostwriter« für Michael Wening . . . 22

Das Zeitalter der Aufklärung 24
Reisende Forscher 24
Die »radikale« Aufklärung 29
Der erste in Starnberg ansässige Autor . . . 30
Lorenz Westenrieder 32
Goethe versäumt den See 36
Landesstatistiker von Hazzi und
Bücherkommissar von Aretin 37
Die Aufklärung hinterlässt ihre Spuren . . . 38

Das romantische Zeitalter 40
Bettinas Kahnpartie
auf dem Starnberger See 40
Romantische Musiker als Textautoren 43
Den »Stahrenberger See in 1 Tag abtun« . 48
Starnberg und Umgebung
in Schmellers Tagebüchern 49
Auf dem Weg zum Passionsspiel 54

**Hintergrund: Das Starnberger
Marionettentheater** 56
von Egon Blädel und Wolfgang Pusch

Mitte 19. Jahrhundert bis Erster Weltkrieg 58
1848 zieht vorüber 58
Könige, Dichter, Komponisten 64
Die Moderne regt sich 73
Literatur und Künste im Wechselspiel 77
Faszinationen von Übersinnlichem
streifen den See 85
Extra: Gustav Meyrink 86
Alldeutsches in Münsing und
Ausstrahlung auf Starnberg 90
Kriegsgesänge und Friedensbewegung .. 93

Der doppelbödige Frieden 96
Revolutionszeit in Starnberg 96
Erinnerungen an den »Großen Krieg« ... 99
Arnold Zweigs Starnberger Jahre 101
Der Volkheit,
nicht dem Einzelnen dienend 107
Extra: Hat Antisemitismus
am See eine Tradition? 108
Rolandsruf über den See 113
Preisgekrönte Lokalhistorie 115
Gegenbild der »Kleinstadt« aus der Ferne 117
Der »Starnberger Kreis« 119

Innere und äußere Emigration ... 128
Sie gingen ins Exil 129
Schreiben »für die Schublade« 133

Hintergrund: Im Dienste der Literatur –
Starnberger Verleger 140
von Johannes Kippenberg

Zweiter Weltkrieg und Nachkriegszeit 146
Literatur für den Krieg und im Krieg ... 146
Dichterfahrten und Dichtertaten 149
Das »Tuskulum« Starnberg 153

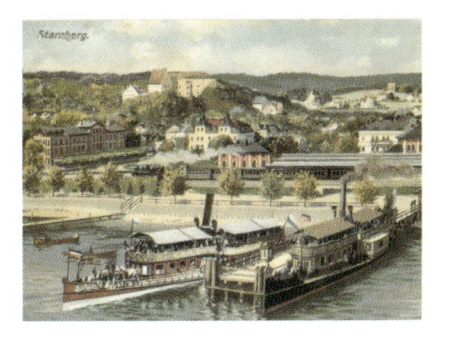

Das Kriegsende 157
Rückkehrer aus dem Exil 160
Literatur aus Kellerloch und Erdloch 162
Neue Zeitungen 164

Kontroversen nach Kriegsende .. 166
Blick über den See,
Blick über den Ozean 166
Arkadien am Starnberger See 168
Die Gruppe 47 am See 171
Streifzug durch Schönfelds »Klebebuch« 174
Vom »Hilfswerk« zum »Kunstkreis« 176
Friedrich Märker und
die Moderne Physiognomik 177
Schriftstellertreffen 1951 179

Hintergrund: »Freies Schreiben«
am Gymnasium Starnberg 186
von Ernst Quester

Anschluss an die Gegenwart 190
Autoren im Pfarrhaus 190
Krimiautoren 195
Unterhaltungsliteraten 195
Memoiren von Schauspielern
und anderen Künstlern 196
Verleger als Autoren 199
Wissenschaft und Philosophie
aus Starnberg 200
Schüler des Gymnasiums
werden Autoren 202
Extra: Herbert Achternbusch 203
Heimatverbundene Autoren 206

Anhang 208
Nachwort des Verfassers 208
Anmerkungen 210
Literaturverzeichnis 221
Bildnachweis 233
Personenregister 234

Grußwort

Auf dieses Buch, das ich als dritten Band unserer »Starnberger Stadtgeschichte« vorstellen darf, haben viele Leser seit Langem gewartet – Leser im besten, im »literarischen« Sinne des Wortes, denn Herbert Schmied, dessen überaus lesenswertes Ergebnis mehr als zwanzigjähriger Recherchen hier erstmals vollständig veröffentlicht wird, gibt nicht nur spannende und überraschende Einblicke in die kultur- und zeitpolitische Literaturszene, sondern auch vielfache Anregung für weitere Lektüre, die mit unserer Heimat aufs Engste verbunden ist.

Dieser Band setzt eine Reihe fort, die bis zum Jahr 2012, wenn Starnberg das einhundertjährige Jubiläum seiner Stadterhebung feiert, zehn bis zwölf Titel umfassen wird. Auch dieses Mal bereichern »Hintergrund«-Beiträge mehrerer versierter Gastautoren das Spektrum des Buches. Ihnen allen, insbesondere aber natürlich Herrn Herbert Schmied, gilt mein herzlichster Dank, ebenso der Herausgeberin für die Stadt Starnberg und Lektorin der Reihe, Frau Dr. Eva Dempewolf, sowie unserer Kulturamtsleiterin, Frau Annette Kienzle M. A., und unserem Stadtarchivar, Wolfgang Pusch, die die Schriftenreihe und den »Arbeitskreis Stadtgeschichte« seit vielen Jahren organisieren, leiten und begleitend betreuen.

Viele Autoren – Dichter, Dramatiker und andere – haben im Starnberger Raum Wohnsitz genommen oder zumindest längere »Sommerfrischen« verbracht und unsere Stadt und den See in ihre Werke einfließen lassen. Ich freue mich sehr, Sie hiermit einladen zu dürfen zu einer literarischen Spurensuche im Raum Starnberg, von der Römerzeit bis in die Gegenwart.

Ferdinand Pfaffinger, Erster Bürgermeister

Vor- und Nachsatz: Plan des Würmsees (Starnberger Sees). Zeichnung nach der Lithographie von Adrian Riedl, um 1800.
Abb. 1 (nachfolgende Doppelseite): Den Eingang der heutigen Starnberger Stadtbücherei (ehemals Rathaus) schmückte Armin Commichau 1934 mit einem Starnberger Trachtenpaar. Die Fassadenmalerei wurde mehrfach restauriert und der Schriftzug 1993 – nach dem Umbau des Gebäudes zur Bücherei – der neuen Nutzung angepasst.

Vorwort

Wer liest nicht gerne? Hört man sich bei den Menschen – nicht nur, aber auch in unserer Heimatstadt – nach ihren Hobbys um, so rangiert Lesen bzw. Literatur stets auf einem der obersten Plätze.

Einer, dem dieses »Hobby« weit mehr geworden ist, ist der Verfasses dieses Buches, Studiendirektor Herbert Schmied. Seit fast einem Vierteljahrhundert widmet er sich mit Hingabe und großem Sachverstand den Autoren, die in Starnberg und rund um den Starnberger See gewohnt und gewirkt haben oder sich zumindest bei Besuchen in der schönen Landschaft unserer Heimat zum Schreiben haben inspirieren lassen.
Dass er dabei nicht die Maßstäbe eines Literaturkritikers anlegt, sondern vielmehr kulturgeschichtliche und zeitpolitische Aspekte im Auge hat, hebt dieses Buch aus den bisherigen Veröffentlichungen besonders heraus.

Herbert Schmied spannt den Bogen von den frühesten schriftlichen Zeugnissen der Region – rund 2000 Jahre alt – bis hinein in die Gegenwart und von den poetischen Zeilen einer Bettina von Arnim über jede Menge zeitgeschichtliche, philosophische und literarische Texte bis hin zu den Memoiren hier wohnhafter Schauspieler wie Johannes Heesters. Häufig tritt in den ausgewählten Zitaten das Menschliche in den Vordergrund, die Lebensumstände der Autoren in (finanziell und/oder politisch) schwierigen Zeiten, ihre (zu Papier gebrachten) Gedanken und Gefühle. Und so ist dieser Band nicht nur ein »Buch über Bücher«, sondern auch und vor allem eines über Menschen und die Zeit, in der sie leb(t)en.

Neben diesem ebenso umfassenden wie faszinierenden literarisch-zeitgeschichtlichen Panorama enthält der Band mehrere aktuelle Hintergrundbeiträge: zum Starnberger Marionettentheater (zu Ehren des »Kasperlgrafen« Pocci) von dessen Mitbegründern Egon Blädel und Wolfgang Pusch, zur Starnberger Verlagslandschaft von Verleger-Enkel Johannes Kippenberg und zum Literaturzirkel am Gymnasium Starnberg von dessen Leiter Dr. Ernst Quester.

Wir wünschen allen Leserinnen und Lesern gute Unterhaltung und anregende Stunden bei dieser literarischen Spurensuche in unserer Heimatregion.

Annette Kienzle   Wolfgang Pusch
Leiterin des Kulturamts   Stadtarchivar

Bi
Alten

erei
athaus

Stadtgeschichte und Literatur
Eine Vorbemerkung

> »Entsprechendes gilt auch für die Dichtung.
> Wo immer man sie aufschlägt, treten aus ihr
> Menschen mit ihrer Landschaft hervor.«[1]
> Romano Guardini

Die Geschichte jeder Stadt – so auch die von Starnberg – hat viele Facetten. Da ist einmal die Geschichte von Entstehung und Entwicklung der Siedlung in ihrer Landschaft. Da ist ferner die Chronik von Ereignissen in dieser Stadt. Und da ist die Erinnerung an Menschen, an die Beziehungen zwischen Menschen und diesem Ort, an die Wirkungen bestimmter Menschen dieser Stadt.

Häufig sind schriftliche Spuren einfacher zu finden. Literatur, also auf Buchstaben, »litterae«, beruhenden Spuren und ihren Urhebern in unserer Heimat nachzugehen, hat sich dieser Band der Starnberger Stadtgeschichte zum Ziel gesetzt. Abgesehen von der Frühzeit haben den Vorrang Bücherschreiber und ihre Bücher, so weit es sich nicht um zu spezielle Werke eines zu engen Fachgebietes handelt. Nicht dazu gehören Journalisten, die »nur« für Zeitungen schreiben, wohl aber die Verfasser von Memoiren, Briefen in Briefsammlungen und anderen Lebenszeugnissen. Nirgends wird eine literaturkritische Wertelatte angelegt, und Vollzähligkeit ist ebenfalls kein Ziel. Es geht vielmehr um den literarischen, auf Schrift beruhenden Aspekt der kulturellen Vergangenheit von Stadt und Landschaft.

Wer schreibt, hält etwas fest. Ein Autor kann eine bestimmte, manchmal zu enge, manchmal auch verfälschende Sicht haben. Trotzdem: Autoren sind Zeugen ihrer Zeit, wenn nicht in den Inhalten, so vielleicht wenigstens in der Form, im Stil, oder in ihren Lebensumständen. Die Beschäftigung mit Autoren vermittelt also auch Vieles über die Zeit, und nebenbei zeigt sie nicht selten, dass die »große« Geschichte sich auch hier ereignet, hier hereinspielt. Die Sicht auf Zeit und Geschichte lag besonders am Herzen.

Autoren haben Beziehungen untereinander. In ländlicher Gegend können diese – anders als in großstädtischer – weniger zahlreich sein und weniger zufällig wirken. Manchmal schien es, als würden mehrere »Starnbergs« nebeneinander existieren: ein altes Starnberg, mit alteingesessenen Familien, geschichtsträchtigen Häusern, Traditionen, Vereinen, Brauchtumsüberlieferung, entsprechenden schriftlichen Zeugnissen. Und dann das Starnberg der »Neuzugänge«, die oft nur kurz hier leben. So entsteht eine Durchzugswelt, die sich durch die alte hindurchbewegt, ohne sich immer dauerhaft bemerkbar zu machen, von der wenige oder keine Erinnerungen bleiben. Auch solche Erinnerungen, an manchmal praktisch vergessene Autoren, versucht dieses Buch zu finden und festzuhalten.

Beziehungen zwischen Literatur und Starnberg in der jeweiligen Zeit werden häufig verständlicher, wenn dazu gelegentlich auch ein etwas größerer örtlicher Rahmen betrachtet wird, zum Beispiel das Gebiet um den See. Deshalb kommen hier bisweilen auch Autoren zu Wort, die zwar nicht in Starnberg wohnten, aber viel zum zeitgeschichtlichen Verständnis beitragen: Wilhelm Hausenstein aus Tutzing, Hanns Johst aus Oberallmannshausen, Ernst Wiechert aus Ambach und Oskar Maria Graf etwa. Vergleichbares gilt für ab und zu erwähnte Besucher, »Sommerfrischler«, Durchreisende und nach Starnberg »Verschlagene«. In der Kette der sich wandelnden Zeitumstände finden sie und ihre Aussagen ohne Schwierigkeit ihren Platz.

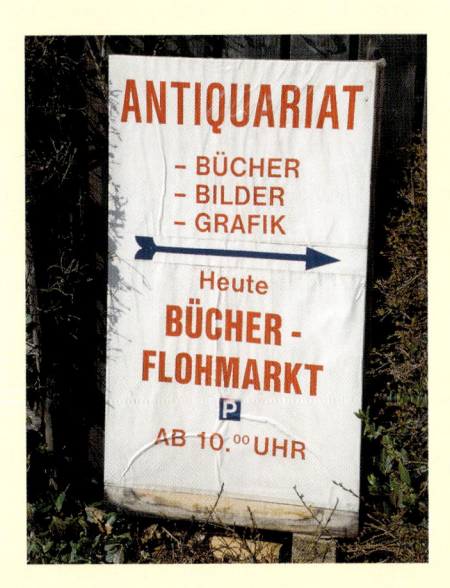

Abb. 2: Neben den unverzichtbaren Bibliotheken waren für die Materialbeschaffung besonders wichtig das Starnberger Antiquariat Heinemann mit seinen Flohmarkttischen im Freien sowie weitere örtliche, oft private Flohmärkte jeglicher Größe.

Anfänge und frühe Jahrhunderte

Abb. 3: In einer klösterlichen Schreibstube (Ausschnitt).

Literatur beginnt mit LITTERAE, den Buchstaben. Aus den ersten Zeiten, als Menschen in unserer Gegend siedelten, sind jedoch höchstens Dinge und materielle Spuren erhalten, die mit Lebensweise und Techniken des Alltags in Verbindung stehen – Fischfanggeräte etwa. Später kamen in der mündlichen Überlieferung Sprachteile, Wörter hinzu, Gewässernamen etwa. »Würm« ist ein Wort, das über mehrere Sprachschichten bis in keltische oder gar vorkeltische Zeit zurückreicht. Erstmals geschrieben findet es sich aber erst in einer Urkunde aus dem 8. (in Abschrift 11.) Jahrhundert, abgesehen von einer unsicheren Angabe bei Strabo.[1]
Überlieferungen in Schriftform sind eben beträchtliche Zeit jünger als weitergegebene Namen, allein schon deshalb, weil die Kelten weder Literatur noch die Lehren ihrer Priester schriftlich festhielten, auch wenn sie gelegentlich griechische oder etruskische Buchstaben verwendeten. Erst in Aufzeichnungen der Römer können keltische Namen, z. B. Ortsnamen, erhalten sein.
Herkunftszeichen von Keramikwaren der Römer als Symbole oder sogar Buchstaben als Töpfernamen, auf Münzen oder in Kohortenbezeichnungen erzählen von Produktionsstätten, indirekt von europaweitem Güteraustausch. Eine in Abschrift erhaltene **Römerkarte**[2] übermittelt einen ersten Ortnamen aus der Umgebung – »Bratananio« für Gauting. Oder doch nicht? Neuerdings wird auch vorgebracht, Bratananium sei das bei Erding gelegene Pretzen, Gauting selbst ein namenloser Ort am Schnittpunkt weniger bedeutender Römerstraßen.[3, 4]
Jedenfalls lassen zahlreiche Funde römischer Griffel in Gauting vermuten, dass hier schon eifrig geschrieben wurde.

Anfänge und frühe Jahrhunderte 15

Abb. 4: Auf dem Grabstein hinter dem rechten Seitenaltar der Kirche St. Alto in Leutstetten lassen sich die römischen Buchstaben nur mit Mühe erkennen (links). Leserlich wird die Inschrift auf der Kopie im Schutzbau der Villa rustica (rechts).

Mit das älteste Schriftzeugnis unserer Gegend dürfte der römische Grabstein sein, der in der Leutstettener St.-Alto-Kirche in einen Seitenaltar eingefügt ist, 1960 als solcher erkannt wurde und in knappster Weise die Lebensgeschichte eines Römers erzählt, dessen Aufenthalte sich von Portugal bis Leutstetten spannten. Eine Kopie befindet sich im kleinen Ausstellungspavillon der **Villa rustica** südlich von Leutstetten. Manche Zeichen sind zu erraten, die Buchstaben(kombinationen) selbst lesen sich für den Fachmann wie stenografische Kürzel:

P IVL C F QVIR PINTAM
DOMO EX HISP CITERIO
AVGVSTA BRAC VET EX DEC A
DECVRIONI MVNIC AELI ANO
CLEMENTIA POPEIA VXOR E
MARITO OPTIMO ET SIBI
VIVA FECIT

Mit wenigen Buchstaben entsteht eine lebendige Welt:
Dem Publius Iulius Pintamus, Sohn des Caius aus dem Wahlbezirk Quirina, der aus Augusta Bracara [d.i. Braga in Portugal] in der Provinz Hispania citerior stammte,

---

Geschichtliche Rahmendaten

Jungsteinzeit Älteste geschichtliche Spuren im Landkreis Starnberg
15/14 v. Chr. Römereinfall in Süddeutschland
um 30 n. Chr. römische Militärstation im Gebiet von Gauting
133 n. Chr. Errichtung der Villa rustica von Leutstetten
742 Geburt Karls des Großen
2. Hälfte 8. Jahrhundert *Lex Baiuvariorum* (Bairisches Volksrecht); zahlreiche Klostergründungen, u. a. Benediktbeuern (ca. 740 n. Chr.) und Schäftlarn (ca. 762 n. Chr.)
785 Erwähnung einer Schenkung zum heutigen Starnberger Ortsteil Percha
1120 Gründung des Klosters Bernried
um 1220 Weihe von St. Benedikt, der ersten (?) Pfarrkirche in Starnberg/Achheim
1244 Castrum (Burg) Starnberch erwähnt
ab 1437 Umbau der mittelalterlichen Burg Starnberg zum Lustschloss
1501 Bau der Schlossbrücke
1533 Aventin: *Bairische Chronik*
1563 Apians Bayernkarte vollendet
1618–48 Dreißigjähriger Krieg
1632–35 Die Pest wütet auch am Starnberger See
1663 Bau des Prunkschiffes *Bucentaur*
1701–26 Michael Wening: ... *descriptio Bavariae* (mit dem ausführlichen Bildwerk)

Veteran und einst Zugführer einer Reitereinheit, Stadtrat des Municipiums Aelia [evtl. Augsburg], seines Alters [?] ihm, dem besten Ehemann, und sich selbst hat seine Ehefrau Clementia Popeia [diesen Grabstein] zu Lebzeiten gesetzt.[5]

Das Christentum beflügelt die Schreibkultur

Einen Zeitpunkt zu benennen, an dem zum ersten Mal ein geschriebenes »literarisches« Werk im Gebiet nachweisbar ist, birgt Probleme. Vom Ende der Römerzeit bis zu geschriebenen Spuren inzwischen christlich gewordener Nachfolger der Römer (nicht nur in unserer Gegend) vergehen wieder lange Zeiträume; dann jedoch sind schriftliche Zeugnisse bald in ganz unterschiedlichen Formen vorhanden: Aufschreibungen von Stammesrechten erfolgen sehr früh; die *Lex Baiuvariorum* nennt im allerersten Kapitel einer Fassung als Erstes die Freiheit, der Kirche Gut, auch Erbgut, schenken zu können (und das wird bald sehr wichtig).

Mit der Christianisierung nimmt jedenfalls die Bedeutung schriftlicher, auf Buchstaben beruhender Kultur einen großen Aufschwung. Damit sind allerdings nicht Spuren des frühen Christentums zur Zeit der Römer in Südbayern gemeint, sondern erst solche der Ausbreitung des Christentums ab dem 7./8. Jahrhundert. Weiter zurück weisen lediglich manche Kirchenpatrozinien und Ortsnamen (die oft aber deutlich später schriftlich festgehalten wurden). Liturgische Bücher für die Gestaltung des Gottesdienstes, Märtyrer- und Heiligenverzeichnisse und natürlich die Bibel, die »Heilige Schrift«, wenn auch manchmal nur in der billigeren Bildform, waren jetzt erforderlich.

Vor allem aber gewinnen Klostergründungen ab der Mitte des 8. Jahrhunderts für schriftliche Kulturzeugnisse an Bedeutung. Klöster der näheren und etwas weiteren Umgebung (Schäftlarn, Wessobrunn, Polling, Dießen, Benediktbeuern, Freising) werden nicht nur Bewahrer älterer Literaturzeugnisse (z. B. griechisch-römischer, altgermanischer – *Wessobrunner Gebet*), sondern auch Produktionsstätten für Schriftliches: als frühe »Copyshops« für die erwähnten liturgischen Bücher ebenso wie als Urheber »neuer« Schriften (Heiligenlegenden, Briefe, Biographien, wissenschaftliche Werke usw.).

Für die Heimatgeschichte besonders wichtig wurden **Klöster als**

Abb. 5: Der Evangelist Johannes. Buchmalerei aus dem Kloster Freising, um das Jahr 860.

Federführer von Urkundenbüchern – verständlich, weil die Klöster meist mit reichem Gut ausgestattet wurden und darüber genau Buch geführt haben. Hauptquelle sind die klösterlichen »Traditionen« – Niederschriften zu Besitzüber- und -weitergaben. Die Ortsnamen unserer Heimat lassen seitdem nicht mehr nur im abgeschliffenen Wortklang die Namen von (z. B. bajuwarischen) Einwanderern anklingen, sondern sie werden ab da auch aufgeschrieben, in der Regel mit Personennamen kombiniert: Besitzer, Stifter, Zeugen und ihr Herkunftsort werden genannt. Allmählich streift unsere Gegend ihre Namenlosigkeit in schriftlichen Überlieferungen ab.

Beispiele: Um 1114 oder kurz danach wird in den Traditionen des Klosters Dießen ein Degenhard von Karlsberg genannt – ein erster Blick auf die Karlsburg tut sich auf.[6] Laut Schmellers *Bayerischem Wörterbuch*[7] war zur Zeit Tassilos von einer »Ecclesia S. Petri, quae constructa est in loco quod dicitur ad wirma« die Rede (damit soll bedauerlicherweise aber nicht Petersbrunn gemeint sein). Schmeller erwähnt »Wirm« erstmals für eine Urkunde von 1053, die der Historiker Karl Meichelbeck (1669–1734) in seine Chronik von Benediktbeuern aufgenommen hat. Dem Ortsnamenforscher Reitzenstein zufolge taucht die Bezeichnung Würmsee (Uuirmseo) erstmals 818, Würm (Uuirma) 772 bzw. in Kopie 824 in den Freisinger Traditionen auf.[8]

Nachrichten aus Klöstern

Aus dem 11./12. Jahrhundert liegen die Abschriften älterer, oft verlorener Urkunden zu kirchlichem Besitz der umliegenden Klöster für Starnberg bzw. einige seiner Ortsteile vor.

Percha: Ein Copialbuch des Klosters Schäftlarn schreibt im 12. Jahrhundert eine Schenkungsurkunde eines Baganza aus dem 38. Jahr (785) der Regierung des Herzogs Tassilo III. ab, in der die Valentinskirche (der vorher Besitz gestiftet wurde) dem Kloster Schäftlarn tradiert wurde. Tassilo war 748 Herzog geworden.[9]

Leutstetten ist in einer Schenkungsurkunde um 800 der Karolingerin Kisyla (Abschrift aus dem 11. Jh.) enthalten, als diese

Abb. 6: Das Archiv des Klosters Ebersberg übermittelt frühe Nachrichten zu Hanfeld.

umfangreichen Besitz an das Kloster Benediktbeuern gab. Später, in der Säkularisation des Arnulf im 10. Jahrhundert, gehen etliche Mansen u. a. in Luzilstetten dem Kloster Benediktbeuern verloren.[10]

Karlsberg/Karlsburg wurde, wie bereits erwähnt, 1114 in den Traditionen des Klosters Dießen genannt.[11]

Perchting: Ein Traditionsbuch des Klosters Benediktbeuern erwähnt ein Gut des Klosters in Perchtingin, was auf das Jahr 1052 datiert wird.[12]

Hadorf: Hier lässt sich die erste Erwähnung nur einengen auf einen Zeitraum kurz vor Mitte des 11. Jahrhunderts, als ein Vertragszeuge aus Hovvidorf genannt wird.[13]

Hanfeld führt seine Erstnennung mit zwei Erwähnungen auf das Jahr 934 zurück, als Besitzübertragungen an die Klöster Ebersberg und Schäftlarn erfolgten.[14] Eine 1934 vom Schriftsteller Ludwig Gernhardt erstellte Ortschronik gilt als verschollen.

Starnberg findet 1226 seine erste Erwähnung. Achhaim, eine der Gründungszellen, lässt mit der ehemaligen Kirche St. Benedikt Beziehungen zu Benediktbeuern vermuten (der Kirchenbau soll aber erst um 1200 erfolgt sein).[15] Reitzenstein erwähnt allerdings in seinem *Lexikon Bayerischer Ortsnamen*, dass schon 948–957 in Freisinger Traditionen Ouiheim (daraus später Achheim) erwähnt sei.[16]

Die ersten »Autoren«

Im 12. Jahrhundert werden auch schon Autoren am Ufer des Starnberger Sees namentlich fassbar. Wenige Jahre nach der Gründung des Augustiner-Chorherrenstifts Bernried (1120) hält sich hier ein Pater auf, der diesen Ortsnamen als unterscheidenden Beinamen trägt: **Paulus Bernriedensis** (Paul von Bernried). Nur kurz gehört er dem Kloster an, in das er von Regensburg aus politischen Gründen gekommen war. Dorthin 1126 zurückgekehrt – in Regensburg hatte inzwischen ein Bischofwechsel stattgefunden und mit ihm ein kirchenpolitischer Klimawechsel –, verfasst er einige seiner überlieferten Werke. Von einer Romreise bringt Paulus einerseits päpstlichen Schutz für das junge Kloster mit,[17] nämlich die Bestätigung von Papst Callixtus II. für das Bernrieder Stift und seine Vereinigung mit dem Chorherrenstift am Lateran in Rom, andererseits hat er sich dort in den Briefwechsel Papst Gregors VII. vertieft und bezieht für die von diesem ausgelöste sogenannte Gregorianische Reform (im sog. Investiturstreit) Stellung.[18] Er verfasst nämlich in diesem Sinne eine Biographie Gregors VII., der 1085 gestorben war. Paulus Bernriedensis betätigt sich auch in Regensburg noch als Klostergründer, wie man überhaupt sagen kann, dass mit dieser Reformzeit eine lange während Stärkung des Klosterwesens und seiner kulturellen Rolle einhergeht.

Zu dieser Reform bringt auch die Vita (gemeint ist die Beschreibung, ein Denkmal ihrer Heiligkeit) der in Bernried verstorbenen seligen **Herluca** einen Quellenbeitrag, ebenfalls von Paul von Bernried um 1130 verfasst und im Original nicht mehr auffindbar. Der Titel lautete: *Vita et visiones Beatae Herlucae*. Herluca war nach Anfeindungen wegen ihres Eintretens für die genannte Kirchenreform 1122 aus Epfach am Lech nach Bernried geflohen.

Als Autorin hat Herluca selbst einen seit dem 17. Jahrhundert (im sog. Schwedenkrieg) verschollenen Briefwechsel mit Diemut von Wessobrunn hinterlassen. Überhaupt lässt sich um sie ein kleiner Kreis frommer Frauen ausmachen, die untereinander in Kontakt standen.

Dass über Klöster auch ganz andere, sozusagen schöngeistige Literatur vielleicht bis

in unsere Gegend gelangte, darauf könnte ein Brief des »Markgrafen« Berthold III. von Andechs hinweisen, in dem er um 1180 vom Abt des Klosters Tegernsee für eine Abschrift »das kleine Buch deutscher Sprache vom Herzog Ernst« erbittet.[19]
Ein späterer klösterlicher Chronist mit Anmerkungen zu Starnberg, Perchting, Hanfeld und Landstetten ist der Andechser Abt **Maurus Friesenegger** (1590–1655)[20] Sein bemerkenswertes *Tagebuch aus dem 30-jährigen Krieg*, eine wichtige Quelle für das Fünfseenland, wird seiner Einstellung gemäß manches am konfessionellen Gegner vermutlich einseitig gesehen haben. Aber auch an »den Unseren« prangert er Untaten an, wie ganz allgemein die Leiden der Bevölkerung im ausführlichen Mittelpunkt stehen.

»7. August 1633 ritten 3000 Berittene ›von den Unseren‹ unter Oberst Schaftenberg in Starnberg ein, hausten übel.«[21]
»Am 5. November 1646 überfielen 200 Feinde das Schloß Starnberg, töteten einen von der Salva Guardia und hausten übel im Schloß.«[22]

Noch auf einem anderen schriftlichen Wege übermitteln Klosterleute Zeit- und Lebensumstände, häufiger noch sind es allerdings Pfarrer an Wallfahrtskirchen, die manchmal über Jahrhunderte die sogenannten Mirakelbücher führen. Den angeblich erhörten Bitten lässt sich viel über Not und Verzweiflung der Bevölkerung entnehmen.

Aventin und eine Sage von der Geburt Kaiser Karls

Von der Gastfreundschaft der Klöster in Friedenszeiten profitierten auch reisende Autoren. Die Klosterchroniken erinnern an manch namhaften Besucher. Unklar bleibt, weshalb die Klosterchronik von Bernried nicht erwähnt, dass Aventin hier – vermutlich – vorsprach. Allerdings wird sein Hinweis zitiert, dass in Bernried das Grab der heiligen Frau Herluca gezeigt wird.[23]
Johannes Aventinus, wie sich Johann Turmair (1477–1534) latinisiert nach seinem Geburtsort Abensberg nannte, gilt als einer der Väter der bayerischen Geschichtsschreibung. In langjährigen, oft mühsamen Reisen kreuz und quer durch Bayern hatte er die unterschiedlichsten Quellen ausgeschöpft, insbesondere nachdem ihn die bayerischen Herzöge Wilhelm und Ludwig, deren Erzieher er lange Jahre gewesen war, zum Historiographus, d. h. Geschichtsschreiber, ernannt hatten.[24] Seine Reiserouten trägt er in einen über Jahrzehnte gehenden Kalender ein. Zweimal berührt er unser Gebiet. Am 9. Juli 1515 notiert er »Stahrenberg«, tags darauf »Heiligenberg«[25] (Andechs) im Rahmen einer Reise mit dem 1500 geborenen Herzog Ernst, einem jüngeren Bruder der genannten Herrscher, die eigentlich tief nach Ita-

Abb. 7: Abt Maurus Friesenegger, ein bemerkenswerter Chronist des Dreißigjährigen Krieges.

Abb. 8: Ausschnitt aus Aventins Baierland-Karten mit »Wirmsee« und »Karlsberg«.

lien hätte gehen sollen, wegen politischer Rücksichtnahmen aber nach der für damalige Verhältnisse kurzen Dauer von nur vier Monaten endet.[26]

Beide, Lehrer wie Schüler, sollen damals für Luthers Lehre ein offenes Ohr gehabt haben. Aventin geriet später »ob euangelium« sogar einige Tage ins Gefängnis und zog sich daraufhin ins tolerantere Regensburg zurück, ohne allerdings den katholischen Glauben aufzugeben. Ernst dagegen wird später als Bischof von Passau einer der Vorkämpfer der Gegenreformation.

Ob auf dieser Durchreise Aventin mit seinem Schützling im alten Starnberger Schloss übernachtet oder ihm den Ort (die Ruine[27]) der Karlssage gezeigt hat? In seiner *Des hochgelerten weitberümbten Beyerischen Geschichtsschreibers Chronica* schreibt er:

»Kaiser Karl ist geboren worden, als man zählet nach Christi Geburt siebenhundertundzweiundvierzig Jahre zu Karlsberg auf dem Schloß am Wirmsee, drei Meilen oberhalb München (wie denn die Inwohner das noch sagen, auch bezeugt ein ganzes Buch, vom Kaiser Karl handelnd und zu Weihenstephan im Kloster auf dem Berg bei Freising noch vorhanden), allwo dieser Zeit König Pipin, sein Vater, Hof hielt.«[28]

Der Karlsberg mit dem »Schloß am Wirmsee«, also Leutstetten, ist danach der Geburtsort, nicht die Reismühle. Auch Aventins Karte des *Obern und Nidern Bairn* von 1523 enthält diesen Karlsberg als einzigen Ort am See, wenn man das zu nahe herangerückte Wolfratshausen außer Acht lässt.

Anfang August 1518 führt ihn der Weg über Dießen nach Bernried (6. August)[29] und von da nach Schäftlarn. Jetzt ist er sozusagen schon in amtlicher Mission als Geschichtsforscher unterwegs und durchstöbert als solcher die Klosterarchive und vieles andere.

Sein reiches Wissen, seine Aufgeschlossenheit für alle Quellen, aber auch die Anregungen, die er in seinem Briefwechsel mit bedeutenden Männern (Humanisten etwa) erfährt, mögen neue Ideen auf seinen Reisen weitergetragen haben. Manchmal ist eine Anregungsspur noch erkennbar, wenn etwa das Kloster Wessobrunn nach seinem Besuch beschließt, selber ein Archiv einzurichten.[30] Andernorts aber wird Aventins freimütige Kritik an bestimmten Erscheinungen der Kirche eher Misstrauen erzeugt haben.

Philipp Apian auf Besuch

Ein Menschenalter später findet Aventins Bayernkarte in Philipp Apians Landtafeln eine ausführliche Fortsetzung. Auch der Mathematiker und Geograph in bayerischen Diensten **Philipp Apian** (1531–89) hat durch Reisen »in die sechs oder schier sieben summer zeit«[31] ab 1554 die kartographischen Grundlagen zusammengetragen und sich dabei unterwegs eine Fülle von Notizen zu Land und Leuten gemacht, die er aber erst 1582 zu einer Landesbe-

Abb. 9: Philipp Apian. Gemälde von Hans Ulrich Alt, wohl um das Jahr 1590.

schreibung zusammenstellt und die erst drei Jahrhunderte später gedruckt wird.[32] Der »Starnbergensis praefectura« (etwa: Landgericht) widmet er rund sechs Seiten (der gedruckten Ausgabe), nennt Dörfer, Kirchen, Landhäuser und Schlösser, meist mit Angaben im Gradnetz, die noch denen der Ptolemäus-Karten entsprechen, also die Längengrade von den Kanarischen Inseln her zählen.

Das Starnberger Schloss war ihm zufolge damals »elegantissima superioris Bavariae«, das geschmackvollste in ganz Oberbayern. Für Starnberg bedeutsam sind auch Apians Notizen zum Schloss Leutstetten bzw. darüber, dass bei dessen Bau Abbruchreste der Karlsburg(ruine?) verwendet wurden (die »arx nova« sei »ex ruderibus Carolinis« errichtet worden). Einige Monate hält er sich in Ammerland beim befreundeten Arzt Dr. Alexander Cartheuser auf und nimmt von dessen Besitztum am Starnberger See folgende Schilderung mit:

»Amerland, nobile praedium clariss. medici, de Monacensibus bene meriti, d Alexandri Cartheuser, hortem et fundum habet valde excultum, inde quoque Seefeld nomen accepit, 32.4 fere / 47.48«

(Der berühmte Arzt Alexander Cartheuser, der sich um die Münchner sehr verdient gemacht hat, hat in Ammerland einen gepflegten Garten angelegt, Seefeld genannt.)

Seefeste und Prunkschifffahrt

Der See mit dem Schloss Starnberg, bisweilen als »Wasserresidenz« der Münchner Herzöge, dann Kurfürsten (und Könige) bezeichnet, hat mit seinen Prunkflotten viele Besucher angelockt oder wurde ihnen stolz dargeboten; nicht wenige von diesen schrieben ihre Eindrücke nieder.
Gerhard Schober hat in seinem schönen Buch über die *Prunkschiffe auf dem Starnberger See*[33] auch die frühen literarischen Zeugnisse zusammengetragen. Das scheinbar naive Staunen des dichtenden Lederschneiders Hans Mayr etwa (1604), der eigenen Aussagen zufolge zufällig an den »Wirmsee« geriet und darauf »vil schiflein hin und wider weben« gesehen habe. Und auch schon:

Abb. 10: »Seejagd«. Ausschnitt aus einem Gemälde von Maximilian de Geer, um 1730.

Anfänge und frühe Jahrhunderte

»Das Gewildt jagt man, das es lieff
in diesen See, breit, lang und tieff.«[34]

Und wenige Jahre später (1607) in einem Verlag (Adam Berg), der für die höfischen Erlasse wie für die Hofberichterstattung in vielen Formen zuständig war:

»Das Gewilt jagt man mit Gewalt
in den See, jung und alt.
Sie schwammen hin und wider
Schnell wurdens geschossen nider.«[35]

Die uns heute schwer verständlichen Seejagden gab es also nicht erst zur Zeit des *Bucentaur* und der Kurfürstin Adelheid (oder gar angeregt durch ihre Lieblingslektüre, den Roman Clélie der Madame de Scudéry[36]). Adelheid dichtete übrigens auch selber[37] und versuchte, einen Münchner Musenhof zu gründen.

Samuel Chapuzeau, ein französischer Weltreisender des 17. Jahrhunderts, notiert in seinem 1673 erschienenen Werk *Relations de l'estat présent de la maison electorale et de cour de Bavière*: »Alle die Herrlichkeiten und kuriosen Dinge, die man in Bayern sehen kann, übertrifft der Buzentaurus, der auf dem Starnberger See ist – er muß für ein Wunderwerk der Zeit gelten.«[38]

Mit der perfekt inszenierten barocken Pracht einer Prunkflotte wollte das repräsentierende Herrscherhaus seine und seines Staates Leistungsfähigkeit demonstrieren.

Ein »Ghostwriter« für Michael Wening

Michael Wenings Kupferstich des *Bucentaur* und seiner Begleitflotte kann bis auf den heutigen Tag seine Faszination vermitteln. Die Auftragsarbeiten des aus Nürnberg stammenden Hofkupferstechers **Michael Wening** (1645-1718) für die Kurfürsten Ferdinand Maria und Max Emanuel, aber

Abb. 11: Michael Wenings bekannter Kupferstich Schloß Starnberg und die Flottenparade des Bucentaur, *1701.*

auch für viele untergeordnete Territorialherren, atmen das Prunkbedürfnis der Zeit. Der ganze Reichtum des Bayernlandes wird sozusagen ausgebreitet. Die begleitenden Texte stehen dabei im Hintergrund. In unserem Zusammenhang aber soll Wening auch als Textautor zu Wort kommen, d. h. genau genommen nicht er, sondern der wahre Autor, der Jesuit **Ferdinand Schönwetter** (1652–1701)[39], wie Gertrud Stetter im Anhang zum Reprint von 1974 ausführt.[40] Es ist ja noch eine Zeit, in der auf die Erwähnung der Autorschaft nicht unbedingt Wert gelegt wird:

»anderer seyts aber stehn fünff grosse Hütten/ allwo die Churfürstl. Galleen/ und andere Schiffzeug auffbehalten werden. Gemeltes Churfürstliches Lust=Schiff kan wol dem Venetianischen Bucentauro, dessen sich der Hertzog zu Venedig auff dem Adrianopolischen Meer zu bedienen pflegt/ verglichen werden/massen selbiges mit Stucken sehr wol versehen/ und die darinn sich befindende Säal und Cabineten mit kunstreichen Mahlereyen/ und vergoldten Statuen sehr schön gezieret/ in dem Salettl ist eine Fontaine, und auff derselben ein gar sauber außgearbeitete Statua den Neptunum praesentierend/ neben anderen unterschidlichen Abbildungen der Fisch auff disem See zuersehen. Man sihet auch allda auch Renn= und Jagd=Schiffe/ wie auch Venetianische Gundolen/ und andere Gattungen der Schiffen mehr.«[41]

Mit Michael Wenings berühmt gewordenem, umfassendem Bildwerk zu Bayerns Orten, von den großen Städten bis hin zu einzelnen Gutshöfen, steht das Starnberger Umland bildhaft vor unseren Augen. Und mit dem Ausbau des Kartenwesens seit Aventin ist auch der Grundriss bis zum Beginn des 18. Jahrhunderts erfasst.

Das nun folgende Zeitalter der Aufklärung braucht stärker das geschriebene Wort, um die geistigen Grundlagen einer veränderbaren Welt analysierend und argumentierend zu begreifen.

Das Zeitalter der Aufklärung

Abb. 12: Motto über der Eingangstür zur Klosterkirche in Polling: Liberalitas bavarica.

Reisende Forscher

Im 18. Jahrhundert beflügeln die Aufklärung und ihre Vorstufen wissenschaftliche und nützliche Reiseabsichten, man schärft seine Meinung durch den Blick auf vergleichbare Verhältnisse, die man anderswo antrifft. **Bibliotheksreisen** forschender Gelehrter gehören dazu. Wichtige Ziele solcher Reisen waren Klosterbibliotheken, zumal für Geistliche. Man knüpft gewissermaßen an Aventins Vorgehensweise an, nachdem das kriegsbeherrschte 17. Jahrhundert sich dafür weniger geeignet hatte. Während zuerst nur spärliche Bemerkungen zu unserer Landschaft (oder gar zu Starnberg) abfallen, wird diese am Ende dieses Jahrhunderts auch zum ausführlich beschriebenen Reiseziel.

Der Benediktinerpater **Bernhard Pez** (1683–1735) aus Melk besucht 1717 verschiedene bayerische und schwäbische Archive und Klöster, um aus den dort verwahrten Urkunden Hinweise auf die Geschichte seines Ordens und dessen Autoren zu ziehen. Dabei hält er sich zusammen mit seinem Bruder Hieronymus auch in Andechs und Bernried auf. Sie verlassen das letztgenannte Kloster am 21. Juli und reisen »vom ausgedehnten Würmsee« nach Polling weiter.[1] Die Ergebnisse dieser und zahlreicher anderer Unternehmungen finden in mehrbändigen, in lateinischer Sprache verfassten Quellensammlungen ihren Niederschlag.

Die Reisen der Brüder Pez zur Urkundensuche lassen sich einordnen in eine seinerzeit hochaktuelle geschichtswissenschaftliche Methodendiskussion in einem weitgespannten internationalen Zusammenhang (Scholastik gegen Jansenismus, Kirchenväterwort gegen Urkundenaussage usw.).[2]

Der Aufenthalt der Brüder Pez in Andechs hat Folgen. Der Andechser Pater Benedikt Friepeis begibt sich daraufhin nach Benediktbeuren zum bedeutenden Historiker Karl Meichelbeck und nach Tegernsee, um die Suche nach Urkunden zur Geschichte von Andechs fortzusetzen – allerdings ohne großen Erfolg.[3]

Unterwegs in Sachen Akademie

Bernhard Pez befruchtet indes den Akademiegedanken, der in Polling einen wichtigen Kristallisationspunkt findet, was viele Reisen, auch durch das Starnberger Gebiet, nach sich zieht. Pläne für Akademien, also für gelehrte Gesellschaften, möglichst unter landesherrlich-staatlicher Förderung, keimen damals zahlreich. Vermutlich diskutierten die Brüder Pez auch mit dem Pollinger Augustinerchorherren Eusebius Amort über Akademiebestrebungen.[4] 1721 versucht Bernhard Pez, eine Akademie in Wien ins Leben zu rufen,[5] fast gleichzeitig plant Eusebius Amort Ähnliches mit der (gescheiterten) Academia Carolo Albertina. Wenig später geht Amort mit seinem *Parnassus Boicus*, einer Art vielseitiger gelehrter Zeitschrift, in die nämliche Richtung.[6] Aber erst 1759 kann er, schon quasi ehrenhalber, unter den ersten Mitgliedern der Churbaierischen Akademie der Wissenschaften als Ordensge-

Abb. 13: Viele Englein unterstützen das segensreiche Wirken des Benediktinerpaters Bernhard Pez.

lehrter einen Platz einnehmen, wie auch der Pollinger Propst Franz Töpsl.[7] Erst das Zusammenfinden der geistlichen Richtung der Akademiebewegung – mit einem Schwerpunkt in Polling – und der weltlichen, zentriert an der Universität in Ingol-

---

Geschichtliche Rahmendaten

1717 Reise der Gebrüder Pez nach Polling
1758 Der *Bucentaur* wird abgewrackt
1759 Gründung der Churfürstlich baierischen Akademie
1761 und 1769 Venusvorbeigang vor der Sonne
1781 Heinrich Zimmermann: *Reise mit Captain Cook ...*
1783 Erster Start eines Heißluftballons
1784 Lorenz Westenrieder: *Beschreibung des Wurm- oder Starenbergersees*
1786–88 Goethes Reise nach Italien
1789 Französische Revolution
1799 Tod Carl Theodors, Max IV. Joseph wird Kurfürst (1806 König)
1803 Beginn der Säkularisation; Starnberg wird Posthalterei
1806 Bayern wird Königreich

stadt, lassen das Projekt in einem günstigen Moment gelingen.

Die Akademiemitglieder waren fast automatisch auch Autoren. In diesem Zeitraum der engen Verbindungen zwischen Polling, Ingolstadt und München (Gründungsort der Akademie) sind Reisen zwischen diesen Orten gang und gäbe. Dutzende Namen ließen sich nennen. Nicht wenige dieser Reisen werden über Starnberg geführt haben, aber erstaunlicherweise – vielleicht weil ihnen diese unsere Gegend zu nahe, zu vertraut, zu heimisch war – haben die Reisenden kaum etwas darüber aufgezeichnet. Sie nahmen sie vielleicht gar nicht recht wahr, nicht einmal die unter den Pollingern, die sehr wohl geographische Betrachtungen veröffentlicht haben (etwa Gelasius Gaill über Erdbeschreibung, Herkulan Vogl über das Nordlicht). Lediglich Philipp Saller verfasst eine *Beschreibung des löblichen Stiffts Bernried*.[8]

Die *Monumenta Boica*

Eines der ersten großen Akademieziele ist die Herausgabe der Urkunden zur Geschichte bayerischer Klöster in den sogenannten *Monumenta Boica (MB)*. Die Zeit muss reif gewesen sein für eine unvoreingenommene Urkundenausschöpfung, zusätzlich begünstigt durch tolerante Äbte, wenn der Akademiegeschäftsführer Christian Pfeffel, übrigens ein Protestant, begleitet vom Benediktiner Ildephons Kennedy mehr als vierzig Klöster besucht. 1766 kommen sie nach Bernried, Andechs und Schäftlarn und erbitten, wie sie es eingeführt hatten, für sechs Wochen Urkunden nach München – zum Kopieren für die Edition. Der Band erscheint 1767 als *MB VII*.[9] Über Bernried berichten die *Monumenta Boica* auf den Seiten 313-57, den geringen Umfang entschuldigt der Abt mit Bränden, die das Archiv vernichtet hätten.[10]

Weitere Akademieprojekte waren eine Sternwarte in Forstenried (verwirklicht aber in München), um sich von der in Polling unabhängig zu machen. Zu Letzterer war zum Beispiel der berühmte **Astronom Cassini**, ein Enkel des noch berühmteren Saturnforschers, von München her angereist, also wohl über Starnberg. Hofrat Lori begleitete ihn. Die Reise diente einem weltweit gesteckten internationalen Forschungsziel, nämlich Beobachtungsposten zu organisieren für den Vorbeigang des Planeten Venus vor der Sonnenscheibe, ein Ereignis, das sich zweimal im Abstand weniger Jahre, dann aber erst wieder rund 120 Jahre später wiederholt (bisher letztmals im Juni 2004). Cassini organisierte dabei die Beobachtungen zwischen Paris und Wien. Die genaue zeitliche Beobachtung dieses Venusdurchgangs 1761 bzw. 1769 an möglichst vielen Orten – u. a. war das britische Kriegsschiff *Endeavour* unter dem Kommando von James Cook im Pazifik damit beauftragt – gestattete erstmals

Abb. 14: Carl August Lebschée zeichnete 1867 nach der Vorlage des Starnberg-Freskos von Hans Donauer d. Ä. in der Münchner Residenz (1585–96) einige Starnberger Häuser mit steinbeschwerten Dächern. Wenig später gibt es auch schon dokumentierende Fotos.

Das Zeitalter der Aufklärung

Abb. 15: Wappenstuck der St. Jakobskirche in Landstetten. Die Pollinger Entstehungslegende – Hirschkuh findet Kreuz – bezeugt die Beziehung zu Polling bzw. Eusebius Amort.

eine zuverlässige Berechnung der Entfernung Erde–Sonne, ein Meilenstein sozusagen in der Größenbestimmung des Weltalls. Cassini verfasst einen Reisebericht[11], hält darin Eindrücke vom Land fest, aber er sieht (wohl zu Unrecht) die bayerischen Gelehrten wenig gebildet und zwischen ihren Grenzpfählen hockend:

»... so wenig Neugier zeigen die Bayern und Österreicher – welche niemals ihr Vaterland verlassen noch irgend anderswoher andre Kenntnisse geschöpft haben, als die, die sie in ihrer Jugend von wenig unterrichteten Lehrern erlangt haben –, das zu wissen, was über ihren Horizont reicht und was nicht direkt auf das Fortkommen im Leben Bezug zu haben scheint.«[12]

Landeskultur

Besondere Bedeutung unter den Aufgaben der Akademie kommt der Hebung der Landeskultur zu, d. h. der Vergrößerung und Verbesserung der Agrarflächen. Zu den gestellten Preisfragen der Akademie im ersten Jahrzehnt ihres Bestehens gehören in der philosophischen Klasse solche nach der Entstehung der »Moräste und moosartigen Gründe, und der Wachsthum des Torfs«, sodann anschließend: »Wie sind dergleichen Moräste in jeder Lage am leichtesten, sichersten, und mit den wenigsten Unkosten auszutrocknen, und am besten zu tüchtigen Feld- und Wiesgründen zu bringen?«[13]

Es dauert aber noch eine ganze Weile, bis Moorgebiete der näheren Umgebung von Starnberg (etwa das Bachhausener Filz ab 1804) durch (pfälzische) Siedler so erschlossen werden. Mit ihnen kommen gleichzeitig arme protestantische Minderheiten in die vorher fast rein katholische Gegend.[14] Hier ist wohl auch an die mehr als zwei Dutzend Mitglieder umfassende Mennonitengruppe in Hanfeld zu denken, die dort sogar einen eigenen Friedhof hatte.

Notizen zu Starnberg

Nun aber zu Reisenden, bei denen unsere Gegend ausführlicher »zu Wort kommt«. Die ausgedehnten Bibliotheksfahrten, die der Privatgelehrte **Philipp Wilhelm Gercken** (1722-91) zwischen 1779 und 1782 unternahm – er zitiert übrigens Pez und gesteht, dass er erst durch die *Monumenta Boica* zu seinem Unternehmen ermutigt wurde –, dienten ebenfalls der Urkundensuche, speziell zur Geschichte der Mark Brandenburg. (Fontane etwa zog Gerckens Werk für seine *Wanderungen durch die Mark Brandenburg* zu Rate).

1780 reist Gercken von München nach Polling und nimmt dabei Anmerkungen zum »Churfürstlichen Jagdschloß Stahrenberg«, zum hiesigen Bauzustand der Häuser (steinbeschwerte Langschindeldächer) und zur Landwirtschaft in die zugehörige, deutschsprachige Veröffentlichung auf:

»Der Getreidebau ist zum Theil in dieser Gegend sehr gering, aber die Viehzucht gut, weil die Gründe gute Weide und auch Wiesewachs geben.«[15]

Ähnlich, doch knapper, äußert sich Gerckens Begleiter Georg Wilhelm Zapf über Starnberg und den See in seinem Buch *Literarische Reise durch einen Theil von Baiern, Franken, Schwaben und der Schweiz ...*, das er 1783 in Augsburg erscheinen lässt. Von den Wäldern zwischen München, Starnberg und Polling berichtet er: »Wir sind viele Wälder durchgefahren, aber kein Wild angetroffen.«[16] Die noch nicht lange zurückliegenden Kriegszeiten des Österreichischen Erbfolgekriegs, vielleicht auch die jahrhundertelange Jagdleidenschaft des Herrscherhauses, mögen das Wild dezimiert haben.

Die »radikale« Aufklärung

Manche Reisende, der radikaleren Aufklärung zuzurechnen, sahen schärfer, kritischer, manchmal sicher auch vorurteilsbehafteter. Man kann in jener Zeit, in der die Revolution in der Ferne flackert, keineswegs alles frei heraus sagen, was man möchte. Der Zensur müssen Schnippchen geschlagen werden, z. B. indem man seine Schilderung anonym erscheinen lässt, an getarntem Ort oder im Exil, im Ausland (dazu gehören zu dieser Zeit auch Salzburg, die Schweiz, ja schon Freising unter bischöflicher Obrigkeit), oder indem man die Orte in Pseudonymität, ja sogar in Utopie verbirgt.

Erheblich schwieriger wird es daher, in unserem Gebiet den Spuren der scharfzüngigeren Aufklärer zu folgen. Ob und wie weit zum Beispiel **Johann Pezzls** *Reise durch den Baierischen Kreis*, 1784 im Salzburger Exil erschienen,[17] eine tatsächliche Reise mit wirklichen Aufenthalten an den angegebenen Orten war, muss dahingestellt bleiben. Die Form – Briefe an einen fiktiven Empfänger – war ein damals gängiges

Abb. 16: Montgolfière (Heißluftballon), erfunden im Jahr 1783; hier beim Start in Paris.

Genre, in das Erlebtes wie Angelesenes eingebracht werden kann. Immerhin klingt eine Reise von Kloster zu Kloster durch den Pfaffenwinkel plausibel; Andechs liegt auf dem Wege dorthin, und die »gottseligen Mäusemacher«[18], wie Pezzl nach der Wiederauffindungslegende der Andechser Reliquien[19] die dortigen Mönche nennt, wird er wohl selbst besucht haben.

Die in ein noch fiktiveres Gewand gekleideten *Briefe eines reisenden Franzosen durch Bayern ...*[20] (1783; eine andere Ausgabe: *... über Deutschland an seinen Bruder in Paris*, 1784) eines Anonymus, später identifiziert als **Johann Kaspar Riesbeck** (1754–86), lassen sich weniger genau orten. Möglicherweise fiel es Zeitgenossen freilich leichter, die Anspielungen zu entziffern. »Mit Schauern sah ich auf meinen Auswanderungen von hier die Spuren der schrecklichen Kriegsverheerungen [des bayerischen Erbfolgekriegs] auf dem Lande ... Du kannst nicht glauben, was das Landsberg, das Wasserburg, das Landshut und viele andere, die auf den Landkarten als Städte paradieren, für elende Nester sind.«[21] Indirekt spielt in unsere Gegend der folgende Satz herein, den Riesbeck zur Illustration der Prachtliebe des Münchner (zuvor Mannheimer) Hofes unter Carl Theodor formuliert, »daß sich der hiesige Hof zu zwei bis drei Rheinschiffen einen Großadmiral hält.«[22] Für die Flotte auf dem Starnberger See wird kurz darauf, aus niedrigerer Marinehierarchie, ein weltmeererfahrener Leibschiffmeister eingestellt. Von diesem, weil er auch Autor ist, wird bald die Rede sein.

Gänzlich utopisch ist Carl Ignaz Geigers *Reise eines Erdbewohners in den Mars*[23] (1790) mit einer »Luftkugel«, also wohl einem erst kurz zuvor erfundenen Heißluftballon. Obwohl sich **Carl Ignaz Geiger** (1756–91) anderthalb Jahre in München aufhielt, geht – genauer gesagt: fährt – er über Biribi (als Bayern gedeutet) mit einer lakonischen Bemerkung hinweg und wischt den Hochwohlgeborenen noch rasch eins aus:

»Das Land ist entnervt wie das unsrige; der Regent ein Schwachkopf ... der aber überdies von Pfaffen gegängelt wird. Erst kürzlich hat er es wieder durch ein öffentliches Edikt bewiesen, das alle gesunden Menschensinne zu ersticken sucht, und puren Pfaffenunsinn schwatzt.«[24]

Man bezieht diese Aussage auf das Illuminatenedikt unter Carl Theodor, das diese Aufklärergeheimgesellschaft entmachtete.

Der erste in Starnberg ansässige Autor

Im Jahre 1781 erscheint in Mannheim die Beschreibung einer *Reise um die Welt*,[25] die der Autor untertänigst dem Hochwohlgeborenen Reichsfreiherrn Herrn Albert von Oberndorf zueignet, der neben vielen anderen auch die Titel »Oberdirektor der kurpfälzischen Salinenkommision und der Kurfürstlichen Jagdschiffe Intendanz-Intendant« führt.[26] Der Verfasser ist **Heinrich Zimmermann** (1741–1806), ein Arztsohn, der sich in mehreren Berufen versucht hatte,[27] bevor er als Matrose zur See ging. Er muss, bevor er das Büchlein schreibt, erst seine Bedenken überwinden, ob es nicht ein Verbrechen sei, seine Anmerkungen zur Seereise mit Captain Cook zu veröffentlichen, da das Schiffsvolk seine Papiere ausliefern musste. Aber andererseits »war es nicht etwas Neues, wenn ein Matrose seine Art, die Sache anzuschauen, dem Publikum vorlegt? Hatte ich denn mein Gedächtnis verkauft?«[28]

Abb. 17: Die Villa Zimmermann in Starnberg (im Vordergrund zwischen Josefskirche und Schloss). Ausschnitt aus einem Stich von Ferdinand Bollinger, 1811. (vgl. Abb. 28, S. 43).

Abb. 18: Innentitel von Heinrich Zimmermanns Reise um die Welt von 1781.

Mit dieser emanzipatorischen Auffassung passt unser Autor in seine Zeit, durch das Mitteilen unbekannter, exotischer Fakten sowieso. (Zimmermanns vielseitiger Verleger Christian Friedrich Schwan aus Mannheim hätte übrigens im selben Jahr Schillers *Die Räuber* herausbringen sollen, wagte es aber nicht.) Zimmermanns Büchlein erfährt gelegentlich neue Auflagen und Übersetzungen. Zuletzt erschien eine mit zahlreichen Anmerkungen versehene deutsche Ausgabe im Jahr 2001.[29]

Im Jahr 1781 tritt Heinrich Zimmermann jedenfalls in Beziehung zu Starnberg und erhält am 21. August seinen Anstellungsvertrag als Leibschiffmeister, mit der Pflicht zur »Aufsicht sowohl über die Jagdschiffe am Starnberger See als auch über die auf den Kanalen« sowie »bey Erbau und Herstellung neuer Schiffe«. Sein Buch mag nicht unwesentlich zur Anstellung beigetragen haben, der Widmungsempfänger, Franz Albert Leopold von Oberndorff, ist schließlich in Mannheim der Statthalter Carl Theodors, der in München residiert.

Der urteilssichere, weltoffene Zimmermann (auch in seiner Starnberger Zeit reist er noch einmal zur See nach Ostindien) setzt vielerlei Impulse im Fünfseenland. Er führt neue Bootsformen (Auftraggeber ist u. a. der englische Gesandte Trevor[30]) und Beseglungsarten[31] ein, berät in der Wasserbautechnik, wirkt bei der Zusammenstellung der Riesenflöße (Schären) auf dem Ammersee mit[32] und wird der Erbauer, mindestens Fertigsteller, des Rohbaus des ersten Landhauses, der ersten »Villa« in Starnberg.[33] Letzteres allerdings mehr notgedrungen, denn auch Dekrete verhelfen ihm nicht zu der in Aussicht gestellten Gerichtsschreiberwohnung, das Schloss selber sei, so meint er, »zu ruinös«. Dass es aber in rund zwanzig Jahren nicht möglich gewesen sein soll, dem Leibschiffmeister und seiner inzwischen aufgebauten Familie eine Wohnung in Starnberg zu verschaffen, die zentral zu seinen Arbeitsorten lag, woran er wiederholt in Memoranden[34] erinnerte, ist fast undenkbar. Es mag Vorbehalte gegen den Protestanten Zimmermann gegeben haben, erst in diesen Jahren erklärte sich auf massives Eingreifen des Kurfürsten hin die Stadt München bereit, dem Weinwirt Michel als erstem Protestanten das Ansässigwerden zu gestatten; vielleicht waren auch Unregelmäßigkeiten von Seiten der zuständigen Beamten im Spiel. Vielleicht begegnete man aber auch Heinrich Zimmermann wegen seines Bekanntenkreises mit Misstrauen. Er war wohl doch mehr als ein »merkwürdiger, einfacher Mann«, als den ihn eine neuere Veröffentlichung nach dem Fund einer Bilderserie, gestochen in Punktiermanier, erscheinen lassen könnte.[35]

Zimmermanns Gesprächspartner

Für Zimmermanns Bericht interessieren sich namhafte, aus bayerischer Sicht nicht unproblematische Zeitgenossen.
Georg Forster etwa, der eine frühere Reise Cooks mitgemacht hatte, kennt ihn persönlich. (Später ging Forster, von seiner Begeisterung für die Französische Revolution angefacht, nach Paris, geriet unter die

Abb. 19: Friedrich Nicolai. Kupferstich nach einem Gemälde von Daniel Chodowiecki.

Reichsacht und starb im Exil.) Er interviewte 1780 Zimmermann in Göttingen (»Zween Deutsche, Heinrich Zimmermann aus Speyer, und Berthold Lohmann aus Cassel haben der letzten Entdeckungsreise der Engländer beigewohnt. Auf ihrer Durchreise habe ich sie hier gesprochen.«[36]). Er rezensierte auch das Büchlein nach seinem Erscheinen in den *Göttingischen Anzeigen von Gelehrten Sachen* 1781.

Georg Christoph Lichtenberg (1742–99), bedeutend als Physiker wie als aphoristischer Spötter (und nebenbei auch ein Cook-Biograph), hat das Büchlein ebenfalls gelesen und dazu einem Briefpartner gegenüber Anmerkungen gemacht.

Besonders sei erwähnt, dass Zimmermann in München dem bekannten Berliner Aufklärer **Friedrich Nicolai** (1733–1811) begegnet, der das Treffen in seiner *Beschreibung einer Reise durch Deutschland und die Schweyz* 1781[37] festhält. Er fügt sogar eine Porträtskizze Zimmermanns und anderer Tischgenossen bei und macht sich dabei Gedanken über deren Wesen. Es ist ja die Zeit, in der Lavater und sein »Physiognomieren« Furore machen – Nicolai ist ein Gegner dieser Richtung. Über Zimmermann (»seine Physiognomie frappirte mich außerordentlich«) notiert er, »er erhielt 1782 eine Pension von 400 Fl. unter dem Titel als Fürstl. Schiffmeister auf dem Starnbergersee«[38] und erwähnt die »zwey Boote mit Segeln auf englische Art, dergleichen man in dieser Gegend noch nicht gesehen hatte. Er hatte noch andere Verbesserungen im Sinne, fand aber taube Ohren.« Ferner sei ihm »das Spielschiffen auf einem kleinen See zuwider« gewesen, und er habe noch im selben Jahr auf einem Kauffahrteischiff nach Ostindien angeheuert. Dazu wurden auch Notizen Lorenz Westenrieders in dessen Nachlass gefunden. Zuvor vermerkt er noch: »Den 23 Juli [1781] speiste Zimmerman bey mir ...«[39]

Lorenz Westenrieder

Der Münchner Professor **Lorenz Westenrieder** (1748–1829), Geistlicher, Historiker, Schriftsteller, aber auch Bücherzensor, ist durch seine *Beschreibung des Wurm- oder Starenberger Sees und der umherliegenden Schlösser etc.*[40] für unsere Gegend der Klassiker schlechthin geworden. Durch zwei dankenswerte Reprints kann das Büchlein heute wieder in vielen Bücherschränken stehen.

Das Buch strahlt die Freude eines Entdeckers aus, der seine Mitmenschen zu informieren und anzuregen als seine Pflicht ansieht. Den See, der noch keine würdige Beschreibung gefunden habe, hält Westenrieder für einen Kalender unermesslicher Zeiten; seine Uferszenerien lösen in ihm regelrecht elysische Empfindungen aus. In der nostalgischen Beschreibung des Prunkschiffes *Bucentaur* kann er sich noch auf Augenzeugen stützen.

Schon die Anreise nach Starnberg berührt mit Notizen zu Wangen und Percha heutiges Starnberger Stadtgebiet. Nach einer Übernachtung im Schloss startet er zu einer Rundfahrt in einem der schon erwähnten Zimmermann-Boote, gewillt, ans Ufer zu steigen, wo ihm etwas an den Uferorten auffällt. Also etwa auf der Insel Wörth, der heutigen Roseninsel, deren Sagen und Legenden er mitteilt. Am Ende behandelt er noch die Beschaffenheit des Sees, seine Tierwelt und die der Umgebung, die Landwirtschaft und ihre ökonomischen Probleme und macht Verbesserungsvorschläge. Mit seiner **Beschreibung von Starnberg** nährt Westenrieder u. a. freilich die Unsicherheit in der Namenszuordnung der Starnberger Ortsteile, die wohl bis heute nicht ganz geklärt ist. Andererseits werden bei ihm die Gewässerbezeichnungen klar, der Georgenbach etwa, weil der in der Beschreibung erwähnte St. Georgenbach aus einem Keckwasser(Quellen-)tal kommt, das sich in der Nähe bzw. westlich unterhalb der »Filialkirche zu St. Georg«[41] befindet. Inzwischen ist daraus der Siebenquellenbach geworden, und erst nach dem Zusammenfluss mit dem Maisinger Bach spricht man vom »Georgenbach«. Wörtlich heißt es bei Westenrieder:

»Das Dorf unten am Schlossberg hieß ehemals Aham; wird aber gegenwärtig Niederstarnberg genannt, und ist dem Reichsfreyherrn Hrn. Mathäus von Vieregg angehörig. Um dasselbe, und zwar hinter dem Schloß läuft der St. Georgenbach, welcher etliche hundert Schritt von Starnberg in einem lieblichen Thal aus Keckwasser entspringt. Ehe er nach dem Schloß kommt, nimmt er den Meysingerbach auf, welcher aus dem kurfürstl. Weyher, oder Meysingersee neben dem Dorfe Söcking abfließt«.[42]

Nicht uninteressant ist ein Vergleich der beiden Auflagen 1784 und 1811.[43] Im neuen Verlag (Ernst August Fleischmann übernahm nach dem Tode Strobls den Verlag) wurde der Titel etwas geändert, und der Verfasser ist inzwischen offenbar hinlänglich bekannt, sodass der Professorentitel wegbleiben kann. Vielleicht weil die erste Auflage neugierig gemacht hatte auf den See, gibt es in der zweiten einige Hinweise mehr auf Besucher aus der Stadt und verbesserte Gastlichkeit, aber schon 1784 versammeln sich »seit undenklichen Jahren« in Kempfenhausen Freunde, um fernab von den Geschäften – »procul negotiis«[44], ein Begriff, den Schmeller später in seinem *Wörterbuch*[45] neben Sommerfrische stellt – Ferien zu machen. Die größte Tiefe des Sees wird von 140 Klaftern auf 69 berichtigt, erste Eiszeittheorien für unsere Gegend werden eingeflochten: Der Münchner Astronom und Mondforscher Doktor Gruithuisen behaupte (1809), die Felsblöcke an der Straße nach Wangen »könnten nicht anders, als bey der letzten Fluth mit Gletschern, welche hier geschmolzen sind, hieher getragen worden seyn.«[46]

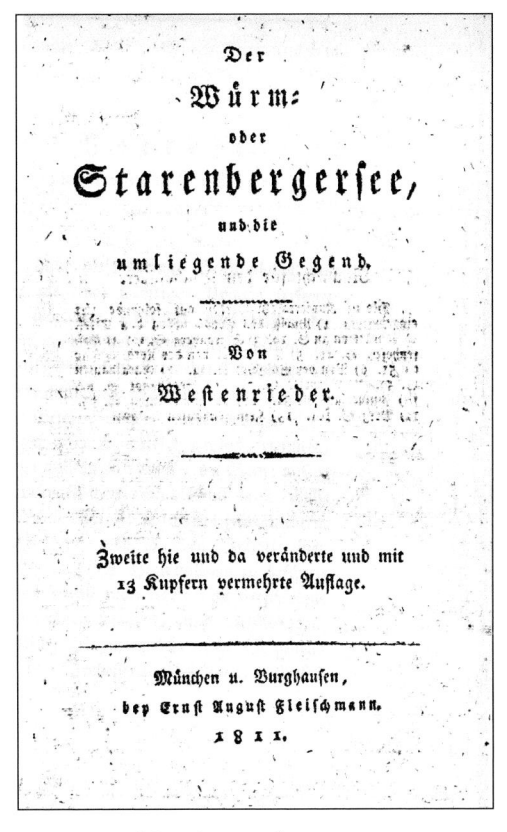

Abb. 20: Titelblatt der 2. Auflage von Westenrieders Starnberger-See-Buch.

Auch die politischen Veränderungen (Säkularisation) spiegeln sich, etwa wenn im ehemaligen regulierten Chorherrenstift Bernried Graf Arco einen Schweizerhof eingerichtet hat, wenn königliche Beamte angetroffen werden usw. Weggefallen hingegen ist die ausführliche Ausstattungsbeschreibung von Schloss Berg, seinerzeit bewohnt vom englischen Gesandten Trevor bzw. seiner Gattin, deren literarische Neigungen Westenrieder zu einer Lanze für eine anspruchsvolle Beschäftigung mit deutscher Literatur umgeformt hatte, wobei sein Patriotismus zu erbitterten Seitenhieben gegen den französischen Einfluss auf die Erziehung ausholte. Die Vorrede in der zweiten Auflage legt interessanterweise nicht mehr dem Auslande, sondern dem deutschen Vaterlande »das Vorzügliche und Seltne, das Schöne und Prächtige«

Abb: 21: Lorenz Westenrieder. Stich von M. Haas nach Moritz Kellerhover.

dar. Auch das Wort Nation kommt jetzt vor. Die Aufkirchner Wallfahrt wird in der zweiten Auflage knapper, nüchterner geschildert. In der ersten hatte sich Westenrieder kritisch mit Mirakeln (auch an anderen Orten) auseinandergesetzt; er empfand, dass die Kirche »einer Trödelbude gleichet«. Und während in der zweiten Auflage erwähnt wird, dass der Augustinerpfarrer Kolb eine Schule für 80 Kinder eingerichtet hat,[47] ist eine andere Stelle gestrichen, die erfreut berichtet hatte, dass alle Kinder des Seeshaupter Müllers lesen konnten.[48] (In den etwas später erschienenen Hundert Erinnerungen[49] – sprich Ermahnungen – werden die Dorflehrer übrigens zugunsten der Erziehung durch Pfarrer arg diskreditiert.)

Am Schluss des Buches bleiben die umfangreichen Anregungen zur Hebung der Landeskultur, zur gerechten Verteilung der Lasten nebst den Anmerkungen zu den »reichen und müssigen Klöstern«[50] weg, ja sogar die Vorschläge zur Errichtung einer »Statistick« entfallen, deren Ergebnisse, wenn sie stufenweise nach oben zusammengeführt werden, für die unteren Ebenen eine Art Geheimnis hätten bleiben sollen. Wer will, kann vielleicht auch in diesen teils marginalen Änderungen den Gesinnungswandel Westenrieders spüren, seine Abkehr von der Aufklärung, seine neue Sicht auf die Kirche und ihre Rolle. Allerdings waren auch viele seiner Ideen und Vorschläge nicht verwirklicht worden, etwa das Projekt (1783) eines umfassenden statistischen Handbuches von Bayern.[51]

Ein Baedeker für den Starnberger See

Westenrieders Buch führten schon seinerzeit Reisende in unsere Gegend mit sich; sie haben den Autor oft auch persönlich gekannt. Prof. Lorenz Hübner, ein engagierter Verteidiger der Aufklärung, rezensiert Westenrieder 1785 und rät den Lesern: »Man muß diese paradiesische Gegend Baierns selbst gesehen haben ... wenn man sich einen hinlänglichen Begriff davon machen will.«

Dieses Zitat ist entnommen dem Werk *Baierische Reise*[52] des **Franz von Paula Schrank** (1747–1835), »der Philosophie und Theologie Doktor, kurfürstl. pfalzbaierscher wirkl. geistlicher Rath, der Ökonomie und ökonomischen Botanik an der Hohenschule zu Ingolstadt Professor, verschiedener Akademien und gelehrter Gesellschaften Mitglied.«[53]

Schrank hat Westenrieders Büchlein im Gepäck oder im Kopf, als er auf seiner *Baierischen Reise* (1786), begleitet von seinem und Westenrieders Verleger Johann Baptist Strobl, zweimal den See berührt. Das erste Mal, im Juni 1785, ist er zuallererst begeistert von der Szenerie des Seeufers (die man bei der Annäherung auf der Autobahn heutzutage immer noch ähnlich empfinden kann):

»... gerade ehe man den Abhang hinunter fährt, wo man den größten Teil des majestätischen Würmsees mit allen Schlössern und Dörfern übersieht, die längs an seinem Ufer hier sind. Das ist eine herrliche Scene, die sich hier jedem Reisenden eröffnet, und noch hat sie keines Tenniers Pinsel beschäftigt! Warum machen unsere Künstler viel lieber Ideale von Landschaften, mit alten verfallenen Gebäuden, da ihnen die Natur viel bezauberndere Bilder darbeut, die sie kopieren sollten.«

Diese Überschwenglichkeit lässt seine kritische Sicht auf die landwirtschaftlichen Verhältnisse zurücktreten:

So »fuhren wir bis Starrenberg fort; nur hier und da ward mein Vergnügen an der Schönheit des Landes von Strecken unterbrochen, die, ohne unfruchtbar zu sein, doch das Aussehen davon hatten. Es waren dieß Weideplätze, auf denen das Vieh, wie das überall unter gleichen Umständen geschieht, zwey Drittheile zertreten, und einen abgeweidet hatte«.

Auch sorgt er sich um die Imkerei, weil so viele beutebeladene Bienen im See ertränken. Vor der Weiterreise über Pöcking und Traubing liest er in Starnberg die Messe.

Das zweite Mal, im Oktober 1785, umrundet er im Uhrzeigersinne den See, teils zu Fuß, teils im Boot; Zimmermann und seine Boote benutzt oder erwähnt er dabei indes nicht. Auch sein Begleiter **Johann Baptist Strobl** (1748–1805)[54] ist übrigens als Autor tätig geworden. Darunter sind Jugendbücher mit sanftem Zeigefinger im Titel: *Unglücksgeschichten zur Warnung für die unerfahrene Jugend, in rührenden Beyspielen, erläuternden Kupfern und Vignetten* (1788). Vor allem aber ist er als Verleger wichtiger Schriftsteller der bayerischen Aufklärung von Bedeutung, darunter Eckartshausen, Westenrieder und Johann Michael Sailer.[55] Er verlegte auch ein Werk von Beaumarchais. Seine zeitweilige Zugehörigkeit zu den Illuminaten, dann der bayerischen Patriotenpartei, brachte ihn in den Ruf eines Republikaners, ja, man vermutete in ihm gar den Verfasser eines als jakobinisch eingestuften Flugblattes.[56]

Abb. 22: Franz von Paula Schrank. Kupferstich, um das Jahr 1786.

Für unseren See ist er noch dadurch von Interesse, dass er den Auftrag für das schon erwähnte Porträtbild »in Punktiermanier« des Heinrich Zimmermann erteilte, das zu einer seinerzeit nicht veröffentlichten Porträtsammlung gehörte. Strobl plante offenbar auch, Zimmermanns Büchlein neu bearbeitet vom Autor herauszubringen, und kündigte es in Verlagsmitteilungen an: »Zimmermanns Taschenbuch der Reisen, oder unterhaltende Darstellung der Entdeckungen des 18. Jahrhunderts für jede Klasse von Lesern. Für das Jahr 1806, mit Kpfrn., gebunden, 3 fl. 36 kr.«[57]. Da Strobl 1805 starb, Zimmermann 1806, kam das Buchprojekt vermutlich nicht mehr zur Ausführung.

Goethe versäumt den See

Für das gleiche Jahrzehnt des 18. Jahrhunderts ein kleiner Exkurs mit großen Namen: »Auf der östlichen Seite des [Starnberger] Sees zieht die Tiroler Straße vorüber nach Wolfratshausen«, meint zwar später Karl Julius Weber,[58] aber das können wir nicht für uns reklamieren; denn wer nur auf der genannten Straße reist und darüber schreibt – Goethe etwa oder Heinrich Heine –, der erwähnt den Starnberger See nicht, er bekommt ihn ja auch nicht zu Gesicht. Und doch: Wenn ein großer Stern vorüberzieht, beleuchtet er ein weites Gebiet, da wollen wir das Starnberger Seegebiet (über dessen Entstehung sich Goethe durchaus Gedanken macht) nicht zu eng sehen.
Fast ein wenig bedauernd klingt es, wenn der große Dichter am 6. September 1786 in München notiert: »Nun soll es gerade auf Innsbruck. Was lass' ich nicht alles rechts und links liegen, um den einen Gedanken auszuführen, der fast zu alt in

Abb. 23: Markierung des 48. Breitengrads in der Starnberger Innenstadt.

meiner Seele geworden ist.«[59] Rechts läge zwar der See; Goethe denkt aber, im *Tagebuch der Italiänischen Reise für Frau von Stein* festgehalten, für ihn abseits liegend nur an Orte zur linken Hand: Schwaz, Zillertal, Salzburg, Hall.[60] Zumindest wird am Abend des folgenden Tages rückblickend auf die Tagesetappe unsere Landschaft geologisch gestreift:

»Der Weg geht auf den Höhen, wo man unten die Isar fließen sieht, über zusammengeschwemmte Kieshügel hin. Hier wird uns die Arbeit des uralten Meeres faßlich. In manchem Granitgeschiebe fand ich Geschwister und Verwandte meiner Kabinettstücke, die ich Knebeln verdanke ... Zwischen gedachten Kieshügeln, die man sich mehrere Stunden weit und breit denken muß, das schönste fruchtbarste Erdreich ... Nun muß man wieder an die Isar, und sieht einen Durchschnitt und Abhang der Kieshügel, wohl hundertfünfzig Fuß hoch. Ich gelangte nach Wolfratshausen und erreichte den achtundvierzigsten Grad. Die Sonne brannte heftig ...«[61]

Nicht etwa zufällig werden Oberflächenformen, geologischer Untergrund, Bodenverhältnisse und Wetterbeobachtungen genannt, vielmehr entspricht dies Goethes an vielen anderen Beispielen belegbarer Gesamtbetrachtung von Landschaften (vor einem dahinterstehenden Landschaftsideal). In der geologischen Deutung unserer Landschaft allerdings kommt Goethe, der Zeitdiskussion verhaftet, über eine neptunistische, das heißt dem Meer entstammende Genese nicht hinaus – Eiszeitvorstellungen begannen sich erst etwas später zu regen, er kannte wohl das Wort Moräne nicht einmal.

Unseren 48. Breitengrad, auf dem Starnberg liegt, erwähnt er übrigens: »... da meine Reise eigentlich eine Flucht war, vor all den Unbilden, die ich unter dem einundfünfzigsten Grade erlitten, daß ich Hoffnung hatte, unter dem achtundvierzigsten ein wahres Gosen zu betreten.«[62] Gosen, das ist die Landschaft Unterägyptens, die Joseph und seine Brüder im Alten Testament vom Pharao zugewiesen bekamen – als den besten Teil Ägyptens.[63]

Landesstatistiker von Hazzi und Bücherkommissar von Aretin

Mit dem Blick auf zwei wissenschaftliche Autoren soll das Aufklärungszeitalter seinen Abschluss finden. Es mag zu denken geben, wenn selbst ein nüchterner, der seinerzeit modern gewordenen Statistik verbundener Beschreiber Bayerns in der Vorrede zu *Statistische Aufschlüssen über das Herzogthum Baiern, aus ächten Quellen geschöpft*[64] (erschienen ab 1801), bekennt, dass das Werk zwar ursprünglich anonym erscheinen sollte, aber: »Die unterdessen in Bayern eingetretene neue Regierung, welche mit dem besten Willen sich dem Genius der Zeit anzuschließen gedenkt, ließ mich nun hierüber nichts mehr befürchten.« Inzwischen ist nämlich nach dem

Abb. 24: Joseph von Hazzi. Gemälde des königlich bayerischen Hofmalers Josef Georg (von) Edlinger (1741–1819) im Heimatmuseum von Hazzis Geburtsort, dem »Herzogskasten« in Abensberg.

1783
Mittlere Barometerhöhe.

Ort	Zoll	Linien	Punkte
Peißenberg	24"	10'''	5
Tegernsee	25"	8'''	1
Bergandechs	25	9	1
Aufkirchen	25	11	1
Benedictbeiern	26	0	5
Beierberg	26	1	7
Dörfen	26	1	9
Ettal	26	2	2

aus: Joseph von Hazzi, Statistische Aufschlüsse über das Herzogthum Baiern. Nürnberg 1801. Anm.: Die Barometerhöhe ist angegeben in Bayer. Zoll (1" entspricht 2,433 cm), unterteilt in 12 Linien ('''), diese je noch einmal unterteilt in 12 Teile (Punkte?).

Tode des wenig beliebten Carl Theodor Max IV. Joseph an die Regierung gekommen (1799).

Joseph von Hazzis (1768–1845) Einstellung (und Anstößigkeit) gegenüber kirchlichen Dingen drückt etwa der auf Polling bezogene Satz aus: »Sprachen und Aufklärung sind hier wahrhaftig zu Hause, und kontrastieren seltsam mit den übrigen kirchlichen und klösterlichen Zeremonien, wozu die älteren Kanonici sich gebrauchen lassen müssen.«[65] Aus unserem Landkreis teilt Hazzi beispielsweise interessante meteorologische Daten des besonders alten Beobachtungspunktes »Bergandechs« mit, eine Gelegenheit, an diese Station der »Societas Meteorologica Palatina« (Pfälzische Meteorologische Gesellschaft) zu erinnern, bei der Andechser Mönche Messergebnisse zum ersten weltweit arbeitenden Wetterstationsnetz lieferten. Auch der damalige Betreuer der Bergwetterwarte Hohenpeißenberg, ebenfalls dem genannten Beobachtungsnetz angehörend, Pater Cajetan Fischer OSB aus Rottenbuch, schaut gelegentlich in Andechs vorbei, etwa auf der Durchreise nach München.[66]

Ein wissenschaftlicher Zweck ist beabsichtigt, der aber schon damals zwischen die Fronten unterschiedlicher Einschätzung gerät, als **Johann Christoph von Aretin** (1772–1824) als Leiter einer Kommission zur Säkularisierung der Klöster und Sichtung der Bestände der Klosterbibliotheken bayerische Klöster besucht und eine Auswahl geeigneter Bestände für die Hofbibliothek zusammenstellt. Einerseits wird Aretin als Retter wertvoller Bestände der Bibliotheken betrachtet, andererseits aber auch als »berüchtigter Klosterstürmer«;[67] die Kommission hätte danach auch zur Vernichtung weniger wertvoll eingestufter Bibliotheksbestände beigetragen. Am 20. April 1803 besucht man das Kloster Bernried[68] und inspiziert dort die Bibliothek. Am nächsten Tag zieht die Kommission weiter nach Polling – wo sie sich viel länger aufhalten muss, denn die Bibliothek dort hat 80 000 Bände[69] –, Bernried konnte dagegen, wie die Chronik vermerkt, nur 470 Bände und Handschriften an die Staats- und die Universitätsbibliothek liefern. Seine Erfahrungen legt Aretin in einem umfangreichen, vielbändigen Werk nieder.[70]

Die Aufklärung hinterlässt ihre Spuren

Die Säkularisation, die Aufhebung der Klöster, markiert in bis in die Gegenwart wirkender Weise einen neuen Abschnitt in der bayerischen Geschichte. Man könnte sie aber auch als Abschluss einer Epoche sehen, die ihre Anstrengungen auf Entfaltung der Verstandeskräfte, auf Aufklärung und Zurückdrängen der Religion richtete. Was hat, rückblickend, diese Epoche in unserer Gegend verändert?

Die Anregungen zur vielseitigen Wissenschaftsförderung, zu einer ausführlicheren Landesbeschreibung, einer statistischen Erfassung (z. B. als Grundlage für politische Entscheidungen) geben seit dieser Zeit eine viel genauere Kenntnis von unserer Landschaft weiter. Ein zusammenschauendes Verständnis bereitet ihre Erklärung aus neuen Ideen, beispielsweise als Folge von Eiszeitgeschehen, vor. Ein »landschaftliches Auge«[71] hat sich geöffnet, die Landschaft wird neuartig, intensiver wahrgenommen. Auch die kartographische Darstellung macht in dieser Zeit große Fortschritte.

Im Vordergrund damaliger Denkziele stand häufig der Nutzen, besonders mit Blick auf die Landwirtschaft, und so werden in dieser Zeit Vorschläge zu deren Verbesserung, auch zur Aufforstung von Ödland, zur Kultivierung von Moorflächen gemacht. Vieles davon wurde verwirklicht und ist in unserer Landschaft bis heute auszumachen.

Die Aufhebung, »Privatisierung«, der Klöster, zwar als Entschädigung für Gebietsverluste im Gefolge der Revolutionskriege durchgeführt, aber gedanklich in ganz anderer Weise vorbereitet (»reiche und müssige Klöster«), hat Fluren und Siedlungen stark beeinflusst. Wachsende religiöse Toleranz im Königreich Bayern, das ja über das katholische Altbayern weit hinausgewachsen ist, bringt zunehmend evangelische Bevölkerungsgruppen in unsere Gegend – als Beamte, Siedler, Dienstleute, bald durch (meist bescheidene) Kirchengebäude manifestiert.

Kritische (und kurzlebigere) Einstellungen zu damaligen Regierungsformen lassen sich in unserem Gebiet schwerer nachweisen; immerhin verschwindet im betrachteten Aufklärungszeitraum der große Prunk der *Bucentaur*-Flotte von unserem See und macht kleineren (Staats-)Booten Platz, in denen sich nicht nur neue Bauprinzipien und Anregungen ausdrücken, sondern auch eine veränderte Staatsauffassung.

Schon sind anderswo neue Ideen gekeimt, für die weder Westenrieder noch Aretin mehr das rechte Gespür haben: Das Zeitalter der Romantik hat begonnen und mit ihm die Abkehr vom Primat des Verstandes. An seine Stelle tritt eine neue Religiosität, der Blick schweift zurück ins Mittelalter, um Völker kreisende Ideen, Kunst und Kunsttheorien lösen das Nützlichkeitsdenken ab. Die fantastische Überwindung von Grenzen der unterschiedlichsten Art, von Raum und Zeit, von Naturgesetzen und Schicksalen, von Gefühlswelten – das sind hervorstechende Merkmale der Romantik. Einiges davon vermittelt die Schilderung eines (fiktiven?) Ausflugs an den Starnberger See, die am Anfang des nachfolgenden Kapitels nachzulesen ist.

Abb. 25: Der Vorläufer der heutigen Evangelischen Friedenskirche in Starnberg. (nach Link)

Das romantische Zeitalter

Abb. 26: Burgen und Schlösser sind Sinnbilder der Romantik. Zu Beginn des 19. Jahrhunderts hat das Starnberger Schloss auf seinem Moränenzug fast nur die Josefskirche zum Nachbarn. Auf dem Gemälde von Johann Baptist Metivier von 1833 ist es noch von unbebauten Hügelzügen umgeben.

Bettinas Kahnpartie auf dem Starnberger See

In einem reizenden, wenngleich bei näherer Betrachtung wohl weitgehend fiktiven Briefbericht an Goethe (datiert in einen Zeitrahmen zwischen 22. Mai und 6. Juni 1809)[1] – der sich hier nur grob verkürzt wiedergeben lässt – beschreibt **Bettina Brentano** (1785–1859), die wohl bedeutendste der literarisch hervorgetretenen Frauen der Romantik, eine Kahnpartie auf dem Starnberger See. Diese hat sie, angeblich, mit einem Grafen Westerhold, dem schon etwas betagten Philosophen Friedrich Heinrich Jacobi (1743–1819) und dessen Schwestern Lene und Lotte unternommen. Jacobi, seit 1805 in München und erster Präsident der Kgl. Akademie der Wissenschaften, wird von Bettina als zart, ja zerbrechlich skizziert, schon erfüllt von einer »Sehnsucht zum Unendlichen«. »Wir aßen zu Mittag in einem angenehmen Garten, alles war mit Blumen und blühenden Sträuchern übersät.« Bettina selbst gibt sich als Kind, das, statt sich an der gelehrten Unterhaltung zu beteiligen, Blumen sammelt und daraus im Boot einen Kranz flicht, den sie zu einem koketten Flirt mit Jacobi verwendet. Die Schwestern Jacobi stören schnöde die Idylle, Lene zieht plötzlich ihrem Bruder eine weiße Zipfelmütze über den Kopf, vorgeblich gegen die raue Abendluft. Bettina vermag aber dadurch, dass sie das Boot zum Schaukeln bringt, alle Mitfahrenden an ihre Plätze zu bannen – der Schiffer lacht herzhaft dazu und hilft ihr beim Schaukeln –, und im geeigneten Augenblick reißt sie die Mütze ab, schleudert sie in den See und krönt stattdessen Jaco-

bi mit ihrem Blütenkranz: »Ihre feinen Züge leuchten ... wie die des verklärten Plato«, schmeichelt sie ihm.
Auf diesen frischen Bericht lässt Bettina Goethe am 7. Juli 1809 aus Jena antworten: »Was du mir von Jacobi erzählt, hat mich sehr ergötzt ... die artige Schilderung Deiner Erlebnisse mit ihm auf der Seefahrt, die Dein Muthwille aushecke, hat mir ähnlich heitere Tage unseres Umgangs wieder zurückgerufen.«[2]
Auch ein weiterer Brief Bettinas ist wohl nicht wörtlich zu verstehen. Sie erwähnt darin, dass der Graphiker Ludwig Emil Grimm, ein jüngerer der »Brüder Grimm«, am Starnberger See gemalt habe: »Beiliegende Kupfer sind von unserm Grimm, die beiden Bubenköpfchen machte er nur flüchtig auf einer Reise nach dem Staremberger See, die Zeichnung davon ist noch besser, sie ist samt der Gegend, die Buben, der braune auf einer Bank in der Sonne sitzend, der blonde auf die Brunnenmauer gelehnt.«[3] In seinen fragmentarischen Lebenserinnerungen erwähnt Grimm diesen Ausflug aber nicht.
Viele Jahre später, im Oktober 1829, unternimmt auch **Achim von Arnim** (1781–1831), enger Freund von Bettinas Bruder Clemens, mit diesem zusammen Herausgeber der berühmten Volksliedersammlung *Des Knaben Wunderhorn* (1806–08) und seit 1811 Bettinas Ehemann, eine Wanderung an den Starnberger See. In einem Brief an seine Frau gedenkt er deren früherer Reise an dieses Gewässer:

»Eine herrliche Fahrt hatte mich zum Stahremberger See geführt, den Du meines Wissens ebenfalls bereist hast. Herrlich durch die näherrückenden Alpen, die bis dahin nur getrennt wie ein Traum über der Erde stehen, nach Tegernsee wollte das Wetter nicht aushalten, ebensowenig in das Gebeirig, wie Ringseis dies in seiner Nationalsprache mit besonderer Liebe nennt.«[4] (Zu Ringseis siehe S. 54.)

Demnach möchte man einen Ausflug Bettinas an den Starnberger See für wirklich geschehen annehmen. Somit beginnt die routinemäßige Suche nach dem genauen Datum des Aufenthalts. Bettina war Ende September 1808 mit der Familie ihres Schwagers Savigny nach München gekommen. Sie macht hier bald zahlreiche Bekanntschaften, am 25. Oktober 1808 z. B. schreibt sie an Achim von Arnim: »Boisserée und Tieck kommen entweder abends mir Gesellschaft leisten, oder ich gehe mit beiden zu Jacobi, wo gewöhnlich ein gewisser Graf Westerhold ist ... Im ganzen geht es dort durch das strenge Wesen der beiden Schwestern Jacobis so langweilig zu, dass man den ganzen

Geschichtliche Rahmendaten

1798–1802 Jenaer (Früh-)Romantik
1803 Starnberg wird Posthalterei und an den Kaiserlichen Postdienst angeschlossen
1805–08 *Des Knaben Wunderhorn*
1806 Bayern wird Königreich
1807 Franz Graf Pocci in München geboren
1809 Bettina Brentano in München
1811 Carl Maria von Weber in Starnberg
1812 Erstes Starnberger Schulgebäude neben der Josefskirche erbaut

1825 Ludwig I. wird König
1827–1837 Schmeller: *Bayerisches Wörterbuch*
1829 Sonntäglicher Eilzug (Pferdepost) München–Starnberg–Innsbruck eingerichtet (ab 1838 4-mal wöchentlich)
1835 Bettina von Arnim: *Goethes Briefwechsel mit einem Kinde*
1851 Dampfschiff *Maximilian* auf dem Starnberger See (Bordbuch geführt 1851–59)

Abb. 27: Bettina Brentano 1809 mit Achim von Arnims Buch Wintergarten. *Radierung von Ludwig Emil Grimm.*

bin doch überzeugt, dass er schöner blüht als der hiesige Sommergarten.«[7] Die Erwähnung von Zeichnungen Grimms vom Starnberger See findet sich so nicht im originalen Briefwechsel, vielmehr nur: Grimm gehe »abends ins Feld und zeichnet die Bauernknaben, denen er einen Kreuzer gibt, und die Lämmer und die Bronnen usw., was er so sieht«[8] – bis Starnberg könnte er das nicht schaffen. Ein erhaltener Originalbrief Bettinas an Goethe meldet nur: »Der Ludwig Grimm geht nach Tisch oft mit mir spazieren, ein Bettelkind bekommt ein Gröschel, daß es stillesteht, Grimm radiert es gleich auf eine Kupferplatte, zu Hause wird es geätzt, so hat er schon mehrere allerliebste kleine Bilder zusammengebracht, ich werde Dir nächstens Abdrücke davon schicken.«[9]

Abend um die Wette gähnt.«[5] Es fällt auf, dass hier die Bootsbesatzung schon beieinander ist!

Die Zipfelmütze hat Bettina auch anderswo erwähnt, als sie nämlich die Herrschaft der Jacobi-Schwestern im Alltag über den Philosophen beschreibt: »Diese ganze Zeit hab ich mit Jacobi beinah' alle Abende verbracht. Ich schätze es immer als ein Glück, dass ich ihn sehen und sprechen konnte; aber dazu bin ich nicht gekommen ... Seine beiden Schwestern verpallisadieren ihn ... Die Herrschaft der Frauen verfolgt ihn bis zur Präsidentenstelle an der Akademie. Sie wecken ihn, sie bekleiden ihn, knöpfen ihm die Unterweste zu ... Will er ausgehen, so ist's zu rauh ... [bis hin zum Abend] wo sie ihm die Nachtmütze über die Ohren ziehen und ihn zu Bette führen.«[6]

Und die Sache mit den Blumen und blühenden Sträuchern im Garten am See? Zu dieser Zeit erwartet sie von Achim dessen neues Buch *Wintergarten*: »Arnim, warum kömmt Dein Wintergarten nicht an? Ich

Dichtung und Wahrheit bei Bettina von Arnim

Alle bisherige Suche ergab keinen klaren Hinweis auf einen realen Aufenthalt Bettinas am See. Es werden höchstens kurze Ausflüge erwähnt. Es mag also eher so gewesen sein, dass sie bei der Zusammenstellung ihres Buches – nach Goethes Tod – sich in Materialien wie ihre vielseitigen Briefwechsel mit ihrem Ehemann, mit Bruder usw. vertiefte (auch evtl. nicht abgesandte Briefseiten an Goethe[10]) und daraus Stellen in literarischer Absicht zusammenzog und – in unserem Falle – auf einer bestimmten Ortsfolie (Starnberger See) ausbreitete. »Was Bettina offenbar später hinzugeschrieben hat [zum Originalbriefwechsel mit Goethe, HS], waren vorwiegend erzählende Passagen: über ihre Treffen mit Goethe, über ihre Reisen, ihre Bekanntschaften, Freunde. Hier hatte sie literarische Ambitionen und Intentionen, und hier schuf sie Literatur«.[11] Auch hatte sich die Beziehung zu Jacobi im April

1809 sehr abgekühlt. Vorbei war es mit freundschaftlichem Händehalten. (»Sie ist täglich bei Jacobi und ihre Hände ruhen oft unbewußt freundlich beim Gespräch ineinander.«[12]) Vielmehr schreibt Bettina an Armin: »Der alte Jacobi kann mich nicht ausstehen; doch habe ich ihm nichts getan.«[13]

Eine spätere Reise von Bettinas Bruder **Clemens Brentano** (1778–1842) nach Starnberg gehört in einen anderen Zusammenhang (siehe S. 55). Aber aus dieser frühen Zeit gibt es ein eigentümliches Indiz. Zur selben Zeit, als Bettina den Brief zur Kahnpartie schreibt (oder eben vielleicht nachträglich datiert), hält sich Clemens in München auf. Im übernächsten Jahr gibt es erste Hinweise auf Beschäftigung mit den Rheinmärchen, die erst viel später erscheinen. In einem von ihnen spielen Stahremberger, Starnberger und anders geschrieben eine Rolle, ein See mit Schloss ... Ist das ein kaum mehr wahrnehmbares Echo dieser Zeit?

Bettina hat sich eine mehr oder weniger eigenständige literarische Form geschaffen, den Briefroman mit der Verschmelzung wirklicher und fiktiver Briefe, Wahrheit und Dichtung sozusagen. Es dauert aber, bis ihre Familie den Romancharakter ihrer halbfiktiven Briefwechsel als Dichtung anerkennt und sich über das (scheinbare) »Outing« nicht mehr geniert.

Die fantastische Überwindung von Grenzen unterschiedlichster Art – hier von Gefühlswelten – ist ein hervorstechendes Merkmal der Romantik. Vielleicht sollen auch Grenzen des Erlebens von Landschaften durch Fiktion überwunden werden. So mag eine imaginäre Reise an den Starnberger See zustande kommen.

Romantische Musiker als Textautoren

Dass hier Komponisten als Autoren genannt werden, mag auf den ersten Blick verwundern. Doch es ist ja gerade eine Besonderheit der Romantik, dass mancher ihrer Repräsentanten unentschlossen ist, auf welchem Gebiet er sich am besten ausdrücken kann, ob als Maler, als Schriftsteller und Dichter, als Komponist ...

Abb. 28: Ferdinand Bollinger, Starnberg. Kolorierter Kupferstich, 1811.

Abb. 29: Carl Maria von Weber war auch als Wortautor tätig.

Carl Maria von Weber etwa schwankt zeitweise, ob er Komponist/Musiker oder (Musik-)Schriftsteller werden soll. Von ihm Geschriebenes füllt einen Band, darunter natürlich musiktheoretische und -kritische Schriften, aber auch ein Romanfragment *Tonkünstlers Leben*. Schon einer der Begründer der Romantik, Wilhelm Heinrich Wackenroder, erhob einen (frühverstorbenen) Komponisten zum Helden der Erzählung über *Tonkünstler Berglinger*. Auch der Komponist Johann Nepomuk Poißl in der Gruppe der Ausflügler nach Starnberg schrieb sich Texte zu seinen Opern selbst.

Carl Maria von Weber (1786–1826) hat bei seinem kurzen Aufenthalt in Starnberg bzw. am Starnberger See das erwähnte Romanfragment nicht fortgesetzt. Seine präzisen Tagebücher lassen die Arbeitszeit daran ablesen, erst später greift er das Vorhaben noch einmal auf.[14] In knappster Form notieren diese Tagebücher Lebensumstände, darunter den Starnberger Aufenthalt, an den sich Weber aber auch noch in späteren Briefen an Freund Danzi erinnert.

Lassen wir aber zuerst Weber über (seine?) Empfindungen beim Reisen durch eine Landschaft mit seinen eigenen Worten, aus dem genannten Romanfragment sprechen:

»Das Anschauen einer Gegend ist mir die Aufführung eines Musikstückes. Ich erfühle das Ganze, ohne mich bei den es herbringenden Einzelheiten aufzuhalten, mit einem Wort, die Gegend bewegt sich mir, seltsam genug, in der Zeit. Sie ist mir ein sukzessiver Genuß. Das hat aber seine großen Freuden und seinen großen Jammer. Freude, weil ich nie genau weiß, wo der Berg, der Baum, das Haus steht, oder etwa gar, wie das Ding heißt, und daher bei jedesmaligem Anschauen eine neue Aufführung erlebe. Aber großen Jammer, wenn ich f a h r e. Da fängt eine gute Konfusion an in meiner Seele ... Sehe ich stillstehend so recht festen Blickes in die Ferne, so beschwört dies Bild fast immer ein ihm ähnliches Tonbild aus der verwandten Geisterwelt meiner Phantasie herauf ...«[15]

Kann man also in dem langsamen Satz des Klarinettenkonzerts, den Weber in Starnberg komponiert, unsere Landschaft, den See spüren?

Carl Maria von Weber komponiert in Starnberg[16]

Am Freitag, den 12. Juli 1811 vermerkt C. M. von Weber in seinem Tagebuch: »Früh eine Canz. a 3 comp. Poisl, Danzi und ich mußten jeder eine machen. Danzi wurde um zwei Takte früher fertig als ich; ich comp. ʼson troppo innocente nellʼ arte dʼamarʼ.«

Der ausführlich recherchierende Werkregistrator Jähns siedelt diese Episode in Starnberg an, in die Zeit, von der Webers Sohn und Biograph Max Maria von Weber sagt, dass das Kleeblatt der oben genannten Komponisten »die Natur und die Freiheit des Landlebens am Stahrenberger See genoß, Kegel schob, mit Pistolen schoß, ritt, mit Damen auf dem See segelte ... «

Für das musikalische Gesellschaftsspiel des Wettkomponierens soll danach Fanny von Wiebeking (siehe S. 47) die Anregung, das Thema gegeben haben. Fanny – ganz münchnerisch klingt die Namenskoseform für die Tochter eines in Pommern gebürtigen, vielseitig wirkenden Wasserbauingenieurs, in dessen höchst anregendem und anheimelndem Haus Weber eines seiner zahlreichen Empfehlungsschreiben abgegeben hatte. Das zog sogleich Klavierstunden für die Tochter nach sich, der er »viel Genie und großen Fleiß« bescheinigt und die rasch zu seiner Lieblingsschülerin aufsteigt. Die Beziehung zu Fanny hat gegenüber den amourösen Tändeleien Webers in München, seinen Flirts mit Sängerinnen, den Eifersüchteleien, Nebenbuhlerintrigen, Gereden eine andere Qualität. Das Thema der Kanzonette (»zu unerfahren bin ich in der Liebeskunst«) steckt vielleicht auch Grenzen ab. Einen kleinen Schritt zu festerer Partnerschaftsbeziehung des 24-Jährigen mag man darin sehen, der über die Tage hinausführt: Kurz vor der Abfahrt nach Starnberg hat Weber Méhuls *Joseph in Ägypten* gehört und besprochen – ein Jahr später widmet er Fanny von Wiebeking seine Variationen für Klavier über ein Thema aus dieser Oper. Étienne Méhul war damals nach Gioccchino Rossini der meistgespielte Opernkomponist in München.

Wettkomponieren zu dritt
Das Wettkomponieren beleuchtet einen bemerkenswerten Stimmungsumschwung bei Weber, der erst das freie Aufatmen am Starnberger See verständlich macht und der mit der Ankunft seines Lehrers und Freundes Franz Danzi Ende Juni in München zusammenhängt. Am 3. Juli beklagt sich Carl Maria brieflich bei Gottfried Weber: »ich habe noch keinen Abend so zugebracht, wie wir es gewohnt waren zu tun, ich habe noch nirgens ein einziges Liedchen zur Guitarre gesungen, weil ich nie so fröhlich war, mich dazu getrieben zu fühlen.« Häusliche Musik, Quartette machen, daran mangele es in München. Die einseitige, wenngleich hochstehende Musikkultur, der verwöhnende Beifall, aber auch die unausgesprochenen Grenzen der Kreise, in die ihn die Empfehlungsschreiben geführt hatten, dazu die Wechselbäder an Wohlwollen und Ablehnung, die ihm der mächtige, alternde Kapellmeister Peter Winter bereitete, lösten Missempfindungen, ja eine gewisse Vereinsamung aus.

Kaum ist Danzi da, wird Quartett musiziert. Allein um mit Danzi ein Mittagessen zu verabreden, reimt Weber humorvoll 36 Zeilen. Danzi macht ihn mit dem nur wenig älteren Johann Nepomuk von Poißl bekannt, mit dem ihn, neben musikalischen Grundtendenzen, verbunden haben mag, dass sie beide auf eine feste Anstellung hofften und eigentlich in einer Schwebe waren. Bald startet das Komponistentrio nach Starnberg, in ihrer Begleitung der Hofviolonist Theobald Lang, der Ehemann der von Weber hochgelobten Sängerin Regine Lang. Hier wird denn auch – man kann es als aufmunternden Rückgriff auf frühere Späße verstehen – um die Wette komponiert.

Eine Segelpartie
Das Starnberg von 1811, das Weber zu Gesicht bekommt, ist seit wenigen Jahren Station der Bayerischen Staatspost und von München rasch zu erreichen. Die »Post«, einst Hoftaverne (heute »Tutzinger Hof«), ist noch der einzige Gasthof am Ort, der wenig mehr als 60 Häuser und 400 Einwohner aufweist: Fischer, Handwerker, Bauern, Beamte. Die erste Villa (siehe S. 30, Abb. 17) ist entstanden.

Wir müssen der Versuchung widerstehen, die Örtlichkeiten zu erraten, die Weber und seine Freunde auf Ausritten von Starnberg aus aufsuchten. Der See selbst ist von den Münchner Bürgern als Ausflugsziel entdeckt, nicht mehr nur vom Hofe, der hier noch einige Prunkschiffe hält, und vom

46 Das romantische Zeitalter

Adel. Kronzeuge der Veränderung ist Lorenz Westenrieder, der 1811 seine *Beschreibung des Wurm- oder Starenbergersees* von 1784 (siehe S. 32ff.) um eine Sonntagsszenerie ergänzt:

»Allmälig erscheinen hie und da Nachen mit festlich gekleideten Landleuten, welche zum Gottesdienst eilen, bis endlich später niedliche Gondeln die neu angekommenen Städter, die ihre Ankunft durch Freudenschüsse zu erkennen geben, über den See ans freundliche Gestade führen.«

Hier kann man sich die drei Komponisten (nebst Begleitung) darunter denken. Hier würden Lieder zur Laute ins Bild passen, in die heitere, lockernde Umgebung. Aber »mit Damen auf dem See segeln«? Das ist für die damalige Zeit ungewöhnlich, wenn nicht die Überfahrt auf einem altertümlichen Rahsegler gemeint ist. Oder vielleicht mieteten die Freunde, wie andere auch, eines der kleineren »Zimmermannsboote«, mit denen man, dank ihres fortschrittlichen bleibeschwerten Kiels und einer für die Gegend neumodischen Besegelung gefahrlos Segelpartien unternehmen konnte. Bei einseitiger Belastung schlug noch kein Wasser ins Boot, wie geschaffen, um durch ausgelassenes Schaukeln die Damen zum Kreischen zu bringen.

Oder, in Stille, ein gedankenverlorenes Wiegen und Gleiten über den glattgrünen See – unter klarem Himmel liegt im Hintergrund die scharfgeschnittene Alpenkette. »Über die Berge« schweifen, wie man anderswo erfährt, sehnliche Wünsche Webers, aber er wird Italien nie zu Gesicht bekommen. An die schon in die Wege geleitete Reise in die Schweiz erinnern die Berge ebenfalls. Auch hier schwingt mehr mit: die Münchner Einladung nach Schloss Wolfsberg am Schweizer Bodenseeufer durch Baron Hoggner, für dessen Frau Weber eine besondere Verehrung empfindet. (Einen Monat später bleibt in Wolfsberg auch eine Kanzonette zurück: *D'ogni amator la fede e sempre mal sicura*; sie ist verlorengegangen, genau wie die Starnberger Kanzonette.)

Handschriftlicher Vermerk Carl Maria von Webers auf den beiden Partitur-Autographen des 2. Klarinettenkonzertes in Es-Dur, 2. Satz Romanze. Andante con moto: »d 17. July in Starnberg comp- 1811«.

Als Weber in Starnberg den noch ausgeklammerten, langsamen Mittelsatz dieses Werkes vollendet, ist der Auftrag des Königs erfüllt. Nach dem erfolgreichen ersten Münchner Konzert am 5. April im Hoftheater, mit dem von Freund Bärmann glanzvoll vorgetragenen Concertino für Klarinette und Orchester als Abschluss, hatte Max I. zwei Klarinettenkonzerte bestellt. Die langsamen Sätze der Instrumentalstücke gelten als deren in-

Abb. 30: Freudenschüsse mit Pistolen. Illustration (Schloss Garatshausen) von Ferdinand Bollinger zur 2. Auflage von Westenrieders Starnberger-See-Buch.

nigste, gehaltvolle Teile. Die Rückkehr nach München kann »erholt« angetreten werden. Die Reise in die Schweiz wird vorbereitet, Opernbesuche, Kritiken, Abschiedskonzert, eine gefüllte Börse ... Einmal jetzt soll der Versuchung nachgegeben werden, eine Spiegelung zu erhaschen: das gleichmäßige Wiegen des Bootes auf dem Starnberger See, aus der Tiefe heraufperlende Töne, Gleichklang mit Freunden, Akkorde der Gedanken an geliebte, verehrte Menschen – Romanze. Andante con moto. In Briefen an Franz Danzi erinnert sich Weber noch lange an die Starnberger Tage: am 14. Juli 1812: »Wie manchmal denke ich an vergangenen Sommer und unsere Staremberger Reise zurück«[17], am 24. Mai 1816 aus Prag: »Wo sind die schönen Starenberger Zeiten??«[18], und vielleicht auch noch am 27. April 1818: »Welche Freude ... haben Sie mir durch ihre lieben Zeilen gemacht, die in froher Erinnerung manch herrliche Tage zurückrufen.«[19]

Fanny von Wiebeking

Mit einigen Worten sei der oben genannten Franziska (Fanny) von Wiebeking (gest. 1819) gedacht, die Weber und die Freunde nach Starnberg begleitete, wie man annehmen darf. Sie wirkt auf Zeitgenossen jünger als sie ist, etwas kränklich, auch hochmütig wird ihr Gesicht geschildert. Ludwig Grimm erwähnt in seinen Lebenserinnerungen[20], dass Ludwig Tieck mit ihr (1808) eine Liebesaffäre gehabt habe, über die München sprach. Bettina Brentano, selbst um Tieck bemüht, äußert sich in Briefen an Savigny mit Anzeichen von Eifersucht über Fanny.[21] Auch Caroline Schelling erwähnt Fanny (wie überhaupt öfters die Familie Wiebeking) in ihren Briefen an Pauline Gotter, lobt erst Fannys Bildung und Wohlerzogenheit, muss dann aber der Freundin, die offenbar gleichfalls auf Tieck ein Auge geworfen hatte, die Affäre selbst so darstellen, dass Fanny diejenige gewesen sei, die Feuer gefangen habe.[22] Tieck widmete der Fanny ein Gedicht (*An Fanny*[23]) und soll sich ihretwegen sogar mit Scheidungsgedanken getragen haben. Franziska Wiebeking heiratete 1818[24] den Reußschen Kanzler und Regierungspräsidenten von Strauch, starb aber im Jahr darauf bei der Geburt ihres Kindes. Johann Andreas Schmeller, der ebenfalls Wiebekings begegnete, spricht in seinen Tagebüchern nur noch von »Wiebekings lebender Tochter« und meint damit Fannys Schwester Friederike (Fritze).

Fanny war gewiss eine der im romantischen Zeitalter nicht seltenen Frauen, die zu mehreren bedeutenden Männern in Beziehung traten. Schilderungen, die andere Frauen von ihr geben, sind nicht unvoreingenommen. Aber ein Gedicht und Webers Widmung seiner Klavierkomposition sind auch Spuren, die ihr Leben hinterließ.

Abb. 31: Franz Danzi (1763–1826), Lehrer und Freund Carl Maria von Webers und bedeutend für die Entwicklung der deutschen romantischen Oper. Lithographie von H. E. Winter.

Den »Stahrenberger See in 1 Tag abtun«

Im Sommer 1820 besucht **Jean Paul** (eigtl. Johann Paul Friedrich Richter, 1763–1825) seinen Sohn Max in München, wo dieser studiert. Den berühmten Schriftsteller empfangen nicht nur König Max I. und Königin Karoline, auch zu führenden Vertretern des kulturellen München nimmt er rasch Kontakt auf: zum Philosophen Immanuel Niethammer, zum evangelischen Hofprediger Schmidt und zum katholischen Philosophen Franz von Baader, zum Archivar Schlichtegroll und zum Naturwissenschaftler Sömmering.

Der Präsident des Appellationsgerichtes im Isarkreis, Carl Christian Mann, lädt Jean Paul zu einem Besuch auf sein Gut am Starnberger See ein.[25] Im Dezember 1818 hat Mann Schloss Kempfenhausen ersteigert, unter Schätzpreis zunächst, und um die deshalb zuerst verweigerte königliche Zustimmung zu erhalten, argumentiert er, dass er dort seine Tausende Bücher umfassende Bibliothek und seine Bildersammlung unterbringen möchte.[26] Jean Paul zögert noch, der Einladung Folge zu leisten, im Brief vom 13. Juni 1820 an Frau Karoline macht er es noch von »Wolken und Muße«[27] abhängig. Außerdem laboriert er an einer Brustkorbprellung, die er sich wenige Tage zuvor beim Umstürzen seines Einspänners bei Nymphenburg zugezogen hatte.[28] Aus der Familie von Schaden kommt der Vorschlag, den Schliersee zu besuchen.

»Ich hatte einer Familie den Besuch des Schliersees, der ein Altarstück sein soll gegen den Stahrenberger-Holzschnitt, versprochen; aber die Ferne von 10 Stunden kostete mich 3 Tage; und ich will alles daher mit dem Stahrenbergersee in 1 Tag abtun. Überhaupt treffen fast nie die Naturfreuden anderer mit meinen eigenen zusammen«,

schreibt er seiner Ehefrau am 28. Juni.[29] Diese Herabsetzung einerseits muss unser See hinnehmen; andererseits wird ihm ja der Vorzug gegeben, seiner leichten Erreichbarkeit von München aus wegen. In der Zeit vom 30. Juni bis zum 4. Juli sind vorerst keine Nachrichten aufzufinden, in diese Spanne müsste ein Besuch Jean Pauls in Kempfenhausen fallen. Viele Gründe sprechen dafür, dass er der Mannschen Einladung folgte. Den sehr belesenen Jean Paul könnte die Bibliothek Manns gereizt haben. Mit der Familie

Abb. 32: Der humoristisch-satirische Romanschriftsteller Jean Paul.

von Manns Frau Lukretia, einer geborenen von Lochner zu Hüttenbach, war er offenbar bekannt. Mehrfach erwähnt er Herrn von Mann »H. v. Mann (welchem nebst Schlichtegroll ich die meisten Verbindlichkeiten habe ...)«[30]. Bei Letzterem borgte er sich für einen Ministerempfang geeignete Schuh- und Hosenschnallen, Ersterer leiht ihm z. B. während dieser Tage zeitweise eine Kutsche, erspart ihm so teure Mietkosten und überlässt ihm auch die Loge in drei Theatern. Er kann seine Einladung also eigentlich nicht gut abschlagen. Nach dem möglichen Ausflug an den See trug sich Jean Paul in eine Reihe von Stammbüchern ein, darunter in das einer Charlotte (von Mann?).[31] Da später im Briefwechsel weder der Starnberger See noch Mann erwähnt wird, ist anzunehmen, dass Jean Paul die Erinnerung an den Ausflug verdrängte oder dass er nicht stattgefunden hat. Schließlich beklagt er noch vor der Rückkehr nach Bayreuth das kalte, regnerische Wetter in München – auch aus anderen Tagebüchern (Schmeller) lassen sich für die in Frage kommenden Tage Wolken und Regen rekonstruieren –, und überhaupt: »die Gegend etc. etc. sprechen ganz d a g e g e n«[32], nämlich einen Ruf nach München anzunehmen, den ihm Schlichtegroll vermitteln wollte. Und auch: »So sind mir die langen und fernen Fichtelgebirge lieber als die nahen Tyrolerberge bei München.«[33]

Die Wolken oder was immer haben einen der seinerzeit populärsten Autoren also offenbar bewogen, unserem See die kalte Schulter zu zeigen oder zumindest seiner schnöde nicht mehr zu gedenken.

Starnberg und Umgebung in Schmellers Tagebüchern

Der bayerische Germanist Johann Andreas Schmeller (1785–1852) ist gleichbedeutend als Herausgeber mittelalterlicher Handschriften *(Carmina burana, Heliand, Muspilli)* wie als Mundart- und Sprachforscher. Sein vierbändiges *Bayerisches Wörterbuch* kann man durchaus in der romantischen Tradition sehen: »Es tut sich auf ein Bildersaal des, in der Sprache abgedruckten, manigfaltigsten Volkslebens jedem Menschenbeobachter, der dieses auch in mancher seiner Nacktheiten zu schauen, Lust und Beruf haben kann.«[34] Gegen Ende seiner umfangreichen Tagebücher, am 28. September 1851, notiert er: »Die Fahrt auf dem Würmsee-Dampfboot ganz vergnüglich, die auf des Seeshaupter Wirthes Vogel federlosem Wagen aber über Stock und Stein wenig erbaulich.«[35]

Diese Bemerkung rührt an, wenn man weiß, dass Schmeller seit Jahren an einem nicht recht verheilten Oberschenkelhalsbruch litt, der seine Fortbewegung mühselig machte; zu Zeiten musste er sich über Treppen sogar wie ein Kind tragen lassen.

Abb. 33: *Johann Andreas Schmeller, Verfasser des Standardwerks zur bayerischen Sprache.*

Das erste Mal erwähnt er Starnberg (von Durchreisen abgesehen) in den Tagebüchern am 17. August 1816.[36] In den 35

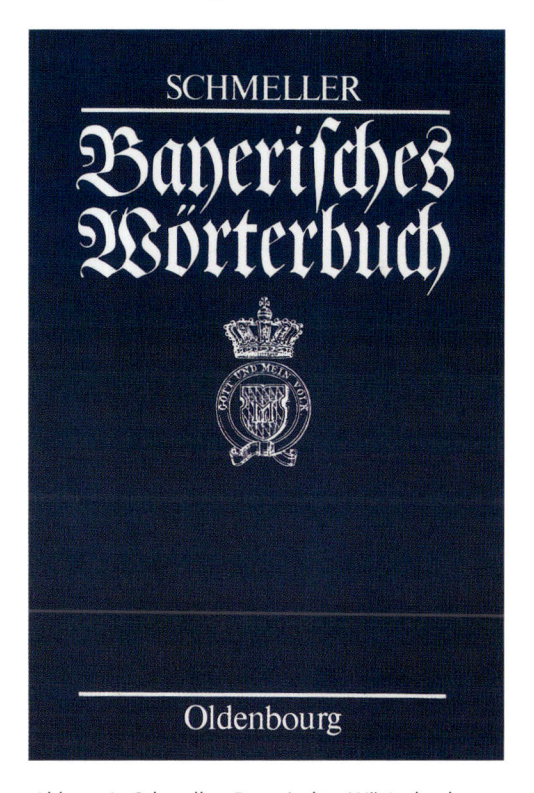

Abb. 34: *In Schmellers* Bayerisches Wörterbuch *fanden auch auch Namen und Begriffe aus der Starnberger Gegend Eingang.*

Das romantische Zeitalter

Jahren zwischen den beiden Einträgen hielt sich Schmeller mehr als zwei Dutzend Male in Starnberg auf oder wanderte durch unsere Gegend. Seine Bemerkungen werfen manch interessantes Streiflicht auf Ort und Umgebung, auf Bekanntenkreis und Lebensumstände, sodass es sich lohnt, sie einmal zusammenzustellen.

Eher selten notiert er im Tagebuch Begriffe für sein *Wörterbuch*; so ist es schwer herauszufinden, wann und wo er Fachausdrücke zur Fischerei erfahren hat, die er mit unserem See verbindet, und ob er selbst die dort aufgenommenen Zitate aus den Mirakelbüchern von Aufkirchen herausgelesen hat. Vor der ersten Wanderung im August 1816 war ihm sozusagen die Decke auf den Kopf gefallen: »... leb ich ein einförmiges Stubenleben. Lange so zu seyn würde, ich fühl es, meinen Körper wie meinen Geist nur noch schwerer und ungelenkiger machen. Darum wieder fort, wieder hinaus in die Weite!«[37]

Er wandert über Gauting, »wo die schöne Landschaft mit Kühen in der auvollen Würm, unter den Ruinen der Carlesburg bei der ReisMühle vorbei nach dem Ritterburgartigen Leutstetten des Herrn von Ertel nach Starnberg – dann über die Höhen nach Secking und Perchting, wo Kirchtag vorabend war.« Am nächsten Tag geht es weiter »über das malerische Perchtener Egere nach Landstetn und Andex (AntDiess?)«[38].

Er wohnt zu diesem Zeitpunkt seit einem halben Jahr in »München bei der Wittwe Juliana Auer«, deren Mann, ein bekannter Porzellanmaler (»Nymphenburger Porzellanmanufaktur«), kurz zuvor gestorben war. Auf einen der beiden Auer-Söhne bezieht sich die nächste Starnberger Erwähnung vom 23. Oktober 1819:

»... ging ich mit Max nach Starenberg, am 24.st von da über Perg und Almanshausen nach Ammerland. Von da fuhren wir über den See nach Tutzing und auf die Insel. Maxen gefiel es hier sehr. Von der Insel schwammen wir im Angesicht der Alpen wieder zurück über die stille Fläche nach Ammerland.«[39]

Die Witwe Auer heiratet Schmeller schließlich nach einer langen, für beide zermürbenden Beziehung – eine gemeinsame Tochter, an der Schmeller sehr hängt, ist inzwischen siebzehn Jahre alt. Mit den Stiefsöhnen Max und Franz versteht sich Schmeller sehr gut, was eben solche gemeinsamen Reisen auch in unsere Gegend zeigen (mit Franz z. B. eine »Vakanzreise« 1831). Während Max den Beruf seines leiblichen Vaters ergreift, rät Schmeller dem zweiten, Franz von Paula Auer, zum

Abb. 35: 1832 schuf der Münchener Maler Lorenz Quaglio dieses Familienbild im Garten des Landrichterhauses von Starnberg.

Thema seiner Doktorarbeit, woraus sich schließlich ein heute noch geschätztes Quellenwerk zur Münchner Stadtrechtsgeschichte entwickelte. Nach seinem juristischen Examen 1834 praktizierte er am Landgericht Starnberg bis zum Staatsdienst-Concurs. Kurz vor Franz Auers frühem Tod (1849) bringt Schmeller den Schwerkranken noch nach Leoni zu einem Badeaufenthalt (Kuren in Kreuth, Miesbach und Meran hatten keinen Erfolg gezeigt).[40]

Die ersten »Sommerfrischen«

Schmellers Glückwünsche zur Hochzeit des **Kgl. Forstbeamten Karl Mettingh** am 30. März 1822 kann man in dieser Form – ein recht zweideutiges Gedicht[41] – nur einem sehr guten Freund zukommen lassen. Ihre Bekanntschaft geht zurück auf die gemeinsame Militärzeit in Kempten 1814, wie Militärbekanntschaften allgemein eine große Rolle für Schmeller spielen. Es folgen zahlreiche Besuche, zunächst in Berg, wo Mettinghs eine Dienstwohnung haben, die später in das Schloss Starnberg verlegt wird. Den Mettinghs kann man offenbar ohne Umstände weitere Gäste mitbringen. Auf einer dieser Besuchsfahrten »auf des major Bauer's Droschke« ist z. B. Karl Friedrich von Martius dabei (17. November 1822)[42]. Martius (1794–1868) ist bekannt geworden als »Forschungsreisender in Brasilien« (der Jahrestag seiner Heimkehr aus Brasilien ist lange Zeit ein großes gesellschaftliches Ereignis in München) sowie als Direktor des Alten Botanischen Gartens – er ist ein Schüler von dessen Gründer, Franz von Paula Schrank. In seiner Theorie zur Pflanzenentwicklung steht er Goethe nahe. Martius hat nicht nur wichtige wissenschaftliche Werke verfasst, sondern er verkehrt auch in literarischen Kreisen, gehört, wie Mettingh, zu den frühestens Mitgliedern der ursprünglich literarisch orientierten »Zwanglosen Gesellschaft«. Anfang September 1825 macht Schmeller »achttagige bey Freund Mettinghs in Starnberg recht erquicklich eingebrachte Sommerfrischen« – es dürfte die erste Verwendung dieses Begriffs für Starnberg sein – und hält die Erinnerung daran in einem Gedicht auf die Würm[43] fest. Zur Taufe der Söhne Peter Jakob Fritz und Moritz Mettingh in den Maimonaten 1826 und 1827 ist Schmeller eingeladen, bei der ersten Zeremonie (vielleicht im Behelfs-Betraum der Protestanten im Schloss) ist auch die Großmutter aus dem Frankfurter Bankhaus Bethmann[44] dabei. Es ist dies eine der ersten nachweisbaren evangelischen Amtshandlungen in Starnberg. 1832 verlassen übrigens die Mettinghs Starnberg, weil sie für ihre Kinder bessere Schulmöglichkeiten suchen.

Noch einen anderen Anlaufpunkt hat Schmeller in der Nähe, der ihn durch Starnberg führt: die Familie Kerstorf. 1817 hat **Heinrich Siegmund Kerstorf** (1769–1832) das Gut Andechs erworben, nach wechselnden Besitzverhältnissen aus der Säkularisationsmasse des Klosters.[45] Er hält sich oft mit seiner Familie hier auf und lädt Bekannte und Freunde zu sich, und deren hat er viele. Mit Schmeller verbindet ihn die Liebe zur Sprachforschung, die Rede ist z. B. vom »spanischen Klub bey B[aron] Kerstorf«. Schmeller besucht ihn etwa am 8. Juli 1823 zusammen mit dem Bibliotheksdirektor Joseph Scherer, wobei ihnen auf dem letzten Wegstück ab Starnberg die »Kaltschmid[46]-Anna Mirel« Sachen trägt. Oder am 30. September 1824, als die Reiseroute von Weilheim über Andechs nach Starnberg führt; zusammen mit einer gewissen Jeanette Schrenk besichtigt er dabei den »neu angelegten Garten«. Da er bei Mettinghs im Schloss logiert, könnte es sich dabei um den Schlossgarten handeln. Die nächsten Tage vertreibt er sich erholsam: »Clavierspielen und singen hörend – Federballspielend, Fechtübungen machend, Bolzen schießend, vorlesend, zwickend [ein Kartenspiel] nach Possenhofen schiffend etc. etc.«[47]

Diesem Baron Kerstorf sind in den letzten Jahren mehrere Untersuchungen gewidmet worden.[48] Zwei Punkte mögen die Spannweite seines Lebens beleuchten: ein Parisaufenthalt als junger Mann, wenige Jahre nach der Französischen Revolution, der er begeistert anhing (noch unter dem Namen Salomo Chaim Pappenheim, vor seinem Übertritt zum Katholizismus) und eine Parisreise im letzten Lebensjahr 1832, von der Heinrich Heine, den er besucht, eine Briefnotiz macht: Kerstorf sei da, um seine Tochter – eine von vieren hatte sich mit einem französischen Diplomaten verheiratet – von den Saint-Simonisten (eine frühe Form der Sozialisten) abzubringen.

Die Besuche bei Mettingh und Kerstorf knüpfen neue Bekanntschaften. Bei einer Kahnpartie etwa mit Mettinghs auf dem See

»erhob sich ein etwas stärkeres Lüftchen. Der See machte Lampln. Die Frauen wurden ängstlich. Wir landeten beym Schloße des alten Grafen Rambaldi (Almanshausen) der nebst Frau und Mutter (?) den Damen mit Milch, Kirschen und Kirschkuchen seine ländlichen Honneurs machte und mir, dem Fremden, gar die Ehre anthat, mich in seinem Schlosse herumzuführen ...«[49]

Akademikerfeste

Von den sogenannten Linnaeusfesten in Ebenhausen und anderswo, Akademikertreffen verschiedenster Fachrichtungen, wird öfters der Heimweg über Aufkirchen und den See genommen – und immer befinden sich interessante Leute in der Begleitung Schmellers. So 1827 der Botaniker Zuccarini »mit einem Duzend junger

Abb. 36: Ein See »macht Lampln«. Ausschnitt aus dem Gemälde eines unbekannten Künstlers

Leute«, die zuvor eine Eiche zu Ehren Linnés gepflanzt hatten.[50] (Zuccarini hat auch Lyrik veröffentlicht). Aufschlussreich ist der Eintrag vom 9. Juni 1840 über die letzten Tage. Vom Linnéfest in Schäftlarn zieht er mit Tochter Emma und dem befreundeten Ehepaar Neumann, (siehe unten, S. 53) weiter – ursprünglich in der Absicht, die Passionsspiele in Oberammergau zu besuchen, »giengen wir, da wir die Fahrt nach OberAmmergau, für die der Kutscher ein unmäßiges verlangt, aufgegeben, über Icking nach Aufkirchen, wohin uns [der Physiker] Steinheil ... begleitete. [In Leoni] verließ uns Steinheil, für welchen in Aufkirchen kein fünftes Bett aufzutreiben gewesen. Wir übernachteten in Aufkirchen.«[51]

Am nächsten Vormittag lassen sie sich nach Possenhofen übersetzen »wo vor lauter Münchnern nur mit Noth ein Mittagbrod zu haben.« Auch in Starnberg war »in den Wirthshäusern fast kein Unterkommen mehr«, die Stellwagen Richtung Oberammergau sind sogar für den nächsten Tag schon ausgebucht, und nur der zufällig auftauchende Stiefsohn Franz »überließ seinen schon gestern bestellten Omnibusplatz der Schwester Emma. Neumann und Frau blieben bey Pellet. Franz und ich giengen von 6-10 Uhr im Regen nach München.«

Die Passionsspiele, deren Rückstau bis Starnberg sich in der Schilderung zeigt, haben viele Zeitgenossen durch Starnberg geführt, auch der Wasserweg auf dem See war geschätzt.

Der Orientalist Karl Friedrich Neumann (1793–1870) gehört zu den engen Freunden Schmellers. Sie werden auch viele politische Anschauungen geteilt haben. Für Schmellers liberale, demokratische Denkweise gibt es genügend Hinweise in den Tagebüchern. Neumann aber gerät 1848 mit seiner politischen Einstellung (offenbar hatte er bei den Umwälzungen mehr erwartet als einen Thronwechsel) ins Abseits. Er kommt zunächst nicht auf eine Kandidatenliste für die Frankfurter Verfassungsversammlung, als Folge seiner »Äußerungen zu Gunsten der Arbeiter ... Man wirft ihn ohne anderes in Einen Topf mit den Herwegh-Heckerschen Wühlern«[52], also einer radikaler demokratischen, militanten Richtung, die Schmeller zu weit ging. 1849 muss Neumann München verlassen und geht nach Berlin. Schmeller selber »candidiert«, erfolglos, auf der Liste des Freysinnigen Vereins.

Mit Pferdepost, Dampfer und Eisenbahn

Verärgert äußerst sich Schmeller über eine Fahrt im Herbst 1844 mit dem einige Jahre zuvor eingerichteten »Eilzug«, einer Pferdepost, von Innsbruck über Starnberg nach München, weil er sich übervorteilt glaubt und gerädert ankommt.

Noch einmal zurück zur eingangs erwähnten Fahrt Schmellers 1851 mit dem »Würmsee Dampfboot« Maximilian, der als erster Dampfer auf dem See im Mai des-

Abb. 37: Das »Dampfboot« Maximilian, Darstellung von Will von Gaessler. Fotos des Schiffes sind rar.

selben Jahres seine Fahrten aufgenommen hatte: Vermutlich soll das »ganz vergnüglich« den am wenigsten beschwerlichen Teil seiner Reise bezeichnen, die Wagenfahrten von München her und weiter ab Seeshaupt waren schon für Gesunde anstrengend, wie viel mehr dann für den durch einen Unfall gezeichneten Schmeller. Diese seine Reise geht von Seeshaupt weiter zu Freund Martius, der sich in Schlehdorf einen Zweitwohnsitz eingerichtet hat. Dessen Familie und der junge Hauslehrer Schöppner, ein Erforscher bayerischer Sagen, kommen ihnen unterwegs entgegen.

Wenige Jahre später nimmt **August Heinrich Hoffmann von Fallersleben** (1798–1874) denselben Weg, kann aber schon die Eisenbahn bis Starnberg benutzen, reist von hier mit dem Dampfer weiter (und trägt sich mit dem Spruch »Heut und immer« ins Bordbuch des Maximilian ein[53]). Ab Seeshaupt (wo er übernachten muss und Renken probiert) schaukelt ihn ein kopfweherzeugender Bauernwagen nach Iffeldorf zur Familie Dessauer, wo er einige Wochen verbringt. Einmal kommt auch Martius aus Schlehdorf herüber, und sie erinnern sich – Martius wird vom letzten Besuch erzählt haben – an ihren gemeinsamen Bekannten Schmeller, wie Fallersleben in seinen Lebenserinnerungen festhält.[54]

Auf dem Weg zum Passionsspiel

»Im September 1840 machte das Passionsspiel in Oberammergau, von welchem damals im Auslande noch wenig und selbst in Bayern nicht viel geachtet wurde, auf Ringseis und seine Frau [einen] hochbedeutenden Eindruck«, schrieb zwar Bettina Ringseis, als sie die Erinnerungen ihres Vaters, des Arztes Johann Nepomuk Ringseis (1785–1880, Leibarzt und Reisebegleiter Ludwigs I.) aus Tutzing, aufzeichnete. Anderen Berichten zufolge aber konnte sich das Passionsspiel in diesem Jahr des Ansturms der Fremden kaum erwehren, die Fahrgelegenheiten waren ausverkauft oder übertsteuert, und die Gasthäuser unterwegs konnten die Essenswilligen manchmal kaum beköstigen. Das schildert Schmeller, wie erwähnt, recht drastisch, und er gibt schließlich in Starnberg den geplanten Besuch der Spiele auf.

Abb. 38: Clemens Brentano, nach einem Gemälde von Emilie Linder, um 1835.

Abb. 39: Beginn des Prologs der ältesten erhaltenen Fassung des Oberammergauer Passionsspiels, die der Starnberger Georg Queri 1910 herausgab.

Der Weg von München führte viele Passionsspielbesucher ein Stück weit über unseren See, weil so bequemer zu reisen war als auf den holprigen Straßen. **Guido Görres** (1805–52, Publizist und Dichter aus dem Freundeskreis Graf Poccis) hatte bei der vierstündigen Bootsanreise zu den Spielen 1840 gar »Zeit genug, uns mit den Geistern der Wellen und Wogen, die uns rauschend dahin trugen, zu besprechen«, sodass ihm schließlich »die Seele [als] die bewegte See des Geistes« erschien.
1840 hatte sich die zuvor oft skeptische Sicht auf die Passionsspiele gewandelt. Lang vorbei ist die Zeit, als sie, diffamiert als abergläubischer Unfug, sogar verboten waren. Über gläubiges Schauen und religiöse Belehrung im Spiel hinaus werden sie in engem Zusammenhang von religiösem Kultus und Kultur gesehen. Guido Görres gilt dafür als früher Zeuge. In den von ihm kurz zuvor mitbegründeten *Historisch-politischen Blättern für das katholische Deutschland*, aus denen die obigen Zeilen stammen,[55] äußert er sich mehrmals zum Passionsspiel. Fast ein Jahrhundert lang ist die Zeitschrift Sprachrohr für entschieden katholische Stellungnahmen zu vielen Themen.
Ein anderer literarisch bedeutender Besucher im Sommer 1840 ist der bereits oben erwähnte Clemens Brentano. Allerdings nicht auf die An- oder Abreise zu den Spielen bezieht sich die folgende Briefstelle:

Auf dem Weg zum Passionsspiel 55

»Barmherziger Freund! Ich habe, seit Sie in Starnberg [von mir] geschieden,[56] nicht aufgehört, in innerer Not und Trauer zu leben. Ich habe viel zu Gott geschrien, barmherzige Menschen ... haben für mich gebetet ... ich bin so eigentümlich arm ... Ich weiß nur, daß ich leide und mir nicht helfen kann und Sie um Hilfe anflehe.«[57]

Dieser Brief ist (Ende?) 1840 an Daniel Bonifaz Haneberg gesandt, seit einem Jahr Theologieprofessor in München und bei der Begegnung erst 24 Jahre alt – Brentano selbst 62. Seit sein vorheriger Münchner Hauswirt die Wohnung aufgab, ist Brentano zutiefst verunsichert. »Ach hochwürdiger Freund! und es hängt gewissermassen alle mein Friede und die Möglichkeit, meine Aufgabe zu lösen, davon ab, daß Sie in meiner Nähe sind«, schreibt er am 23. September 1840 an Haneberg, bei dem er nun noch zwei Jahre Wohnungsgemeinschaft findet. In dieser Zeit arbeitet er an der Herausgabe der Protokolle der Visionen der Katharina Emmerick, wobei Haneberg als Orientalist mitwirkt,[58] z. B. kabbalistische Entsprechungen in den Visionen findet und schließlich testamentarisch die Verfügungsrechte über diese Manuskripte Brentanos erhält. (Der Märchennachlass wird Guido Görres anvertraut.)

Bis zur Mitte des 19. Jahrhunderts hat die nun ausklingende, romantisch geprägte Epoche die Grundlagen geschaffen für Ideen von Volk und Volkswillen, von Demokratie und von einem geeinten Staat der Deutschen. Doch auch das gehört zum jetzt Neuen: Die wachsende Bevölkerung, rasche Verkehrsmittel (Eisenbahn) stehen in Wechselwirkung mit neuartigen Produktionsweisen. Das beginnende Industriezeitalter schafft gesellschaftliche Konflikte. Der steigende Rohstoffbedarf lässt Kolonialwünsche entstehen, Expansionsdenken aber wird schließlich in einen die Welt ergreifenden Krieg münden.

Literatur, Künste und Musik reagieren in vielfältiger Weise auf diese Veränderungen der Moderne. Auch die Werke von Autoren unserer Heimat legen davon Zeugnis ab.

Abb. 40: Kolorierte Lithographie zum Oberammergauer Passionsspiel, vermutlich 1860.

... ganz im Geiste des »Kasperl-Grafen«: Das Starnberger Marionettentheater

von Egon Blädel und Wolfgang Pusch, Mitbegründer des Marionettentheaters

»Für mich gehört der Kasperl Larifari an den Starnberger See«, sprach der Münchener Marionettentheaterliebhaber Dr. Arnulf Gnam eingedenk der Tatsache, dass diese lebensfrohe und humorige Figur eine Schöpfung des in Ammerland ansässigen Franz Graf von Pocci ist. Mehr als 50 Komödien erdichtete Pocci für seinen Larifari und das Münchener Marionettentheater von »Papa Schmid«. Er begründete damit die Tradition eines volkstümlichen, den groben Dultkasperliaden gegenüber anspruchsvoll verfeinerten Marionettenspiels.

Arnulf Gnam lag daran, diese Tradition fortgeführt zu sehen, gerade hier, wo deren geistiger Urheber lebte – und es ist ihm zu verdanken, dass Kasperl Larifari an den Starnberger See zurückkehren durfte. Seit Kindheit schon begeisterter Pocci-Verehrer und leidenschaftlicher Sammler künstlerisch gestalteter Marionetten, vermachte Gnam der Stadt Starnberg 1985 einen ansehnlichen Fundus von rund 300 Figuren, der überwiegend auf die Theaterstücke Graf Poccis abgestellt ist.

Für die Stadt Starnberg war diese Schenkung Anlass zur Gründung eines eigenen kleinen Marionettentheaters. In einem speziellen Kurs der Volkshochschule Starnberger See fand sich im Herbst 1986 eine Gruppe von Amateuren zusammen, die sich unter professioneller Anleitung das nötige Können erarbeiteten. Mit der Premiere des Stückes *Das tapfere Schneiderlein*, wurde dann bereits im Dezember 1986 das Starnberger Marionettentheater aus der Taufe gehoben.

Der beachtliche Anklang beim Publikum bewies, dass die Fortsetzung der Pocci-Tradition Erfolg versprach, und man fühlte und fühlt sich dieser auch verpflichtet – eine Verpflichtung, mit der sich allerdings auch die Forderung verbindet, dem Über-

Abb. 41: Der Kasperl Larifari.

lieferten einen zeitgemäßen Rahmen zu geben. Die Theatergruppe stellt sich daher auch gerne der Aufgabe, Poccis Stücke sprachlich zu überarbeiten, denn so manche von ihm benutzten Wortspiele und Begriffe würden heute kaum mehr verstanden oder zumindest als antiquiert empfunden. Dabei gilt es natürlich, das inhaltlich zeitlos Gültige zu bewahren – zeitlos, weil Poccis Komödien thematisch der Märchen- und Fabelwelt entstammen und sich auch heute noch ungebrochener Beliebtheit erfreuen. Und kein anderer Stoff ist so vorzüglich für ein Marionettenspiel geeignet, das Jung wie Alt gleichermaßen ansprechen möchte.

Mit seinem Kasperl Larifari schuf Pocci eine Figur, die diesem Anspruch ideal gerecht wird, hierzulande nicht zuletzt dank ihrer stark bayerischen Prägung. Scheinbar nur Begleitfigur und eher Anti-Held als Held, lockert Kasperl humorig und keinesfalls so naiv, wie er sich gibt, die Spielhandlung auf. Seine verschmitzten Wortverdrehereien amüsieren auch die Erwachsenen.

Bezeichnenderweise begeistern sich an den Aufführungen des Starnberger Marionettentheaters regelmäßig mindestens ebenso viele jung gebliebene Erwachsene wie Kinder, vor allem wohl auch ob Poccis teils anspruchsvoller Texte und differenzierter Handlungsabläufe, womit sich das Marionettentheater ja ganz allgemein vom Kasperle-Handpuppenspiel unterscheidet. Für das Starnberger Marionettentheater erweisen sich das Aufgreifen und die Pflege der Pocci-Tradition über nun schon mehr als 20 Jahre hinweg als sehr erfolgreich, weshalb die Mitwirkenden auch bei Märchenbearbeitungen und Eigenschöpfungen stets bestrebt sind, diesen den Geist des »Kasperl-Grafen« einzuhauchen, was dem Publikumsecho zufolge offenbar gelingt.

Nach wenigen Jahren schon konnte sich das Theater (mit weit über 1000 Besuchern je Spielsaison) im Kulturgeschehen der Stadt Starnberg ansehnlich behaupten. Ein schöner Erfolg, wenn man die provisorischen Anfänge bedenkt. Unterstützung durch die Stadt und andere Förderer war dafür ebenso unverzichtbare Voraussetzung wie die engagierte Arbeit aller Mitwirkenden, von denen ein »harter Kern« mit viel Idealismus und Begeisterung so manche Freizeitstunde der schönen Sache widmet. Denn viel Arbeit bleibt dem Publikum ja verborgen: Textbearbeitung, Bühnenbildentwürfe, Kulissenbau, Tonaufnahmen und Spielproben, um nur einiges zu erwähnen – ehe sich der Vorhang zur Vorstellung hebt.

Mitte 19. Jahrhundert bis zum Ersten Weltkrieg

Abb. 42: Das Landhaus Schleich auf dem Mühlberg, unbekannter Künstler, um 1890/95. Schleich leitete die Villenbebauung am Mühlberg ein. Sein Leben und schriftstellerisches Werk umfassen in etwa den Zeitraum dieses Kapitels.

1848 zieht vorüber

Wenn am Ende des »Romantischen Zeitalters« die religiöse Erneuerung im Passionsspiel (1840) stand und der Anfang des neuen Kapitels über die Jahrhundertmitte, besonders aber über das Jahr 1848 fast ohne anzuhalten hinwegsetzt, so deshalb, weil das genannte Jahr und sein Revolutionsbeben am See kaum einen Widerschein hat. Schon für München und Umgebung ist die revolutionäre Situation überlagert, ja verdeckt von den filmreifen Ereignissen um Lola Montez (kein Wunder, dass man – vergeblich – nach Spuren von Lola Montez am See sucht). Aus Tutzing sind sozusagen »revolutionäre Prügeleien« gegen Bedienstete des Schlosses überliefert, von Josefranz Drummer in Episoden mit humorvollem Unterton geschildert[1] – aber sonst?

Unter den Besuchern von Starnberg und dem See ist natürlich gelegentlich einer, der den Ereignissen und Ideen von 1848/49 näher stand, etwa weil er dem **Paulskirchen-Parlament** angehörte oder dafür kandidierte. Zu nennen wären hier (oder werden noch erwähnt): Schmeller (hätte für die Freysinnigen kandidieren sollen[2]), Karl Friedrich Neumann (hätte kandidieren wollen), Jakob Philipp Fallmerayer und Wilhelm Heinrich Riehl (waren Abgeordnete). Die Parteibezeichnungen, die der nächste Abschnitt schon verwendet, bilden sich erst allmählich heraus, zunächst waren die parteiähnlichen Gruppierungen mehr durch ihre Trefflokale bezeichnet.

Noch erwähnt sei in diesem Zusammenhang der Maler **Maximilian Haushofer** (1811–66), ein sonst als Autor vergessener

(Gelegenheits-)Dichter zu den Ereignissen von 1848/49, der unter Pseudonym ein Gedicht auf das Revolutionsjahr (in Prag) veröffentlichte und von dem, einem liberal gesinnten Demokraten, der Ausspruch überliefert ist: »Lieber keine Kunst als kein Vaterland!« Ihn tragen im April 1866 seine beiden Söhne auf einer Bahre todkrank nach Starnberg, wo er sich etwas erholt und noch einige Monate lebt und zeichnet, bevor er am 24. August stirbt.[3]
Der zitierte Satz deutet bereits die Schwerpunktverschiebung von »demokratisch« zu »vaterländisch« an, die nach dem Scheitern einer demokratisch vorbereiteten Reichseinigung eintritt und unabhängig von sonstigen Parteiungen weit verbreitet ist. Als Beispiel dafür soll der Schriftsteller Ludwig Steub dienen, der nicht nur aus dieser Zeit eine launige Schilderung von einem Starnbergbesuch hinterlassen hat. Noch besser kann man die Zeitstimmung aus seinen Sommeraufenthalten am See

Abb. 43: Max Haushofer, Maler und Professor in Prag, starb 1866 in Starnberg.

Geschichtliche Rahmendaten

1830 Revolutionäre Unruhen in Teilen Europas
1840–42 Reiseschilderungen Ludwig Steubs im *Stuttgarter Morgenblatt* u.a. zu Starnberg
1848 Revolution; Abdankung Ludwig I.; Lola Montez muss Bayern verlassen
1848/49 Deutsche Nationalversammlung in der Frankfurter Paulskirche
1854 Eröffnung der Bahnlinie München–Starnberg
1862 Freiwillige Feuerwehr Starnberg gegründet
1866–69 Schriftliche Erfassung der Flurnamen im Raum Starnberg
1870/71 Deutsch-französischer Krieg; Reichsgründung
1875 Gründung der Starnberger Heimatzeitung *Land- und Seebote*
1876 In 181 Tagen werden 133 604 Fahrgäste auf dem See befördert
1884 Der Starnberger Bahndamm wird um 70 cm erhöht und erweitert
1885 Berliner Konferenz zu Kolonialfragen
1886 Tod Ludwigs II.
1893 Das erste Telefon in Starnberg
1905 Eröffnung des Wellenbads *Undosa*
1908 Eulenburg-Prozess in Leipzig
1909 Gründung eines Freibads am Würmausfluss
1911 Gustav Meyrink zieht nach Starnberg (1913: *Des Deutschen Spießers Wunderhorn*, 1915: *Der Golem*)
1912 Starnberg wird zur Stadt erhoben; Georg Queri: *Kraftbairisch*; infolge des *Titanic*-Untergangs werden alle Dampfschiffe überprüft
1913 Begründung der Anthroposophie durch Rudolf Steiner
1914–18 Erster Weltkrieg

herausdestillieren, allerdings ein Stückchen abseits von Starnberg, in Tutzing.

Vaterländische Biertischgespräche

Das »engere Vaterland« Bayern, in das Schmeller 1844 auf einer verregneten Eilwagenfahrt von Innsbruck her einreist, findet sich wörtlich und sinngemäß auch bei **Ludwig Steub** (1812–88), doch schärfer akzentuiert: »Nach unseren jetzigen Begriffen vom Vaterland müssen die Schulkinder diesseits des Inns jene Siegestage bejubeln, welche die Schuljugend auf der anderen Seite beweint.«[4]

Ludwig Steub, ein namhafter und gleichwohl vergessener bayerischer Schriftsteller des 19. Jahrhunderts, der mit viel Witz und nicht immer sanfter Ironie Tirol und Bayern (sowie Griechenland und anderes) bereiste und beschrieb, der mit dem Erfolg seiner Bücher jedoch nie recht zufrieden sein konnte, hat unsere Gegend zwischen 1840 und 1861 mehrfach besucht, in seine immer wieder veränderten Schilderungen aufgenommen und dabei den Wandel, z. B. durch den Eisenbahnbau, festgehalten.

Sein erster Artikel zu Starnberg erschien im *Stuttgarter Morgenblatt* zwischen 1840 und 1842. 1850 fasst er ihn mit anderen zusammen: *Aus dem bayerischen Hochlande*[5] heißt die Sammlung. Nach der Vermählung mit Emma von Lichtenstein 1851 hat er Tutzing mehrmals als Sommerfrische gewählt. In der stark erweiterten Neuausgabe von 1860, *Das bayerische Hochland*[6], ist deshalb aus dem Starnberg-Text ein ausführlicher Artikel im Reisebegleitbuch geworden, das jetzt auch Begegnungen und Biertischgespräche erwähnt.

Manche Bemerkungen in seinen Werken spiegeln das allmählich sich wandelnde und erstarkende **Nationalbewusstsein**. Er selbst, beileibe noch kein Chauvinist, verändert sich: vom jungen Mann mit fortschrittlichen, liberalen Ansichten, den sein (späterer) König Ludwig I. bei Studentenunruhen 1830 enttäuscht hat, zum eher nationalen Konservativen, dessen Hoffnungen, wie die vieler anderer, auf ein demokratisch geeintes Deutschland anstelle der Kleinstaaterei 1848 vergingen.

Die Visionen der Bernrieder Nonne Herluca, »welche die Geschicke des deutschen Reiches fast bis auf unsere Zeit vorausgesehen haben soll – eine Prophetengabe um die ich sie leider nicht beneiden kann«[7], verwendet er für seine Klagen. Die Prunkflotte um den *Bucentaur* lässt ihn an die mangelhafte deutsche Flotte seiner Gegenwart denken. Und das fehlende Ge-

Abb. 44: Diese Wirtshauszecher zeichnete Ludwig Steubs Neffe Fritz Steub, der zeitweise in Starnberg wohnte.

schichtsbewusstsein, verglichen mit Eindrücken aus griechischen Dörfern (wo man ihm stolz die Namen der Großen aus dem Dorfe nannte), beklagt er, wenn ihm niemand in Tutzing etwas von Konrad dem Tuzzinger[8], Marstallmeister Ludwigs des Bayern, zu sagen vermag.

Manchmal hängt er auch zu lange an Überlebtem. Seine im Jahr 1858 gedruckten *Deutsche Träume* – Jugenderinnerungen – gelten bei Erscheinen schon als anachronistisch, weil sie zu emotional an »vormärzlichen Zuständen« festhalten, während sich inzwischen – auch und besonders in der Literatur – schon eine realistischere Sichtweise ausgebreitet hat.

Steubs **Tutzinger Biertischrunden**, die er 1860 beschreibt – er wohnt beim Bierbrauer Kerzel – sammeln örtliche und Sommerfrischler-Intelligenz, und er weiß sich mit vielen von ihnen einig im Beklagen der Zeitumstände, insbesondere der staatlichen Zerrissenheit. »Was aber war unser Gerede und was besprachen wir am liebsten? Natürlich das deutsche Vaterland und die Schwierigkeit, es in die Höhe zu bringen.«[9]

Es lohnt, sich einige Tischgäste näher anzusehen: aus dem Dorf Pfarrer Freytag, ein Franke, dazu der Wirt und Brauer sowie der Gräfl. Viereggsche Gutsverwalter; unter den Erholungsuchenden Dr. Völk aus Friedberg, Gegner der Regierung von der Pfordten und später ein erklärter Bismarckanhänger; Melchior Meyr, ein Dichter aus dem Ries, der aus dieser Landschaft die Inspiration für seine Dorfgeschichten zieht und vermutlich gerade an seinem Roman *Vier Deutsche* arbeitet, mit fiktiven Porträts aus den letzten Jahrzehnten; des Weiteren der Schriftsteller **August Becker** (1828–91) aus der Pfalz. Lange war er in München ansässig und dort Redakteur der *Isarzeitung*, des Organs der sogenannten Großdeutschen Partei. Später nennt man ihn den Begründer der pfälzischen Volkskunde, der über das Verhältnis von Pfälzern und Franzosen nachdenkt, das Elsass wiedergewinnen will und eben auch zum Aufbau des Feindbildes der Franzosen beiträgt. Mit der Erzählung *Der Nixenfischer vom Starenberger See* hat er unserer Gegend seine Reverenz erwiesen. Jakob

Abb. 45: »Banzenstechen«. Gemälde von Josef Wörsching, 1874.

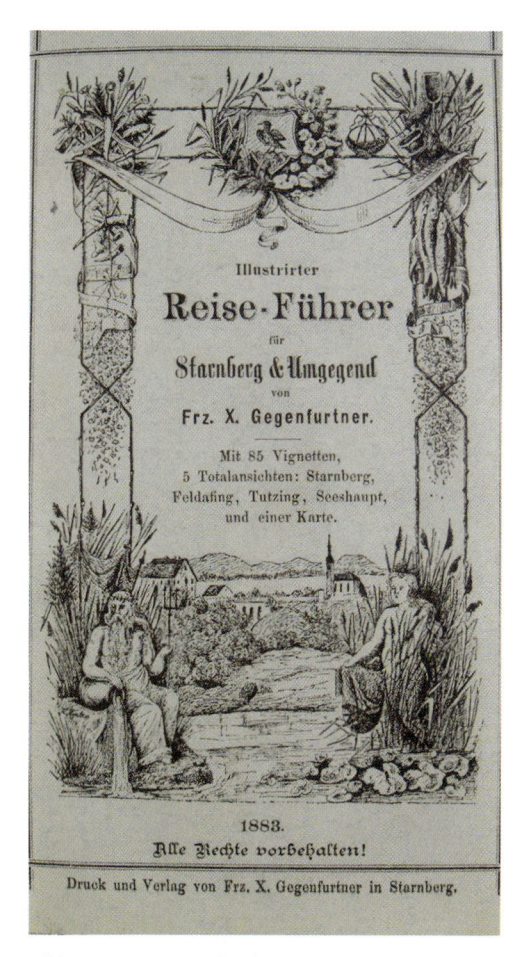

Abb. 46: Der Begründer des Land- und Seeboten, *Franz Xaver Gegenfurtner, verfasste auch einen lokalen Reiseführer für Starnberg.*

> ### Frühe Reiseführer
>
> Zum Reiseschriftsteller Steub passt diese Gattung von Büchlein: Als um die Mitte des 19. Jahrhunderts mit der Dampfschifffahrt auf dem Würmsee und der Eisenbahnanbindung kurz darauf der Ausflüglerverkehr Richtung Starnberg stark anwächst, entfaltet sich auch ein reiches Angebot von Reiseführern[15] dafür und im größeren Gebietsrahmen. Manche Textstellen können dabei die Herkunft von Westenrieder nicht verleugnen.

Philipp Fallmerayer (der bereits erwähnte »Fragmentist«) ist dabei, ein früher Gegner Russlands, der es begrüßt, wenn dessen Macht durch Aufbegehren von Volksgruppen wie der Tscherkessen geschwächt wird – ein langwirkender Gedanke mit geradezu paralleler Aktualität. 1849 fällt er aus der Huld des Königs, als er, nach Frankfurt gewählter liberaler Abgeordneter, dem Rumpfparlament der Paulskirche nach Stuttgart folgt und sogar steckbrieflich gesucht wird – in *Herbsttage aus Tirol* hat ihm Steub ein literarisches Denkmal gesetzt. Der Verleger Rudolf Oldenbourg sitzt mit am Tisch (er verlegt auch Steub), desgleichen General[musik]direktor Franz Lachner[10]. »In der konstitutionellen Luft Bayerns« erholt sich Dr. Joseph Streiter aus Bozen (er wird dort 1861 Bürgermeister), mit Steub durch Tiroler Geschichtsforschungen wie durch antiklerikale Haltung verbunden, und es ist hier erwähnenswert, dass Steub sich – nach einer ausgedehnten Begehung entlang der Sprachgrenze 1844 – tatkräftig für das Schulwesen der Deutschen in Südtirol einsetzt.

Die Fortführung 1862 (*Wanderungen im bayerischen Gebirge*[11]) beschreibt das *Landwirthschaftliche* **Fest zu Starenberg.** Steub leitet seinen Aufsatz[12] durch einen boshaften Vergleich landwirtschaftlicher Feste mit Akademiesitzungen ein, erklärt Starnberg (»es ist noch unser«) fest in Münchner Hand, seit Westenrieder es als erster Tourist besucht habe, vermeidet aber bei den Gasthausgesprächen im Pellet betont ein Aufreißen von Gräben zu Norddeutschen – in einer Zeit, als die Nord-Süd-Spannungen in Deutschland wachsen. Schließlich malt er liebevoll die Umrahmung des Ereignisses: den Bootsfestzug mit den örtlichen Honoratioren (von Miller, Mayer von

Mayerfels), Segelrennen, Fischerstechen, Feuerwerk. Der wachsenden Zwietracht im deutschen Vaterland gelten Randbemerkungen, doch, tröstlich für ihn, am Wirtstisch »erscholl am letzten Abend noch Arndts deutsches Lied mit lauter Kraft«[13] (gemeint ist: *Was ist des deutschen Vaterland?*).

Dem Eindruck einer zu einseitigen nationalen Ausrichtung muss aber doch auch etwas entgegengesetzt werden. In seinen *Altbaierische Culturbildern*[14] äußert sich Steub mit deutlichen Worten und Auffassungen, seiner Zeit ein Jahrhundert voraus, zu den Morden an Juden als Hintergründen des Deggendorfer Gnad-Festes. Er zieht sich dabei nicht nur scharfe Repliken der katholischen Kirche zu (die er nicht widerspruchslos hinnimmt), auch Freunde und Leser mögen ihm da nicht unbedingt folgen (Felix Dahn etwa schrieb, die *Culturbilder* hätten weniger Beifall gefunden.) Erst im Advent 1993 übrigens bat der Regensburger Bischof die Juden von Deggendorf förmlich um Vergebung des ihnen in der Vergangenheit angetanen Unrechts.

Flucht vor der Cholera

Akteur der folgenden Begebenheit ist ein im März 1854 von König Maximilian II. nach München berufenes »Nordlicht«. Im Sommer 1854 kann Starnberg einen Gast aufnehmen, der mit der frisch angetrauten Ehefrau – wie andere Münchner auch – vor der Choleraseuche ins Umland flieht. Schwiegereltern und Schwager folgen bald nach.

Starnberg ist freilich bereits die zweite Station dieser Flucht des Ehepaars **Paul Heyse** (1830–1914); im idyllisch gelegenen Fischerhaus in Possenhofen »unter den herrlichen Buchenschatten des Sees« wäre es zwar viel schöner gewesen, aber die

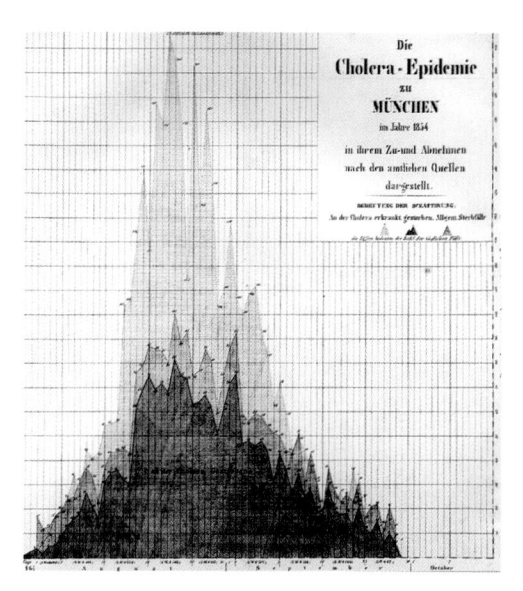

Abb. 47: Die Sterblichkeit bei der Münchner Cholera-Epidemie von August bis Oktober 1854.

»Frau Fischmeisterin in Possenhofen, die ein Wirthshaus hielt, war sehr unzufrieden damit, dass wir den Anspruch machten, für unser gutes Geld täglich von ihr gespeis't zu werden, da sie es ›gottlob nicht nöthig hatte‹, von den Fremden zu leben. Sie hoffte uns daher durch möglichst ungenießbare Kost wegzuhungern, was ihr aber erst nach beharrlicher ausgesuchter Bosheit gelang. In Starnberg, wohin wir flüchteten, wurden wir besser gefüttert; es war aber nicht mehr unser stilles lauschiges Nest unmittelbar am Seeufer mit dem Blick auf die herüberschimmernde Alpenkette.«[16]

In Starnberg trifft sich Heyse noch mit dem Schriftsteller und Redakteur Julius Grosse, als der auf dem Rückweg von Bernried, seinem Cholera-Fluchtort, durch Starnberg kommt.[17]

Heyse und Grosse gehören wenig später in München zu den wesentlichen Initiatoren des Münchner Dichterkreises »Die Krokodile«[18]. 1910 wird Heyse als erster Deutscher den Nobelpreis für Literatur verliehen bekommen.

Abb. 48: Eine historische Postkarte, die jetzt wieder im Handel ist, zeigt den Starnberger Bahnhof mit Dampfersteg. Für den König gab es im Bahnhofsgebäude einen eigenen Warteraum.

Könige, Dichter, Komponisten

Bekanntlich scheiterten 1848 Ansätze, demokratische Staatsstrukturen durchzusetzen; noch 70 Jahre bleiben Monarchen, Könige und Regenten, die Staatsspitze Bayerns. Es ist also berechtigt, sich dem Thema Könige und Dichter bzw. Komponisten zuzuwenden, dabei die Mehrdeutigkeit dieses Begriffspaares beachtend.

1. Könige dichten zuweilen
Es sind Verse von Ludwig I. und Ludwig II. von Bayern bekannt. Besonders produktiv war Ludwig I., seine Beziehung zu unserem Seegebiet ist jedoch leider äußerst karg. Bei all seinem sonstigen Architektur- und Kunstsinn bleiben die literarischen Produkte hölzern, sperrig, zwangsgereimt. Ludwigs von religiöser Geschichtsauffassung und nationaler Erwähltheit durchdrungenen Schauspiele sind inzwischen gedruckt zugänglich gemacht.[19]
Der belesene **Ludwig II.** war wegen mancher seiner auffällig klingenden Aussprüche, die sich bei näherer Betrachtung[20] oft als Dichterzitate und Anspielungen herausstellen, vielen Missverständnissen ausgesetzt. Das gilt für Tagebucheinträge ebenso wie, besonders, für Briefstellen. Starnberg-Bezüge findet man z. B. im Briefwechsel mit Cosima Bülow/Wagner. Kaiserin Elisabeth, die Cousine und Vertraute Ludwigs II. (nicht nur durch ihre Kindheit und Jugend unverzichtbar mit unserem See verbunden), hat in einem umfangreichen Gedichtwerk, inspiriert von den Gedichten Heines, den sie hoch verehrte, ihrer Gefühlswelt Ausdruck gegeben. Von der jung verstorbenen Tochter Ludwigs III. von Bayern, Prinzessin Mathilde, verehelichte von Sachsen-Coburg-Gotha, erschien posthum ein mehrfach aufgelegter Gedichtband (meist in limitierter An-

zahl und erlesener Gestaltung): *Traum und Leben. Gedichte einer früh Vollendeten*[21]. In der kleinen Kapelle von Gut Rieden erinnert ein Rotmarmorepitaph an sie.

2. Um Könige scharen sich Dichter

Dies ist eine vielschichtige Aussage. Könige können Dichter an sich ziehen, etwa weil sie wortmächtige Sprachrohre für ihre Absichten brauchen. Bekannt sind die Dichter, die Max II. nach München berief, die er zu seinen Symposien einlud, und von denen sich viele in der Dichtergesellschaft »Die Krokodile« zusammentaten. Wiederholt gedruckt ist die Schilderung, die **Hans Christian Andersen** (1805–75) von einer Einladung des Königs zum »Jagdschloß Starnberg« und dabei von einer Bootsfahrt zur Roseninsel gemacht hat. Es geschah vermutlich im letzten, bescheidenen, noch erhaltenen Vertreter der Prunkschiffe unseres Sees, dem *Delphin*. Der Dichter las der Gesellschaft mit dem König unterwegs eines seiner Märchen vor.[22] Unter Heranziehung der Tagebücher Andersens hat Dirk Heißerer zu diesem Besuch Näheres ermittelt.[23]

Die Roseninsel selbst war von Max II. 1850 gekauft, danach durch Ausgrabungen ausführlich erforscht worden. Andersen schreibt, neben der neuerrichteten Villa auf der Insel »hatte man einen großen Hügel durchgegraben, den man für ein Hünengrab hielt, wie die bei uns im Norden; hier hatte man Knochen und ein Messer aus Flintenstein gefunden.« Zu diesen Ausgrabungen ist seinerzeit ein Buch des Starnberger königlich bayerischen Landrichters Sigmund von Schab[24] erschienen – ihn hat also das anregende Umfeld des Königs zum Autor gemacht.

Auch der von Andersen erwähnte Begleiter auf der Fahrt, der Geheime Legationsrat **Wilhelm von Dönniges** (1814–72), ist eine interessante Persönlichkeit. Als Historiker gab er grundlegende Quellenwerke zur mittelalterlichen Geschichte heraus, aber auch eine Sammlung von Volksballaden. Er war federführend bei Berufungsverhandlungen nach München. Als Mitinitiator der Triasidee, d. h. eines anzustrebenden Zusammenschlusses der kleineren deutschen Mittelstaaten zwischen Preußen und Österreich, versuchte er, auf die deutsche Frage in besonderer, bayerischer Weise Einfluss zu nehmen.

In einer monarchischen Gesellschaft ist der König die am stärksten herausgehobene Person. Wer sich eng um den König schart, ist selbst herausgehoben oder empfindet

Abb. 49: Das 1834 für Ludwig I. gebaute Ruderschiff Delphin, *Glanzstück im Museum Starnberger See.*

Abb. 50: Das – fiktive – Starnberger Schloss als Illustration in Franz Trautmanns »Volksbuch« vom Herzog Christoph.

sich so. Die Verlockung, die eigene Erinnerung an diese herausgehobene Zeit niederzuschreiben, ist groß. Natürlich erhellen solche Memoiren in wertvoller Weise die Zeit. Ein Beispiel ist **Louise von Eisenhart** (1827–1901), Tochter des Dichters Franz von Kobell und Gattin des Kabinettchefs Eisenhart unter Ludwig II. Ihr Buch überschreibt sie *Unter den vier ersten Königen Bayerns*[25]. Bezeichnenderweise brechen die Aufzeichnungen praktisch ab, als Ludwig II. den Kabinettchef Eisenhart 1876 entlässt. Nur noch wenige Bemerkungen reichen bis zu Ludwigs Tod. Der vierte König ist für sie Otto I., der, seiner Geisteskrankheit wegen isoliert, in Schloss Fürstenried den Tod erwartet.

Reizvoll sind ihre Schilderungen der Sommeraufenthalte Ludwigs II. in Schloss Berg mit dem Hoflager, die der Gemahl im Bureau in der Kabinettsvilla, Eisenhart mit den Kindern in den Ferien zur Miete in Leoni oder Berg verbringt. Der Dichter Hackländer ergötzt die Gesellschaft mit unterhaltsamen Erzählungen, Ludwigs zeitweiliger Adjutant Varicourt gibt Parodien zum Besten (wenige Jahre später endet er durch Selbstmord). Auch vom Tod von Prinz Karl und seiner Beisetzung in Starnberg-Söcking berichtet sie.

Ein weiterer hier zu nennender Autor kommt aus dem Umfeld der königlichen Großfamilie: **Franz Trautmann** (1813–87) war zeitweilig als Sekretär des Prinzen Karl[26] tätig und wird sich in Starnberg aufgehalten haben. Vermutlich hat er dabei lokale Anregungen erhalten für die in und um Starnberg spielenden, wohl fiktiven Episoden in seinem »Volksbuch«, wie er es nennt, *Die Abenteuer Herzog Christophs von Bayern, genannt der Kämpfer.*[27] Das Starnberger Schloss, die Karlsburg und Petersbrunn sind Schauplätze, das Fischergeschlecht der Doll kommt vor. Christophs Eltern, Herzog Albrecht III. und Anna von Braunschweig, halten sich häufig im Starnberger Schloss auf.

3. Der Regent als Protagonist

Unübersehbar ist die Literatur über den König, der Märchenhaftes schuf und rätselhaft starb: Nicht wenige Autoren haben sich dafür hier am See umgesehen oder weilten in Fantasie und Vorstellung hier. Darauf einzugehen, würde den Rahmen sprengen. Doch sollen später zwei Autoren (Mori Ogai und Fürst Eulenburg) zu Wort kommen, die quasi Augen- oder Ohrenzeugen des Todestages wurden. Zudem mag an Albert Widemann erinnert werden, zwar kein Buchautor, doch mit lebenslanger Suche nach Details zu Ludwig II. Anreger vieler Autoren.

Neuerdings hat auch der Starnberger Kunsthistoriker Siegfried Wichmann eine Auffälligkeit an einer Kaulbachskizze Ludwigs II. auf dem Totenbett in die Diskussion um die Todesursache eingebracht.

Franz Graf Pocci – Diener dreier Könige

Drei Königen durch hohe Hofämter verbunden und gleichzeitig schöpferisch zu bleiben als Dichter, Komponist, Zeichner – diese Leistung findet sich in Franz Graf Pocci (1807–76). Als er 1844 das Ritterlehen Ammerland erbt – Ludwig I. hat es zwei Jahre zuvor dem Vater Fabrizius Evaristus Graf Pocci verliehen –, ist er für sich und seine Nachkommen in die bekannt enge und lange Beziehung zu unserem See eingetreten, obwohl die Aufenthalte hier gegenüber dem Stadtpalais am Münchner Promenadeplatz seltener sind. Das gilt auch für seinen gleichnamigen Enkel Franz, der aus dem Nachlass des Großvaters herausgab[28] und das künstlerische Gesamtwerk sichtete.[29]

Sein Tagebuch, betitelt *Im Dienste dreier Könige*, sei zu verbrennen, verfügte Franz Graf Pocci, der Urgroßvater des Letzten seines Stammes. Das Ammerlander Gästebuch aber konnte jüngst in Familienbesitz zurückkehren. Es ist ein Zeugnis für die heiter-spontanen gezeichneten oder formulierten Einfälle der Besucher ebenso wie des Gastgebers Pocci selbst.

Die Beziehung Poccis zum See ist leichter über Zeichnungen herzustellen als über Texte. Schon während seiner Zeit als Rechtspraktikant am Starnberger Amtsgericht hat er das Schloss abgebildet. Später zeichnet er sich als Feuerwehrmann (er gründete die Ammerlander Feuerwehr), als Schnak von Ammerland, oder er »derbleckt« die Fischer vom See mit einem Fischballett oder Einbäume ziehend, die die deutsche Flotte verstärken sollten – er, Pocci, als Admiral allen voranschreitend. Auch die Männergesellschaften, denen Pocci angehört, hält er in karikaturhaften Stereotypen fest. Manche dieser Zeichnungen illustrieren Besucher unseres Sees.

Die Ereignisse von 1848 haben den überzeugten Monarchisten Pocci berührt. »›L'état c'est moi‹ zu sagen stünde wohl eher den Völkern als den Regenten zu«, heißt es in einer nachgelassenen Betrachtung[30]. Aber das Jahr 1848 respektive 1849 sei schon vergessen. Andererseits: »Es muß aber Arme und Reiche, Niedere und Vornehme auf der Welt geben, denn die gleiche Austeilung könnte nicht einen Tag, ja nicht eine Stunde bestehen, wenn nicht alles Gewerbe, aller Erwerb, somit überhaupt alle Tätigkeiten des Menschen aufhören soll«, heißt es in seinem *Bauern-ABC*[31].

Mit seiner Hymne zur Thronbesteigung Ludwigs II., mit Vertonungen von Gedichten Ludwigs I., stellt er sich betont in den Dienst der Monarchie.

Eng sind seine persönlichen Beziehungen und seine geistige Verwandtschaft zu konservativ-patriotischen, religiösen, sogar mystischen Kreisen. Mit dem schon erwähnten katholischen Publizisten Guido

Plauderei mit einem gräflichen Fischerstecher

Zu den Erinnerungen, die der Verfasser als persönlich bereichernd empfindet, gehört eine Plauderei mit dem letzten Ammerlander Pocci, die er 1981 führen und 1982 im *Jahrbuch 2* des Fördervereins Südbayerisches Schiffahrtsmuseums Starnberg zu Druck bringen durfte: über das Recht der Pocci, als Besitzer einer Fischereigerechtigkeit des Sees am Starnberger Fischerstechen teilzunehmen, und zwar an dem den Berufsfischern vorbehaltenen Wettstreit.[32]

Und Konrad Graf Pocci (1904–85) rügte mich, bei der Transkription des Tonbandes »Fuchsbichler« und nicht »Furzbichler« geschrieben zu haben!

Görres gibt er einen religiös-weltlichen Festkalender heraus, und er berührt die Geisterwelt des Justinus Kerner (siehe S. 85), was ihm aber von einem anderen nahen Freund, Franz von Kobell, Spötteleien einbringt. Kobell hat sich wie Guido Görres auch im **Gästebuch** der Pocci verewigt.

Für den Kinder- bzw. Lesebuchautor Friedrich Güll illustriert Pocci ein Kinderbuch, aber auch die Bücher vieler anderer stattet er graphisch aus: Werke von Clemens Brentano, Hans Christian Andersen und Herzog Max etwa.

Keineswegs nur zu Kindern sprechen Poccis **Kasperlstücke**, die manchmal auch von ihm in Ammerland aufgeführt werden und jetzt seit Jahren das Repertoire des Starnberger Marionettentheaters bilden[33] (siehe dazu auch den »Hintergrund«-Beitrag von Egon Blädel und Wolfgang Pusch S. 56f.). Mit seinen durchaus erzieherisch gemeinten Seitenhieben gegen zu viel Vernunft und Wissenschaft, wie überhaupt mit seinen verschlungenen Fantasiegebilden und der Fülle kauziger Figuren ist Pocci der Romantik jedenfalls noch ganz verbunden.

Richard Wagner in Starnberg

Richard Wagner (1813–83) unter den Autoren am Starnberger See – das ist nichts Neues. Es braucht wohl kaum erwähnt zu werden, dass Richard Wagner auch zu den Wort-Autoren gehört: Er schrieb ja nicht nur die Texte zu seinen Opern selbst, sondern verfasste auch zahlreiche musiktheoretische und anfechtbare, auf Widerstand stoßende polemische Schriften.

Zwar wird man zunächst an den Wohnaufenthalt in Kempfhausen denken (Mai bis September 1864). Der ehemalige Direktor des dortigen Landschulheims, Heribert Muser, etwa hat aus dieser Zeit einiges zusammengestellt über den Besuch Ferdinand Lasalles bei Wagner und Bülow in Kempfhausen am 16. August 1864 auf seiner Durchreise nach Genf und kurz vor seinem tödlichen Duell mit Rakonitza, dem Verlobten der Tochter Helene des schon erwähnten Geheimen Legationsrates Wilhelm von Dönniges.[34]

Den sehr viel kürzeren und auch in Ärger endenden Aufenthalt in der Prestele-Villa in Starnberg im Mai/Juni 1867 sollte man indes nicht vergessen. Aufzeichnungen dazu macht Wagner in den sogenannten Annalen (für den Zeitraum 1846–1867), die er – zunächst unter Benutzung von nicht mehr erhaltenen Aufzeichnungen – im Februar 1868 niederschreibt.

Der Eintrag in diesen Annalen ist sehr komprimiert, auf München bezo-

Abb. 51: Die Welt von Graf Poccis Kasperl Larifari versammelt sich auf dem Vorhang des Starnberger Marionettentheaters.

Könige, Dichter, Komponisten

gene Teile hier jetzt meist weggelassen:

»22tr. früh 10 Uhr: Starnberg; Villa Prestel. (C.) Dann Berg: König. 5 Uhr zurück. C. am Bahnhof... (Lang. Ovationen.) König verreitend und verreisend. ... – Lohengrin: Tichatsch. – 30 Mai Abends nach Starnberg: Richter, Franz, Anna, Koss. (Mommsen.) Klavierarbeitstisch. ‹Segel u. Wind›. Juni: ... Tichatschecknoth. Düffl. – Hans wüthend. (Cornelius u. Braut.) Starnberg – München. Laube's ‹deutscher Krieg›. – ... König gegen Tichatsch. (Befehle.) ... – 13 Bülow's mit Kindern Villa Prestele. Brief des Kngs. an Düffl. 15 Juni Abreise.«[35]

Die »Villa Prestele« hatte der Kaufmann Karl Prestele 1865 erbaut, ein zeitgenössischer Stich zeigt das schmucke, mehrstöckige Anwesen.[36] (Später ist es im Besitz Gustav Meyrinks, siehe S. 86ff., der es »Haus zur letzten Latern« nennt.) Nach einer Besichtigung am 22. Mai – Wagners Geburtstag – mit **Cosima** (die sogleich an Ludwig II. schreibt: »Seit einer kleinen Stunde bin ich in dem Landhäuschen und will es am heutigen Tage dadurch einweihen, dass ich ... sage: der Freund ist angekommen«) wird er vom König in Berg empfangen. Am 30. zieht Wagner in das Prestele-Haus ein. Begleitet wird er von seinem jungen Adlatus Hans Richter (dieser arbeitet für Wagner als Kopist und Sekretär und komponiert auch selber; später wird er ein bedeutender Wagner-Dirigent), den Dienern Franz und Anna Mrazeck und dem Mops Koss. Eigentlich hatte Wagner vorgehabt, einige Monate nach Starnberg zu gehen (Brief an Dr. Pusinelli vom 7. Mai 1867[37]), aber es kommt schließlich anders. Ludwig II. hat das Haus für Wagner anmieten lassen, vermutlich, um ihn in der Nähe zu Schloss Berg zu haben.

Dieser Aufenthalt in München und Starnberg hat für Wagner nach seiner vom König angeordneten Abreise vor rund anderthalb Jahren natürlich besondere Bedeutung, nicht nur wegen der angesetzten *Lohengrin*-Aufführung und der Arbeit an den *Meistersingern*, deren Uraufführung in München geplant ist. Dass die Stimmung sich seit damals geändert hat, seine Anhänger Boden gutgemacht haben, kann man vielleicht an der Veranstaltung zu Wagners 54. Geburtstag bald nach der Ankunft ablesen (siehe Zitat oben: »Lang. Ovationen«).

Nach Starnberg zu Besuch kommen offenbar Peter Cornelius und seine Braut. Dem Komponisten aus der sogenannten Neudeutschen Schule (er übersetzt und dichtet auch), einem leidenschaftlichen Anhänger Wagners, war dieser 1865 behilflich gewesen, eine Lehrtätigkeit in München zu erlangen.

Noch zu einem anderen Berufungswunsch hat ein Eintrag in den Notizen dieser Tage Bezug: Laubes *Deutscher Krieg*, den Wagner in dieser Zeit liest, handelt vom Dreißigjährigen Krieg. »Ich las vorigen Sommer Ihren großen Roman, d. deutschen Krieg, und fühlte mich bei der Lektüre wiederholt angeregt, Ihnen ein Lebenszeichen von mir zu geben. Leugne nicht, daß namentlich die Jesuitenparthie, die Vergiftung Bernhards v. W[eimar]. mich ganz besonders affizierten«, schreibt er im Oktober 1867 an Laube. Dieser scheint gehofft zu haben, Wagner könne ihm in München zum Posten eines Hoftheater-Intendanten verhelfen. Vielleicht, weil er dabei enttäuscht wurde, wird Laube später ein heftiger Kritiker von Wagners *Meistersingern* bei deren Uraufführung in München.

Die Wochen in der Villa Prestele scheinen für ein produktives Arbeiten wenig ergiebig gewesen zu sein. Der Hinweis auf einen »Klavierarbeitstisch« soll sich auf ein Geburtstagsgeschenk Ludwigs an Wagner[38] beziehen. Außer an Ludwig schreibt Wag-

Abb. 52: Erinnerung an die Tochter (Isolde) von Cosima von Bülow und Richard Wagner auf dem Gemeindefriedhof Söcking.

ner in dieser Zeit nur wenige aus Starnberg datierte Briefe: an Verleger Franz Schott und an den Weinhändler Christian Lauteren in Leipzig.³⁹ In der Nacht vom 6. zum 7. Juni kommt der König von Berg herübergeritten. Am 7. schreibt ihm Wagner »aus der famosen Prestelei«, er müsse jetzt gleich zur Generalprobe nach München und sei erst morgen Abend wieder hier. Ludwig könne Bülows bei ihm sehen. Doch dazu sollte es nicht kommen, vielmehr kommt es zum Zerwürfnis Wagners mit dem König, als dieser den von Wagner favorisierten, aber schon gealterten Tenor Tichatschek für die Lohengrin-Rolle austauschen lässt gegen den 22-jährigen Heinrich Vogl, gegen den Wagner noch einige Zeit Vorbehalte hat. Ludwigs Entscheidung und Wagners Verärgerung kann auch ein Besuch des Hofkapellmeisters Hans von Bülow mit Cosima, sie ist ja noch dessen Ehefrau, und Kindern in der Villa Prestele nicht mehr ändern: Wagner reist ab und kehrt nach Tribschen zurück. Noch eine kleine lokale Anmerkung: Unter den Kinder der Bülows ist auch die zweijährige Isolde, die der Liebesbeziehung Wagners mit Cosima entsprang. An sie, d. h. »Isolde Beidler, geborene von Bülow-Wagner« erinnert eine Grabinschrift auf dem Söckinger Gemeindefriedhof – weil es eine verwandtschaftliche Beziehung zur Frau des Schriftstellers und Journalisten Hans Breiteneicher gab, der in Söcking lebte und dort begraben liegt.

Japanische Verbeugung vor Ludwig II.

»Ein ewig Rätsel will ich bleiben mir und anderen.« Nicht zuletzt diese selbstgewählte Verhüllung hat nach dem Tod Ludwigs II. eine ansehnliche Schar von Autoren gereizt, sich mit dem König und seinem rätselvollen Tod zu beschäftigen oder sich seiner Existenz gleichnishaft für die Schilderung besonderer Seelenzustände zu bedienen. Eine Sammlung solcher Texte könnte ein eigenes Buch füllen – und nicht nur eines. Ein Beispiel mag zeigen, wie das Andenken an den toten König um die halbe Erde gereist ist.
Der japanische Schriftsteller und Militärarzt **Mori Ogai** (1862–1922), seinerzeit Student in München, hört von den Ereignissen in Schloss Berg, der Auffindung der Leichen Ludwigs und des Psychiaters Gudden am Tag danach. Er vertraut mit einer bemerkenswerten Ausführlichkeit das, was ihm dazu zu Gehör kam (umlaufende Gerüchte gleichermaßen), unter dem Datum 13. Juni 1886 seinem *Deutschlandtagebuch* an⁴⁰ und rühmt darin nicht zuletzt das dichterische Talent an dem »unübertroffen schönen Mann«. Wenige Tage später, am Sonntag, den 27. Juni, notiert er: »Mit Kato und Iwasa habe ich einen Ausflug zum Wurmsee gemacht, um unse-

re Trauer um den König und Gudden zu bekunden. Auf dem Schiff trafen wir Prof. Pettenkofer und seinen Enkel.« Vielleicht waren diese auf dem Weg nach Seeshaupt, denn dort hat die Familie Pettenkofer seit 1876 ein zur Villa umgebautes Häuschen[41], wo **Max von Pettenkofer** (1818–1901) auch seinem Leben ein Ende setzte. Man darf ihn also durchaus auch zu den Autoren am See rechnen, nicht nur wegen seiner zahlreichen Fachschriften, sondern auch als Verfasser der um 1885 erschienenen *Chemischen Sonette*[42] und anderer Schriften.

Bei Pettenkofer studiert Mori Hygiene am wenige Jahre zuvor (1879) gegründeten Hygiene-Institut. Er gehört zu der Schar japanischer Studenten, die nach der gewaltsamen Öffnung Japans für amerikanisch-europäische Handelsbeziehungen und die davon ausgelösten Meiji-Reformen zum Studium nach Europa und Amerika gingen, dadurch für einen rasanten Anschluss an die Entwicklung des Westens in Militärwesen, Wirtschaft und Wissenschaft sorgten.

Am 2. September unternimmt er mit zwei Mitstudenten einen weiteren Ausflug mit Bootsfahrt auf unserem See. Die Tagebucheinträge sind diesmal meist kurze Gedichte, die Moris Gedanken um den Tod Ludwigs und des Arztes Gudden entspringen (bei Letzterem erinnert er sich an dessen »Lieder über verrückte Frauen«) oder Landschaftseindrücke festhalten:

»Sich öffnender Blick
vor unendlicher Weite
Nebel über dem Wasser, das den Himmel berührt
in der Nähe schlafende Möwen und Reiher
an der Brüstung gelehnt steh'n wir bezaubert
vor der unendlichen Schönheit dieses Sees ...«[43]

Abb. 53: Mori Ogai. Stockfleckige Porträtaufnahme eines Münchner Ateliers, wohl 1886.

(Später, nach Japan heimgekehrt, verfasst er die Novelle *Utakata no ki*, in der deutschen Übersetzung *Wellenschaum*[44], die sich um Ludwig II. bewegt.) Am nächsten Tag reist Ogai allein noch einmal an, um Aufzeichnungen zu machen und sich zu erholen. Er steigt im Bayerischen Hof ab. »Mein Frühstück nahm ich auf einer in das Wasser führenden Steintreppe ein ... Für die Landschaft bei Sonnenaufgang fehlen mir einfach die Worte.« Da es ihm wegen der nahen Bahnlinie zu laut ist, verlegt er am nächsten Tag seine Unterkunft in ein Gasthaus in Leoni. In der Nähe bemerkt er »ein Fischerhaus, dessen Wände alle im katholizistischen Stil mit Götterbildern bemalt sind.« Im November führt er japanische Besucher an den See, und sie umrunden ihn mit zwei gemieteten Kutschen. Moris Bedeutung für den Austausch deutsch-japanischer Kenntnisse ist ausgesprochen hoch einzuschätzen. Wo es geht, berichtigt er falsche Japanklischées, verfasst auch Artikel in deutschen Zeitungen dazu, wobei ihm manchmal Pettenkofer hilft. Über das, was er in Deutschland mit heißem Bemühen auffasst, berichtet er ausführlich nach Hause. Später übersetzt er auch als Erster den *Faust* ins Japanische. In einer seiner Erzählungen heißt es: »Ich selbst habe immer daran geglaubt, daß einst die Zeit kommen wird, wo Früchte der Forschungstätigkeit Japans nach Europa exportiert werden«.[45] Er lag, seiner Zeit weit voraus, nicht falsch.

Preußischer Gesandtschaftssekretär unter Meineidverdacht

Philipp Fürst zu Eulenburg-Hertefeld

(1847–1921) war seit 1881 Sekretär der preußischen Gesandtschaft in München. In den Sommermonaten mietet er für seine Familie »in dem nahen Starenberg ein Quartier, wo wir am Ufer des herrlichen Sees glückliche Zeiten verlebten«[46] – bis eben zu den Ereignissen des 13. Juni 1886, denen aber an seinem beruflichen Posten schon eine wochenlange Hektik vorangegangen sei.

Notizen aus dem Privatleben Ludwigs II., Vorgeschichte der Krise, Ablauf des Entmündigungsverfahrens, dann aber ausführlich seine Beobachtungen nach der Auffindung der Leichen Ludwigs und Dr. Guddens, die er als einer der Ersten machen konnte, kamen erst lange nach seinem Tode als Buch heraus,[47] das seine Witwe 1934 erscheinen ließ und wohl redigiert hat. Die Neuausgabe eines Teils als Inseltaschenbuch[48] enthält auch einen Brief an Herbert Graf von Bismarck, »Starnberg, 13. Juni, früh 1886«, in dem Eulenburg berichtet, er »wurde heute früh um 4 Uhr mit der Nachricht geweckt, daß der König und Gudden tot im See gefunden seien. Ich nahm ein Boot und fuhr hinüber nach Berg ...« Er reimt sich aus den von ihm beobachteten Fußspuren im Seeboden den Ablauf der Geschehnisse zusammen, so etwa, dass der König den Arzt mit dämonischer Gewalt unter Wasser gedrückt habe. Seine Beobachtungen sind ein immer noch herangezogenes, nicht unumstrittenes Indiz.

Rund 20 Jahre später holt die Zeit am Starnberger See Fürst Eulenburg und seine Bekanntschaften von hier in bedrückender, ja vernichtender Weise wieder ein: Da es sich um ein intrigenreiches, hintergründiges Ränkespiel im Vorfeld des Ersten Weltkriegs handelte, ist der vollständigen Wahrheit wohl nicht mehr beizukommen, es gibt immer nur Sichtweisen (ähnlich wie für die Darstellung der Geschehnisse um den Tod Ludwig II.). Im Kern scheint es dem Publizisten und Bismarckanhänger Maximilian Harden mit seiner Zeitschrift *Die Zukunft* darum gegangen zu sein, einen Freundes- und Beraterkreis um Kaiser Wilhelm II. auszuschalten, der sich nicht intensiv genug vor einen Karren der deutschen Weltmachtwünsche spannen ließ. Eulenburg, der zu diesem Kreis gehörte, und anderen wurden jedenfalls Vorwürfe der Homosexualität gemacht. Auf Umwegen wurden dazu eidliche Aussagen von einem Fischer und einem Fischersohn vom See beigebracht. (auch Georg Queri, seit 1. März 1908 verantwortlicher Redakteur des *Land- und Seeboten*, hätte dazu benutzt werden sollen.[49] Er hatte in dieser Zeitung geschrieben: »Im übrigen entnehmen wir einer privaten Unterredung, dass Fürst Eulenburg nach Nordafrika abzureisen gedenkt. In diesem Falle spielt der Prozeß Eulenburg auch nach Starnberg herein ... dank den Verleumdungen der ›Zukunft‹«[50].) Nachdem der Fürst vorher die Vorwürfe unter Eid bestritten hat, resultiert daraus ein Meineidsverfahren, doch zum Abschluss kommt es nicht mehr, da Eulenburg darüber körperlich zusammenbricht und das Verfahren ausgesetzt wird.

Im Starnberger Raum bleibt von dieser Affäre einiges hängen. Georg Queri (siehe S. 74) nimmt eine darauf sich beziehende Redewendung in sein *Kraftbayrisch* auf (»Spinatgärtl« für die Villa Eulenburg[51]), Starnberg erhält es fast ein etwas zweideutiges Odium.

Als der nach der Gleichschaltung im Dritten Reich wiedererstandene *Land- und Seebote* im Jahre 1950 eine Anspielung auf die Affäre macht, führt das zu einem geharnischten Protest der Töchter des Fürsten Eulenburg. Dies wiederum ist einem ehemaligen Redakteur des *Seeboten* Ereignis genug, um damit in einem 2003 erschienenen Buch über den *Starnberger See* zu belegen, wie wichtig immer »das, was vor Ort interessierte«, für die Heimatzeitung gewesen sei.[52] Mit Anrüchigem ließ sich seiner Zeit (und nicht nur damals) Politik, später wenigstens noch Auflage, sprich Kohle machen.

Abb. 54: Philipp Fürst zu Eulenburg-Hertefeld.

Die Moderne regt sich

Mit dem Eulenburg-Prozess kommt ein Teilstrang der gesellschaftlichen, kulturellen Entwicklung der Jahrzehnte um die Jahrhundertwende 1900 zum Vorschein – die öffentlichen Auseinandersetzungen um die Homosexualität, die in einem langen und vielleicht noch nicht abgeschlossenen Verlauf wenigstens von der Strafbarkeit befreit wurde.

Die sogenannte Moderne, genauer: die Münchner Moderne im literarischen Bereich, wirft ihre Streiflichter auch auf unsere Gegend. Und wieder können Autoren aus Starnberg, das ja in dieser Zeit erst zur Stadt erhoben wird, dafür Belege liefern. Was entwickelt sich in dieser Zeit? Einmal der Wert der öffentlichen Äußerung, die von Zensur sich befreien muss, bei der vor allem klerikale Kräfte im Hintergrund wirkten, die ihrerseits dann Angriffsflächen bieten. Die Künste, Theater, Literatur, Musik, Malerei, kommen zu neuen Formen und Themen, und die Zeitgenossen konnten das je nach Einstellung gut oder schlecht finden. Es entwickelt sich aber auch, nach dem Sieg von 1870/71 und der folgenden Reichsgründung, ein übersteigertes Selbstwertgefühl in Deutschland, gleichzeitig aber das Gefühl, zu kurz gekommen zu sein, etwa weil man keine Kolonien hat. Chauvinismus mit vielen Schattenseiten sprießt. Kaiser Wilhelm II., zunächst mit Erwartungen begrüßt, wird von Teilen der Bevölkerung und gerade in Bayern zunehmend despotisch empfunden.

Georg Queri und die Zensur[53]

Georg Queri (1879–1919; siehe auch S. 94), Journalist und Schriftsteller aus Starnberg, war 1911 ins Blickfeld der Zensurbehörde geraten mit seinem Buch *Bauernerotik und Bauernfehme in Oberbayern*[54], zu dem er in vielen Jahren Material zu den sogenannten

Haberfeldtreiben, einer Form bäuerlicher Dorfjustiz, gesammelt hatte. Anstoß wurde genommen, weil er es mit bäuerlichen Erotikversen kombinierte. Den Verbotsantrag lehnt allerdings das Landgericht München ab.

Schlimmer ergeht es Queri dann 1912: Im Oktober dieses Jahres wird sein Buch *Kraftbayrisch. Ein Wörterbuch der erotischen und skatologischen Redensarten der Altbayern*[55] (mehr ein buntes Sammelsurium) von der Polizeidirektion München sechs Mitgliedern des (1907 eingerichteten) Zensurbeirats zugesandt, um es auf unzüchtiges Schrifttum prüfen zu lassen. Mit einer Ausnahme können die Zensurräte (darunter die Schriftsteller Josef Ruederer und Josef Hofmiller sowie der bedeutende Pädagoge Georg Kerschensteiner) dem Buch wenig Positives abgewinnen. Lediglich einer erkennt die Nähe zu Schmellers *Bayerischem Wörterbuch* an. Queris Buch wird noch im selben Monat beschlagnahmt, in Starnberg sogar nach einer Hausdurchsuchung konfisziert. Aber Queri hat auch prominente Fürsprecher (Ludwig Ganghofer, Ludwig Thoma, Michael Georg Conrad), und das Verbot wird gegen Ende 1912 aufgehoben.

Zu den vielen Nachfolgewellen der Ereignisse gehört, dass sich kirchliche Kreise danach weigern, an der Fortschreibung von Schmellers *Bayerischem Wörterbuch* mitzuarbeiten – die »Pfarrergstanzln« in Queris Buch haben dabei wohl nicht den geringsten Ausschlag gegeben. Umgekehrt wachsen indes auch antiklerikale Stimmen. Schon ein paar Jahre vorher war der Schriftsteller Wilhelm Walloth, der einige Werke in Bernried am Starnberger See schrieb, in ein Verfahren wegen unsittlichen Schrifttums verwickelt, für das sich auch Theodor Fontane und Paul Heyse interessierten.[56] (Brief Fontane an Heyse vom 5. Dezember 1890)

Fast im selben Monat, als das Urteil zu seinem *Kraftbayerisch* ergeht, engagiert sich Queri übrigens für die Gründung des Museumsvereins für das spätere Heimatmuseum Starnberg, wobei ein weiterer Autor, der Kunsthistoriker (und Familien-

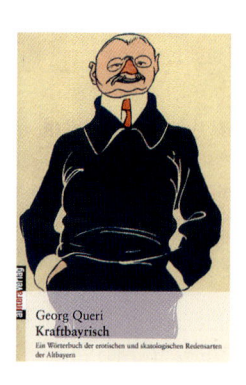

Abb. 55: Queris Kraftbayrisch – *ein Fall für die Zensur. Hier in einer neuen Ausgabe von Piper 2003.*

Abb. 56: *Ein Sittengemälde aus der Starnberger Zeit vor Queri: Karl Enhubers* Gerichtstag in Starnberg, *1862.*

forscher) Richard Paulus zum eigentlichen Geburtshelfer wird – bis zur Eröffnung wenige Wochen vor Beginn des Ersten Weltkriegs. Paulus stirbt 1929. Er bricht im Eis des Starnberger Sees ein.

Purpurne Finsternis aus Percha

Nach dem Tode des Dichters Otto Julius Bierbaum im Jahre 1910 sammeln Freunde Material für ein Erinnerungsbuch, das 1912 bei Georg Müller erscheint. Darin denkt **Michael Georg Conrad** (1846–1927) zurück an Sommerfrische-Aufenthalte 1890-92 auf der Rottmannshöhe mit seiner ebenfalls schriftstellernden Frau Marie Conrad-Ramlo sowie mit vielen Freunden, die ihn besuchen[57], was auch zur ersten Begegnung Conrads mit Bierbaum führt.

Otto Julius Bierbaum (siehe S. 76) trug sich dieser Quelle zufolge angeblich mit der Absicht, in Percha ein Grundstück zu erwerben und dort zu bauen. Conrad erinnert sich: »Am Starnberger See traf ich im Laufe der Jahre noch oft mit Bierbaum zusammen. Einmal suchte er sich selbst dort anzusiedeln, wo ich in Percha gerade meinen Roman ›In purpurner Finsternis‹ schrieb. Aber eine klerikale Korporation für Idiotenpflege nistete sich auf dem schönen Fleck ein, den Bierbaum sich als Dichterheim ausgesucht.«[58] Conrads Worte, mit denen er die Ursberger meint, umreißen seine Anstößigkeit bzw. seine Kirchenaversion.

In purpurner Finsterniß. Roman-Improvisation aus dem 30. Jahrhundert[59] ist also genau genommen ein Zukunftsroman, der gleichwohl bestimmte zeitgenössische Ansichten bzw. Befürchtungen ausdrückt: Menschen aus einem versandeten, unterirdisch gewordenen, gelähmten Teutaland werden an die Slavakos gegen Nahrungsmittel vertauscht; schwarze Rundköpfe mit

Abb. 57: Michael Georg Conrad.

ihrem kriegerischen Nationalgott Polium könnten dereinst den Amerikanos und den Angelos Garaus machen; es gibt Sportvereine für die Züchtung reiner Menschenrassen, auch eine Menschengartengesellschaft. Hoffnung erwächst aus der Fjordlandschaft Nordicas und deren fortschrittlichen Frauen. In Keimen ist hier eine Menge späteres rassistisches Gedankengut vorbereitet. Eine Lebensschilderung von 1936 geht sogar so weit, bei Conrad »oft mit verblüffendem Gleichlaut nationalsozialistische Gedankengänge dargelegt«[60] zu finden. Das sollte ihn möglicherweise aber auch nur »aktualisieren«.

Erwähnenswert ist die Widmung des genannten Romans an Juliane Déry, eine ungarische Schriftstellerin, die mit den Conrads befreundet war, ihn wohl auch in Percha besuchte, eine Beziehung, die zu ihrem tragischen Selbstmord beigetragen haben könnte.

Auch mit Starnberg selbst verbindet Conrad Erinnerungen:

»An der Burghalde des alten Stahrenberg-Schlosses dehnt sich ein weiter, wilder Garten mit einem Häuschen, darin ich meinen ersten Roman ›Was die Isar rauscht‹ druckfertig machte. Der Bildhauer-Klassizist Adolf Hildebrand erwarb das romantische Grundstück und schmückte es mit einem prächtigen Landhaus.«[61]

(Bei diesem oben genannten »prächtigen Landhaus« handelt es sich um die Villa Linprun/Thomas/Maier in der Weilheimer Straße 6.)

Der eben erwähnte Romanzyklus[62] nimmt in der Literaturgeschichte eine nicht unbedeutende Stelle ein, sieht man in ihm doch einen Anklang an das Romangebäude Zolás, mit dem Conrad auch persönlich bekannt war und über den er schrieb. Der zweite Teil, *Die klugen Jungfrauen*, beginnt mit einer längeren Beschreibung eines Leichenzuges, der sich von Leoni hinauf nach Aufkirchen bewegt und in dessen Verlauf sich die Gespräche der Trauergäste, Kommerzien- und Magistratsräte, Modeautoren und -künstler usw., um recht weltliche Themen drehen: um Getreidezölle und die Kunst des Hochhaltens von Kohlenpreisen, um amouröse Feste in feenartig beleuchteten Seegrundstücken und Ähnliches.

Conrad selbst war mit der von ihm herausgegebenen Zeitschrift *Die Gesellschaft* zu einem Wegbereiter des frühen (Münchner) Naturalismus geworden. Für diesen war die Schreibweise und Romantechnik Emile Zolás von großer Bedeutung. Die Zeitschrift war hauptsächlich das Organ der »Gesellschaft für modernes Leben«, deren Ziele Conrad in etwa umreißt: »Erneuerungen leisten kann letztlich weder der Staat, der dem konservativen Prinzip, noch der Privatkapitalismus, der dem höchsten kaufmännischen Nutzen folgen muss« (so Conrad in der Schrift *Die Moderne*, München 1891).[63]

Prinz Kuckuck vom Starnberger See

In seinem Roman *Prinz Kuckuck* lässt **Otto Julius Bierbaum** (1865–1910) den Titelhelden in viele Rollen schlüpfen. Insgesamt entsteht ein satirisches Gesellschaftsbild der Wilhelminischen Ära (auch das schon erwähnte Homosexuellentabu taucht auf), Zeitgenossen versuchten, es als Schlüsselroman zu lesen.

Vielleicht hat Bierbaum Eindrücke aus der Sommerfrische-Zeit am See, als er hier, wie erwähnt, in Percha Grund erwerben wollte, für bezeichnend gehalten – jedenfalls beginnt im Roman die Lebensgeschichte des Helden folgendermaßen:[64]

»Am Starnberger See, dort, wo auch heute noch das Dampfschiff nicht anlegt und ›Stadtfräcke‹ nur wenig hinkommen, liegt ein kleines dürftiges Dorf, dem man es nicht ansieht, dass es die Gebeine eines Heiligen beherbergt, der ... die Kutte des Einsiedlers antat und den Rest seiner Tage in einer Klause eben hier verbrachte ... Nun liegt er, heilig gesprochen, unter einer schön gemeißelten Steinplatte in einem kleinen Kirchlein, das, wie der Ort selbst, seinen Namen trägt.«

St. Heinrich ist also wohl das Vorbild. Hier fänden sich Maler ein, weil man hier »Sonnenuntergänge ... bei höchst billiger Verpflegung malen konnte.« Eine weitere Attraktion für die Maler ist das »Wirtstöchterlein«, das im Winter den Bauernburschen, im Frühling, Sommer und Herbst den Malern den Vorzug gibt – bis ein Kind kommt, dessen Vater nicht auszumachen ist. Es wächst bei den Großeltern auf, und ihm wird, sozusagen als Kuckuck im fremden Nest, mit einem komplizierten

Täuschungsmanöver der eigentliche Held mit vergleichbar ungewisser Abkunft zugesellt und gemeinsam mit ihm aufgezogen – für die Pflegeeltern ist der Kuckuck immer etwas Besseres –, bis diesen seine wirkliche Herkunft einholt bzw. abholt.

Literatur und Künste im Wechselspiel

Ein Kunsthistoriker blickt zurück

»Auch ohne sein unziemliches Benehmen bei der Abfassung seines Schlüsselromans ›Prinz Kuckuck‹ ... wäre mir ein näherer Verkehr mit Bierbaum nicht angenehm gewesen.«[65] So der Starnberger Literar- und Kunsthistoriker **Hermann Uhde-Bernays** (1875–1965).

Kann der gerade genannte Roman Otto Julius Bierbaums als groteskes, auch skandalöses Gesellschaftsgemälde des Kaiserreiches, zur Zeit der (Münchner) Moderne, verstanden werden, dann ist ein Großteil der Schriften von Uhde-Bernays als eine durchaus persönliche, bei allen Wertungen Abstand wahrende Bestandsaufnahme desselben Zeitraums zu sehen. Persönlich schon deshalb, weil sein autobiographisches Hauptwerk *Im Lichte der Freiheit*[66] auch sehr viel zur eigenen Person aussagt. Der dargestellte Zeitraum dieser »Erinnerungen aus den Jahren 1880 bis 1914« reicht bis zum Beginn des Ersten Weltkriegs.

1913 war Uhde-Bernays mit seiner Familie von Herrsching nach Starnberg gezogen, weil er aus beruflichen Gründen die bessere Erreichbarkeit von München brauchte (wenn auch schweren Herzens, »da Starnberg zwar den Vorteil der Nähe Münchens, aber den Nachteil einer schon halb städtischen Überheblichkeit, auch in gesellschaftlicher Hinsicht, besaß.«[67] Ein Trost

Abb. 58: Das Ehepaar Hermann und Eugenie Uhde-Bernays. Sie hatten 1908 geheiratet.

für den begeisterten Bergsteiger war freilich die Sicht von der ersten Starnberger Wohnung auf die Alpenkette bis zu den Berchtesgadener Alpen).

Im Lichte der Freiheit ist zwar in Starnberg geschrieben, streift aber nur in wenigen Punkten unsere Stadt. Dafür entfaltet es einen Kosmos von Beziehungen zu Verwandten und Bekannten, zu Künstlern, Kunstwerken, Ausstellungen und vielen Orten Europas auf den zahlreichen Reisen. Das Buch ergänzt die anderen Werke eines reichen Schaffens: Malermonographien (Spitzweg, Feuerbach, Robert Zünd), die Herausgabe von Künstlerbriefen und ein Standardwerk über die Münchner Malerei in der zweiten Hälfte des 19. Jahrhunderts.

»Mein Weg geht nunmehr im Dunkeln.«[68] Dieses Zitat (er fand es in einer Schrift der Mutter des Malers Anselm Feuerbach) sieht Uhde-Bernays bei Kriegsbeginn 1914 als Überschrift über sein weiteres Leben, nachdem das Licht der Freiheit erloschen

Abb. 59: Die erste Wohnung der Uhde-Bernays in Starnberg, Hanfelder Straße.

sei. Doch verstummt er nicht, auch nicht während des Dritten Reiches, das ihm Schwierigkeiten bereitet. Er arbeitet an seinen vielen Themen weiter, in zahllosen Aufsätzen, zuletzt, bis zur erzwungenen Einstellung, vor allem für die *Frankfurter Zeitung*. Ein Beitrag darin ist seinem Stiefvater Michael Bernays gewidmet. Die Liste seiner *Schriften und Aufsätze* (bis 1947, als Manuskript gedruckt) umfasst fast 70 Seiten. In seinem späteren Erinnerungsbuch *Mein weißes Haus*[69] erfährt »Mein Starnbergersee« dann aber doch noch eine ausführliche, liebevolle Würdigung. 1950 wird Uhde-Bernays Ehrenbürger der Stadt Starnberg, einerseits wegen seiner Bedeutung als Kunstwissenschaftler, aber auch wegen seiner Mitwirkung beim Wiederaufbau eines demokratischen Gemeinwesens unmittelbar nach Kriegsende im Mai 1945. Hierbei stand ihm der Kunsthistoriker-Kollege (und Autor) Dr. Hans Sauermann zur Seite, der später sein Villengrundstück für das Altenheim »Rummelsberger Stift« der Stadt überließ.

Zurück zum Oberthema, den Entwicklungen in der sogenannten Münchner Moderne: Der erwähnte Reclam-Band[70] dazu zitiert Uhde-Bernays mit einem Nachruf auf den Volkssänger Papa Geis[71], hinführend zum Kapitel Populärkultur und Heimatkunst, das wiederum eine Linie zieht zu Karl Valentin (und Bert Brecht). Uhde-Bernays selbst rechnete es sich nicht zum Wenigsten an, dass er für die Anerkennung der »großen französischen Impressionisten, Courbet, Manet, Monet, Renoir, Degas, Cezanne ... nicht vergeblich mitgefochten hatte und mich des glorreichen Sieges freuen durfte.«[72] Gewiss kein kleiner Beitrag zur »Moderne«!

Mit Karikaturen gegen Wagner

Texte von Autoren mit Bezug zu Starnberg begleiten die Entwicklung von Malerei und Literatur im Halbjahrhundert vor dem Ersten Weltkrieg. Und auch für die damals moderne Musik dieses Zeitraums lassen sich in Starnberg Autoren als Anhänger oder Begleiter, Gegner und Kritiker finden. Michael Georg Conrad (siehe S. 75), glühender Wagner-Verehrer, war doch nicht so einseitig, dass er nicht auch einem Wagner-Gegner einmal beigestanden hätte. Gemeint ist der Literat **Martin Eduard Schleich** (1827–81) aus Starnberg, wo der sich 1862 ein Landhaus am Mühlberg hatte errichten lassen (heute Josef-Fischhaber-Str. 9).[73] Conrad gab nämlich nach Schleichs Tod dessen Roman *Der Einsiedler* 1886 heraus (genau genommen handel-

Abb. 60: Hermann Uhde-Bernays in seinem Arbeitszimmer. Durch eine frühe Erkrankung war seine linke Hand teilweise gelähmt.

te es sich dabei nur um den ersten Teil eines geplanten Mehrteilers), und zwar zuerst in der bereits erwähnten Zeitschrift *Die Gesellschaft* mit ihrem besonderen Programm. In den Starnberger Jahren hatte Schleich mehrere Bände *Gesammelte Lustspiele und Volksstücke* erscheinen lassen, auch ein Buch über eine »confessionslose Romfahrt«.

Schleich ist aber vor allem bekannt geblieben als Gründer der satirischen Zeitschrift *Münchener Punsch*, 1848, also im Revolutionsjahr, ins Leben gerufen, bis zur Reichsgründung 1871 erscheinend und eher mäßigend ausgerichtet. Später tat sie sich durch bissige Karikaturen zu Richard Wagner hervor. Nicht selten sieht man ein *Punsch*-Blatt, das Richard Wagner geldheischend an die Tür der Cabinetts-Kasse klopfend zeigt.

Abb. 61: Richard Wagner klopft bei der Cabinettskasse an. Karikatur aus dem Münchener Punsch.

Wagner-Gegner, Fußwanderer und politischer Schriftsteller

Am 16. August 1891 beendet (bzw. datiert) **Wilhelm Heinrich Riehl** (1823–97) in Starnberg das Vorwort zur ersten Auflage seines Buches *Kulturgeschichtliche Charakterköpfe*[74]. Wie es darin heißt, stecken zwischen den Zeilen Reste eines aufgegebenen Plans, ein »Buch der Erinnerung« zu schreiben. Das Datum fällt in einen der wiederholten Sommerferienaufenthalte des Münchner Professors für Staatswissenschaften mit Familie in Leutstetten.

Riehl mag auf der einen oder anderen seiner zahllosen Wanderungen auch schon früher an den Starnberger See gekommen sein. »Zuerst war ich Fußwanderer und nachher politischer Schriftsteller«, zitiert ihn sein Kurzbiograph Simonsfeld.[75]

Eine Fülle von Begegnungen vor Ort mit *Land und Leuten*, so ein Buchtitel Riehls[76], hatte ihn zu einem besonders geeigneten weiterführenden Bearbeiter der Lentner-

Das **Landhaus Schleich** (siehe S. 58) bzw. der Nachfolgebau bildete sozusagen den Auftakt zu einer neuen Generation von Villen in Starnberg: vom See aus gesehen in zweiter Reihe der Moränenhügel an der heutigen Fischhaber- und benachbarter Straßen.

Hierzu gehört die **Villa Thiem**, deren Inhaber ab 1897, Paul Thiem, nicht nur ein bekannter Maler war, sondern der auch schriftstellerte – manchmal in Anlehnung an Wilhelm Busch, manchmal auch mit zeitkritischen Absichten wie im Schauspiel *Tugend und Teufel*, das nicht nur Vertreter scheinbarer bürgerlicher Tugenden einem Richter-Teufel vorführt, sondern auch für uneheliche Mütter und deren Nachwuchs eine Lanze bricht.

Abb. 62: Wilhelm Heinrich Riehl. Er sah sich Land und Leute *auf seinen Wanderungen ausführlich an.*

schen *Sammlung zur Bavaria. Landes- und Volkskunde des Königreiches Bayern*[77] gemacht. Paul Ernst Rattelmüller (siehe Seite 206), in Leutstetten zu Hause, hat die Sammlung ab 1987 verdienstvollerweise mehrbändig wieder zugänglich gemacht. Ursprünglich hätte sie nur dem König zur Verfügung stehen sollen. Im Band *Oberbayern* finden sich darin Materialien zu Fischereirecht und -brauchtum am Starnberger See.[78] Riehls schriftstellerische Ambitionen hatten die vorher statistisch-dokumentarischen Materialsammlungen Lentners »zur schöngeistigen Kulturgeschichte«[79] abgeschliffen.

Riehl gilt als Begründer einer **wissenschaftlichen Volkskunde**, diese Bezeichnung verwendet er auch als einer der Ersten. Im Mittelpunkt der Volkskunde müsse die Idee der Nation stehen, diese definiert als »ein durch Stamm, Sprache, Sitte und Siedelung verbundenes Ganze«. Als Journalist rückt er in die politische Nähe der Paulskirchen-Versammlung, seine konservativ-ständisch-monarchischen Anschauungen vertiefen sich. Er tritt für Erbadel und Geburtsaristokratie ein, will die konservative Macht des Bauerntums stärken. In der Arbeitskraft und Arbeitslust des deutschen Volkes erblickt er dessen weltgeschichtlichen Ruhm. (Das Dritte Reich hat sich manche seiner Ansichten, ihn wohl missverstehend, zu eigen gemacht.) Unter die neun »Kulturgeschichtlichen Charakterköpfe« zählt er auch Richard Wagner, zu dem er schon früh in Gegensatz geriet. Das erwähnte Vorwort deutet dies an: Er (Riehl) hege »eine gewisse Abneigung gegen große und herrschende Mehrheiten«, und seine unzeitgemäße Vorliebe für die Überzeugung der Minderheiten käme in der »Studie über den heute berühmtesten Kopf meines Cyclus, über Richard Wagner« zum Ausdruck. Dem Komponisten selbst war er in einer Kommission begegnet, die sich mit der Neugestaltung des Konservatoriums befasste und wo »eine allerdings großartig angelegte Wagnersche Opernschule« zur Disposition stand.

Eigentümlicherweise sieht Riehl Wagner nicht als Repräsentanten einer nationalen Musik an. Diese gehe nämlich vom Volkslied aus, und dem stehe Wagners Musik

Auf der Walz

In gewisser Weise mit »Fußwanderer« Riehl verwandt sind die Wandergesellen, die Handwerksburschen »auf der Walz«, die Tagebücher schrieben (schreiben mussten!) und die sich häufig ärgerten über »das Durchschnüffeln des Wanderbuches von Constablern und Stadtsoldaten aller Art«. Der tiefere Sinn der Wanderschaft bestand natürlich darin, die Lehrzeit durch Erfahrungen und Kenntnisse aus der Ferne zu komplettieren und gleichzeitig handwerkliches Wissen weiterzutragen. Selten genug wurden solche »Wanderbücher« bekannt; eines, das veröffentlicht wurde[81], stammt von Johann Eberhard Dewald, Weißgergeselle aus Königswinter. Er war vom 6. April 1836 bis zum 17. Juli 1838 unterwegs und notierte an gegebener Stelle: »In Starnberg ließen wir uns an einem Sonntag, den 20. März 1837, nach München visieren ... « (wohl eine bürokratische Kontrolle).

sehr ferne, fehle ihr doch Humor und Gemütlichkeit. Auf den »nationalen Befreier«, den Genius, der »uns in neuem Geiste wieder zum Urquell des deutschen Volksliedes, zu deutscher Gedankentiefe bei voller Reinheit und Klarheit ... zurückführt«,[80] müsse man noch warten.

Gustav Mahler besucht Starnberg

Der nächste Abschnitt nennt einen glühenden Bewunderer Wagners unter den Komponistenkollegen: Gustav Mahler, der seinerseits gelegentlich als »Prophet der neuen Musik« gesehen wird. Unser Interesse gilt aber einem weitgehend vergessenen, jahrelang in Starnberg lebenden Schriftsteller, der der Anlass war für mindestens zwei Besuche Mahlers im (noch) Dorfe Starnberg: **Heinrich Krzyzanowski** (1855–1933).
Zu den geistigen Entwicklungen gegen Ende des 19. Jahrhunderts (fin de siècle) gehören solche der Musik. Einen Hauch davon kann man spüren, wenn man sich mit Krzyzanowskis Werk befasst. Er selbst gab als Beruf Dr. der Philosophie und Schriftsteller an und wohnte in den 1880er-Jahren mehrere Jahre hier zur Miete, zunächst Hausnummer 15 (Villa Felicitas des Privatiers Joachim, heute Perchastraße 1) und später im Haus Nummer 236, Buchbinder Marx – Ecke Weilheimer-/ Dinard-Straße (Besitz Almeida, abgebrochen). Erst nach längerer Recherche konnten Titel seiner Werke ausfindig gemacht werden (z. B. der Roman *Im Bruch*), seinen Lebensunterhalt dürfte er mit Übersetzungen – vor allem aus dem Russischen – und mit Lehrtätigkeiten bestritten haben, zudem wurde er wohl von Freunden unterstützt. Immerhin konnte er Sohn Ottfried auf höhere Schulen (in München, dann Wien) schicken, dieser jedoch fand: »Aber man hört eben auf frei zu sein, wenn man

Abb. 63: Heinrich Krzyzanowski, Porträtaufnahme von Anfang der 1880er-Jahre.

das Geld verdienen muss. Wie das der Bettler [Ottfried] Krzyzanowski wusste, der es von sich wies, auch nur einen Heller zu verdienen«, notierte Franz Blei[82] (siehe auch unten).
Erheblich bekannter als sein literarisches Werk ist die Beziehung Heinrich Krzyzanowskis und seines Bruders Rudolf zum Komponisten Gustav Mahler. Die Brüder waren mit Mahler seit dessen Konservatoriumszeit in Wien befreundet, alle drei gehörten auch dem streitlustigen Wiener Zirkel »Häufelein der Vierzehn« an, »der sich nicht scheute, die heikelsten Probleme der modernen Erkenntnislehren und Wissenschaften zu erörtern.«[83] Zudem sind längere gemeinsame Wanderungen bekannt, Mahler mit Heinrich zum Beispiel nach Wunsiedel in die Heimat Jean Pauls; nach dessen Dichtung heißt Mahlers 1. Sinfonie *Der Titan*. Von einer Fußwanderung im Herbst 1887 der drei von Innsbruck über das Gebirge bis an den Starnberger See, wo sich Mahler dann einige Zeit bei Heinrich Krzyzanowski aufhielt, berichtet der Mahler-Biograph La Grange.[84]

Die Freundschaft zwischen Mahler und Heinrich Krzyzanowski führte zu einem weiteren Besuch des dann schon etwas bekannteren Komponisten in Starnberg, nach Fertigstellung der 1. Sinfonie: Mahler hatte ziemlich abrupt im Mai 1888 ein Engagement in Leipzig gelöst, war nach München gereist und verbrachte einige Tage bei Heinrich in Starnberg[85] (also fast ein Jahrzehnt vor seiner ersten Dirigententätigkeit in München und lange vor Aufführungen, später sogar Uraufführungen seiner Symphonien in Münchner Konzertsälen). Von Starnberg aus reist er im Juni 1888 weiter zu seinen Eltern in Iglau. Sommeraufenthalte an Seen, verbunden mit intensivem Komponieren, werden in den Folgejahren Mahlers Gewohnheit. Heinrich Krzyzanowski bleibt für Mahler auch fernerhin ein nicht unbedeutender Kontakt, seine Aufzeichnungen haben sogar einen gewissen Quellenwert für Mahler und seine Zeit.[86]

**Gottfried Krasny
alias Ottfried Krzyzanowski**

Kaum jemand kennt den Dichter Gottfried Krasny. In der Tat zählt er wohl nicht zu den Großen des Poetenolymp. Der Name ist zudem ein Pseudonym – eine literarische Figur, die Franz Werfel im Roman *Barbara oder die Frömmigkeit*[87] zur Illustration des Wiener literarischen Lebens während des Ersten Weltkriegs verwendet hat. Mit scharfzüngigen Bemerkungen kommentiert der dortige Krasny Zeitumstände (»Die Industrie hat am Krieg verdient, sie wird auch an der Niederlage verdienen«[88]). Ein mit Selbstbewusstsein gepaartes Hungerleider- und Schnorrerdasein in den Wiener Literatencafés entfaltet sich vor unseren Augen.

Auch das Leben des realen Ottfried Krzyzanowski, des Vorbildes für Krasny, endet angeblich, weil sein Zimmerwirt in Wien die Bitte des Todkranken, er möge Hilfe in eben jenen Cafés holen, für Fieberfantasien hält. ... *verhungert 1918* ist ein Aufsatz über Ottfried Krzyzanowski betitelt.[89]

Sein einziges schmales Gedichtbändchen *Unser täglich Gift* erscheint bereits posthum.[90] Tagebuchblätter, verstreut Veröffentlichtes, werden erst viele Jahrzehnte später wieder oder erstmals gedruckt. Immerhin ist der Autor anekdotenhaft so eng mit der Wiener literarischen Szene verbunden (und viele Literaten erwähnen ihn in ihren Memoiren, z. B. Franz Blei, Anton Kuh), dass das österreichische Starhemberg

Abb. 64: Otfried (sic!) Krzyzanowskis Unser täglich Gift *wurde in die avantgardistische Reihe »Der jüngste Tag« des Leipziger Kurt-Wolff-Verlags aufgenommen.*

> Die Literaturwissenschaft siedelt Krzyzanowski in der Neuromantik, ja schon in der Nähe des Expressionismus an, Hass und Selbsthass seien Grundmotive seines Schreibens.[93] Das folgende Gedicht lässt etwas davon ahnen:
> »Abend
> Was wünscht die Seele? Tod zu spenden oder
> Sich dem Abend preiszugeben, wie das Rohr
> Dem Wind die schwanken Rispen preisgibt: schlanke Rehe
> Schmiegen sie sich. Nieder auf sie
> Sinkt im Dämmern
> Furcht.«[94]

einmal als Geburtsort auftaucht anstelle von Starnberg, wo Ottfried Friedrich Krzyzanowski am 25. Juni 1886 geboren wurde. Auch der Vater, Dr. phil. Heinrich Krzyzanowski, schriftstellerte, wie oben erwähnt, und Taufpate (vertreten durch die Taglöhnerin Monika Merkel) ist der Archäologe und Schriftsteller Friedrich Löwi, der sich später Löhr nennen wird.

Franz Werfel schleift den Namen zurecht. Über den richtigen stolpert, beim Vornamen, nicht nur der Starnberger Kaplan Herb bei der Taufe (Gottfried statt Ottfried wurde das Kind irrtümlich genannt, wie die Taufmatrikel[91] extra festhält), sondern auch Franz Blei bei der Grabrede, der sich von »Ottmar« verabschiedet, obwohl ihm die Umstehenden – es sind etwa acht Trauergäste – mehrfach den richtigen Namen zuflüstern.[92] Ottfrieds Schwester, die dabei in Tränen ausbricht, erhebt später Vorwürfe gegen die von ihr so gesehene Verspottung des Toten. In Werfels Roman wird diese Namensverwechslungs-Anekdote dem Grabredner Basil (das ist Franz Blei) in den Mund gelegt.

Sonnige Kindheitsmomente

An dieser Stelle soll an einen Dichter erinnert werden, der mit Starnberg in seiner Kindheit in Beziehung trat, nicht nur durch Ferienaufenthalte.

Die aus Starnberg stammende Stiefmutter **Christian Morgenstern**s (1871–1914), des Dichters der berühmten *Galgenlieder*, von *Palmström* und *Palma Kunkel*, ist eine geborene **Dall'Armi**, entstammt also einer Familie, die schon vor der Mitte des 19. Jahrhunderts Grundbesitz am See hatte (sie erwarben das säkularisierte Kloster Bernried); 1864 zieht der erste Dall'Armi nach Starnberg. Die heutige Starnberger Villa Dall'Armi wird allerdings erst nach 1900 gebaut.

1913 schreibt Christian Morgenstern über seine Kindheit, dass Erinnerungen an Reisen mit seinen Eltern, unter anderem durch »die (damals noch ländlichen) bayerischen Seedörfer Kochel, Murnau, Seefeld, Weßling ... dem sehr viel einsamen und stillfrohen Knaben unvergeltbar Liebes erwiesen«[95].

Der Vater Carl Ernst Morgenstern, ein Landschaftsmaler und selber Sohn eines solchen, die Mutter Tochter eines Landschaftsmalers – auf den Reisen musste das Kind wohl oft das Skizzieren des Vaters vor der Natur geduldig abwarten. Als der Vater wieder einmal am Starnberger See malt, lernt der Knabe schon seine spätere Stiefmutter kennen, und der Siebenjährige schreibt ihr aus Neuhausen, wo die Familie in der Nähe von Nymphenburg wohnt:

»Liebe Tante Amalie! Das Spielbuch hat mich sehr gefreut ... Ich danke Dir herzlich dafür und hoffe, dass ich Deine lieben Eltern, Tante Helene und Dich mit Mama bald in dem schönen Starnberg besuchen darf. Herzliche Grüße von Mama und Papa und einen Kuß von Deinem Dich liebenden Christian Morgenstern zukünftiger Landschafts-Maler«[96]

Alles ändert sich, als 1881 die Mutter des noch nicht Zehnjährigen an Tuberkulose stirbt. Der Vater zieht nach Starnberg, nimmt den Sohn mit, muss aber für diesen jetzt eine Schulausbildung in Gang bringen, und das zieht Internatsaufenthalte in Hamburg, später Landshut nach sich; hier hat er Schulkameraden, die er möglicherweise schon von Starnberg her kennt, im Briefwechsel z. B. mit dem Vater nach Starnberg tauchen Namen von (vermuteten) Starnbergern auf. Auch dem (Stief-)Großvater August von Dall'Armi dankt er »recht innig für die unvergesslichen schönen Tage in Starnberg, die der lieben Mama und mir durch Dich ermöglicht wurden.«[97]

Abb. 65: Christian Morgenstern als Kind.

1883 hat der Vater Amélie Dall'Armi geheiratet und im selben Jahr eine Professur an der Königlichen Kunstschule in Breslau angetreten. Amélie Morgenstern wird für Christian die vertraute Stiefmutter, vielleicht zunächst Pflegemutter, in einer engen Beziehung, die über die Scheidung 1894 (für Christian Grund zum Bruch mit dem Vater) bis an das Lebensende Morgensterns hält. Zwei Tage vor seinem Tode schreibt er ihr noch: »Innigsten Dank, Liebe, Liebe, für alles.«[98] In manchen Briefen an sie dazwischen werden Starnberger Erinnerungen beschworen: »Wie lebendig steht Euer liebes Starnberg vor mir ... Seltsam, seltsam, das alles.«[99] »Beim ›Seeweg nach Percha‹, den Du erwähnst, ging mir einen Moment das Herz auf, als ob ich das nicht kennte!«[100]

Insgesamt sind Morgensterns Kindheitsjahre von großer Bedeutung für den Dichter (»dass ich immer noch im und vom Sonnenschein meiner Kindheit lebe«[101]): Grundlegend seien sie gewesen für sein Verhältnis zur Natur, in der er aufgehen konnte; Spielen bildet für ihn »ein eigenes, sonniges Kapitel.«[102] Und spielt er nicht meisterhaft mit der Sprache? Kindergedichte schreibt er und plant sogar, als Gegenstück zu seinen berühmten *Galgenliedern*, ein Galgenliederkinderbuch.

Abb. 66: Christian Morgenstern (1805–67) Der Starnberger See, um 1830/40. Meisterhaft fing der Großvater des Dichters Christian Morgenstern eine Morgenstimmung an unserem See ein. Auch dessen Sohn, der Landschaftsmaler Carl Ernst Morgenstern, hielt unsere Gegend auf Leinwand fest. Sein Sohn Christian begleitete ihn oft und spielte mit dem Gedanken, selbst Landschaftsmaler zu werden.

Faszinationen von Übersinnlichem streifen den See

Gegen sein Lebensende ist Christian Morgenstern von zwei Geistesrichtungen bzw. Personen fasziniert: von der Anthroposophie Rudolf Steiners[103], die in jener Zeit weit verbreitet Anhänger findet, und von Paul de Lagarde, einem Kulturphilosophen nationalistischer Ausrichtung[104]. Bei Letzterem ging er sogar so weit, dass er sich eine Aufforderung, Lagarde zu lesen, auf seinen (Morgensterns) Grabstein wünschte. Der Glaube an Geheimnisse jenseits der sinnlich erfahrbaren Welt, d. h. in okkulten Bereichen, durchzieht in wechselnden Formen wohl alle Epochen und Regionen. Unser Gebiet bildet hier keine Ausnahme. Spürbar wird eine schwache Fernwirkung sogar beim Grafen Franz Pocci. Der Württemberger Arzt, Mystiker und Dichter **Justinus Kerner** (1786–1862; er selber befürchtete, seiner Nachwelt am ehesten noch als Geisterseher bekannt zu bleiben) hatte briefliche Kontakte und andere Beziehungen zu Personen am See, mehr noch zu einem Münchner Freundeskreis, den er oft besuchte. Franz von Pocci, der Enkel des berühmten »Kasperlgrafen« (siehe S. 68), hat den Briefwechsel Kerners mit diesem Freundeskreis zusammengestellt,[105] darunter auch die Korrespondenz mit seinem Großvater **Franz Graf Pocci**. Pocci und Kerner tauschten neben Briefen auch manche ihrer Neuerscheinungen, und in ihrem Nachlass fand sich noch einiges davon. Pocci etwa besaß Kerners spiritistisches Kultbuch der damaligen Zeit, *Die Seherin von Prevorst oder das Hereinragen der Geisterwelt in unsere*. Die damalige Zeit war offenbar empfänglich für rätselhafte Personen; so betreut Kerner jahrelang die »Seherin« (Friederike Hauffe), Clemens Brentano wenige Jahre zuvor die visionäre Nonne Katharina Emmerick. Beide verarbeiten ihre Erlebnisse dabei auch literarisch.

Abb. 67: Die Seherin von Prevorst.

Interessant sind auch die Beziehungen, die Kerner zu den Wittelsbachern unterhält (oder sie zu ihm). Herzog Max in Bayern, seit 1834 im Besitz von Possenhofen und Garatshausen, besucht Kerner und wird in dessen Briefen wiederholt erwähnt. In zahlreichen Briefen an Ludwig I. geht Kerner auf seine Zeitschrift *Magikon* (ein sprechender Name), auf Wünschelruten und Mesmerismus ein. Kronprinz Max II. erhält zur Geburt des Sohnes Ludwig (II.) von Kerner einen geheimnisvollen Nußbaumquerschnitt übersandt, der sich als »aufschwebende weibliche Figur mit Krönchen, Heiligenschein, Schleier« interpretieren lässt: als »Bild eines schützenden Geistes«[106] möge es in die Wiege eingefügt werden. Umgekehrt wendet Max sich an Kerner mit der Bitte um magnetisiertes Wasser oder Heilmittel, die von Sehern erkannt worden seien.

Wenn man einer kurzen Anmerkung in einer Biographie Rudolf Steiners[107] trauen darf, hatte deren Verfasser Emil Bock einen interessanten Reisekalender entdeckt. Danach reist Henry Steel Olcott, der mit Helena Blavatsky 1875 in New York die Theosophische Gesellschaft gegründet hatte, im (Juli oder) August des Jahres 1884 »an den Starnberger See, wo einige wichtige Persönlichkeiten wohnten«.[108] In seiner Begleitung ist Wilhelm Hübbe-Schleiden, der damalige Präsident der kurz vorher in Elberfeld gegründeten Loge Germania der Theosophischen Gesellschaft und zuvor ein vehementer Vorkämpfer für deutsche Ko-

Gustav Meyrink. Ein Schriftsteller in Starnberg[109]

Gustav Meyrink (1868-1932) gilt heute als der bekannteste Schriftsteller Starnbergs. Dabei verbinden manche Leser seiner Romane und Geschichten und damit ihn mehr mit Prag oder auch Wien, das tun vielleicht sogar manche Starnberger. So blieb ihm einst die Einreihung in die Schriftstellerschar, die das Starnberger *Heimatbuch* aufbot, verwehrt. Aber Meyrink lebte den längsten Abschnitt seines Lebens, 21 Jahre, in Starnberg. In seine Starnberger Zeit fallen das Entstehen, die Fertigstellung oder Herausgabe des bei weitem größten Teils seiner Bücher. Meyrink, der 1911 hierher zieht, hat wohl schon früher enge Beziehungen an den See. 1907, noch bevor er 1908 von Wien nach München zieht, bietet er einem Kaufinteressenten ein Boot an, praktisch zum Materialpreis von Blei und Kupfer, das er am Starnberger See liegen hat: »der Starnberger See, wohin ich nie komme.«[110]
Als er Starnberg im April 1911 zum Wohnsitz nimmt, hat er nicht nur bereits eine Reihe von satirischen und grotesken Texten auch in Buchform veröffentlicht[111], er führt mindestens auch Teile seines später berühmtesten Werkes im Gepäck mit sich, **Der Golem**, von dessen Entstehen es brieflich schon seit 1905 Nachrichten gibt: »Meyrink hat einen philosophisch-phantastischen Roman im Concept fertig«.[112]
Der bekannte Zeichner Alfred Kubin will oder soll den Roman illustrieren, und mit mehreren Verlegern hat Meyrink Gespräche geführt. Ein Kapitel daraus veröffentlicht vorab im September 1911 die Zeitschrift *Pan*. Ab 1913 erscheint der Roman in Fortsetzungen in der Zeitschrift *Die weißen Blätter* und endlich 1915 als Buch – und wird »über Nacht zum größten deutschen Bucherfolg.«[113]
1913 erscheinen seine gesammelten Novellen dreibändig im Verlag Albert Langen unter dem Titel *Des deutschen Spießers Wunderhorn*. Darin befindet sich auch die (1908 geschriebene?) Satire *Die Erstürmung von Serajewo*, in der infolge von Chaos und Unfähigkeit ein österreichischer Truppenteil bei einem überraschenden Kriegsausbruch eine österreichische Stadt erobert. Nach der Ermordung des Thronfolgers in Sarajewo, nach Ausbruch des Ersten Weltkriegs 1914, empfindet man das nicht mehr als lustig und verbietet 1916 in Österreich das *Wunderhorn*. Eine nationalistische Initiative in einer Broschüre der Fichtegesellschaft wirft Meyrink quasi Wehrkraftzersetzung vor. Diese sogenannte **Meyrinkhetze**, an der sich abgeschwächt auch der *Land- und Seebote* in Starnberg beteiligt (»der leider hier in Starnberg lebende«), entfacht eine

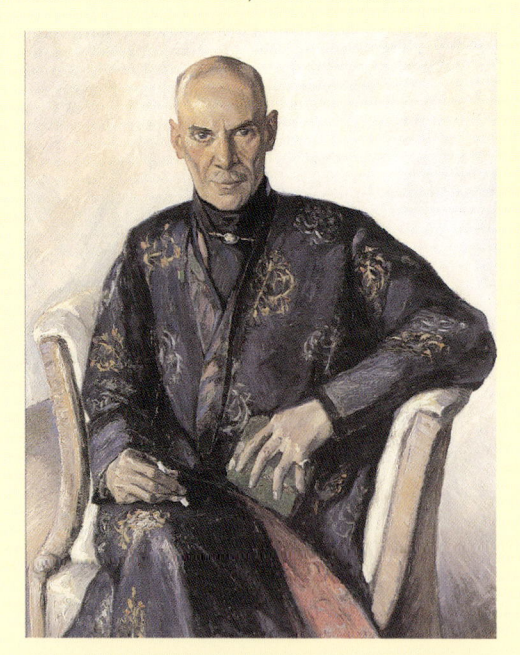

Abb. 68: Gustav Meyrink, auf dem Gemälde von Karl Wittek (1919), warb als Plakat für die Starnberger Meyrink-Ausstellung 1992/93.

Gustav Meyrink

beachtliche Kontroverse. Zu den Unterzeichnern einer Pro-Meyrink-Stellungnahme gehören unter anderen Heinrich Mann, Arthur Kutscher, Felix Weingartner und Kurt Martens sowie aus Starnberg Hermann Uhde-Bernays und Graf Bernstorff. Auf anderen Gebieten meldet sich Meyrink selber zum Kriegsgeschehen: Er unterzeichnet mit einen »Aufruf zur Würde«, der sich nach dem Einmarsch in Belgien und begleitendem zerstörerischem Kriegsgeschehen in recht extrem nationaler Denkweise gegen Vorwürfe des Auslands richtet. Er lehnt auch nicht ausdrücklich eine Aufforderung ab, an einem Pamphlet in Romanform mitzuarbeiten, das dem Freimaurertum die Kriegsschuld zuweisen soll. Allerdings wird er nicht aktiv, sodass schließlich der Auftrag an einen anderen übergeht.[114]

Die Angriffe auf Meyrink setzen sich in der Nachkriegszeit fort, werden antisemitisch unterlegt und ziehen auch Prozesse nach sich.

Lokale Reibereien scheinen in Meyrinks Starnberger Vereinszugehörigkeiten hineinzureichen. Ein weit überdurchschnittlich guter Schachspieler, trat Meyrink noch im Gründungsjahr dem 1920 ins Leben gerufenen »Schachklub Starnberg« bei, erwarb sich dort Lorbeeren als Klubmeister sowie als Spitzenspieler der Mannschaft und wurde der »überlegene Sieger« der 1930 einmalig ausgespielten Starnbergersee-Meisterschaft. Die Vereinschronik hält auch fest, »daß sich Herr Meyrink zu Vorträgen am Demonstrationsbrett bereit erklärt hat. Er hat solche Vorträge auch wiederholt abgehalten«.[115] Nach seinem Tode vermerkt die Vereinschronik: »Unser allseits hochgeehrter Meister, Herr Schriftsteller Gustav Meyrink ist nach langem Leiden still und bescheiden, wie er gelebt, verschieden. Als Spieler stand Herr Meyrink im Klub auf einsamer Höhe.«

Die Vereinschronik, erst nach 1945 aufgeschrieben, verbirgt freilich so manches: In einem 1938 erschienenen Buch, verfasst von einem Ehrenmitglied des Schachklubs, heißt es über zeitgerechte Veränderungen im Schachklub: »Die ›Andersgesinnten‹ müssen weichen. Das sind ... dann der Bastard und große ›Dichter‹ Gustav Meyrink, Verfasser des ›Golem‹ mit phantastischen Auflageziffern, Fabrikant des ›Grünen Gesichts von Amsterdam‹, Vertreter typisch neudaitscher Asphaltkultur«.[116]

Meyrink, der auch in seiner Prager Zeit als Ruder-Leistungssportler Medaillen und Titel gewonnen hatte, wirkt in Starnberg für den Münchner Ruder- und Segel-Verein »Bayern« von 1910 (MRSV). Im 46. Jahrgang der *Bayern-Mitteilungen* (von 1993) erinnert der Verein an Meyrink als Trainingsleiter und Ruderwart sowie als Steuermann im Achter. Rudererinnerungen auf dem Starnberger See hat Meyrink in der Geschichte *Der Sulzfleck im Karpfenwinkel* verwendet.[117] Seine vorletzte Starnberger Wohnadresse an der Seepromenade, nicht weit weg vom MRSV, nennt er anspielend auf eine Örtlichkeit im *Golem*: »Haus zur letzten Latern«. Es ist die heute nicht mehr existierende Villa Prestele, in der wir schon Richard Wagner begegnet sind. Dort entwickelt sich auch eine Beziehung von Meyrinks Tochter Sibylle zu einem Nachbarssohn, die zu ihrer ersten Ehe führt.

Abb. 69: Gustav Meyrink als Trainer einer Gruppe von Ruderern im MRSV.

Abb. 70: Paul Segieth zeichnete Meyrink und Mühsam als Schachpartner.

Meyrink als Schachpartner von Erich Mühsam in München (Café Stephanie) skizzierte der Zeichner Paul Segieth, und Mühsam besucht ihn zum Schachspiel in Starnberg, hatte das nach einem Brief jedenfalls vor. Im örtlichen Schachclub, in dem der starke Spieler Gustav Meyrink über lange Zeit hinweg dominiert hatte, wird er aber von den Nazis allmählich an den Rand gedrängt.

Von vielen weiteren Besuchern Meyrinks in Starnberg seien als Schriftstellerkollegen noch zwei erwähnt, in deren Lebenserinnerungen er auftaucht: Kurt Martens (»Zahlreiche Fremde, die München und Starnberg berührten, nahmen Gustav Meyrink und seinen Landsitz in das Programm ihrer Sehenswürdigkeiten auf«[118]) und Max Brod. In ihrer Prager Bekanntschaft hatte sich Meyrink für Max Brod in eine Legende verwandelt, beim Besuch in Meyrinks Starnberger Villa aber sieht alles »hell und behaglich aus, ... es gab ... ein oder zwei kleine Kinder. Das Glück machte sich fühlbar.«[119]

Wie man an den Vereinsmitgliedschaften sieht, führt Meyrink in Starnberg ein ganz normales Bürgerleben, das sich von seinem schriftstellerischen Werk und dessen vielen übersinnlichen Anknüpfungen deutlich abhebt. Welche Kontakte aber hat Meyrink zu anderen Starnberger Schriftstellern? Zu den engeren Bekannten gehören Friedrich Alfred Schmid Noerr (in mystischen und mythischen Bereichen zu Hause), Hermann Uhde-Bernays und Albert Talhoff[120]. Die Bekanntschaft mit dem Erstgenannten soll auf eine Begegnung des Ruderers Meyrink mit Schmid Noerr am Perchaer Seeufer zurückgehen, wo dieser wohnte. In seinem Haus trafen sie sich wohl zu den gelegentlichen »Tabakskollegien«, zu denen Hans Ludwig Held aus München hinzukam. Zwischen diesem »Spiritus rector« des Münchner geistigen Lebens, seinem Münchner Freundeskreis und Meyrink entstand im Sommer 1914 der Plan, eine »Deutsche Akademie der Dichter und Künstler« zu gründen; mit Uhde-Bernays traf man sich bei Meyrink zur Beratung, »um den zunehmenden Verfall des deutschen Schrifttums zu verhindern«, wobei Meyrink sich »durch phantastische Einfälle ... von der Realität der Dinge in ein Traumreich emporschwang«; König Artus' Tafelrunde stand dabei Pate.[121]

In den Starnberger Jahren entstanden Meyrinks Romane

Abb. 71: An den (Bild-)Rand gedrängt: ganz links außen Gustav Meyrink am Brett 1 der Starnberger Schachmannschaft.

Das grüne Gesicht (1916) und die *Walpurgisnacht* (1917), in der man durchaus auch Zeitanspielungen entdecken kann, etwas später *Der weiße Dominikaner* und *Der Engel vom westlichen Fenster* (ein alchemistisch durchsetztes Werk, bei dem die Urheber-Anteile zwischen Meyrink und Schmid Noerr unklar sind). Hinzu kommt eine Vielzahl von immer stärker im Okkulten angesiedelten Geschichten, ferner Dramenversuche (meist in Zusammenarbeit mit Roda Roda) sowie eine umfangreiche Tätigkeit als Übersetzer und Herausgeber.
Unerschöpflich scheint das Feld von Meyrinks Beziehungen zu okkulten Richtungen und Praktiken. Schon in Prag hatte er sich der theosophischen »Blauen Loge« angeschlossen. Aus dem Briefwechsel mit entsprechenden Orden, Vereinigungen und Einzelpersonen lässt sich auf eine fast lebenslange Kontaktsuche schließen, und im Werk findet sich dann ein Widerschein davon, der für Rudolf Steiner allerdings eine mehr ironische Färbung annimmt.
Bedrückend muss für Meyrink gewesen sein, dass er seinem Sohn, der sich bei einem Skiunfall schwer verletzt hatte, zu keiner Genesung verhelfen konnte, sodass Harro im Sommer 1932 verzweifelt Selbstmord beging. Im selben Jahr starb Meyrink am 4. Dezember. Über Albert Talhoff kamen Schilderungen der Sterbesituation an Ursula von Mangoldt (»mit entblößter Brust, dem Sonnenaufgang zugekehrt«[122]) und Ina Seidel[123].
Vom Lebensende Gustav Meyrinks zurück zu seinen schriftstellerischen Anfängen: 1901 erscheint im *Simplicissimus* seine Geschichte *Der heiße Soldat*, die in grotesker Weise den unglaublichen Fieberanstieg eines unverwundeten Fremdenlegionärs und Feldtrompeters beschreibt, wobei der zu Studienzwecken anwesende Professor Mostschädel ungerührt in wissenschaftlicher Borniertheit auf die nur den Ärzten

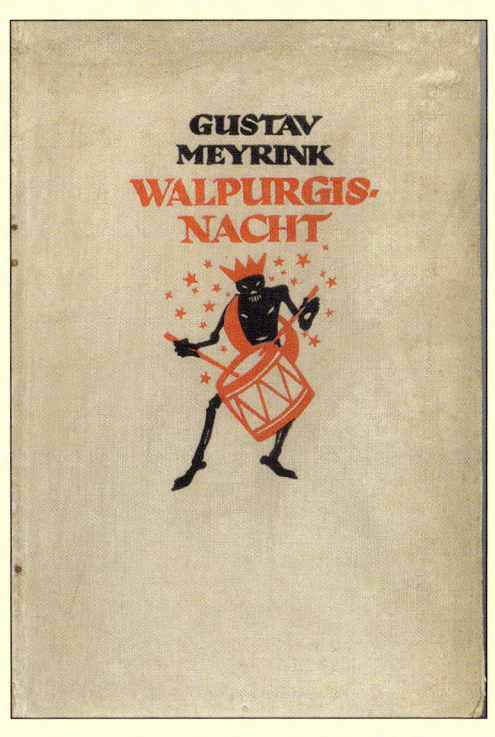

Abb. 72: Emil Preetorius entwarf den Bucheinband für die Erstausgabe von Gustav Meyrinks Roman Walpurgisnacht.

mögliche Erklärbarkeit des Phänomens besteht, selbst als dem glühenden Patienten die Kleider vom Leibe brennen. Ludwig Thoma persönlich soll in der *Simplicissimus*-Redaktion den Meyrink-Text vor dem Papierkorb bewahrt haben.
Auch in der Geschichte *Das verdunstete Gehirn* werden militärische, sagen wir: Eigenheiten aufs Korn genommen. Es geht um künstlich erzeugte Gehirne, für die keine Verwendung besteht (»Und dann, – was sollte man in Deutsch sprechenden Ländern mit selbständig denkenden Gehirnen?!«) und die sich in ein »schiefes Maul mit eckig aufwärts gebogenem Schnurrbart« verwandeln, wenn man ihnen einen Helm überstülpt (am Rande spielt auch die Geschichte vom Hauptmann von Köpenick herein, die Novelle ist »Dem Schuster Voigt in Ehrfurcht gewidmet«).

Abb. 73: Friedrich Ratzel.

In diesen sozusagen esoterisch-okkult vorbereiteten Landstrich am Starnberger See zieht im Jahre 1911 mit **Gustav Meyrink** ein Schriftsteller, der zu den weltweit bekanntesten Autoren der esoterisch-okkulten Literatur gehört (siehe S. 86ff.).

Alldeutsches in Münsing und Ausstrahlung auf Starnberg

Um die Jahrhundertwende verstärken sich Kritik an militaristischen Erscheinungen (wie beispielsweise in Meyrinks Satiren) und pazifistisches Gedankengut (besonders gegen Wilhelm II.), aber auch die keineswegs schwächeren Gegenkräfte.

Vieles an der Zeitströmung bewegt sich auf den Ersten Weltkrieg hin, deswegen soll jetzt ein Autor betrachtet werden, von dem manche Bücher Ziele und Absichten des Ersten Weltkriegs sozusagen im Keim formulieren, mehr noch sogar solche des Zweiten.

Zwar lebt der Autor, um den es hier primär geht, am anderen Ende des Starnberger Sees. 50 Jahre später haben aber nicht nur seine aufreizenden Gedanken Starnberg erreicht, sondern dort auch eine Institution ins Leben gerufen, die seinen Namen trägt.

Am 9. August 1904 stirbt in Ammerland der Geograph **Friedrich Ratzel** (1844–1904), von dem manche Schriften seine journalistische Vergangenheit in ihrer gewandten Schreibweise noch erkennen lassen. An ihm scheiden sich bis heute die Geister, doch das sorgt auch für bleibende Aktualität, und auf dem 50. Deutschen Geographentag 1995 war ihm eine Veranstaltung gewidmet (unter dem absolut tarnenden Titel *Asymmetrische Gegenbegriffe als räumliche Kategorien – zur historisch-*

lonien in Afrika. Als wichtige Persönlichkeiten am See können wir Gabriel Max, den mit ihm befreundeten Carl du Prel und später den Freiherrn Albert von Schrenck-Notzing sehen. Gabriel Max faszinierte viele Zeitgenossen, etwa durch seine Totenbilder. Der philosophische Schriftsteller Carl du Prel wandte sich immer stärker der Erforschung des Okkulten zu. Der Mediziner und Parapsychologe **Albert von Schrenck-Notzing** (1862–1929) selbst war ein Kristallisationspunkt esoterischer wie anderweitig kreativer Impulse. Er gehörte einerseits zu den Gründern der Psychologischen Gesellschaft in München, untersuchte andererseits ein Spukphänomen in dem kleinen Weiler Neuried an den Ostersee. Seine Materialisationsexperimente, bei denen er (Schrenck-Notzing) hinters Licht geführt wird, besucht auch Thomas Mann. Auf dem Holzhausener Friedhof haben die Schrenck-Notzings eine Familiengrabstätte.

politischen Semantik in der deutschen Geographie).
Friedrich Ratzel hatte sich 1902 in Ammerland ein Haus gekauft, das er schon seit 1875 als Sommeraufenthalt bewohnte. Sein Grab befindet sich auf dem Münsinger Friedhof. Unweit der Holzhausener Linde (sie fiel im Sommer 1996 einem Sturm zum Opfer) liegt seine Tochter beerdigt neben ihrem Gatten Dr. Erwin Riezler, dem Verfasser vieler juristischer Fachbücher und Sohn des bedeutenden bayerischen Historikers Sigmund von Riezler, der wenige Schritte weiter seine letzte Ruhestätte fand.
Ratzel hat ein wechselvolles Leben als Apotheker und Reisejournalist hinter sich, als er, bis dahin Autodidakt, ein Studium zunächst der Naturwissenschaften beginnt. Er hört unter anderem bei Treitschke, später auch Literaturgeschichte bei Michael Bernays. Dessen Stiefsohn, Hermann Uhde-Bernays, lernt ihn als Kind kennen und entwickelt eine kindlich-schwärmerische Zuneigung zu ihm (nachzulesen in dessen Autobiographie *Im Lichte der Freiheit*, die schon erwähnt wurde).
1880 wird Ratzel Professor an der TU München, 1886 in Leipzig. Er ist eifriger Mitarbeiter der Zeitschrift *Grenzboten*, auch dann noch, als diese sich streng konservativ ausrichtet. 1902 etwa veröffentlicht er dort seine *Bilder aus dem Kriege mit Frankreich* (1870/71). Darin hört man sozusagen das Echo der vaterländischen Lieder, über die sich, wie erwähnt, Ludwig Steub im Starnberger Pellet freute. Ratzel »erklangen die Rheinlieder der Befreiungskriege an allen Orten«, und »Die patriotischen Gesänge, die wir so oft aus einem unbestimmten Drange nach hohen Gefühlen angestimmt hatten, waren mit einem Schlage Wirklichkeit geworden.«[124]
Für sein Hauptwerk bzw. Hauptanliegen, die *Anthropogeographie*, entwickelt er einerseits viele Ansätze zur modernen Sozialgeographie, etwa in dem reizvollen Aufsatz *Das deutsche Dorfwirtshaus*. Starnberg bekommt darin einen kleinen Seitenhieb ab:

»Dörfer und Marktflecken wie Garmisch, Partenkirchen, Starnberg, Prien u. a. haben ein städtisches Gewand angezogen ... Nicht nur Villen von allen Größen und Güten, neue Gasthäuser, Restaurationen und sogar Keime von Kaffeehäusern sind entstanden. Daneben sind jene in Fremdenplätzen unvermeidlichen Tandläden mit geschnitzten, gestanzten, gekleksten (oder erst zu beklecksenden) Andenken, banalen Bildpostkarten u. dergl. wie Pilze emporgeschossen. Wenigstens im Dunstkreis der Bahnhöfe und Dampfschiffländen ist der ländliche Duft gänzlich abgestreift.«[125]

Andererseits ist er der Wegbereiter geopolitischer Vorstellungen im Dienste des sich ausweitenden Imperialismus. Überlegungen zum *Lebensraum* widmet er ein Buch.[126] Von Ratzel führt eine direkte (Hörer-)Linie über Karl Haushofer zu Rudolf Heß. Ratzels früher Eintritt in den Alldeutschen Verband hat diesen salonfähig gemacht und die Grundgedanken (Stärkung des Nationalbewusstseins, Anschluss deutschsprachiger Gebiete, auch Annexionen) über seine akademische Lehrtätigkeit weit verbreitet.
Aufschlussreich ist sein Büchlein *Deutschland – Einführung in die Heimatkunde* von 1898[127], das bis in die 1930er-Jahre ein halbes Dutzend Auflagen erfährt. Seine Vorbemerkung rückt die Kenntnis des Vaterlandes, mit dem man vertraut sein solle wie ein Kind mit dem Vaterhaus, in den Mittelpunkt, »in einer Zeit, wo es für viele Deutsche kein fremdes Land mehr in Europa giebt und wo manche von unseren Landsleuten in außereuropäischen Ländern

bewanderter sind als in der Heimat.«
Dazu müsse man – so heißt es – zeigen, »wie der Boden und das Volk zusammengehören«.
Die Betrachtung der Nachbarräume dient weniger deren Verständnis als vielmehr der Abgrenzung von ihnen, der Charakterisierung des Deutschtums, auch seiner Schwächen. Ideen der Grenzbereinigung, etwa in zerfaserten Minderheitengebieten, spürt man allenthalben.
»Nur die Grenze, die das Reich nach dem siegreichen Krieg gegen Frankreich selbst gezogen hat, kann als gut gelten ... Die deutsch-russische Grenze ist nicht die Grenze zweier Staaten, sondern zweier Welten«[128], man fühlt sich »geistig im Osten vor einer kalten Wand«.[129]
Überhaupt klingen deutsche Kriegsziele laufend zwischen den Zeilen an. Kolonialgedanken sind selbstverständlich, und nur ein Lokalpatriotismus behindere etwas den größeren, eigentlichen vaterländischen Patriotismus. Die kriegerischen Fähigkeiten der Deutschen wären offenbar nicht immer ausgenützt, sonst »würde Deutschland die größte Macht des Kontinents geblieben sein.«[130]
Allerdings: »zwecklose Grausamkeit liegt dem Deutschen nicht.«[131] Ein halbes Jahrhundert später wird man darüber anders denken.

Hugo Grothe und die Friedrich-Ratzel-Stiftung

Fast 50 Jahre nach seinem Tod verbindet sich der Name Friedrich Ratzel mit Starnberg über einen hier inzwischen ansässig gewordenen Autor: **Hugo Grothe** (1869-1954). Er rief 1951 die »Friedrich-Ratzel-Stiftung für Wanderungsforschung und Kulturgeographie«[132] ins Leben. Über die Stiftung selbst konnte nichts mehr in Erfahrung gebracht werden, möglicherweise überlebte sie den 1954 verstorbenen Gründer nicht wesentlich. Sie zeugt indes von der immer noch lebendigen Innovationskraft des damals 82-Jährigen, dessen Initiative schon 1900 die Münchner Orientalische Gesellschaft entstammte. Ab 1912 in Leipzig, leitet er das Institut für Auslandkunde und Deutschtum im Ausland.
Ab 1940/41 hat dieses eine Zweigstelle in München-Starnberg und übersiedelt 1944 ganz nach Starnberg, wo es nach dem Krieg unter einem neuen Namen weiterlebt: »Institut für Auslandkunde und Kulturwissenschaft, Starnberg«. Es steht in der Nachfolge der Deutschen Kulturpolitischen Gesellschaft, der schon das Leipziger Institut verbunden war (und die Grothe begründet hatte).
Hugo Grothe, seit 1938 Professor, hat in seinen zahlreichen Schriften in der Ratzel-

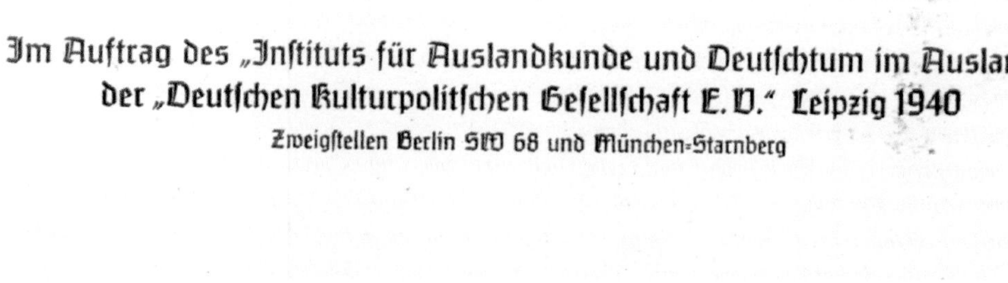

Im Auftrag des „Instituts für Auslandkunde und Deutschtum im Ausland"
der „Deutschen Kulturpolitischen Gesellschaft E. V." Leipzig 1940
Zweigstellen Berlin SW 68 und München-Starnberg

Abb. 74: Das von Hugo Grothe geleitete »Institut für Auslandkunde und Deutschtum im Ausland« taucht mit Starnberger Zweigstelle 1940 im Zeitschriftenkopf auf.

schen Tradition der Geopolitik mit geographischen Schriften politische Zielvorstellungen untermauert, z. B. die italienische Kolonialpolitik in Nordafrika mit: *Libyen und die Kraftfelder Italiens in Nordafrika*, das Letztere in der Sammlung *Macht und Erde*, herausgegeben vom Ratzel-Schüler Karl Haushofer.

1940 veröffentlicht Grothe »Im Auftrag des Instituts für Auslandkunde und Deutschtum im Ausland« der Deutschen Kulturpolitischen Gesellschaft (und München-Starnberg wird auf dem Titel schon ausdrücklich als Zweigstelle genannt): *Die große Heimkehr ins Reich, Wissenswertes zur Rückwanderung der Volksdeutschen aus Ost und Südost*.

Das Buch ist »ausschließlich für die Mitglieder von Gesellschaft und Institut bestimmt ... als Geschenkgabe des Jahres 1941«. Ein Hitlerzitat aus *Mein Kampf* wird vorangestellt, und einleitend heißt es: »Das große Ziel der nationalsozialistischen Partei und ihres Führers Adolf Hitler, der ins Stocken geratenen deutschen Kolonisation im Osten und Südosten Europas neue Nahrung und gesicherte Unterlagen zu bereiten, wird zur Wirklichkeit.« Rückwanderung und Umsiedlung in Gebiete aus dem Zerfall des polnischen Staates sollten einen festen Volksring zur Sicherung der Grenzen schaffen.

Nachdem das alles scheiterte, konnte, ja musste die Arbeit in Starnberg mit Auswandererberatung (z. B. für Heimatvertriebene als Kriegsfolge) verknüpft werden. Hugo Grothe setzt sich jetzt[133] für Völkerverständigung ein und beteiligt sich aktiv am Starnberger kulturellen Leben. Sogar einen Gedichtband veröffentlicht er noch. Auf diesen Umsiedlungsvorgang wird auch im Kapitel »Dichterfahrten« (ab S. 149) eingegangen, seine Darstellung durch einen Maler der NS-Zeit leitet das Kapitel »Zweiter Weltkrieg« ein.

Kriegsgesänge und Friedensbewegung

Man wird sich wohl keinen heftigen Widerspruch einhandeln, wenn man militärbezogene Texte als eine wenn auch schmale Facette der bayerischen Literatur ansieht. Immer wieder gibt es Schilderungen bunter bayerischer Uniformen, der Cheveauxleger, der Kürassiere, der an sich ursprünglich paramilitärischen Gebirgsschützen, gesammelte Soldatenlieder usw. Der gewonnene Krieg 1870/71 hat im Nachhinein einen vielfältigen literarischen Ausdruck gefunden (und gleichzeitig Wehrhaftigkeit auf kleiner Flamme weitergekocht), darunter die Verspottung des Unterlegenen, Beschreibungen heroischen Durchhaltens und auch humorige Schilderungen von Geschehnissen, die an sich alles andere als lustig waren.

Letztere finden sich zum Beispiel in *Ernste und heitere Erinnerungen eines Ordonnanzoffiziers im Feldzug 1870/71*, erschienen 1887. Das *Bayernbuch* von 1913, herausgegeben von Ludwig Thoma und dem Starnberger Schriftsteller Georg Queri, enthält ein Kapitel daraus und nennt die Schrift das »populärste bayerische Werk über die Kriegstage«.[134] Der Verfasser, **Karl Tanera** (1849–1904), hat mit einem Kapitel daraus ferner Eingang in ein Schullesebuch der damaligen Zeit gefunden *(Die Schlacht bei Beaumont)*.[135]

1893 kauft Tanera das Raff-Haus in Bernried[136] und bringt hier nicht nur *Heiteres und Ernstes aus Altbayern*, sondern auch eine Reihe von Reisebeschreibungen aus aller Welt und Romane (z. B. *Die Eurasierin*) zu Papier. Auch eine Schilderung des Bernrieder Schlossparks bzw. der großen Bäume darin verfasst er.

Antiquarisch ist noch eine überraschend große Zahl seiner Werke erhältlich.

Noch viele weitere Namen von Schriftstellern könnte man »aufmarschieren« lassen, die an den Seeufern beiderseits von Starnberg sich erholen, zu Besuch weilten, eine Bleibe fanden und vor und während des Ersten Weltkriegs kriegsbezogene Werke produzierten (Wilhelmine von Hillern, Detlev Liliencron, Richard Dehmel, Heinrich von Reder sind nur einige). Von denen, die sich erst nach dem Kriege äußerten, wird später die Rede sein.

Georg Queri und der Krieg

Der urwüchsigste Starnberger Autor ist der in Frieding geborene Georg Queri (siehe auch S. 73f.). Als Mitherausgeber des *Bayernbuches* bereits genannt, hat er – wie Thoma – Soldatenerinnerungen und -lieder[137] gesammelt. In seinem *Bayrischen Kalender auf das Jahr 1913* hält er ein typisches »Stammtischdischkurieren«, nämlich Kriegsgespräche beim Söckinger Schalperwirt in Form bedrohlich-verschwommener Empfindungen vor einer herannahenden Waffenauseinandersetzung fest, die gleichzeitig an einem Feindbild schnitzen. Ein paar Zitate: »Zu wem huift denn da Russ'?«, »Dees is a ganz a Feinspinna da Russ« (weil nämlich einem der Stammtischler 1813 der Schwiegergroßvater in Rußland erfroren war), »An Russ' derf ma net traun, dees sog ih«, »Wann da Russ' kimmt werd's es scho segn. Da Russ' is a Viehch.«[138]

Nach Kriegsbeginn wird Queri, der seit einem Unfall im Sportunterricht ein Hüftleiden mit sich herumträgt, für das *Berliner Tagblatt* Kriegsberichterstatter und veröffentlicht bei unterschiedlichen Verlagen ein halbes Dutzend Kriegsbücher, teilweise in dem erwähnten Genre des »humorvollen Kriegsbuchs«. Ein paar Titel: *Kriegsbüchl aus dem Westen; Ja, die Bayern – Heitere Geschichten aus dem Westen; Wanderbuch vom blutigen Westen; Der bayerische Watschenbaum; Heitere Kriegsgeschichten* (das letztere in einer angeblichen Auflage von 200 000 Exemplaren). In den fiktiven Redakteur des »Polykarpszeller wöchentlichen Beobachters«[139] hat Queri eigene Erfahrungen als Redakteur des Starnberger *Land- und Seebote* eingewebt.

Nach Kriegsende und Revolution zeigt sich ein anderer Queri. Am 27. Februar 1919 berichtet der *Land- und Seebote* unter der Schlagzeile »Provisorischer Arbeiterrat für Starnberg gewählt«, dass, nach einer Gedenkveranstaltung für den wenige Tage zuvor ermordeten Kurt Eisner »die Herren Burgmeier und Queri« auf dem Tutzinger-Hof-Platz Ansprachen hielten; abends wurde ein provisorischer Arbeiterrat gewählt, dem (neben Karl Schleußinger, von

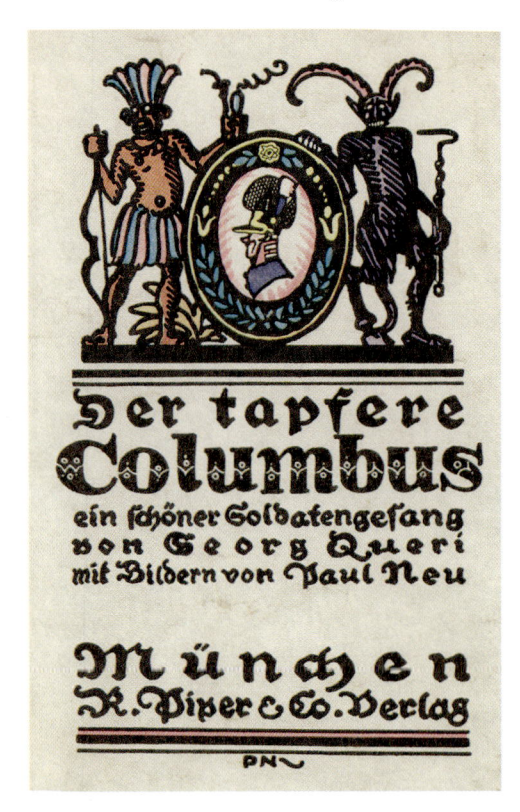

Abb. 75: Georg Queri, Der tapfere Columbus, ein schöner Soldatengesang.

dem noch die Rede sein wird) auch Georg Queri angehörte. Man übertrug diesem dabei das Wohnungswesen. Queri verstand sich selbst wohl als mäßigender und eindämmender Faktor.

Die weiße Gegenrevolution übersteht er unbeschadet, aus dem Sozialdemokratischen Verein tritt er im Juni 1919 aus.[140] Zitiert aus den Erinnerungen Ludwig Thomas: »Im Sommer 1919 kam er auf etliche Wochen zu mir nach Tegernsee, und der Umgang mit ihm wirkte in der gedrückten Stimmung befreiend. Von den miserablen Zeitläuften ließ sich der Queri Girgl nicht unterkriegen, und er sah durchs schwärzeste Gewölk den blauen Himmel durchscheinen.«[141]

Dieser Besuch dient durchaus auch, vielleicht überwiegend, einem persönlichen Zweck: Queris Theaterstück *Matheis bricht's Eis* wird nämlich im Sommer 1919 am Tegernsee durch drei Theatergruppen für eine Deutschlandtournee einstudiert,[142] und da ist es wichtig, dass er in der Nähe ist. Unmittelbar nach Aufführungen des Stücks am Tegernsee erkrankt Queri und stirbt wenige Wochen später.[143]

Pazifist(inn)en

Auch die Friedensbewegung aus der Zeit um den Ersten Weltkrieg reicht mit vereinzelten Vertreter(inne)n bis an den Starnberger See. **Stora Max** (1877–1943), verheiratet mit dem Maler Colombo Max und Tochter des vielseitigen Bildhauers und stilistisch anregenden Künstlers Lorenz Gedon – der Zinkguss-Löwe auf der Starnberger Seepromenade stammt von ihm –, wird vor und während des Ersten Weltkriegs als Kinderbuchautorin und -herausgeberin tätig. Sie gehört als Erwachsene zum Kreis der Kinder um Kadidja Wedekind, die in Ammerland in den 1920er-Jahren ihr Spielreich »Kalumina« errichten (später schreibt Kadidja einen Roman[144] darüber).

Allem Anschein nach schließt sich Stora Max im Ersten Weltkrieg der Frauen- und der Friedensbewegung um Ludwig Quidde (Historiker und pazifistischer Politiker, Friedensnobelpreis 1927) an. Aus Polizeiakten jedenfalls lässt sich ihre Beteiligung daran mit Vorträgen in München erschließen,[145] denn sie erhält Betätigungs- und Ausreiseverbot.

Ähnliches trifft die bei Wolfratshausen wohnenden bekannten Frauenrechtlerinnen Anita Augspurg und **Lida Gustava Heymann** (1868–1943). Letztere wird aus Bayern ausgewiesen. In ihren Memoiren *Erlebtes – Erschautes* schreibt sie:

»Unter militärischer Beobachtung hatte ich am endgültigen Tag meiner Ausweisung auf dem Münchner Bahnhof den Hamburger Schnellzug bestiegen, der mich aber anstatt nach Hamburg nur bis Augsburg brachte, wo ich übernachtete. Am nächsten Morgen nahm ich einen Bummelzug nach Starnberg, wo mich Anita erwartete und von wo wir zu Fuß nach unserem Landsitz im Isartal wanderten. Da wir in München und Umgebung, besonders im Isartal, sehr bekannt waren, war größte Vorsicht geboten.«[146]

Bei den Starnbergern war die Gefahr, entdeckt zu werden, offenbar geringer.

Das millionenfache Sterben in einem Krieg mit neuer Quantität und Qualität veränderte die Wahrnehmung vieler Schreibender. Krieg und Kriegsende, nachfolgende Revolutionen und instabile Verhältnisse haben Bevölkerungsbewegungen ausgelöst, Autoren blieben davon nicht unbetroffen. So begegnen uns nach 1918 viele neue Namen. Diesen Zeitraum mit Autoren aus dem Raum Starnberg und ihren Äußerungen begleitet das nächste Kapitel.

Der doppelbödige Frieden

Abb: 76: Die schweren Zeiten sind vorbei, als Otto Pippel (1878–1960), einer der bedeutendsten Impressionisten Süddeutschlands, in den »Goldenen Zwanzigern« das Starnberger Strandcafé Undosa malt.

Im Zentrum dieses Kapitels stehen die Auswirkungen der Revolutions- und Nachkriegszeit ab 1918 auf die »Autorenlandschaft« in Starnberg und am See.

Revolutionszeit in Starnberg

Die Quellensuche für die eigentliche Revolutionszeit 1918/19, die Hintergründe liefern könnte, gestaltet sich ausgesprochen schwierig. Hier gibt es wohl keine zeitgenössische Darstellung sine ira et studio – ohne auf die eine oder andere Weise gefärbte Brille.
Dabei kann man sich für unsere Gegend noch an eine Lokalzeitung – den **Land- und Seebote** – halten, die erst in den 1980ern nach mehr als 110 Jahren das Erscheinen einstellte. Übrigens waren einige ihrer Chefredakteure, darunter der schon mehrfach erwähnte Georg Queri (siehe S. 73 und 94) auch Bücherschreiber.[1]
Schon der Gründer der Zeitung, Franz Xaver Gegenfurtner (siehe S. 62), hatte ein Starnberg-Büchlein veröffentlicht, sein Nachfolger in Zeitungsverlag und Druckerei, Ferdinand Geiger, verfasste einen Reiseführer zu Starnberg und Umgebung sowie eine Broschüre zur Roseninsel. Bedeutsam ist Otto Michael Knab, der 1934 emigrierte und noch aus dem Schweizer Exil mit seinen Redakteurserinnerungen leicht pseudonymisiert die (unsere) *Kleinstadt unterm Hakenkreuz*[2] porträtierte (siehe S. 118).
Nach dem Zweiten Weltkrieg wurde – wohl als Unbelasteter für eine kurze Übergangszeit – Kurt von Oerthel schriftstellernder und filmender Chefredakteur.

Der *Land- und Seebote* ist eine unverzichtbare Quelle für die Starnberger Lokalgeschichte. Aber wie objektiv ist er? Der evangelische Pfarrer Heller deckte ihn schon 1913 etwas auf: »Das hiesige liberale Organ, der ›Oberbayerische Bote‹, hat aber doch einen schweren Stand gegenüber dem zweiten hiesigen Lokalblatt, dem ›Land- und Seeboten‹, der sich als parteilos erklärt, im Herzen aber doch klerikal ist.«[3] Bei der möglichst objektiven Rückschau gilt es dies und Ähnliches zu bedenken. In jener unruhigen Zeit jedenfalls wird der 1875 gegründete *Land- und Seebote* zum Sprachrohr der Veränderungen – schon in seiner Funktion als Amtsblatt, nach dem Einzug der Weißen offensichtlich aber auch als Instrument der Verschleierung, und das reicht bei Nachdrucken gelegentlich bis in unsere Zeit hinein.

Das Schicksal des Rechtspraktikanten Karl Schleußinger (siehe S. 99) am Ende der schließlich bis Starnberg reichenden Münchner Räterepublik geht am *Land- und Seebote* fast spurlos vorbei.

Das Grab der Sofie Banzer in einer Ecke des Wangener Friedhofs erinnert an ein weiteres Opfer dieser schießwütigen Zeit. Spurlos oder verfälschend wird auch das Los der im April 1919 erschossenen Rot-

Geschichtliche Rahmendaten

9. November 1918 Ende des Ersten Weltkriegs; Sturz der Monarchie
Februar 1919 Weimarer Nationalversammlung
21. Februar 1919 Ermordung Eislers; Beginn der Rätezeit in München und Umland
28. Oktober 1920 Adolf Hitler spricht in Starnberg
1921 Gustav Meyrink: *Der weiße Dominikaner*
Dezember 1922 »Vaterländische Verbände in Starnberg« gegründet
1923 Inflation: Im Januar kostet der *Land- und Seebote* monatlich 16 Mark, im August monatlich 15 000 Mark, im Oktober ½-monatlich 10 Mio. und im November wöchentlich 10 Mrd. Mark.
28. Oktober 1923 Enthüllung des Kriegerdenkmals für 1914–18 gefallene Starnberger
9. November 1923 Hitlerputsch
Juni 1924 Durch Auffüllen an der südlichen Seepromenade werden 4000 qm Land gewonnen
18. Dezember 1924 Erste elektrische Fahrt der Eisenbahn Garmisch–Starnberg
1926 Beginn der Umstellung von Pferdepostwagen auf Kraftwagen mit der Strecke Starnberg–Erling (Starnberg–Wolfratshausen folgt 1927, Starnberg–Ambach 1928)
1927 Arnold Zweig: *Der Streit um den Sergeanten Grischa*
Oktober 1927 Grundsteinlegung für Aussichtsturm auf der Schießstätthöhe
Oktober 1928 Ortsgruppe Starnberg des »Stahlhelm« gegründet
31. August 1929 Auf der Seepromenade wird der weltweit erste Münzfernsprecher aufgestellt (Gespräche bis Tutzing und München)
Oktober 1929 Beginn der Weltwirtschaftskrise
1. Juni 1930 Eröffnung der neu erbauten Ortskrankenkasse, Wittelsbacherstraße
1931 Zahl der Arbeitslosen in Deutschland nähert sich den 6 Millionen
Juli 1932 Grundsteinlegung für St. Maria
Januar 1933 Machtergreifung durch die Nationalsozialisten
10. Mai 1933 Erste Bücherverbrennungen
1935 Nürnberger Gesetze
Juli 1935 Erneute Erweiterung der Seepromenade
Mai 1936 Verdunkelungsübung in Starnberg
27. Juli 1936 Hagelschlag vernichtet große Teile der Ernte (bis 100 % in Hanfeld)
1938 Franz Buchner: *Kamerad! Halt aus!*
9. November 1938 »Reichskristallnacht«

Abb. 77: Die propagandistische Schlagzeile des Land- und Seebote vom 30. April 1919 verzerrt die Wirklichkeit: »22 ... standrechtlich erschossen. Unter diesen ... einige Starnberger«. Am Ende standen 22 Linksstehenden angelastete Opfer – vier davon ungesühnt – 354 von rechtsstehenden »Weißen« zu verantwortende gegenüber – 330 davon ungeahndet, wie Gumbel ermittelt hat.

Abb. 78: Die Weißen rücken, von der Possenhofener Straße her, in das Starnberger Stadtgebiet vor (am Südende der heutigen Achheim-Straße).

Abb. 79: Die verwitterte Gedenktafel für die 1919 erschossenen Rotgardisten auf dem Friedhof an der Hanfelder Straße.

gardisten und einiger »irgendwie verdächtiger« Zivilisten widergegeben, mit denen die weißen Freikorpsleute nicht viel Federlesens gemacht hatten. 28 Opfer, einige davon namenlos geblieben, verzeichnet eine verwitternde Gedenktafel auf dem Starnberger Friedhof.

Die 28 Opfer (Soldaten einer Sanitätstruppe) sterben am 29. April 1919, einen Tag vor der Erschießung der Verhafteten im Luitpoldgymnasium in München – vielleicht war es ein Mitauslöser. Schleußinger, der wohl geglaubt hatte, nach den Umsturzzeiten eine Rolle spielen oder auch Verantwortung übernehmen zu können, der Aufrufe unterzeichnet hatte, wird im letzten Moment vom Starnberger Bürgermeister Tresch vor der Exekution bewahrt. Im Juni 1919 wird ihm der Prozess gemacht. Zu zwei Jahren Festungshaft verurteilt, wird er Zellennachbar des expressionistischen Schriftstellers Ernst Toller, der wegen Teilnahme an der Räteregierung zu fünf Jahren Festungshaft verurteilt war und der Schleußinger sozusagen zu einer literarischen Figur macht. Dessen Bericht über diese dramatischen Starnberger Stunden verwendet Toller zunächst in einem Brief an Maximilian Harden (1920)[4], der aber nicht abgesandt werden darf, und dann zu einem Abschnitt des Kapitels »Antlitz der Zeit« seiner Autobiographie *Eine Jugend in Deutschland*.[5] Lion Feuchtwanger nimmt eine Schleußinger-Passage in seinen Zeitroman *Erfolg*[6] auf. **Gustav Landauer**, literarhistorischer und pazifistischer Schriftsteller, war die letzte Nacht vor seiner Ermordung in Stadelheim in Starnberg inhaftiert. Er hatte sich noch für die Haft einen Rucksack mit Büchern gepackt, weil er arbeiten wollte.[7]

Erinnerungen an den »Großen Krieg«

Man braucht vielleicht nicht an reinen Zufall zu denken, wenn man den Kreis namhafter Autoren betrachtet, die ihre Erinnerungen an den Ersten Weltkrieg am See verfassten oder ergänzten, sich über Kriegsthemen verbreiteten oder auch, mit dem Vorläufer eines Klassikers, die Antikriegsliteratur vorbereiteten.

Übrigens setzte sich das in gewisser Weise auch für den Zweiten Weltkrieg fort: Der Nachkriegsbestseller *Null-Acht-Fünfzehn* erinnert manche an die Telefonvorwahl für Uferteile des Starnberger Sees, wo der Autor, **Hans Hellmut Kirst** (1914–89), zeitweise lebte (in Berg und Feldafing). Nicht weit davon entfernt wohnte **Lothar Günther Buchheim**, (1918–2007) ein weiterer Weltkrieg-II-Bestsellerautor (*Das Boot, Die Festung*). Auch manche Bücher von Johannes Mario Simmel, lange mit Starnberger Adresse, sind von Krieg und Nachkriegs-

Abb. 80: Johann Heinrich Graf Bernstorff, Diplomat, war zeitweilig Eigentümer der Villa Sonnenhof in Starnberg.

zeit geprägt. Auf sein vielgestaltiges Werk wird an anderer Stelle eingegangen (siehe S. 196).

Nach dem gescheiterten Kapp-Putsch (1920) bietet das besondere politische Klima Bayerns so manchen Konservativen, die sich angeschickt hatten, den Sturz der Monarchie rückgängig zu machen, eine neue Heimat. Hierzu gehört aus dem Umfeld von Kapp der **Großadmiral Alfred von Tirpitz** (1849–1930), der über München an den See kam. Zur brisanten Auseinandersetzung um den Eintritt in den uneingeschränkten U-Boot-Krieg 1917 etwa äußert er sich in seinen Schriften und Dokumentationen an seinem Feldafinger Alterssitz als entschiedener Befürworter. Auch ein damaliger Gegenspieler, der kaiserliche Botschafter bis 1917 in Washington, **Johann Heinrich Graf Bernstorff** (1862–1939), nimmt in seinen in Starnberg niedergeschriebenen *Erinnerungen aus dem fünfjährigen Krieg*[8] Stellung: zum U-Boot-Krieg und zu seinem vergeblichen Bemühen, den Kriegseintritt der USA zu verhindern. Er wohnt schon seit der Vorkriegszeit in Starnberg an der Hanfelder Straße (Villa Sonnenhof) und hofft noch vor Ausbruch des Krieges

»... bis zum letzten Augenblick auf eine Wendung zum Guten. Schien doch die Verantwortung für einen Krieg allzu schwer zu tragen für einen Menschen ... An dem wunderschönen stillen Sommerabende des 1. August [1914] hörten wir über den Starnberger See herüber in allen umliegenden Dörfern den dumpfen Trommelschlag, der die Mobilmachung verkündete. Jene Stunde ist mir unvergesslich geblieben wegen der trüben Ahnungen, die mich bei dem Trommelklange erfüllten.«[9]

Als späterer Reichstagsabgeordneter (Demokratische Partei) und Präsident der Deutschen Liga für Völkerbund gerät er automatisch in einen Gegensatz zu den Nationalsozialisten und verlässt 1933 Deutschland. In Zürich veröffentlicht er seine *Erinnerungen und Briefe*.

Auch der ehemalige Mitbefehlshaber im Osten, der preußische General Erich Ludendorff arbeitet nach seiner endgültigen Übersiedlung 1932 nach Tutzing noch an Erinnerungsbüchern und militärischen Schriften (*Der totale Krieg* heißt eine davon – eine später wie bekannt verwendete Formulierung). Ludendorffs geschiedener Frau Margarete[10] zufolge hielten er und Tirpitz auch nach dem Kriege Kontakt, entzweiten sich aber als Reichstagsabgeordnete unterschiedlicher Parteien.

Nun aber zu einem Autor, der mit dem Roman *Der Streit um den Sergeanten Grischa* (1927) und zusammen mit Erich Maria Remarque und Ludwig Renn zu den Klassikern des Antikriegsschrifttums gehört und der sich 1919 für vier Jahre in Starnberg niederlässt: **Arnold Zweig** (1887–1968). Der Figur des General Schieffenzahn im o. g. Roman, in der sich die wilhelminische Kriegsmaschinerie verkörpert, ging die gleichnamige im Theaterstück *Das Spiel um den Sergeanten Grischa* (Uraufführung 1930) voraus. An diesem Drama arbeitet er intensiv in Starnberg. Er hat später kein Hehl daraus gemacht, dass für den fiktiven Schieffenzahn Ludendorff Modell und dieser wiederum symbolhaft für den preußischen Militarismus gestanden hat. Auch dessen enger Mitarbeiter Hans Frentz findet sich darin, in der Gestalt des Adjutanten Wilfried, und entschlüsselt das in seiner Ludendorff-Biographie.[11] Feldstudien zum Thema hatte Zweig ab 1917 im litauischen Kaunas in der Presseabteilung des Oberkommandos Ost – kurz Ober-Ost – machen können, dessen Oberbefehlshaber Erich Ludendorff war.

Die meisten Romane Zweigs verbinden sich zu einem Themenkreis um den Ersten Weltkrieg, von ihm zusammenfassend *Der Krieg der weißen Männer* genannt.

Arnold Zweigs Starnberger Jahre

Wenn es über die Aussicht von einem Bahnsteig heißt, »der blaue Blick auf See und Berge klafft schon auf«, dann braucht nicht mehr gesagt zu werden, dass es sich um den Starnberger (See-)Bahnhof handelt – wo sonst bietet ein Perron ein solches (Föhn-)Panorama? Das genannte Zitat[12] ist eine Spur, die der Starnberger Wohnaufenthalt 1919–23 im Werk des Schriftstellers Arnold Zweig hinterlassen hat.

Nicht mehr sehr vielen Starnbergern wird geläufig sein, dass dieser vielschichtige Autor in den Jahren nach dem Ersten Weltkrieg – um diesen kreist sein dichterisches Lebenswerk – unsere Stadt zum Wohnort wählte. Zum »Vergessen« mag beigetragen haben, dass er als ein weit links stehender Autor galt, der in der Nachkriegszeit in der DDR den Nationalpreis, später sogar den Lenin-Friedenspreis erhielt.

In den Starnberger Jahren aber geht er eher auf Distanz zu linken Gruppen, betroffen von der Spaltung der Arbeiterbewegung 1919 und erschüttert von den politischen Morden jenes Jahres (darunter an dem von ihm hochgeschätzten Gustav Landauer). Er bezeichnet sich später als utopischen, als religiösen Sozialisten. Seine Starnberger Zeit führt mit ihren Spannungen auch zu einem Nervenzusammenbruch, dieser tritt »denkwürdigerweise auf einer Bootsfahrt ein, die wir zu dritt oder viert auf dem Starnberger See unternahmen.«[13]

Zweigs Starnberger Jahre lassen sich mit folgenden vier Eckpunkten umreißen:
1.) materielle Sorgen eines freien Schriftstellers, der an Vorkriegserfolge (z. B. *Die Novellen um Claudia* von 1912) erst noch anknüpfen muss, 2.) Familienleben mit glückhaften Zügen, 3.) Verarbeitung von Kriegserfahrungen und Auflehnung gegen deren Verdrängung sowie 4.) schließlich die unaufhaltsam scheinende politische Entwicklung, wobei der eskalierende Antisemitismus den jüdischen Schriftsteller besonders bedrückt. Das verflochtene Nebeneinander solch widersprüchlicher

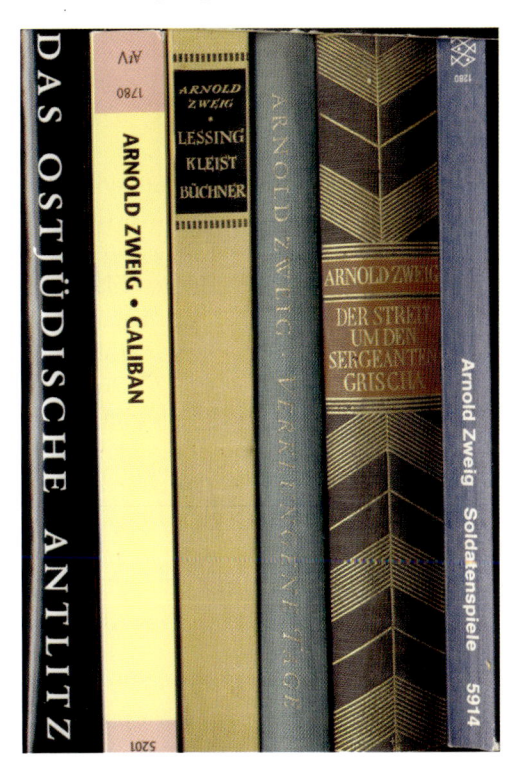

Abb. 81: Einige Bücher Arnold Zweigs mit engem Bezug zu seiner Starnberger Zeit.

Abb. 82: Zu unbeschwerten Zeiten am Starnberger See lud dieses Plakat. Nur wenige Wochen später begann die Weltwirtschaftskrise.

Lebensumstände erschwert eine chronologische Darstellung seiner Starnberger Zeit. Aus einem im Nachlass vorhandenen Bestand von einigen Tausend Briefen wurde 1996 ein weiterer Briefwechsel[14] veröffentlicht, derjenige mit Helene Weyl, einer inzwischen verheirateten Liebe aus Zweigs Studentenzeit. Wenngleich der Großteil der Schreiben persönliche Beziehungen und Fragen literarischer Arbeitsweisen zum Thema hat, kommt auf den rund 100 Seiten des Buches mit Briefen aus der Starnberger Zeit doch auch viel Lokales zur Sprache.

Die Starnberger Wohnung wird zunächst nur als Provisorium gesehen, das Bekannte den Zweigs nach längerer Suche vermittelt haben[15]; eventuell hätte man auch ein Häuschen gekauft, in München und Umgebung. Am 1. November 1919 (Einwohnerkartei) nehmen er und seine Frau Beatrice (genannt Dita oder Bice; sie wurden 1916 kriegsgetraut) jedenfalls in Starnberg eine »hübsche möblierte vier Zimmerwohnung ... und werden von einer braven Frau bereinigt und beheizt«, wie Dita schreibt; die Adresse: Hintere Mühlbergstr. 212 $^1/_3$, bei der Oberamtsrichterwitwe Sofie von Enhuber (wohl zur Untermiete) in einem von mehreren Parteien bewohnten, nicht mehr bestehenden Haus an der heutigen Josef-Fischhaber-Straße, Nähe Söckinger Straße. Später trübt sich das Mietverhältnis, Möbel und Geschirr müssen zurückgegeben werden (Eigenbedarf für den heiratenden Sohn der Wirtin), die Selbstbeschaffung belastet den nicht leicht zu bilanzierenden Etat, sogar ein Rechtsanwalt wird eingeschaltet.

»Ohne isoliertes Arbeitszimmer«

Das Familienleben entfaltet sich in bald als beengt empfundenen Verhältnissen, »ohne isoliertes Arbeitszimmer«, als das

Abb. 83: Zweigs Wohnhaus Hintere Mühlbergstraße 212 $^1/_3$ in späteren Jahren, vor dem Abbruch. Balkone wie Kellerräume (bzw. Souterrain) erkennbar.

dann ein Kellerraum dienen muss. Das erste der sechs so betitelten *Starnberger Gedichte*[16] beschreibt die Wohnsituation. Diese und weitere Verse deuten Lebensumstände an: möblierte Behausung, nächtliches Arbeiten, Föhn, Naturnähe, Not, Kriegserinnerungen, festhaltende »Beschwörung« von Familienglück mit dem Einjährigen, der am Bettchen steht (August 1920 war der erste Sohn Michael – sprich Mikháel – geboren worden. Später ist er »stets im Garten mit dem Hausmeistersohn zusammen« und gebraucht wohl deshalb »ein bisschen ordinäre Worte«).

Die Ehefrau beschreibt aus Starnberg »warme Frühlingstage, mit Ausflügen auf dem windigen, grünen See«, und beide schildern ausführlich Eindrücke von dessen Eisdecke, als er im Februar 1922 zufriert.

Die oberbayerische Landschaft liefert Farbtupfer in Erzählungen aus den Starnberger Jahren. Auf »umgrünter Steinstraße am Eibsee«, bei einem Blick »freudezitternd über dem Königssee«, aber eben auch auf dem Starnberger Bahnhof ereignen sich kleine, aber die Geschichten entscheidend weiterführende Begebenheiten. Manche der Geschichten spiegeln zudem Zweigs all-

mähliche seelische Befreiung aus den Traumata des Krieges.
Eine meditierende Elegie über *Blumensträuße* (1922) – auch in etwas abweichender Fassung als Briefbeilage an Helene Weyl, der das aber nicht gefällt –, darunter Blumen von »Wiesen der Gebirgsnähe, von schnellenden Bächen geadert«, fügt sich dem ein. Andere Novellen dieses Jahres thematisieren etwa Friedenssehnsucht im Kriege oder Begebnisse aus der ostjüdischen Welt,[17] die Zweig gegen Ende des Krieges in Litauen, in Ludendorffs Hauptquartier Ober-Ost kennengelernt hat. Als freier Schriftsteller muss Zweig seine Familie ernähren, wohl deshalb entstehen neben Novellen auch Artikel für Zeitungen und Zeitschriften, zu Tagesereignissen, Politik und Kultur, auch zum jungen Medium Film. Zu Vorträgen reist er quer durch Deutschland und ins Ausland. Er gibt, mit Vorrede, die Werke Kleists, Lessings und Büchners heraus. Keineswegs alles, was in Starnberg entsteht, wird (gleich) gedruckt.
Die Inflationskomödie *Laubheu und keine Bleibe* – Laubheu für Inflationsgeld – von 1921 erscheint erst 1930. Hier steht Zweig zunächst unter dem Einfluss einer Art Dramentheorie des zwei Straßen weiter (in der Schloßbergstraße) wohnenden Juristen und Bühnenschriftstellers **Ernst**

Abb. 84: Arnold Zweig mit Sohn Michael, geboren im August 1920 in Starnberg.

Kamnitzer[18], was dazu führt, dass Zweig sich vom Drama abwendet. *Das Spiel vom Sergeanten Grischa*, bis 1921 in Starnberg zu Papier gebracht, gelangt erst zur Aufführung, nachdem Zweig,

Abb. 85: Ernst Kamnitzer um 1920.

schon in Berlin, den bereits erwähnten länger geplanten Roman *Der Streit um den Sergeanten Grischa* veröffentlicht, eines seiner auch international erfolgreichen Hauptwerke über Unrechtsmechanismen des Krieges. Der Roman, der zuerst als Zeitungsvorabdruck erscheint, gilt als Klassiker der Antikriegsliteratur und enthebt finanzieller Sorgen. Für das Starnberg der Inflationszeit aber wird verständlich, wenn es in Zweigs Aufsatz *Der Angriff der Gegenstände* (1923) heißt: »Ein paar Schuhe, die Krawatte, ein Würfel Margarine, ein Pfund Reis ... – das sind heute Gegenstände«, die, zum Angriff übergehend, »alt und müde machen«, das Arbeiten unerträglich erschweren, weil es an ihnen mangelt.
Man kann ahnen, warum das ungeschickte Draufsetzen auf einen Rucksack in einem Boot auf dem Starnberger See, wobei kleine Mengen Butter und Reis verderben, bei Zweig die erwähnte Nervenkrise auslöst (wenn auch nicht verursacht), die ihn zur Psychoanalyse führt.
Frau Beatrice beklagt bei Helene Weyl die Hungersituation der Familie, die erst nach Ekelabbau preiswert mit Pferdefleisch zu bessern ist (der Starnberger Pferdemetzger befindet sich ganz in der Nähe). Sie heizen mit dem billigen, aber staubenden Torf und kaufen wenn möglich in München ein, wo es billiger ist. Mit dem Hausmeisterehepaar teilt man sich das »Starnberger Amtsblättchen« (den *Land- und Seebote*)

> V
>
> Alles, was ich weiß,
> Ist Not.
> Die Erde steht um mich wie ein brennender Kreis,
> Und für Gott bin ich tot.
> Ich kann nicht nach ihm langen,
> Ich bin in Blindheit gefangen,
> Kann nicht zu ihm flehn,
> Meine Seele hat ihn nie gesehn
> Und möchte doch gerne an ihm hangen.
> Wenn ich zu ihm laufe: Schritt für Schritt,
> Der brennende Kreis läuft mit, läuft mit.

Abb. 86: Die Nummer V der sechs Starnberger Gedichte (1920/21) von Arnold Zweig, aufgenommen in den Sammelband Regenbogen (1925), bringt wohl Empfindungen der Starnberger Situation zum Ausdruck.

als Zeitung neben dem preiswerten *Manchester Guardian Weekly* anstelle der *Münchner Neuesten Nachrichten*.

»Nachts ... auf einem Balkon«

Ist das Starnberg der frühen 1920er-Jahre ein Ort, in dem fein angelegte psychologische Geschichten mit zarten Landschaftstupfen, nachdenkliche Bewältigung des vergangenen Kriegsgeschehens und optimistische Einschätzung von Gegenwartsproblemen gedeihen können?
1919, sechs Monate vor Zweigs Ankunft, hat in Starnberg das mehrfach in der Literatur erwähnte Massaker an Rotgardisten stattgefunden, tags zuvor noch war die Bevölkerung in der Lokalzeitung »höflichst« gebeten worden, zum 1. Mai die Häuser zu schmücken.
Es sind Zeiten tiefer politischer Gräben, auch in Starnberg, in denen die Kriegsniederlage bewältigt, besser: verdrängt wird, in denen Zug um Zug die an Boden gewinnen, die schließlich zu neuem Krieg und intolerantester Unmenschlichkeit führen.
»Nachts, in Bayern, auf einem Balkon dicht am Walde ... eröffnete ich Juli 1920 die Niederschrift der folgenden Untersuchung«, hält Zweig in der Vorrede zu seinem 1927 erschienenen Essay über den Antisemitismus (*Caliban oder Politik und Leidenschaft*[19]) fest. »Eintritt für Juden verboten!« heißt es in Annoncen der Lokalzeitung für manche Veranstaltungen.
Einer der politischen Morde jener Zeit, der an Außenminister Walther Rathenau am 24. Juni 1922, veranlasst Zweig zu einem erbittert aufschreienden Artikel in der *Weltbühne* (»er war nicht der letzte Jude, der dem Pack die Stirn zeigte«), mit dem er sich die endgültige Feindschaft der Rechtsradikalen im Reichstag wie auch am Wohnort Starnberg zuzieht. »Verfolgungen aus antisemitischer Quelle« gehören jetzt zu den »unsäglichsten Hemmnissen«.[20]
Anfang 1923 schreibt Zweig an seine Schwägerin Marie: »Die Arbeiter haben mir sagen lassen, sie stünden für meine Sicherheit ein, es werde mir nichts passieren; das ist ganz tröstlich, obwohl wir bestimmt die Absicht, wegzuziehen, beibehalten«[21]. 1923 postiert Zweig auf dem erwähnten Balkon eine Wache, wie sich der spätere Hilfspolizist (und provisorische Stadtrat nach Kriegsende) Xaver Schuller erinnerte. Die Gegner der Demokratie drohen die Oberhand zu gewinnen. Zur Einweihung des Starnberger Kriegerdenkmals Ende Oktober 1923 etwa soll Ritter von Epp reden, er war 1919 Freicorpsführer gewesen und wurde 1933 Reichsstatthalter Hitlers in Bayern.
Einen Monat vor dem Hitlerputschversuch im November 1923 übersiedelt Zweig (nach der Einwohnerkartei) nach Berlin,

wo er die Familie mit dem kleinen Kind in Sicherheit glaubt. »Dem berüchtigten Hebräer Zweig haben wir im November 1923 Beine gemacht«[22], brüstet sich eine Starnberger Naziquelle.

Brecht und andere Bekanntschaften

Der ohnehin eher kleine Bekanntenkreis war schon im letzten Starnberger Jahr geschrumpft. Schrieb Ehefrau Beatrice in den Starnberger Anfängen von Ausflügen »in der Gesellschaft begabter junger ausgelassner Leute, wir habens jetzt wirklich sehr gut«,[23] so stellt Arnold Zweig im Mai 1923 fest, man lebe »eingezogen wie stets; einen jungen Dichter und seine Frau abgerechnet, die jetzt hier draußen wohnen (Brecht nämlich) und mit denen wir uns ausgezeichnet verstehen«[24].

Bertolt Brecht und Ehefrau Marianne, geb. Zoff, wohnen wohl zur Sommerfrische im Mai 1923 in Starnberg in einem »Stübchen« im Hause des Uhrmachers Schrank. Ihre Tochter Johanna Marianne Brecht (Hanne Hiob) wird bei diesem Aufenthalt in Starnberg in der Pfarrkirche St. Joseph am 26. Mai vom Stadtkaplan Franz Seraf König getauft.[25]

Brecht hielt sich mehrmals am Starnberger See auf, meist um Erholung zu suchen. Er meldet sich auch, um für Bi, Paula Banholzer, die Mutter seines Sohnes Frank, Ausschau nach einer Stelle zu halten, beim Dramatikerkonkurrenten Hanns Johst in Oberallmannshausen an. Ein Tagebucheintrag vom 16. Juli 1920 lautet:

»... mit Cas[26] in Possenhofen. Es ist besser mit einem Freund als mit einem Mädchen. Wir liegen im Wasser (20° R) und im Wald und dann im Boot, und da schwimmen wir noch einmal, wie es schon Nacht ist. Liegt man auf dem Rücken, so gehen die Sterne mit, oben, und die Flut läuft durch einen durch. Nachts fällt man ins Bett wie eine reife Frucht: mit Wollust.«[27]

Arnolt Bronnen erwähnt in seinem Buch *Tage mit Brecht*: »Ein Abend am Starnberger See, skandiert von fernen Blitzen über den Alpen, gab Zweigs Worten Erinnerungsschwere«[28]. Gemeint sind damit Ideen und Zeitumstände, die Bert Brecht und Zweig in Starnberg in einer Runde mit Bronnen diskutierten. (Wahrscheinlich war auch der Schriftsteller und Dramaturg bei Falckenberg, Otto Zoff dabei, der Bruder von Brechts damaliger Ehefrau, der Schauspielerin Marianne Zoff.)

Gelegentlich wird in dem umfangreichen Briefwechsel mit dem Ehepaar **Marta und Lion Feuchtwanger** Starnberg erwähnt – ihre Bekanntschaft geht auf die Starnberger Zeit zurück. Einen Besuch Elisabeth Bergners bei ihm in Starnberg z. B. hält Zweig – inzwischen auf dem Berg Karmel in Palästina wohnhaft – für erinnerungswürdig[29]: Die Schauspielerin hatte bei der Uraufführung eines seiner Stücke mitgewirkt.

Noch im Exil gibt Zweig ein Buch heraus, das sich heiter-wehmütig an *Verklungene Tage* (der spätere Buchtitel) in unserer Landschaft erinnert. »Manchmal fuhren Dampfschiffe die Amper hinauf, es sah aus, als glitten sie unmittelbar über die Seewiesen, wie in Träumen«[30], heißt es darin ...

Jüdische Feste werden in Starnberg gefeiert

Obgleich Arnold Zweig sie nicht erwähnt, lässt sich noch eine bedeutsame Bekanntschaft in Starnberg ausmachen. In den

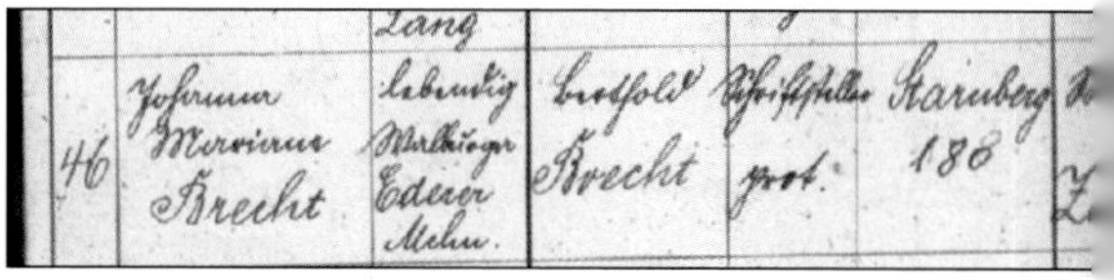

46 | Johanna Marianne Brecht | Bertolt Brecht | Schriftsteller prot. | Starnberg 188

Abb. 87: Starnberger Taufmatrikel für Bertolt Brechts Tochter Johanna (Hanne Hiob).

Abb. 88:
Rahel Straus.

Lebenserinnerungen der jüdischen Ärztin **Rahel Straus** (1880–1963) – ihr Mann Elias Straus, Rechtsanwalt, ist im Adressbuch von 1926 als Hausbesitzer auf der Ludwigshöhe 219 ¹/₂₅ eingetragen, sozusagen die Sommerwohnung neben der Münchner Adresse – wird Zweig erwähnt. Sie schreibt: Ehemann Elias »blies das Schofarhorn für uns – ein neuer Ton für Starnberg, wo es höchstens einige Juden in Mischehen gab, keine wirklich sich als Juden empfindende Menschen, bis auf Arnold Zweig, der sich nach dem Krieg dort angesiedelt hatte und zwei Jahre lang fast täglich unser Gast zu anregenden und auch wilden Diskussionen war.«[31]

Es ist ja auch nur ein Katzensprung hinüber zur Ludwigshöhe. Frühlings- und Herbstfeste des jüdischen Kalenders werden in Starnberg gefeiert. Die »acht Sukkoth-[Laubhüttenfest-]Tage waren immer die letzten Tage in Starnberg, und sowohl der Gemüsegarten als auch der Blumengarten wurden völlig geplündert für die Hütte.«[32] »Auch die schönen Frühlingstage, Schwuoth zum Beispiel [Fest der Sinai-Offenbarung, Mai/Juni], feierten wir draußen ... und der kleine Ernst steckte noch ein grünes Zweiglein in jedes Schlüsselloch, ›damit überall Schwuoth sei‹.«[33]

Dies war die Starnberger Kindheit des bedeutenden Mathematikers **Ernst Gabor Straus** (1922-83), der später, im amerikanischen Exil, Albert Einsteins Assistent wird und mit ihm gemeinsam drei Aufsätze veröffentlicht.

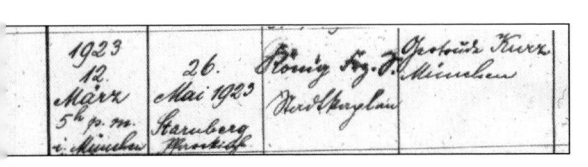

Wie Arnold Zweig erhält auch die Familie Straus im bedrohlichen Herbst 1923 Warnungen (aus München, aber auch von einer Starnberger Nachbarin) und verlässt vorzeitig ihre Starnberger Sommerwohnung.[34]

Der Volkheit, nicht dem Einzelnen dienend

Auch völkisches Schrifttum hat selbstverständlich seine Vertreter unter den Autoren am See bzw. in Starnberg.
Politisch gut verwendbar, beispielsweise für Annexionsbestrebungen, waren nicht zuletzt Autoren des Grenzlanddeutschtums, besonders wenn sie deutsche Minderheiten kämpferisch schilderten, andererseits Übergriffe der fremdländischen Mehrheiten hervorkehrten.

Heinrich Zillich

Heinrich Zillich (1898–1988), seit Ende der 30er-Jahre in Starnberg-Söcking ansässig und hier hochbetagt gestorben, ein aus Kronstadt gebürtiger Siebenbürger, schildert in seinem 1936 erschienenen Roman *Zwischen Grenzen und Zeiten*[35] an einem Einzelschicksal (mit autobiographischen Zügen) die unruhige Zeit um den Ersten Weltkrieg. Die damalige Literaturwissenschaft reklamiert das Buch in großdeutschem Sinne. Zillich beschwört darin durchaus farbig und mit Zwischentönen die menschlichen Probleme, die sich in seiner Heimat aus der wechselvollen staatlichen bzw. völkischen Zugehörigkeit zu Deutschen, Ungarn und Rumänen ergeben.
Der Schlusssatz: »Dabei erkannte er, daß deutsches Volk groß genug ist, aller Völker Wesen und Recht zu begreifen, sich selbst daran wachsend, spendend und bewahrend zu erfüllen.«

Hat Antisemitismus am See eine Tradition?

In Arnold Zweigs *Caliban* wird der Antisemitismus an zeitnahen Ausschreitungen in Osteuropa illustriert. In seiner visionären, beklemmenden Geschichte *Judenzählung vor Verdun* (1916) hatte Zweig dagegen die Erinnerung an jüdische Weltkriegssoldaten beschworen – als Abwehr aktueller, spezifischer antijüdischer Vorurteile im Deutschland schon während des Ersten Weltkriegs.

Bei einem anderen, später für Starnberg wichtigen Autor, in Rudolf G. Bindings (siehe S. 122) *Kriegstagebuch*[36] notierte dieser unter dem 24. März 1915, dass er einen jüdischen Soldaten gegen den Willen seines Generals zum Offizier vorschlug, obwohl er [Binding] »überzeugt [sei], dass er [der Jude an sich] innerlich kein Offizier ist.« Der gesamte Datumseintrag blieb in Ausgaben nach Bindings Tod[37] weg.

Hat Antisemitismus am See Tradition, mehr oder weniger als anderswo? Unsere Autoren hier zu befragen kann höchstens Hinweise geben – und der folgende Rückblick soll auch nur ein Exkurs in die Zeit vor 1918 sein.

In **Graf Poccis** Kasperlkomödien gibt es Figuren, die durch Namen und Beruf auf entsprechende Vorurteile deuten. In *Die Zaubergeige* ist es »Mauschl, ein Jude« und in einer zugehörigen Illustration zeichnet ihn Pocci als bärtigen Viehhändler, der eine dicke Geldkatze hinter sich herzieht. Der Stoff geht auf ein Märchen der Grimmschen Sammlung zurück (*Der Jud im Dorn*), und Pocci lässt die Geschichte weit humaner ausgehen als im Märchen. In diesem wird der Jude zunächst durch den erzwungenen Tanz nach der Zaubergeige im Dornstrauch geschunden, so dass er sein Geld hergibt, dieses erpresste Geld beim neuerlichen Geigenspiel vor einem Richter dem Knecht aber als ehrlich erworben bescheinigt, worauf er schließlich gehenkt wird. Bei Pocci tanzt »Mauschl« vor Kasperl nur bis zur Besinnungslosigkeit und lässt sein »Auweih geschrien« hören, eine auch sonst recht verbreitete stereotype antisemitische Verunglimpfung, wozu man überhaupt die Redeweise Mauschls (das »Mauscheln«) rechnen muss. In einer »Galaaufführung« der *Zaubergeige* zu Poccis 199. Geburtstag im Münchner Marionettentheater sprach aber Mauschl, der Jude – in dem sozusagen charakteristischen Beruf des Viehhändlers – ein lupenreines Bayerisch, und zwar nicht vom Band, sondern live gesprochen. Das Starnberger Marionettentheater (siehe S. 56f.) machte

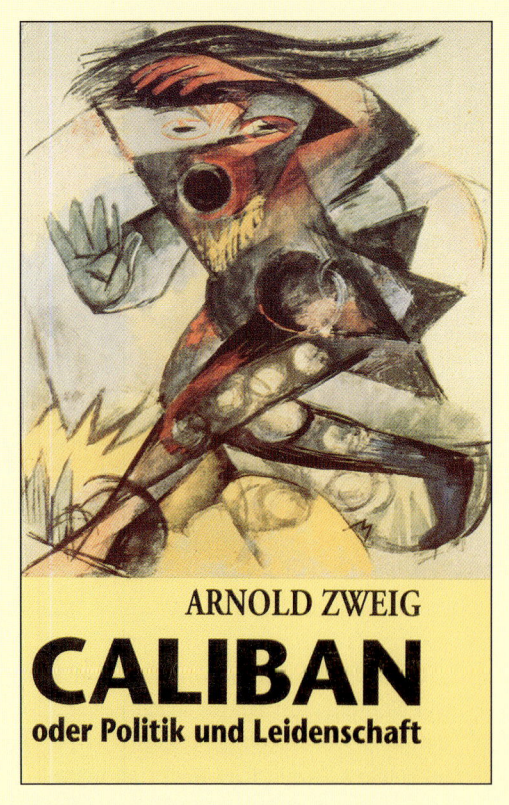

Abb. 89: Caliban, Arnold Zweigs Untersuchung zum Antisemitismus, in einer neueren Ausgabe.

Antisemitismus

Abb. 90: Zeichnung Poccis zur Zaubergeige.

aus Mauschl kurzerhand einen »Tauscher«, der (laut Programmzettel) »Viehhandel auf Betrugsbasis [betreibt]«.

Den schon erwähnten Karl Friedrich Neumann, bei dessen Taufe die (evangelische) Königin Patin gewesen sein soll, zeichnet Pocci – als Mitglied der Zwanglosen [Gesellschaft] – regelmäßig mit einem spitzen Hut, den manche als Anspielung auf den in früheren Zeiten obligaten Judenhut empfinden. Unzweideutig skizziert er auch den »Ewigen Juden«. Alles in allem wohl ein gezähmter, mehr frotzelnder Antisemitismus, der aber nicht ausgrenzt: Der erwähnte Neumann gehört dem Kreis um Pocci bzw. den Zwanglosen ja an.

In Tutzing trägt eine Flurkarte die Bezeichnung »Judentempel«, die Örtlichkeit macht der Starnberger Kreisheimatpfleger Gerhard Schober auf einer Ansichtskarte von 1874 deutlich.[38] Es ist wohl eher ein Spottname.

Die auf der Flurkarte ebenfalls erkennbare Villa Cohen wird auch in einem (unveröffentlichten) Tagebuch der **Therese Cohen** (1860–??) erwähnt, das am 7. August 1877 beginnt und in das sie aus der Erinnerung auch Einträge eines früheren (verloren gegangenen) Tagebuches rekonstru-

iert und dabei ein wenig zur Situation eines jüdischen Mädchens zwischen 14 und 17 Jahren in der 1873 (oder 1875) gekauften Sommervilla mitteilt.[39] Im August 1872 war der Tutzinger Sommeraufenthalt noch »im Schreiner Konradhaus«, wo der Bruder ärgerlich wird, weil sie immer mit anderen Kindern spielt. Als 17-Jährige schreibt sie zwar einmal: »Wie verwünscht kam es mir, nach Tutzing zu müssen«, aber es scheint sich dabei um Liebeskummer zu handeln. Denn kurz darauf wird Abholen und Zurückbringen eines Gastes »mit dem Schiff in Ammerland« ein »fröhlicher Tag«. Und fröhlich bricht auch Bruder Fritz von Tutzing nach Italien auf. Es war alles in allem wohl eine unbeschwerte Sommer-Kindheit am See.

»Die blonden christlichen Nachbarskinder spielten selbstverständlich mit«,[40] heißt es anderswo, nämlich als die Kinder von Rahel und Elias Straus (siehe S. 107) im Wald hinter ihrer Starnberger Villa Waldfried lebende Bilder aus der biblischen Geschichte aufführen.

Antisemitismus sagt man auch dem oben erwähnten **Michael Georg Conrad** (sein auf S. 75 zitierter in Percha geschriebener Zukunftsroman trägt ja stark rassistische Züge) bzw. seiner Zeitschrift *Die Gesellschaft* nach. In dieser schreibt er z. B. – und das ist nur scheinbar gegen den Antisemitismus gerichtet – »Wachstum und Ausdehnung des Antisemitismus ist Maß und Gewicht dafür, wie weit ein Volk zum schwachen Mischling geworden ist ...Verjudung und Antisemitismus sind gleicherweise Niedergangserscheinungen der abendländischen Kultur.«[41]

Aus dem *Land- und Seebote* vom Januar 1890 noch ein vielleicht eher zufälliges Zitat, anlässlich des Verkaufs der Wasserwerke Ludwigs II. (Prien) : »... natürlich an einen Israeliten, der dabei gehörigen Reibach machen wird.«

Diesem aber seien Zitate aus dem vom Winterhilfswerk 1940 herausgegebenen Buch *Ewiges Deutschland*[42] zur Seite gestellt, in dem sich derselbe Autor in der Geschichte *Deutsche Erde* an der Saat des Hasses beteiligt: » ... die Polen haßten. Es ist der Haß, der den Gegner nicht nur unschädlich machen will, sondern der eine vergängliche Gewalt über ihn restlos genießt und sich weidet an der Verstümmelung des Opfers, das er doch durch keine Schändung seelisch in seinen vertierten Bereich hinabzuzerren vermag.« Oder: »Denn darin unterscheidet sich der Deutsche von der Gestaltlosigkeit mancher slawischer Völker, daß er nicht hassen kann mit einer Wut, die sich wie die Brunst der Tiere befriedigen muß.«

Ähnlich wie manche Passagen in den Büchern des nationalistisch eingestellten Schriftstellers Edwin Erich Dwinger (1898–1981; die beiden Herren besuchen sich übrigens auch nach dem Zweiten Weltkrieg) dienen die Bilder von Schändungen, Verstümmelungen von Menschen usw. zur Erzeugung eines hassverfolgten Feindbildes. Zillich erhält 1937 den Literaturpreis der Reichshauptstadt Berlin und den Volksdeutschen Schrifttumspreis der Stadt Stuttgart. 1938 würdigt ihn die Zeitschrift *Die Neue Literatur* ausführlich in einem Aufsatz von Hermann Roth. Im selben Jahr wird er Starnberger Bürger. Nach dem Zweiten Weltkrieg wird er seine Volkstumsarbeit fast unverändert fortsetzen. Und nicht nur diese. 1950 gibt er im Akademischen Gemeinschaftsverlag Salzburg ein *Bekenntnis zu Josef Weinheber* heraus, in welchem sich Freunde Weinhebers »an den größten Lyriker deutscher Sprache unserer Zeit« erinnern. Die Namen der Freunde aber vereinen in auffallender Zahl Autoren, die im Dritten Reich in hohem Ansehen standen: Bruno Brehm, Erwin Guido Kolbenheyer, Will Vesper, Joachim von der Goltz, Mirko Jelusich, Hermann Claudius, Wilhelm Schäfer, Friedrich Blunck, Hans Baumann u.a. Mindestens zeitweise hatten sie alle sich in den Dienst der nationalsozialistischen Sache gestellt oder konnten mit manchen ihrer Werke dafür verwendet werden. Was war mit dieser Sammlung wohl beabsichtigt?

Ebenfalls 1950 tritt Zillich als Festredner zu einer 800-Jahr-Feier der Siebenbürger Sachsen vor eine große Öffentlichkeit. Die Deutschen als Hüter des Abendlandes, die Siebenbürger als »Nachbarn der urfremden östlichen Welt«, das Reich aber »kein vergängliches Staatsgebilde, sondern die Stellvertreterschaft des Abendlandes« – das sind dort[43] gefallene Äußerungen. Schon in das *Starnberger-See-Stammbuch* (siehe S. 128), das in der Nachkriegszeit hier Ansässige sich selbst darstellen lässt, hatte er geschrieben: »die wirkliche Fremde, die östliche ... spüre ich von kindauf ... Deutschsein und abendländisch waren mir seither dasselbe.« Der traditionelle Volkstumskampf bleibt sein Thema; in der rechtsgerichteten Presse der Bundesrepublik erscheint er mit gelegentlichen Beiträgen. Nicht nur die Siebenbürger, auch die Sudetendeutschen finden am Starnberger See Bewahrer ihrer Kultur und Denkweise. Die

Abb. 91: Das Grab Heinrich Zillichs auf dem Starnberger Waldfriedhof.

Der Volkheit dienend 111

enormen geistig-seelischen Belastungen des Heimatverlustes, der Zusammenbruch eines Regimes, das gerade auf sie gesetzt hatte in seinem Expansionsstreben, erfordern Neuorientierung und Neubesinnung, Kraftgewinn auch aus der Erinnerung. Wird diese aber selektiv-verklärend oder gar einseitig-anklagend, so kann sie wieder trennendem Volkstumsdenken Vorschub leisten.
Wir Siebenbürger, Wir Sudetendeutschen, beides Sammelbände mit einem Strauß unterschiedlicher Beiträge im selben Salzburger Verlag und von zwei Starnberger Autoren herausgegeben, sind hier zu nennen. Der oben genannte Heinrich Zillich ist der eine, nun zum anderen.

Wilhelm Pleyer

Kurz nach Kriegsende, Anfang Juni 1945, kommt es in Söcking bei Zillichs zur Begegnung zweier schon lange miteinander bekannter Schriftsteller, die der eine, **Wilhelm Pleyer** (1901–74), folgendermaßen schildert: »Am nächsten Tag [tags zuvor hatte er in Solln bei Erwin Guido Kolbenheyer angeklopft und war von ihm ›aufweinend umarmt‹ worden] wandere ich den mehrere Stunden weiten Weg zu meinem Kameraden von der Feder Heinrich Zillich nach Starnberg. Starnberg, das war in guten Zeiten bei Münchner Aufenthalten ein Abstecher, um eine Seerundfahrt zu machen und auf dem gut bewirtschafteten Boot ein Backhuhn zu verzehren. Heute komme ich anders. Als ich bei Zillichs anklopfe und Frau Zillich mir öffnet, fällt mir, dem abgerissenen und verstaubten Flüchtling ein, daß wir uns vor sechs Jahren bei festlichem Tanz in Frack und Abendkleid zuletzt gesehen haben.«[44]
Was wird das für ein glanzvolles Ereignis gewesen sein, an das sich Pleyer, ein sudetendeutscher Autor, bei Landsleuten noch gut im Gedächtnis, erinnert? Möglicherweise die Verleihung des Literaturpreises der Reichshauptstadt 1939. 1941 erhielt er, wie schon vorher Zillich, den Volksdeutschen Schrifttumspreis, überreicht vom Stuttgarter Oberbürgermeister, weil er »unerschrocken, allen gerichtlichen, politischen und persönlichen Bedrohungen trotzend, mannhaft für sein Volkstum«[45] gestritten habe.

Abb. 92: Buchtitel aus dem Grenzlandkampf-Schrifttum von Wilhelm Pleyer.

»Es sterben die Männer dem Leben des Volkes.
Nichts ist der einzelne, der sich nicht schenkt.
Nur eins ist groß: das Opfer,
Nur eins ist wirklich: der Kampf!«

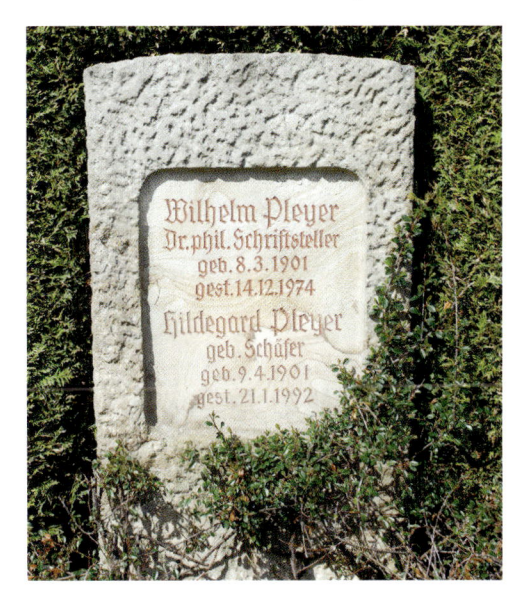

Abb. 93: Das Grab Wilhelm Pleyers auf dem Starnberg-Söckinger Gemeindefriedhof.

Diese Verse sind einem seiner Romane[46] vom sozusagen alles überwölbenden Volkstum eingefügt. Schon 1922 war er am Aufbau einer nationalsozialistischen akademischen Ortsgruppe in Prag maßgeblich beteiligt und wurde Gaugeschäftsführer der (1933 verbotenen) Deutschen Nationalpartei in der Tschechoslowakei. Aus dem Jahr 1932 erinnert er sich an eine Spazierfahrt am Starnberger See entlang mit Edgar J. Jung, der 1934 beim sogenannten Röhmputsch ermordet wurde. Pleyer, der durch Vermittlung Zillichs 1945 mit Familie in Söcking ein Unterkommen fand, wurde später an die Tschechoslowakei ausgeliefert. Nach einem Gefängnisaufenthalt von dort zurückgekehrt, veröffentlicht er das Buch *Aber wir grüßen den Morgen*[47], das die Zeit 1945–47 beschreibt. Über die Kontaktaufnahme zwischen Gleichgesinnten – er kann z. B. einen unterkunftsuchenden Bekannten zu Edwin Erich Dwinger schicken und versucht bald, Hanns Johst zu treffen –, auch über seinen kleinlichen Neid auf Bessergestellte in der Nachkriegszeit bis hin zu offen antisemitischen Äußerungen kann man dort nachlesen; »die Ostjuden-Kolonie Feldafing«[48] nennt er beispielsweise das DP-Lager, wo heimatlos gewordene Opfer manchmal jahrelang auf ihre Auswanderung warteten.

Völlig außerhalb seines Verständnisses bzw. von ihm völlig vergessen bleibt die seinerzeitige rigorose Bevorzugung genehmer, darunter völkischer Autoren (keine Schreibverbote, Lesebuchaufnahme, Preise und Ehrungen bis hin zu »liebevollen Aufsätzen« – Zitat Will Vesper – über ihn und Seinesgleichen im *Völkischen Beobachter*), während die jetzt von ihm Beneideten zu den Überlebenden gehören, verfolgt bis vor Kurzem von einem Regime, das auch Pleyer mit herbeigeführt und gestützt hat. Mit Büchern wie *Dennoch, Wir Sudetendeutschen, Aber wir grüßen den Morgen* und mit Romanen im Ullstein/Langen-Müller-Verlag hat er bald wieder Erfolg. Mit Schriften über den (rechtsgerichteten) *Schriftsteller in unserer Zeit* (1970), über Lippoldsberger Dichtertage (in der Nachfolge Hans Grimms) sammelt auch er rechte Heerscharen. Herbert M. Schönfeld gratuliert Pleyer 1951 in der örtlichen Zeitung unverfänglich (oder in Unkenntnis?) zum 50. Geburtstag: »So sehr er [Pleyer] der Zeit und ihren Nöten im Tagewerk offen zugewandt ist, [wolle er darüber hinaus] in der Menschheit seine Zeitgenossenschaft und im Zeitlosen das Eigentliche des Dichters erkennen.« Wilhelm Pleyer ist auf dem Söckinger Gemeindefriedhof bestattet.

Richard Billinger

Von der Starnberger Stadtgrenze nur wenige Meter entfernt wohnt in Niederpöcking, Haus-Nr. 13, von 1943 bis fast an sein Lebensende der österreichische Schriftsteller **Richard Billinger**. (1890–1965). Ihn hier an die Völkischen anzuhängen fällt schwer, obwohl ihm in einem »Standardwerk«[49] zur zeitgenössischen Literatur der NS-Zeit das Etikett »volkhafte Dichtung« aufgeklebt wurde. Aber dort war das schon eingeschränkt, zeige seine Entwicklung doch »den bedauernswerten Abstieg einer dichterischen Kraft.«

Dem Wesen seiner Dichtung kommt man vielleicht näher, wenn man das Inbrünstige (seine Gedichte seien »Gebete«), Leidenschaftliche, Triebhafte, Abgesonderte als den Grund seiner Werke betrachtet. Sein Frühwerk *Rauhnacht* (1931) endet mit einer Hetzjagd der Dorfmehrheit auf außerhalb der Dorfgemeinschaft Stehende – und das kann man natürlich aus vielen Blickwinkeln betrachten.

In dieser Situation des Geächteten mag sich Billinger in seiner Homosexualität

Rolandsruf über den See

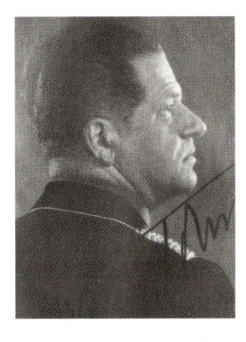

Abb. 94: Hanns Johst. Seine Karriere spannte sich vom expressionistischen Dramatiker zum NS-Funktionär.

Der urspünglich expressionistische Dichter **Hanns Johst** (1890–1978) ist kein Autor aus Starnberg, wohnt jedoch lange (seit 1918) in Sichtweite am anderen Seeufer. Und da er durch seine Position als Präsident der Reichsschrifttumskammer zu vielen Autoren vom See und aus Starnberg in Beziehungen tritt, außerdem eine bemerkenswerte Entwicklung parallel zu den Zeitereignissen durchläuft, soll er sozusagen flankierend zum Schwerpunkt Starnberger Autoren betrachtet werden.

Im Jahre 1933 veröffentlicht er zwei sehr unterschiedliche Werke. Die Erzählung *Die Begegnung*, in einem kleinen Bändchen[50], knüpft Nachdenkliches an eine kurze Wegbegleitung, die den Erzähler auf dem Dampfer von Starnberg nach Leoni, dann hinauf über die alte Seilbahntrasse zur Rottmannshöhe einen Jesuiten begleiten lässt, der in diesem Haus, einem umgebauten Hotel, Exerzitien machen möchte. Hanns Johst könnte, ja wird wohl diese Begegnung auf dem Weg hinauf nach Oberallmannshausen, wo er seit 1918 wohnt und das bis wenige Jahre vor seinem Tod 1978 ein Lebensmittelpunkt bleibt, so oder ähnlich erlebt haben. Die fraulich empfundene Soutane und einige andere Bemerkungen über den »Ordensmann« drücken zunächst ein gewisses Herabsehen vonseiten

auch selbst gesehen haben, bei allen Ehrungen, die er erfuhr. Aus diesem Grund auch von Anklage bedroht, konnte er nur durch Intervention und später, in der NS-Zeit, vielleicht durch Kooperation vor KZ-Haft mit dem rosa Winkel bewahrt werden.

Sein vom mächtigen NS-Literaturkritiker Hellmuth Langenbucher häufig gelobtes, damals neueres Werk *Der Gigant* (1937) wurde jedenfalls die Grundlage des Filmkassenschlagers *Die goldene Stadt* von 1942 mit Kristina Söderbaum (s. S. 197f.).

Abb. 95: Das Haus Richard Billingers in Niederpöcking im Jahre 2007, nach einem praktisch verdoppelnden Anbau. Der Makler warb damit, dass der Dichter dort gewohnt hatte.

des Erzählers aus. Aber dass er über Fronterfahrungen des Weltkriegs zu seinem Ordensgelübde fand, bringt ihn näher. Zum Abschied verspricht er, am nächsten Morgen »ein Memento zu machen« für den Erzähler.

Und dann, zu frühester Stunde des kommenden Tages, als der priesterliche Begleiter sein versprochenes Memento abhält, lässt die Imagination Gestalten aus den Büchern in der Studierstube des Erzählers treten und gewährt Einblick in dessen Bücherschrank: Voltaire, Locke, Mirabeau, Spinoza, Kant, Leibniz, Montesquieu ...

Das zweite Werk von 1933, Hitler gewidmet und an dessen Geburtstag uraufgeführt, ist das Theaterstück *Schlageter*. Es zeigt einen anderen Johst, der sich von seinen literarischen Anfängen weit entfernt hat, sich auf dem Weg zum nationalsozialistischen Hofdramatiker befindet. Das Stück wird als Symbol der »nationalen Erhebung« gefeiert und ist eigentlich eine Verherrlichung aktiven – in heutigen Worten: terroristischen – Widerstands während der Ruhrbesetzung.

Im Ersten Weltkrieg – Johst war Freiwilliger – verfasste er ein Stück über das Sterben im Krieg, über Hoffnungen junger Menschen. Nach den Erinnerungen Carl Zuckmayers veröffentlichte er mit diesem damals auch in Franz Pfemferts linksgerichteter Zeitschrift *Aktion*[51]. Warum konnte sich Bert Brecht (an sich ein scharfer Kritiker Johsts), der ihn besuchte und mit ihm korrespondierte, vorstellen, dass Bi (Paula Banholzer), die Mutter seines Sohnes Frank, bei Johsts als Hausangestellte »am besten« aufgehoben wäre?[52] Und in einem Aufsatz über den Expressionismus[53] sah der später emigrierte Paul Zech 1923 Hanns Johst und neben ihm Ernst Toller als »Jünglinge mit heißglühenden Köpfen, mit einer Hingegebenheit an die hinauf zu stufende Menschheit«.

Was hat Johst gewandelt? Nicht erst das Dritte Reich und seine Verlockungen: hohe Aufführungszahlen, Ruhm, Machtgefühl aus vielfältigen Funktionen. Noch weniger wohl ein generelles Einmünden des Expressionismus in faschistische Literatur – für Georg Lukacs, und er nennt ausdrücklich Johst als Beispiel, sei das »nur eine von den vielen bürgerlich-ideologischen Strömungen, die später in den Faschismus münd[et]en«[54].

Schon die Literaturgeschichten im Dritten Reich stellten Johsts Theaterstücke in eine Reihenfolge, die schrittweise zum Höhepunkt oder wenigstens zum sich schließenden »Kreislauf der inneren Entwicklung des Dichters«[55], dem *Schlageter* voranschreitet. Ein früher Schritt, der Anschluss an die völkische Bewegung, war anscheinend ausgelöst durch den Verlust der im Krieg gewordenen Gemeinschaft und die Suche nach einer neuen. In München »bin ich zerquält, ohnmächtig, ohne Kameradschaft, im Winter 1918 oft und oft nächtens auf und ab getrabt.« Sein Stück *Thomas Paine* von 1927 weiht Johst der Kameradschaft, und 1933 gibt es im *Schlageter* auf diese lange Suche eine Antwort: »Wir sind keine Söhne mehr, keine Brüder, keine Väter, überhaupt keine Verwandten ... Wir sind nur noch Kameraden!! ... Das Wunderbare ist, daß zu uns immer mehr Deutsche stoßen. In jeder Stube wächst eine Gemeinschaft von dergleichen Ordensbrüdern.«[56]

Auch andere Parolen des Dritten Reiches hat er kreiert oder verstärkt. 1919, also schon in Oberallmannshausen, veröffentlicht Johst einen *Rolandsruf*[57]. Darin heißt es im Gedicht *In der Stunde der Schum*.

»Fühle, mein Volk, des Sturmes dunkle Verkündigung:
Wahrlich, – du wirst mit geballten Fäusten Himmelfahrt halten!«

Zu Johsts 50. Geburtstag bestätigt ihm der *Völkische Beobachter*: »Das Echo des Volkes auf den Rolandsruf des Dichters Hanns Johst lebt in ›Gewißheit, Zuversicht, Liebe und Dank‹ zum Führer der Deutschen.«[58] 1929 wird Johst Präsident des Kampfbundes für deutsche Kultur, der erst 1928 von Alfred Rosenberg gegründet worden war. Der Weg zum nationalsozialistischen Kulturfunktionär ist eingeschlagen. Als Präsident der Reichsschrifttumskammer und der Deutschen (nicht mehr: Preußischen) Akademie der Dichtung – an deren Gleichschaltung er schon lange im Hintergrund mitgewirkt hatte[59] – erringt er große Machtfülle, und er pflegt enge Beziehungen zu Himmler.[60] 1933 schlägt er diesem vor, Thomas Mann ein paar Monate im Geiselverfahren für Sohn Klaus zur Herbstfrische nach Dachau zu schicken.

Waldemar Bonsels (siehe S. 148), Nachbar in Ambach, überlegt 1933, in den USA zu bleiben, kehrte aber nach Johsts Intervention nach Deutschland zurück. Johsts Schilderung (sozusagen auf Knien aufschauend) einer Begegnung mit Hitler[61] findet nach dem Krieg in einer Sammlung als Realsatire Eingang.[62]

Nach dem Kriege legt er gegen einen (angeblich seiner Meinung nach zu milden) Spruchkammerentscheid Widerspruch ein, wird daraufhin Hauptschuldiger und mit Arbeitslager und 10-jährigem Veröffentlichungsverbot belegt. Über ein danach, 1955, erschienenes Buch setzt er den Titel *Gesegnete Vergänglichkeit*[63], Kernpunkt darin bleibt allerdings das »un-

Abb. 96: Franz Buchner, NSDAP-Reichstagsabgeordneter und Bürgermeister 1933–43.

vergängliche deutsche Herz«. Ein Geleitwort[64] stellt es überraschenderweise neben Wilhelm Speyers *Das Glück der Andernachs*, eines anderen Autors vom See, der wegen der von Johst kräftig mitverantworteten Politik emigrieren musste (siehe S. 129).

Preisgekrönte Lokalhistorie

Nicht wenige Autoren aus der Zeit des Dritten Reichs hat Starnberg und der See gesehen – Hanns Johst ist nur ein herausragender Vertreter. Hier nun einige aus unterschiedlichen politischen Hierarchie-Ebenen mit ungleichwertigen Schriften nach Art, Umfang und Wirkung.

Zur Geschichte der NSDAP-Gründung in Starnberg

Fast vergessen ist, dass ein Starnberger Bürgermeister und Kreisleiter Literaturpreisträger der Stadt München war, genauer gesagt mit dem »Dichterpreis der Hauptstadt der Bewegung« ausgezeichnet wurde. **Franz Buchner** (1898–1967), der auch Reichstagsabgeordneter gewesen war, erhält ihn 1938, zusammen mit dem wesentlich bekannteren Alfons von Czibulka (der zeitweise in Feldafing wohnt) sowie Hannes Kremer, wohnhaft im Starnberger Mühlbergschlösschen (von ihm später mehr). Buchner bekommt den Preis für die Lokalgeschichte der Machtergreifung *Kamerad! Halt aus!*[65] – im Starnberger (Nachkriegs-)Jargon meist in »Kamerad, halt's Maul!« umgetauft –, etwas, das Buchner nach Meinung mancher selber hätte tun sollen. Denn ohne jegliche Datenschutzscheu werden da Dutzende von Namen aus dem Landkreis genannt, um das Umsichgreifen der nationalsozialistischen Ideologie festzuhalten und die Methoden der »Überzeugungsarbeit« zu dokumentieren. Das Ganze ist insofern natürlich eine beachtliche lokalgeschichtliche Fundgrube (die auch öfter zitiert wird). Kampffelder wie Gasthäuser und Vereine, die nach und nach angesprochenen Bevölkerungsschichten, die antidemokratische, antimarxistische, oft antisemitische Argumentation, die Einschüchterungen, aber auch die halben und ganzen Gegner, schließlich die Abstimmungsergebnisse vermerkt das Buch penibel. Allerdings endet die streckenweise stakkatohaft hektische Beschreibung etwa mit dem Jahre 1930. »Im übrigen schreibt er jetzt ein Buch; es wird heißen ›Zwanzig Jahre Kampf‹«[66], bemerkt der zeitgeschichtliche literarische Kontrahent Knab, von dem wir unten mehr hören werden. Gegen Ende von *Kamerad! Halt aus!* ist übrigens als eine Art Reliquie ein handschriftlicher Redespickzettel Hitlers aus Starnberg abgebildet.

Weil Buchner sich vermutlich ins rechte Licht rücken wollte, sind manche Aussagen seiner Veröffentlichung durchaus mit Vorbehalt zu werten. Interessanterweise fehlt sogar ein wesentliches Kapitel, nämlich die 1920 erfolgte Gründung der Starnberger Ortsgruppe der NSDAP, die damals noch unter der Führung Anton Drexlers stand – er war in Starnberg selbst dabei. Wesentlicher Motor dieser Gründung am Ort war der Starnberger Zahnarzt **Friedrich (Fritz) Krohn** (1871–1967), der im *Kamerad* nicht erwähnt wird. (Allerdings hielt Buchner auf ihn eine ausführliche Gedenkrede im Juni 1938.[67])

Die Bedeutung Krohns für die frühe NSDAP ist beachtlich. Der rechtstendierende Historiker Georg Franz-Willing hat Krohn noch kurz vor dessen Tod (1967) befragen können.[68] Schon 1918 hatte Krohn – er war Mitglied des Thule-Ordens – eine Art »nationalsozialistisches Institut« eingerichtet und diesem seine Privatbibliothek zur Verfügung gestellt, die Hitler häufig benutzte. Der Historiker Paul Hoser, der der Geschichte der Münchner Presse 1914–34 nachging,[69] erwähnt, dass Krohn 20 000 Mark für den Erwerb (mit faktischem Übergang an Hitler) des *Völkischen Beobachter* bzw. des Eher-Verlags zuschoss. Als Autor der Denkschrift *Ist das Hakenkreuz als Symbol nationalistischer Parteien geeignet?* (1919) machte sich Krohn zum Vorreiter von NS-Abzeichen und -Fahne und präsentierte beide auf der Gründungsversammlung der Starnberger Ortsgruppe. Als »Zahnarzt aus Starnberg, der einen gar nicht schlechten Entwurf einer Fahne geliefert hätte«,[70] ging Krohn, ohne namentlich genannt zu sein, in Hitlers *Mein Kampf* ein. Er liegt in Starnberg begraben.

(Erwähnt sei noch, dass auch Nachfahren Franz Buchners in zwei Generationen sich als Autoren betätigten.)

Abb. 97: Das »Gasthaus zur Eisenbahn«, später »Münchner Hof«, war das Stammlokal der Starnberger NSDAP.

Henry Picker und die »Tischgespräche«

Nach dem Krieg zeichnet **Henry Picker** (1912–88), Schriftsteller mit Starnberger Adresse, für Herausgabe und Kommentierung von *Hitlers Tischgespräche im Führerhauptquartier*.

Goebbels selbst hält 1919 im Tagebuch fest: »Am 19. Dezember nach Starnberg. Die Berge leuchten in der Ferne. Anka malt in meinen Kalender ein Zimmer mit zwei Betten. Daneben steht ›Starnberg Hotel Seehof‹. Das junge Paar ohne Ringe. Sie schenkt mir ein goldenes Armband. Widmung ›Starnberg‹. Geldnot. Ich lebe fast allein von ihr. Sie ist gütig und gebefreudig. Jeden Tag bringt sie Zigarettchen.«[71]

Von einem in einer Panne endenden Aufenthalt Ernst Röhms – bei der Rückfahrt »auf dem Seeweg« von der Einweihung »seiner« NS-Oberschule in Feldafing, wenige Monate vor Röhms Ermordung – schreibt der ehemalige Seeboten-Redakteur Knab[72] in seinem Schweizer Exil (siehe S. 118). Als Schüler hat die genannte Schule auch Söhne von weiteren NS-Größen aufgenommen (darunter die von Martin Bormann und Hermann Esser), die Jahrzehnte später ihre Schulzeit-Erinnerungen in Büchern unterbringen konnten.

Gegenbild der »Kleinstadt« aus der Ferne

Ein paar Mal schon wurde aus der *Kleinstadt unterm Hakenkreuz*[73] zitiert, einer Schrift, die noch viele lokalpolitische Schmankerl versammelt. Das Buch, verfasst vom 1934 mit Familie in die Schweiz emigrierten vormaligen *Land- und Seeboten*-Chefredakteur **Otto Michael Joseph Knab** (1905–8?)[74] und im selben Jahr in der Schweiz erschienen, überschneidet sich im dargestellten Zeitraum mit *Kamerad! Halt aus!* Während Letzteres jedoch eine breite Namenspalette ungeschminkt aufbietet, werden in Ersterem die Namen – allerdings für den Ortskundigen leich kenntlich – abgewandelt (aus Bürgermeister Franz Buchner etwa wird Franz Büchner). Bei beiden ist die Sicht auf die Person des Schreibers wesentlich, einmal die erfolgreiche Mitwirkung beim Siegeszug der Nationalsozialisten, das andere Mal die Bedrängung des Autors durch eben diese. Als Beispiel für die Verhältnisse bei einem Lokalblatt hat Knabs Schicksal später Eingang gefunden in eine Abhandlung *Journalismus im Dritten Reich*.[75] Darin wird Knabs Haltung vor und nach 1933, das Material wohl überwiegend aus *Seeboten*-Artikeln gewonnen, in ihrer nicht unbedingt geradlinig verlaufenen Entwicklung dargestellt, mit zeitweiser Anpassung an die »völlig neue Epoche deutschen Lebens« seit 1933. Knab selber betont, dass auch eine freiwillige Gleichschaltung keine einfache Sache sei, was sich steigere, wenn man genötigt werde, Parteiartikel unter seinem Namen erscheinen zu lassen.

Eine maßgebliche Konstante für Knabs Leben ist seine feste Verankerung im katholischen Glauben. Die Basis dafür mag schon in früher Jugend, beim Aufwachsen in einem katholischen Waisenhaus gelegt worden sein. Der gelernte Buchdrucker steigt jedenfalls beim *Seeboten*, der alteingeführten Starnberger Zeitung mit katholisch-konservativer Grundhaltung und anfänglicher Ablehnung der Nationalsozialisten, rasch zum verantwortlichen Redakteur auf. Als sich mit Beginn der 1930er-Jahre die Wahlergebnisse den Rechten zuneigen, unterstützt Knab die Bayerische Volkspartei und ihre Saalschutztruppe »Bayernwacht«. Ein 1925 uraufgeführtes Theaterstück von Knab *Zwischen Mai- und Weihenacht* soll

Anti-Nazi-Anspielungen enthalten haben.[76] Im Schweizer Exil ist er Mitherausgeber der katholischen (und gleichzeitig antinazistischen wie antibolschewistischen) Zeitschrift *Deutsche Blätter*, später wandert er in die USA aus. Nach dem Kriege kommt Knab Ende der 60er-Jahre aufgrund einer Einladung (durch Hans Zellner) nach Starnberg und wirkt dann auch am *Heimatbuch* der Stadt Starnberg mit, das 1972 erscheint. Umfang und Rolle seiner Mitarbeit sind dem Werk jedoch

Kleinstadt unterm Hakenkreuz

Otto M. Knab scheint das Manuskript seines Buches nach seiner Emigration in die Schweiz im Juli 1934 sehr rasch fertiggestellt zu haben, denn das Vorwort von A. Auf der Maur[77] – es klagt die Knebelung der Presseleute im NS-Staat an und führt den (Schweizer) Leser in das Büchlein ein – ist schon im August desselben Jahres datiert.

Der Text selbst schildert die Situation in der Kleinstadt (Starnberg), die Knab mit Familie verlassen hat, in rund 20 lose verbundenen Episoden, mit sarkastischem Spott, manchmal wohl zerrbildartig. Da die handelnden Personen nur ganz leicht pseudonymisiert sind, dürften sie – Absicht !?! – leicht zu entschlüsseln gewesen sein.
Eine kleine Auswahl solcher Episoden:
• »Weiß-blauer Hintergrund« malt Auseinandersetzungen der Nazis mit bayerischen-weiß-blauen Gruppierungen aus.
• »Der hohe Rat« schildert sozusagen die Machtergreifung durch die Nationalsozialisten im Kleinen im »Rat der Stadt« (wie der Stadtrat jetzt hieß).
• »Der erste Bürgermeister«, »Photographien und Karrieren« und andere Episoden führen brennspiegelartig Personen der machthabenden Partei vor, wobei deren jeweiliger Eigenvorteil nicht außer Acht bleibt.
• »Gleichgeschaltet – umgeschaltet – ausgeschaltet« betrachtet die nicht einfach hingenommene Unterordnung der (120 örtlichen) Vereine unter ein Führerprinzip.
• »Straßenkämpfe« beschreibt im Wesentlichen die Entmachtung des Leiters der Ortskrankenkasse.
• »Die Ortspolizei« verlockt dazu, die rassenmäßigen Idealvorstellungen mit der Realität zu vergleichen – bis hinauf zur Staatsspitze.
• »Ein bißchen Kultur« nur bringt die NS-Kulturgemeinde zustande, die die vorherige beträchtliche Riege kulturell tätiger Vereine abgelöst hat. Dazu aber muss ein »weltberühmter Schriftsteller und Wissenschaftler« mit nichtarischer Frau, der sich als wohlmeinender Kritiker der heimischen Laienbühne betätigt hatte, erst entmachtet werden.[78]
Schließlich ist dem Spötter Knab »das Lachen vergangen«: am 30. Juni 1934, mit der Ermordung innerer Gegner im System im sogenannten Röhmputsch. Er geht, wie erwähnt, mit seiner Familie ins Schweizer Exil.

nicht zu entnehmen. Auch sein Exil-Buch wird nur kurz erwähnt. Später geht er noch in Veröffentlichungen auf das Schicksal des in KZ-Haft ums Leben gekommenen Pfarrvikars Bernhard Heinzmann ein, der auch in Starnberg tätig gewesen war und die Nazis attackiert hatte.[79] Heinzmanns Schicksal ist auch anderweitig dokumentiert.[80] Knab starb in den 80er-Jahren in Portland, USA.

Der »Starnberger Kreis«

Auf die Veränderungen nach dem Januar 1933 reagierten Autoren, die sich nicht vollständig der Ideologie überantworten wollten, recht unterschiedlich. Das Spektrum reicht von aktivem Widerstand über den Gang ins Exil, Innere Emigration (»Schreiben für die Schublade«) hin zu einem mehr oder weniger weit gehenden »Mitschwimmen« mit punktuell eigenen Meinungen, die auch zum Ausdruck gebracht werden. (Zu Exil und Innerer Emigration siehe auch das nachfolgende Kapitel ab S. 128.)
Der sogenannte Starnberger Kreis kann wohl am besten diesem letztgenannten Schemapunkt zugerechnet werden; seine Mitglieder waren kaum durch Beeinträchtigungen in ihren Veröffentlichungen behelligt.
Zwar findet man den »Starnberger Kreis« im *Handbuch der Literatur in Bayern*[81] unter dem Oberbegriff »Innere Emigration«, aber doch sofort mit dem Hinweis, dieser Kreis (genannt werden Rudolf G. Binding, Ina Seidel, Ludwig Friedrich Barthel) habe »in den dreißiger Jahren Zustimmung oder doch Affinitäten zum Nationalsozialismus erkennen [lassen] und dem Regime damit national und international die von ihm dringend benötigte Dignität«[82] verschafft.
Starnberger Kreis – wann mag diese Bezeichnung entstanden sein? Solche Kreise lassen sich damals in nicht kleiner Zahl ausmachen (1939 verfügt Goebbels eine fragebogenmäßige Anmeldepflicht und Registrierung von Dichterkreisen[83] und Dichtertreffen).
Bevor auf den eigentlichen »Starnberger Kreis« eingegangen wird, sollen zunächst Ina Seidel und ihre Familie, danach Rudolf Binding in Bezug zu unserer Region am See vorgestellt werden.

Die Seidels

Zweifellos gehörten Rudolf G. Binding und Ina Seidel zu den bekanntesten Starnberger Autoren ihrer Zeit. Das lokale Flohmarktangebot ist beachtlich. Während aber Binding 1938, schon wenige Jahre nach seiner Wohnsitznahme 1935, in Starnberg starb, verbrachte **Ina Seidel** (1885–1974) erhebliche Zeit ihres Lebens hier und verfasste oder beendete in unserer Stadt (oder in der parallel gehaltenen Münchner Wohnung) einen beträchtlichen Teil ihrer Werke. Der Starnberger »Kunstkreis Buzentaur« (siehe dazu auch S. 176) hat mit einem

Abb. 98: Heinrich Wolfgang Seidel.

Privatdruck einen wesentlichen Baustein zu ihrer Autobiographie zugänglich gemacht: ihre Rede zum 70. Geburtstag (1955), erschienen unter dem Titel *Dank an Bayern*.[84] Darin gedenkt die Dichterin auch der frühen Einbindung in unsere Landschaft, in die sie ihre Mutter führte, nachdem Stiefgroßvater Georg Ebers die Villa Ebers, das sogenannte Midgardhaus in Tutzing, erworben hatte. Auch manche ihrer Novellen haben diese Landschaft zum Hintergrund. In *Paradies* etwa blickt der Erzähler über den See hinüber und »– richtig, da unter dem grünen Hügel der Rottmannshöhe kroch der weiße ›Wittelsbach‹ entlang, – wie klein er schien und wie langsam er vom Fleck rückte!«[85] Für manche Einzelheiten ihrer Lebensumstände kann man auf ihre Biographie verweisen, die der Starnberg-Söckinger Autor Karl August Horst verfasste.[86]

Pläne für den Hausbau in Starnberg keimten 1930, nach einem längeren Erholungsaufenthalt hier, Baubeginn war 1932, und 1934 wird das Haus bezogen, nachdem ihr Mann (und Cousin), der Pfarrer und Schriftsteller **Heinrich Wolfgang Seidel** (1876–1945), seine Berliner Pfarrstelle aufgegeben hat. Die erbitterten Auseinandersetzungen dort in der Evangelischen Kirche, Bekennende Kirche gegen Deutsche Christen, entfremdeten ihn der Kirche, sodass er am Ende nur noch gelegentlich die Taufen seiner Enkel oder Grabsegnungen vollzieht. Seine Briefe aus Starnberg bilden eine bedeutende lokale Zeitgeschichtsquelle. Er stirbt bald nach Kriegsende.

Ausgelöst wohl durch den Tod ihres Bruders, des Schriftstellers Willy Seidel – er hat noch wenige Tage vor seinem Lebens-

Abb. 99: Zu ihrem 80. Geburtstag hat Ina Seidel im Starnberger Häuschen Besuch von der Kaisertochter Viktoria Luise.

ende das Weihnachtsfest in Starnberg mitgefeiert –, entsteht Ina Seidels vielschichtige Erzählung *Unser Freund Peregrin*, eine Art Apotheose des Toten, mit Parallelen zum frühverstorbenen Novalis. Der darin genannte Erzähler Jürgen Brook, in gewisser Weise eine Facette der Dichterin, erscheint wieder in dem Roman *Michaela*, in dem sich auch ein Nachdenken über den Weg bestimmter Gesellschaftsschichten in das Dritte Reich widerspiegelt. Dieser Terminus – das Dritte Reich – ist hier vielleicht deshalb angebracht, weil einer seiner modernen Urheber, Moeller van den Bruck, zur geschätzten Lektüre Ina Seidels gehört.

In *Michaela* sagt der Erzähler von einer Person: »Ich wusste, dass er das Hauptgewicht seines phantastischen Glaubens immer auf Hitlers soziale Pläne und vor allem auf seinen Friedenswillen gelegt hatte; er hatte das Zustandekommen der Münchner Übereinkunft 1938 ausschließlich Hitler zugeschrieben.«[87] Dass sie – bis zum Kriegsbeginn – Hitler ähnlich gesehen haben mag, schreibt ihr Sohn Georg (»Christian Ferber«) auch dem Einfluss ihres Schwiegersohns Ernst Schulte Strathaus zu, der Sachbearbeiter für Kulturfragen im Stabe von Rudolf Heß im Münchner Braunen Haus war und Hitler »immer wieder

Der »Starnberger Kreis«

und von allen Seiten als einen inspirierten Staatsmann des Friedens« dargestellt habe[88] – Frieden, Ina Seidels Einstellung nach, als Frieden aus Mutterschaft, nicht aber als Versailler Pseudofrieden eines waffenlosen Volkes unter bewaffneten Nachbarn.

Verständlich, dass sie für den anscheinend friedenbringenden Führer ein hymnisches Gedicht *(Lichtdom)* und einen Prosatext (wir fühlten »unser Streben und unsere Arbeit dankbar und demütig aufgehen ... im Werk Adolf Hitlers«) zu dessen 50. Geburtstag beisteuert.[89]

In preußisches (Ordnungs-)Denken fühlt sie sich verwurzelt. Am Rande: An ihrem 80. Geburtstag erhält Ina Seidel auf der Ludwigshöhe Besuch von Viktoria Luise, der Tochter Wilhelms II., die das in ihren Erinnerungen[90] festhält (mit Foto); die Kaisertochter denkt zurück daran, dass Ina häufig zu Besuch kam in »herrlicher Kinderzeit«.

Sie schließt sich gewissermaßen dem Scheuklappendenken zur Volksgemeinschaft an (ihr Vortrag *Dichter, Volkstum und Sprache* von 1934 enthält einiges dazu). Erst nach dem Mai 1945 notiert sie: »Falscher Stolz, dem eigenen Blut, dem eigenen Volk nichts Schlechtes zutrauen zu wollen. Das schlug um in Schönfärberei«.[91] »Blut«, also die Konstellation von Erbanlagen insbesondere auf einer völkischen Grundlage, bleibt für sie wichtig zur Beschreibung von Menschen: das Geschwisterpaar Clemens und Bettina Brentano etwa lasse »sich nicht betrachten und ausdeuten, ohne daß man sich zuvor eingehend mit ihrer Herkunft, mit dem Zustandekommen der vielfältigen Blutmischung, aus der ihre Begabung sich nährte, beschäftigt hätte.«[92] Andererseits, über sich selbst: obwohl »diese altbayerische Essenz in meiner Blutzusammensetzung ja sehr stark – nun, ich sage ruhig: preußisch untermischt ist, meine ich doch, daß Heimatgefühl weniger im Blut, als in der Erinnerung des Menschen ... begründet ist«.[93]

Viele Zuordnungsrahmen, in die man Ina Seidel stellt, beschreiben verwandte Einstellungen: Sie gehöre »zur deutschbewußten Schule der Alten« oder, allgemeiner, in die Reihe der »nationalkonservativen Dichter«[94] (an der Preußischen Akademie der Dichtung, in die sie im Januar 1932 berufen wurde, zusammen mit Binding). Aus dieser inneren Position, verbunden mit Politikscheu, wird vielleicht verständlich, dass sie, als die gerade genannte Institution in der Folgezeit in Zerreißproben und Unterwanderungen durch nationalsozialistische Autoren gerät, fast keine Gegenmeinung äußert gegen (erpresste) Austritte und Ausschlüsse, von Heinrich Mann und Käthe Kollwitz etwa. Ihre Wellenlänge waren mehr die später genannten »Münchener«, auch Gottfried Benn, der noch bei dieser »Säuberung« eine wesentliche Rolle gespielt hatte. Lediglich für Thomas Mann erhebt sie ihre Stimme.

In einem Brief vom 30. September 1934 entschuldigt sich Gottfried Benn übrigens bei Ina Seidel, dass er, als er die Woche davor in Starnberg war, nur »d. Ufer und den See mit dem Gedanken streifte, dass sie Ihre neue Heimat seien«, weil er eigent-

Abb. 100: Die Gräber der Seidels (Ina, Heinrich Wolfgang und Emy) auf dem Friedhof Tutzing. (Die Aufnahme entstand im Jahr 1996.)

lich auf dem Weg zu Johst war, um mit ihm »eine Unterredung in Sachen ›Union nat[ionaler] Schriftst[steller]‹ zu erledigen«[95], eine Art nationaler Gegengründung also zum internationalen PEN, mit Johst an der Spitze, Benn in einer führenden Position.

An Ina Seidels Einstellungen hat sich später Wesentliches nur bedingt gewandelt. Wenn sie im Nachhinein nur von der »Ratlosigkeit« spricht, »die sich allmählich auch derjenigen bemächtigte, die anfangs geneigt waren, vertrauensselig eine bessere Zukunft von dem seit 1933 eingeschlagenen Kurs«[96] zu erwarten, so geht diese (Nachkriegs-)Auffassung doch in schwer begreiflicher Form darüber hinweg, dass zur gleichen Zeit das Leiden Unzähliger beginnt, dass zu diesem Zeitpunkt viele, die das gesehen haben und aufhalten wollen, schon außer Landes gehen müssen – so dies überhaupt noch gelingt. Und auch als »die elf Todesurteile von Nürnberg vollzogen wurden«, 1946, will sie sich bewusst von der »Vorstellung der seelischen Verfassung der Hingerichteten« (»selbst wenn einzelne von ihnen bei ihren Befehlen nur das Ziel eines befriedeten Reiches im Auge gehabt haben«[97]) nicht stärker beeindrucken lassen. Auf die Täter, nicht auf die Opfer bleibt ihr Blick gerichtet.

Ina Seidel hat in diesen dunklen Jahren keine Schreibbehinderung, sie erzielt hohe Auflagen, steht auf den Empfehlungslisten des nationalsozialistischen Lehrerbundes, wobei sie freilich manchmal etwas nachhelfen musste: Ihr Buch *Das Wunschkind* sei »eins der wenigen echt nationalen und tief deutschen Bücher des letzten Jahrzehnts«[98], empfiehlt sie sich, wohl 1933/34 einmal in einem Brief an den maßgeblichen Ministerialbeamten Kurt Zierold. Unterschiedlich deutet man dieses Buch heute, ist es pazifistisch, wirbt es um Verständnis für die Opfer, die ein Krieg fordert?

Ina Seidels poetische Kunst, die an ihren weltanschaulichen Sichten ohne Aufdringlichkeit in gedankenreichen, anregenden Werken[99] festhält, sei nicht in Frage gestellt. Kann man daraus aber schon ableiten, sie sei »für die Jugend unserer Stadt eines der heute so wenigen echten Vorbilder«, wie anlässlich der Verleihung der Ehrenbürgerwürde in der Stadt Starnberg zu vernehmen war?

Rudolf Georg Binding

Ein gutes Jahr nach den Seidels wird 1935 ein weiterer, damals viel gelesener Schriftsteller Starnberger Bürger: **Rudolf Georg Binding** (1867–1938), dessen Leben und manche seiner Schriften die Zeit in eigentümlich zwielichtiger Weise beleuchten. Erst als fast 40-Jähriger begann er zu schreiben, eine Griechenland-, eine Italienreise, eine Begegnung mit d'Annunzio scheinen entscheidend gewesen zu sein. Um wenige Themen kreisen die meisten seiner Werke: Liebesbeziehungen, Pferde und vor allem das Kriegserlebnis. Zu Letzterem schreibt er in Tagebuchform, aber erst nach Ende des Krieges, Kriegserlebnisse nieder *(Aus dem Kriege*, 1925). Zusammen mit Gedichten zum Kriegsgeschehen und Erzählungen wird daraus ein noch Jahre nach seinem Tod immer wieder aufgelegter Sammelband (*Dies war das Maß*, 1936), der sich auch als Geschenkband in Zeiten der Wehrertüchtigung eignet. Bindings Liebende stehen manchmal zwischen zwei Menschen (z. B. in den Erzählungen

Abb. 101: Rudolf Georg Binding.

Der »Starnberger Kreis«

Unsterblichkeit, Opfergang), und das mag auch eigene Erfahrungen widerspiegeln. Denn gegen Ende 1935 übersiedelt Binding von Buchschlag bei Frankfurt, wo er seit Ende des Ersten Weltkriegs gewohnt hat und sogar Bürgermeister war, nach Starnberg. Der Umzug hängt mit einer wesentlichen Änderung in seinen Lebensumständen zusammen. Nun ist Elisabeth Jungmann (siehe unten) seine Lebensgefährtin, er hat sie als Sekretärin Gerhart Hauptmanns vermutlich 1933 kennen und

Bindings gefährdete Muse

Elisabeth Jungmann (1894–1959), jüdischer Abstammung, war Sekretärin, Freundin, Lebensgefährtin von Schriftstellern und anderen Geistesgrößen der Zeit. Das Deutsche Literaturarchiv in Marbach bewahrt einen Bestand Ihrer Briefe. Der ihr als Sekretär Gerhart Hauptmanns nachfolgende Schriftsteller Erhart Kästner korrespondiert ratsuchend mit ihr, besucht sie auch dreimal in Starnberg. Binding trug sich wohl mit der Idee einer Eheschließung mit Jungmann, was aber 1935, im Jahr der Nürnberger Gesetze, undenkbar wurde. Johst soll als Präsident der Reichsschrifttumskammer Binding in diesem Zusammenhang sogar mit Ausschluss daraus, also praktisch mit Berufsverbot gedroht zu haben. Auch der örtlichen Gestapo war das Verhältnis bekannt. Der Schriftsteller Erich Ebermeyer bemerkt in seinen Erinnerungen, dass bei offiziellen Anlässen (in Berlin) Binding seine Lebensgefährtin in einem Hotelzimmer verbarg, wo Eingeweihte sie von der Veranstaltung weg aufsuchten.[100] In Starnberg aber war sie der gute Geist von Bindings Kreisgesellschaft, sie war die Muse seines letzten Gedichtzyklus und wohl auch für die Wohnsitzwahl Starnberg entscheidend – Binding tendierte mehr an den Oberrhein.

Abb. 102: Elisabeth Jungmann als Sekretärin Gerhart Hauptmanns.

Wenige Monate nach Bindings Tod (im August 1938) gelingt ihr noch die Flucht aus Deutschland nach England, wobei der deutsche Literaturprofessor Hermann Georg Fiedler, ein langjähriger Freund Gerhart Hauptmanns und auch Briefpartner Bindings, Ehrendoktor der Universität von Oxford und in England lebend, maßgeblich zu Hilfe kommt. Margarete Hauptmann hatte ihn mehrfach in Briefen an Binding und Jungmann (»B.'s in Starnberg«) erinnert, Fiedler besuchte auch das Paar in Starnberg.

Unmittelbar vor der Emigration sendet Elisabeth Jungmann noch einen Weihnachtsgruß an Freunde: ein ihr gewidmetes Binding-Gedicht *(Schlaf ein, o Mond)*, entstanden bei einem Krankenhausaufenthalt im Münchner Josefinum zu Ostern 1938.

Nach Kriegsende kehrt sie als Chefsekretärin des Kulturbeauftragten für die britische Besatzungszone nach Deutschland zurück. In britischer Militäruniform kommt sie auch nach München, besucht dort Bekannte aus dem »Starnberger Kreis«. Aber da hatte man das Gefühl, »sie trage Urteile über die Zeit in allen Taschen«; man kam wohl nicht mehr zusammen, wie es ja vielen Emigranten erging.

lieben gelernt. »Ulyss und Kalypso« nennt Hauptmanns Gattin Margarete die beiden in einem Brief, und Binding betitelt einen späten Gedichtzyklus *Nordische Kalypso*. (Die nicht zur Scheidung bereite Ehefrau nimmt später Wohnsitz in der Schweiz, zusammen mit dem Sohn Karl Enzian, der bei Mutter und Tante groß wird, gelegentlich aber den Vater in Starnberg besucht.) Binding bezieht ein Haus in der damaligen Herzog-Wilhelm-Straße, heute Heinrich-Wieland-Straße.

Binding, einer der meistgelesenen Schriftsteller zwischen den Weltkriegen, lebt nicht in einem Elfenbeinturm. Er äußert sich in offenen wie auch in verborgenen Disputen während des Dritten Reiches. 1933 beispielsweise macht er sich zum Sprachrohr einer Erwiderung an den französischen Schriftsteller Romain Rolland, als dieser einen Appell an und für das »wahre Deutschland« der großen Weltbürger richtet, während das gegenwärtige zu Gewalt aufreize, zu Rassismus und Bücherverbrennung. Binding tut das alles als Randerscheinungen ab und sieht das Wesentliche der neuen Zeit in der erfüllten Sehnsucht des deutschen Volkes nach Wehrhaftigkeit. Immer betont er, dass er der Partei nicht angehöre und gerade deshalb für den Nationalsozialismus eintreten und so über die Grenzen hinaus wirken könne.

Diese Distanz, gepaart wohl mit dem Gefühl, dass ihm als angesehenem Schriftsteller wenig passieren könne, lässt ihn dann doch recht häufig von einer erwarteten Linie abweichen, bis in seine Starnberger Jahre hinein. So vermeidet er es, zusammen mit einem extremen Antisemiten einen Aufruf zu unterzeichnen, und lehnt entschieden ab, dem Reichskolonialbund, Kreisverband Starnberg, beizutreten. Vorsichtig paktieren er und ihm nahe stehende Schriftsteller gegen den Präsidenten der Reichsschrifttumskammer Hanns Johst (aus Oberallmannshausen): Die »Münchener« (Binding, Wilhelm Schäfer, Hans Grimm, Börries von Münchhausen, Kolbenheyer u. a.) haben sich bei einem Treffen im März 1934 gegen einen Führungsanspruch von Johst in der Preußischen Akademie der Künste, Sektion Dichtung, zusammengetan.[101] Noch kurz vor seinem Tode protestiert er als Einziger gegen die Ausquartierung der Akademie, in deren altangestammten Berliner Sitz Albert Speer einzieht.

Und schließlich findet er es unwürdig, dass Mitglieder dieser Akademie einen Ariernachweis erbringen sollen. Seiner letzten Lebensgefährtin Elisabeth Jungmann (siehe S. 123), jüdischer Herkunft, kann er offenbar bis zu seinem Tode (er stirbt im August 1938) Schutz bieten, obwohl es angeblich sogar Anpöbeleien auf der Seepromenade gab.

»Das Haus liegt Herzog Wilhelmstr. 3«
Der Starnberger Kreis hat ein ganz materielles Zentrum, einen »jour fixe« bei Rudolf G. Binding, mit einem relativ festen Kern und zwanglos dazugeladenen Gästen. An Ernst Wiechert schreibt Binding am 26. Februar 1936 nach Ambach: »Ich habe mit Alverdes und Barthel, (die Sie ja beide kennen) einen zwanglosen einfachen Samstagmittagtisch bei mir eingerichtet …Vielleicht, denke ich, macht es Ihnen Freude, ab und zu oder auch regelmäßig … daran teilzunehmen … Die Zeit ist 13.30. Das Haus liegt Herzog Wilhelmstr. 3. Sie fahren dazu die Hanfelderstrasse hinauf bis zum Friedhof (rechts) …«[102] Es ist die heutige Heinrich Wieland-Straße.

Um den Kreis der Tischgäste (und weiterer Besucher) mit ein paar Briefzitaten abzustecken: An Carossa: »… fragt man sich denn auch ob Sie nicht ab und zu in München sind, von wo es – bei Gott – nicht

Der »Starnberger Kreis« 125

sehr weit heraus an den See ist. Samstag zu mittag kommen gewöhnlich (wenn ich nicht gerade auf Fahrt bin) Alverdes, Ludw. Friedr. Barthel, Britting, Penzoldt, Süskind, ab und zu Zillich, und wer sonst in Reichweite ist ... Kippenberg fällt auch gelegentlich herein.«[103] An Peter Suhrkamp, Schwager Ina Seidels: »... übrigens ... Sie sollen in Starnberg gewesen sein und haben meinen Hügel umgangen.«[104] An Benno von Mechow: »... dass wir über die Freude Sie hier zu haben ganz vergassen dass Sie mit einem verbundenen Knöchel herumhumpelten ...«[105] An Reinhold Schneider: »... in Hoffnung auf jede spätere Begegnung mit Ihnen«[106]. Schneider hat um den Jahreswechsel 1937/38 auch Binding besucht und sein neuestes Buch *Kaiser Lothars Krone* dagelassen, zu dem Binding Anmerkungen macht. »Kommen Sie doch bald wieder des Wegs!«[107], heißt es an Rudolf Bach, der sein Buch über die *Größe und Tragik der deutschen Romantik* vorbeigebracht hat. Zu den Gästen gehört der Porträtmaler »Leo von König, ist hier und malt [Binding]. Gleich zwei Bildnisse – eines trefflicher als das andere.«[108]

Zwar näherten sich einige der Genannten Kreisen der Inneren Emigration an. Auffallender ist aber vielleicht die Zahl derer, die Frontsoldaten des Ersten Weltkriegs waren und das Kriegserlebnis, ihm positive Seiten abgewinnend, für ihren schriftstellerischen Weg benutzen. Neben Binding gilt das für Alverdes, Barthel, Mechow, in gewisser Weise auch Wiechert; auch Britting war Freiwilliger gewesen. Für Binding standen Wehrhaftigkeit, Pflicht, Heldentum und soldatische Tugenden an wichtiger Stelle und verbanden ihn auch weitgehend mit dem Nationalsozialismus. Aber er wurde nie Parteimitglied und bewahrte sich Kontakte zu und Hochschätzung gegenüber Personen, die dem Regime missfielen. Als im Oktober 1933 ein Gelöbnis treuester Gefolgschaft zu Hitler mit den (angeblichen) Unterschriften von 88 deutschen Schriftstellern in Tageszeitungen erscheint, protestiert Binding nicht nur beim Reichsverband Deutscher Schriftsteller dagegen, er schreibt auch an den emigrierten Klaus Mann nach Paris dazu. Dieser vermerkt in seinem Tagebuch unter dem 11. November 1933 (Paris, Hôtel Jacob): »Briefe (z. B. auch an Rudolf G. Binding,

Abb. 104: Paul Alverdes, regelmäßiger Teilnehmer am »Starnberger Kreis«.

Abb. 103: Rudolf G. Bindings Haus, Heinrich-Wieland-Straße, in den 1930er-Jahren. Hier traf sich jahrelang der sogenannte Starnberger Kreis.

der mir, ziemlich phantastischer Weise, geschrieben hatte, er sei *nicht* unter den 88 Hitler-Autoren gewesen, zu Unrecht unter ihnen genannt)«.[109]

Binding und die Seidels

Die Beziehungen zwischen Binding und den Seidels sind, obwohl man drei Jahre am selben Ort wohnt, nicht ganz leicht zu überschauen. »Wir haben unvergeßliche Stunden mit ihm erlebt. Er war uns wohl auch zugeneigt, und wir empfingen beide noch kürzlich, obwohl wir am selben Ort wohnen, Briefe von ihm, die von solcher Gemeinsamkeit Zeugnis gaben. Daß wir im Letzten und Eigentlichen nicht zusammenkamen, war weniger schmerzlich, als man denken sollte.«[110] Dieses und die weiteren Zitate sind Briefen Heinrich Wolfgang Seidels (siehe S. 120) an den Pfarrer und Schriftsteller Albrecht Goes (1908–2000) entnommen, einen gelegentlichen Gast auf der Ludwigshöhe. Im Herbst 1937 schreibt Ina Seidels Ehemann: »Übrigens, er (Binding) hatte uns neulich eingeladen, um seine Geburtstagsgeschenke zum Siebzigsten anzusehen, ehe er sie wegräumen ließ ... Ein schöner Tag, ein stiller Herbst in seinem alten Garten, als er uns an seinem seltsamen Ziegeltisch bewirtete, und gutes und heiteres Gespräch erfreute uns ...«[111] Nach Bindings Tod im August 1938, bei der Trauerfeier im Münchner Krematorium, ergreift für den Präsidenten der Dichterakademie Max Halbe das Wort, Rudolf Alexander Schröder hält die eigentliche Trauerrede. Schließlich spricht Ludwig Friedrich Barthel »Dank an den Freund, den Vater ...«[112] und gelobt für »Paul Alverdes, Georg Britting, Erich Edwin Dwinger, Karl Benno von Mechow, Ernst Penzoldt, Wilhelm E. Süskind und Heinrich Zillich ... Mannestreue zu Deinem, dem ewigen, dem unzerstörbaren deutschen Wort.«[113]

Heinrich Wolfgang Seidel bittet bald nach dem Tode Bindings Goes, er möge etwaigen Gerüchten um dessen Tod entschieden entgegentreten – Binding sei im Starnberger Krankenhaus an einem Blaseneingriff gestorben.
Der Kreis, der, wie man den Namen aus der Buchverlagsproduktion (Kippenberg, Suhrkamp, auch Bach) entnehmen kann, durchaus auch Transmissionsfunktion für Autoren im literarischen Leben hatte, löst sich nach Bindings Tod übrigens nicht auf, vielmehr trifft man sich nun in München bei Alverdes, der auch den schon erwähnten Ziegeltisch erbt.
Barthel wie Alverdes machen sich noch während des Krieges und danach an die Herausgabe von Erinnerungsbüchern und Briefen Bindings – ihre Beiworte legen dabei zeitgerecht auf ganz andere Schwerpunkte Wert.

»Talhoff, Albert, Starnberg am See/Bay., Ludwigshöhe«[114]

So lautet der als Schreiberlaubnis wirkende Eintrag in die Schriftstellerliste der Reichsschrifttumskammer. Seit 1913 wohnt, mit kurzen Unterbrechungen, der Schriftsteller mit Schweizer Pass **Albert Talhoff** (eigentlich Meyer; 1888–1956) auf der Starnberger Ludwigshöhe (Ottostraße 21)[115] zur Miete.
Fast nur um die Ecke ist es zu Ina Seidel, nachdem sie zuzog. Mit ihr war er freilich schon vorher gut bekannt, seinen Kurznamen »Albi« verwendet sie, wenn sie ihm signierte Werke zukommen lässt, und mit »Albi erzählte mir dies ...« beginnt sie den Eintrag über den Tod Gustav Meyrinks in ihre *Schwarzen Wachstuchhefte*.[116] Auch Talhoffs Aufsatz[117] über *Elmau*, den legendären Talort bei Mittenwald, den Ort der Selbstbesinnung nach den Ideen des Dr. Johannes Müller(-Elmau), den die Seidels

wie viele Zeitgenossen wiederholt besuchten, berührt wohl Gemeinsamkeiten: »Elmau ... ein grandioses Ereignis der Natur ... eine liturgisch zelebrierte Szene: urhaft, unberührt, sakral«; »... nicht der Begriff: sondern die visionäre, ungetrübte Empfängnis des Geistes, die Schau« und auch: »der Tanz eine goldene Brücke hinüber zu den unsichtbaren Welten der verborgenen Ufer« – das leitet nahtlos über zu Talhoffs bekanntestem Werk, seiner dramatisch-chorischen Vision *Totenmal*[118] (Uraufführung 1930), mit der er den Toten des Weltkriegs ein expressives (Multimedia-)Denkmal setzt.

Diesem Stück widmet Ina Seidel eine ausführliche Besprechung[119], in der sie auch ihre Gedanken zur damaligen Gegenwartskunst unterbringt (etwa: die Majestät des Unbewußten nach Jahrhunderten rationalistischer Verdrängung). Sie sieht die »grauenhafte Wirklichkeit unseres Zeitalters«, die »den Horizont unablässig umlohenden apokalyptischen Zeichen«, welche »›heilige‹ Worte, wie Demokratie, Völkerbund, Paneuropa« nicht abwenden können. Talhoff stemme sich, mit seiner Vision, den Dämonen, den Mächten der Finsternis entgegen. »Die gewaltige Choreographie« (mit Mary Wigman uraufgeführt!) »menschlicher Körper, Licht, Klang, Laut« besitze die Bedeutung eines überzeitlichen Werkes. Talhoffs Erschütterung über das Kriegsgeschehen drückte er schon 1919 in seinem Drama *Nicht weiter, o Herr!*[120] aus, darin der Selbstmord einer Mutter, der drei Söhne im Felde fielen.

Zunächst erscheint Talhoff den Nationalsozialisten durch die emphatischen Töne seiner Kriegsassoziationen (»der Totenheere Lichtaltäre«) wohl eher nützlich. Unter seinen Besuchern in Starnberg kann man vermutete Nazifreunde ausmachen. Dazu ist Lenore Kühn zu rechnen; sie schickte Talhoff ihre Neuerscheinung *Magna mater* (1928) mit der eigenhändigen Widmung: »Ein Nachhall aus Starnberger Tälern. Einklang u. wildem Streit.«

Talhoffs Schriften aus den NS-Jahren, Lyrik, Chorhaftes,[121] sind indes eher naturverbunden, zurückgezogen. Und schließlich scheinen die Spannungen zum Zeitgeschehen zu groß zu werden; er kehrt im August 1944 in seine Schweizer Heimat zurück – von Emigration kann man zu diesem Zeitpunkt allerdings wohl nicht mehr sprechen.

Nach dem Krieg veröffentlicht er unter anderem eine Romantrilogie, die das Kriegsgeschehen in ein apokalyptisches Licht taucht. Das Bühnenstück *Soldat Niemand* (1954) setzt in gewisser Weise das *Totenmal* fort. Die Zuschauer- und Leserzahl bleibt klein.

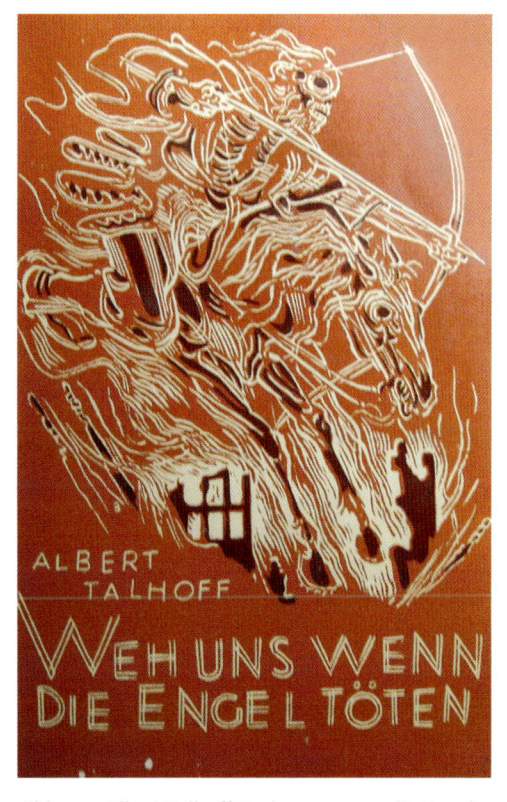

Abb. 105: Albert Talhoff: Weh uns, wenn die Engel töten *(Umschlag).*

Innere und äußere Emigration

Abb. 106: Heraufziehendes Gewitter am Starnberger See. *Gemälde von Richard von Poschinger, um 1880/90.*

Im Ernst-Heimeran-Verlag erscheint 1950 das **Starnberger-See-Stammbuch**[1], eine überaus reizvolle »Bestandsaufnahme«. Der Verleger hatte 1947 die Anregung der Journalistin Grunelia Grunelius aufgegriffen, die zahlreiche um den See ansässige Prominenz zu einer kurzen Selbstaussage zu bewegen. 71 Künstler, Schauspieler, Schriftsteller und Gelehrte waren dazu bereit oder ließen sich wenigstens interviewen. Manchmal muss man heute schon ältere Speziallexika zu Rate ziehen, um über die im Stammbuch versammelten (damaligen) Prominenten noch Näheres zu erfahren.

Fast 50 Jahre lang war das Büchlein das ausführlichste Kompendium zu Autoren unserer Heimat, wenngleich nur für einen begrenzten Zeitraum. Insgesamt ist es eine Hommage an den Starnberger See. Nicht wenige drücken das dadurch aus, dass sie sich hier fest eingepflanzt fühlen (oder das vorgeben), auch wenn sie oft nur Evakuierte aus dem zerbombten München waren. Ihre Spuren in den Zufluchtsorten am See haben sich bald nach dem Krieg dann auch oft wieder recht gründlich verwischt. So verdienstvoll die Momentaufnahme der See-Prominenz ist, sie gibt durch ihre besondere Methode doch ein verzerrendes Bild. Es bleiben nämlich ganze Gruppen von Autoren ausgeklammert, nur weil sie sich in diesen Nachkriegsjahren nicht mit unserer Landschaft verbinden lassen.

Wie sonst hätte die »wiederentdeckte« Beziehung Thomas Manns zu Feldafing[2] – im Ort »anscheinend« vergessen – vor einigen Jahren so Furore machen und inzwischen zu einer Art kleinem Thomas-Mann-Museum führen können?

Ganz vergessen war Thomas Manns Feldafinger Zeit und Besitz natürlich nicht, auch bevor seine Tagebücher erschienen: Am 19. Mai 1951 schrieb »Dl« [Denkl?] im *Münchner Merkur*, als er über einen halbstündigen Weg durch das damalige DP-Lager berichtet: »Gegen Ende zu (in Richtung Garatshausen-Tutzing) erkenne ich die Umgebung nicht wieder. Hütten und Stände reihen sich aneinander. So muß es irgendwo am Ende der Welt aussehen. Ich gehe weiter: Hier hat einmal Thomas Mann gewohnt. Von ihm haben die Bewohner des Hauses so wenig Ahnung wie von Großadmiral Tirpitz, dessen Villa auf der gegenüberliegenden Straßenseite steht«[3]. In Thomas Manns Tagebucheinträgen aus der Feldafinger Zeit gibt es auch einige Notizen zu Starnberg (siehe dazu auch Seite 130).

Sie gingen ins Exil

Beim Durchblättern des *Stammbuchs* zeigt sich: Es ist fast kein Name darunter, dessen Träger aus dem Deutschland des Dritten Reiches emigriert war. War denn keiner von ihnen zurückgekommen, so stellt sich die erste Frage.[4] Und gleich darauf schließt sich eine zweite an: War denn vielleicht niemand aus dem Seegebiet emigriert? Darauf müsste man »Doch, aber ...« antworten.

Zunächst aber die einzige Ausnahme: Aus Hollywood schreibt im *Stammbuch* **Sylves-**

Geschichtliche Rahmendaten

1923 Arnold Zweig übersiedelt nach Berlin
Februar 1931 »Starnberger Autoreisen« gegründet
17. Juni 1932 Blutige Zusammenstöße in Starnberg zwischen SA-Leuten, Reichsbannerleuten und Zivilisten: 7 Verletzte
22. März 1933 Die Stadt Starnberg verleiht Hindenburg und Hitler das Ehrenbürgerrecht
1934 Die Seidels beziehen ihr Haus in Starnberg
April 1934 An der Leutstettener Straße entsteht eine vorstädtische Kleinsiedlung (Schwaige); Planung für weitere Siedlungen an der Von-der-Tann- und der Bozener Straße sowie der Wassersportsiedlung
1934 O. M. Knab emigriert mit Familie in die Schweiz; *Kleinstadt unterm Hakenkreuz*
1936 F.-A. Schmid Noerr: *Unserer Guten Frauen Einzug*
1938 Arnold Zweig: *Versunkene Tage* (erscheint in Amsterdam); Rudolf G. Binding stirbt in Starnberg; Reichskristallnacht; Reinhold Schneider: *Las Casas vor Karl V.*
1939 Sylvester Schaeffer emigriert nach New York (?)
Juli 1939 Reinhold Schneider reist an den Starnberger See; Sonett: *Die Wetterwolke*
1940 Oskar Maria Graf: *Das Leben meiner Mutter* (auf Englisch)
1942-46 Wilhelm Hausenstein schreibt sein Tagebuch: *Licht unter dem Horizont*
September 1945 Für 7000 eingeschriebene Volksschüler im Landkreis Starnberg stehen nur 27 Lehrer zur Verfügung
1. Februar 1946 *Land-und Seebote* wegen Papiernot eingestellt
1946 Johannes R. Becher: *München in meinem Gedicht* erscheint in Starnberg
7. März 1947 Die Stadt Starnberg hat rund 4000 Haushalte
Dezember 1948 Lizenzerteilung für den *Land- und Seebote* (durch die Besatzungsmacht)
Juli 1949 Ina Seidel erhält den Wilhelm-Raabe-Preis
1950 Das *Starnberger-See-Stammbuch* erscheint im Heimeran-Verlag

Innere und äußere Emigration

Abb. 107: Das Starnberger-See-Stammbuch *versammelte 1950 die Stellungnahmen von 71 prominenten Seeanwohnern. Das Titelbild schmückt eine Zeichnung des Prunkschiffes* Schwan.

ter Schaeffer (1885–1949) Varietékünstler, nach diesen Angaben aus Berlin gebürtig und bis 1939 in Starnberg wohnhaft. Alte Taxifahrer erinnerten sich noch an ihn und an Fahrten zu Schaeffers »Wigwam« in der damaligen Mühlbergstraße (heute Josef-Fischhaber-Straße) oder zum »Papageienkäfig«, wie ein Anbau hieß, in dem sich zahllose Utensilien seiner Shows stapelten. Diese mögen auch noch für die Fülle der Feste gedient haben, die der »Papageienkäfig« sah. Eine unübersehbare Zahl illustrer Gäste fand sich im Laufe der Jahre dort ein: Leo Slezak, Trude Hesterberg, Fred Raymond, Karl Valentin und Liesl Karlstadt, Hansi Burg und Hans Albers, Peter Kreuder und Hubert von Meyerinck, der Schriftsteller Hans Reimann und viele andere.[5] Darunter war auch ein Verwandter der *Stammbuch*-Sammlerin, Jost Grunelius, dem vielleicht der neuerliche Kontakt mit dem kurz vor Kriegsbeginn nach Amerika Ausgewanderten zu verdanken war. 1949 starb Sylvester Schaeffer in der Fremde. Er hatte sein »geliebtes Starnberg aus irgendwo in Hollywood, wo es keine bayerische Gemütlichkeit gibt«[6], noch grüßen lassen.

Nun das »Doch, aber ...« zur Emigration aus dem Fünfseenland: Einige hier Ansässige verließen unsere Seenlandschaft nämlich schon lange vor 1933, meist Mitte der 1920er-Jahre, nachdem sie sich in den Jahren nach dem Ersten Weltkrieg hier niedergelassen hatten – in eigenen Häusern, in Sommerfrische-Zweitwohnungen oder zur Miete.

Thomas Mann (1875–1955) war 1919 Mitbesitzer eines Hauses in Feldafing geworden (heute als »Villino« auf dem Weg zu einer Attraktion für Literatur-Touristen) und bald darauf mit herbem Inflationsverlust wieder aus dem Besitz ausgeschieden. Seine Schwiegereltern besaßen schon lange vorher ein Sommerhäuschen im selben Ort, wo Katja Pringsheim, die Gemahlin Thomas Manns, auch geboren wurde.[7] Die Aufenthalte Thomas Manns in Seeshaupt und ab 1919 in Feldafing sowie die Bedeutung, die sie für seine literarische Produktion hatten, wurden ausführlich untersucht,[8] sodass hier nicht weiter darauf eingegangen werden soll. Für die Jahre ab 1921 gibt es nur wenige Hinweise darauf, dass er sich hier aufgehalten hat – möglicherweise auch deshalb, weil er etliche Tagebücher für diesen Zeitraum später vernichtete. Der Starnberger See bleibt aber für seine Familie attraktiv.

Arnold Zweig, wie schon ausgeführt 1919 mit Frau nach Starnberg gezogen, verlegt seinen Wohnort im Oktober 1923 nach Berlin. In diesem Fall sind die Gründe für die Abreise fassbar: Kurz vor dem Hitlerputschversuch hat er Drohbriefe erhalten, die ihn veranlassten, eine Wache auf seinen Balkon anzustellen. In einer bereits erwähnten Naziquelle[9] heißt es, dem »Hebräer Zweig« habe man schon im November 1923 »Beine gemacht«.

Aus München übersiedelt 1927 **Lion Feuchtwanger** nach Berlin. In seinem Roman über das Emporkommen der Hitlerbewegung, *Erfolg* (1930), stellt er mehrfach auch Ortsbezüge zum Starnberger See her, manchmal in fiktiven Orten (»Luitpoldsbrunn«), manchmal durch Weitergabe von Berichten anderer Herkunft; beispielsweise nimmt er eine Schilderung über die »nicht vollzogene Exekution eines gewissen Schleusinger aus Starnberg« und die Erschießung von »einigen zwanzig jungen Männern«[10], Rotarmisten, am Bahndamm in Starnberg auf.

In Starnberg besucht **Klaus Mann** den befreundeten Schauspieler Albert (Bert) Fischel mit Therese Giehse (Chap) und Schwester Erika (E). Der Tagebucheintrag vom 30. Juni 1932 lautet: »Mit E + Chap

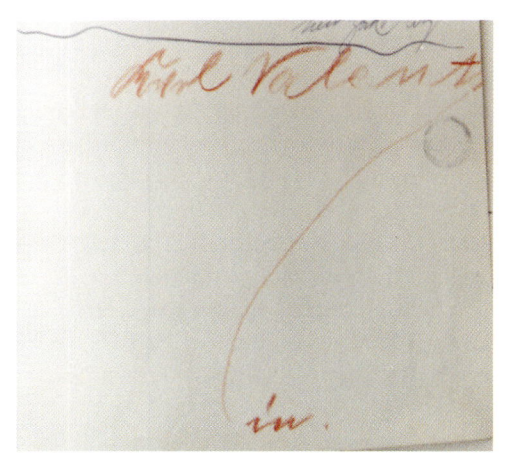

Abb. 108: Karl Valentins Eintrag in ein Starnberger Gästebuch prallt am Blattrand ab.

im Ford nach Starnberg in Berts neues Anwesen – Kavalierhäuschen von unbewohntem Schloss. Tee mit Bert, Jorge. Gespräch – viel über Papen und seine Verfehlungen – immer noch. Im leeren Schloss gestöbert – reizvoll.«[11]

Am 13. März 1933 verlässt Klaus Mann Deutschland Richtung Paris, ein Begleiter zum Bahnhof München ist W. E. Süskind.[12] Nach Kriegsende wird Klaus Mann einer seiner ersten Wege nach Feldafing führen, und auch an Süskind denkt er dann, aber was hat sich inzwischen geändert, die Freundschaft ist zerbrochen.

Meiner Heimat Wiederkehr – Starnberger Landschaft in der Exilliteratur

Ein reizvolles, ja bewegendes Thema ist die Frage, welche Rolle der heimatlichen Landschaft für im Exil entstandene Werke zukommt. Heimat – dazu gehört natürlich schon der Sprachraum, der (deutsche) Kulturraum; »sein Land«, aus dem ihn die Eroberer aus dem eigenen Volke vertrieben hätten (Thomas Mann). Von Arnold Zweig und **Oskar Maria Graf** (1894–1967) ist bekannt, dass sie die Sprache ihres Gastlandes nur notdürftig erlernten – Zweig schob das auf die Vokalpunktation des Iwrit (Hebräisch), die er mit seiner starken Sehbehinderung nicht entziffern könne. In Wirklichkeit wollte er wohl in der Fülle seiner Sprache, im Deutschen, bleiben.

Eines der Hauptwerke Grafs, *Das Leben meiner Mutter*, wurde vermutlich im Brünner Exil 1938 begonnen und erschien zuerst 1940 in einer englischen Übersetzung.[13] Es zeigt schon im Untertitel des ersten Buches, »Menschen der Heimat«, wie vollgesogen Grafs Erinnerung mit Personen, Orten und Beziehungen unserer Landschaft war. Das wird nicht dadurch geschmälert, dass er immer wieder, in fernsten Gegenden, die Nähe zum Volk, zu den einfachen Menschen als das darstellt, zu dem er den größten persönlichen Bezug hat. Symbolhaft geradezu bringt er in Tiflis einen Trinkspruch auf seine Mutter aus (und seine Bankettgenossen stoßen mit ihm an: »Lang lebe die Mutter!«), am selben Tage, als Therese Graf in Berg stirbt.[14] Er hätte nicht aus dem Exil an ihr Totenbett kommen können.

Auch andere seiner Exilromane sind ohne den erlebten Hintergrund der Landschaft seiner Kindheit und Jugend, seines Verwandtenkreises nicht denkbar. (Ein kleines Starnberg-Zitat: »Als der Lorenz viel später von Starnberg heimkam, erzählte er, dass der Rambeck Auftrag erhalten habe, große Holzflöße für das Berger Seefest zu liefern«;[15] »der Rambeck« ist die heute noch existierende Bootswerft in Percha.)

Oskar Maria Graf wie auch Arnold Zweig schreiben im Exil Romane, die Lebensumstände im damaligen Deutschland analysieren sollen. Und: 1938 erscheint von Arnold Zweig der autobiographisch durchsetzte Roman *Versunkene Tage* (später: *Verklungene Tage*), in dem auch des Fünfseenlandes gedacht wird, der Dampfschiffe zum Beispiel. Allerdings bekennt eine der

Abb. 109: Das Oskar-Maria-Graf-Denkmal von Max Wagner in Aufkirchen. Ist der Koffer Symbol von Ankunft oder Abreise?

Hauptpersonen: »weniger lockten ihn die berühmten Ferienorte am Würm-, Schlier- und Tegernsee. So entschied er sich für das Ammerseegelände.«[16]

Ernst Weiß (1882–1940) hat Teile seines Romans *Der Augenzeuge*, den er im Pariser Exil schrieb, auch in einer etwas verwandelten Osterseenlandschaft angesiedelt, für die er aber in Form von Hinweisen auf Torfstecher, auf die Anlegestelle für das »dicke Dampfschiff« am schilfreichen flachen Kieselufer des Südendes eines süddeutschen Sees usw., reale Erinnerungen aus seinen Aufenthalten in Seeshaupt verwendet hat.[17] Die Erstausgabe des Romans erschien 1963 (nach Titelformulierungsstreitigkeiten) bei einem Ickinger Verlag, viele Jahre nach dem Freitod von Weiß beim Einmarsch der Deutschen in Paris im Juni 1940.

Johannes R. Becher (1891–1958) schließlich hat im Moskauer Exil (1939) das Erin-

Schreiben »für die Schublade«

Abb. 110: Johannes R. Becher. Er erinnerte sich im Exil an das Starnberger Undosa.

nerungsbild »Starnberger See – Undosa – Wellenbad« benutzt, um »täglich meiner Heimat Wiederkehr« im Gedicht *Die tiefste Nähe*[18] auszudrücken.

Im Verlag seines Freundes **Heinrich Franz S. Bachmair** (1889–1960, siehe auch S. 143f.), in der Nachkriegszeit in Starnberg zu Hause, erscheint 1946 Bechers Gedichtband *München in meinem Gedicht*. In der Starnberger Zeit Bachmairs – der auch als Autor wirkte – entstanden u. a.: *Das Manuskript. Ein Hinweis für Schriftsteller*, Söcking, 1948, und *Schrift und Satz im schönen Buch*, Starnberg, 1947. Neben einer langen und eigentlich tragisch endenden Tätigkeit als Verleger – z. B. schon für frühe expressionistische Werke – schrieb Bachmair bereits seit der Zeit vor 1914 Erzählungen und Gedichte, öfters unter Pseudonym. In der Rätezeit 1919 war er auch (sozusagen) militärisch verwickelt. Damit hat ihm Oskar Maria Graf in einer Episode ein literarisches Denkmal gesetzt – in seinem letzten Buch *Gelächter von außen*, immer noch in der Emigration geschrieben. »Im Namen der Räterepublik und in Vertretung des Oberkommandierenden der Roten Armee ist ab jetzt Ihrer Gegenregierung der Krieg erklärt. – H. F. S. Bachmair, Kommandant der Artillerie«, soll er mit dem Füllfederhalter auf ein Notizblatt geschrieben haben, als er mit einem Abschnittskommando bei Pasing beauftragt gewesen sei und ohne Kriegserklärung nicht schießen lassen wollte.[19]

Schreiben »für die Schublade«

Schriftsteller, die in der NS-Zeit nicht ins Ausland emigrierten und doch aus rassischen, politischen oder weltanschaulichen Gründen gefährdet, bedroht und deshalb in ihrem Schreiben eingeschränkt waren, zogen sich manchmal zurück, schrieben für die Schublade oder zwischen den Zeilen. Diese sogenannte Innere Emigration – anfänglich mit den Emigranten noch durch Ablehnung des Nationalsozialismus verbunden – geriet nach 1945 in einen tiefen Gegensatz zu der Gruppe der Exil-Schriftsteller. Die Sonderstellung des »Starnberger Kreises« wurde schon oben ausgeführt (siehe Seite 119ff.).

Reise unter der Wetterwolke

Der folgende Abschnitt zeichnet eine Reise nach, die den Schriftsteller **Reinhold Schneider** (1903–58) wenige Wochen vor Beginn des Zweiten Weltkriegs an den Starnberger See führt und bei der er Freunde und Bekannte besucht, Schriftsteller zumeist, die man wie ihn der sogenannten Inneren Emigration zurechnen kann. Die Stationen dieser Reise beleuchten – auch für Starnberg – eine Facette jener Zeit.

(Binding, den Schneider früher besucht hatte, war ein Jahr zuvor gestorben). Reinhold Schneider erreichte in der Nachkriegszeit einen großen Leserkreis, der seine tiefgründigen Betrachtungen zur Geschichte, sein unbeirrbares Eintreten für Frieden, aber auch seine Einstellung während des Dritten Reiches schätzte. Zum Ausdruck kommen diese nicht zuletzt in der für oppositionelle Haltung kennzeichnenden literarischen Form seiner Werke. In der ersten Strophe des 1939 entstandenen Sonetts *Die Wetterwolke* heißt es:

»Schon leuchtet von der Wetterwolke Rand
Ein fremdes Licht, und die in Waffen stehen,
Sie fühlen bang ein Flüstern niederwehen,
Und wie ein Fremder greift nach ihrer Hand.«

Abb. 111: Reinhold Schneider (links) und der Porträtmaler Leo von König 1936 in Berlin.

Dieselbe bedeutungsschwere Stimmung und ihren doppelsinnigen Widerschein im Wolkenbild hält Schneider auch in einer Briefstelle vom 1. August 1939 fest: »In Percha fand ich Ihre gütigen Grüße vor ... während es vom Dach niederströmte, ging eine Fernsicht nach der anderen auf, unter demselben schweren Ernst, dem wir nicht mehr ausweichen können.«[20]

Zeitlebens blieb Schneider monarchistisch eingestellt: »Ich habe meine monarchische Gesinnung niemals aufgegeben.«[21] Persönliches mag dabei eine Rolle gespielt haben: Mit seinem Vaterhaus, einem Hotel in Baden-Baden, waren Kuraufenthalte preußischer Könige und des Kaiserpaars verknüpft. Damit war Schneider anfangs anfällig für manche Ziele des Nationalsozialismus, schienen sie doch eine Wiederherstellung des Reiches zu bringen. In seinem engeren Bekanntenkreis findet man Personen ähnlicher Denkart, den Philosophen Leopold Ziegler etwa, ein langjähriger Briefpartner – er schreibt ihm auch von dieser Reise aus Tutzing[22] –, der in dieser Zeit ein Wiederhineinwachsen in das heilige mittelalterliche Reich sieht, Hitler aber andererseits als einen »hysterischen Bandenführer« abtut.[23] Hier bestehen übrigens auch Übereinstimmungen mit dem Schriftsteller Schmid Noerr, den er auf dieser wie auf früheren Reisen in Percha aufsucht.

Friedrich Alfred Schmid Noerr (1877–1969), dessen nahe Beziehung zu Gustav Meyrink schon erwähnt wurde (siehe S. 88), stammte aus Karlsruhe und war 1918 nach Percha gezogen. Zuvor in Heidelberg Professor für (Religions-)Philosophie und Ästhetik, wandte er sich mit diesem Ortswechsel gänzlich dem Berufsfeld eines freien Schriftstellers zu. In seinem recht vielgestaltigen Werk gibt es zum Beispiel auch Einiges aus seiner engeren Heimat *(Der Durlacher Zwiefelewick)*, Theaterstücke, historische Erzählungen, Essays und schließlich sogar einen Gedichtband *(Ein Leben im Gedicht*, 1961). Dieser Teil seines Œuvres tritt aber zurück hinter seine Romane, die tiefe mythische und mystische

Schreiben »für die Schublade«

Kerne haben und in einer nicht leicht lesbaren, rhythmisierenden Sprache geschrieben sind. Manche beziehen auch örtliches Sagengut ein *(Frau Perchtas Auszug, 1928)*. Der Spannungsraum germanische Götter gegen Christentum bleibt ein Grundthema. So zeitgemäß manches davon erscheinen mag – Schmid Noerr, der in erster Ehe in einer Mischehe nach den Nürnberger Gesetzen lebte, hatte doch im Dritten Reich Publikationsbeschränkungen. Damals sieht er im Reich »die Herabholung einer eigentlich religiös geschauten Wirklichkeit in die irdische«[24]. In einem Brief an Schmid Noerr (vom 12. Oktober 1936) hebt Schneider »die Verbundenheit mit Ihnen und noch einigen wenigen verehrten Männern«[25] hervor. Alle Genannten sind der Gruppe antidemokratisch eingestellter Personen der Weimarer Zeit zuzurechnen, die später gleichwohl in Gegnerschaft zum NS-Regime gerieten. Ihr tragisches Missverständnis war wohl, dass sie lange nicht sahen, dass der heraufziehende Ungeist des Dritten Reiches nicht in den Folgen, sondern in der Ablehnung der Revolution von 1918 seine Triebfedern hatte.

Einen entschiedenen Trennungsstrich zum NS-Regime zog Schneider spätestens 1934, als er »die ersten unabweisbaren Berichte von den KZs«[26] erfuhr. Viele seiner Werke aus diesen Jahren müssen zwischen den Zeilen gelesen werden: *Las Casas vor Karl V.*, das Eintreten für eine unterdrückte Minderheit,[27] und in der bald nach der KZ-Information 1934 erschienenen Erzählung *Der Tröster* (über das Eintreten Friedrich Spees für Menschlichkeit in der Zeit der Hexenverfolgungen) schwingt unzweifelhaft die Unmenschlichkeit von damaliger Gegenwart und Vergangenheit mit.

Von Schneiders Reise vom 19. bis 26. Juli 1939 an den Starnberger See finden sich im Briefwechsel und in Erinnerungsbüchern nur ganz spärliche Erwähnungen. Ohne ergänzende Informationen sind die Spuren fast verwischt. Aber das darf nicht verwundern: Einer der Besuchten stand unter Gestapoaufsicht, und auch die anderen hielten Distanz zur herrschenden politischen Richtung oder hatten gute Gründe, sich still zu verhalten bzw. waren mit Schreibverbot belegt.

Wenige Tage nach Schneiders Abreise wird, sozusagen in der geistigen Nähe, ein ebenfalls monarchistisch eingestellter Kreis (um den Freiherrn von Harnier) enttarnt, der **Kronprinz Rupprecht** als Symbolfigur eines Neuanfangs aufbauen wollte. Im Zusammenhang damit geht Rupprecht ins Ausland. Schloss Leutstetten, wo er Vertreter des Kreises öfters empfangen hat, wird bald vom NS-Staat requiriert. Mit einer Schlüsselfigur des monarchistischen Widerstands, der allerdings zum Harnier-Kreis keine Beziehungen gehabt zu haben

Abb. 112: Friedrich Alfred Schmid Noerr an seinem 90. Geburtstag mit guten Bekannten aus Percha – rechts Johanna Kühner, links deren Mutter. Im Hintergrund erkennt man das neu errichtete Wohnhaus des Dichters in Percha.

scheint, mit Karl Ludwig zu Guttenberg, stand Schneider in freundschaftlichem Kontakt.

Am 19. Juli 1939 also reist Schneider von Waiblingen, wo er den Schriftsteller Otto Heuschele besucht hat, nach Tutzing, zu **Leo von König** (1871–1944). Dieser bedeutende Porträtmaler war 1936 an den Starnberger See gezogen, hatte neben seinem Berliner Domizil zuerst in Feldafing und dann in der sogenannten Brahmsvilla in Tutzing eine Wohnung (er starb hier auch 1944 und liegt auf dem Tutzinger Friedhof bestattet). Die begüterten Königs waren in Berlin Förderer Schneiders. Er wohnte dort bei ihnen, und sie organisierten eine Sammlung für sein Mobiliar.

Nach Zurückweisung eines Bildes von König für die Eröffnung des Hauses der Deutschen Kunst und daraus erwachsenen Differenzen mit den Machthabern hatte sich König (wie Rolf von Hoerschelmann berichtet[28]) in Feldafing einem etwas gewürfelt anmutenden Kreis angeschlossen, der eine Art Gegenveranstaltung zu der genannten Eröffnung aufzog: Die Hausensteins (Kunsthistoriker aus Tutzing mit einer jüdischen Gattin und emigrierter Tochter; siehe S. 157 und 166), die Bruckmanns (frühe Geldgeber Hitlers, inzwischen wohl ernüchtert), Leo von König, Graf Luckner, aber auch die NS-Designerin Frieda Thiersch nennt Hoerschelmann als Tafelgäste.

Schon bei einer früheren Reise um die Jahreswende 1937/38 hatte Reinhold Schneider König und weitere »Feldafinger Freunde« besucht: Jochen Klepper fragt ihn in einem Brief nach ihnen: »Sehr interessieren würde es mich, noch etwas mehr über die Situation Ihrer Freunde am Starnberger See zu hören.«[29]

Schneider antwortet: »Leider kann ich von meinen Freunden in der Umgebung Münchens nichts berichten, das auf ihre Sache Bezug hätte. Die Gespräche berührten diese Dinge nicht, und ich scheute mich zu fragen«.[30] Was Klepper wissen will, ist naheliegend: Informationen zu Parallelfällen zu seiner Situation – politisch bedingte Schreibbehinderung und das Leben in einer durch die Nürnberger Gesetze bedrängten (Misch-)Ehe. Unter den Freunden Schneiders hier gilt das für Schmid Noerr und für Werner Bergengruen (in Solln). Über Schmid Noerr deutet Schneider im selben Brief an: »Das Leben in Percha machte mir dieses Mal trübere Gedanken als sonst. Die Andeutung einer Erschütterung liegt darüber. Geistige, menschliche, geschichtliche Tragik verschlingen sich auf bedrohliche Weise. Froh wurde ich des Zusammenseins mit Taube und Bergengruen; auch hatte ich eine höchst friedliche Begegnung mit Binding.«

Schmid Noerr (siehe S. 134f.) ging 1941 eine zweite Ehe ein, die Beziehung hatte sich möglicherweise angebahnt, als seine erste Frau sich verborgen hielt, um Gefährdungen wegen ihrer nichtarischen Herkunft zu entgehen. Auf dem Percher

Abb. 113: Das Grab von Friedrich Alfred Schmid Noerr auf dem Friedhof Percha.

Schreiben »für die Schublade«

Abb. 114: 1936 erschien von Friedrich Alfred Schmid Noerr Unserer Guten Frauen Einzug.

Friedhof ist Schmid Noerr mit seiner zweiten Gemahlin bestattet. Das Grab daneben (seiner Tochter) trug, wie Gräber aus der Familie Meyrink, mit der er befreundet war, die Aufschrift VIVO.
Eine handbuchartige Veröffentlichung zur Opposition gegen Hitler[31] erwähnt, dass Schmid Noerr in Kontakt mit der Widerstandsgruppe um Hans Oster eine Reichsverfassung entworfen habe, die in zentraler Weise um den Begriff »Volksgemeinschaft« aufgebaut worden sei; also eigentlich um einen Zentralbegriff der nationalsozialistischen Politik.
Eine neuere Veröffentlichung[32], die keine Verbindung zu Oster feststellt, deutet diese »deutsche Reichsverfassung« von Schmid Noerr und Franz Liedig als antiaufkläre-risch und antidemokratisch (»Parteien sind Verrat an der Volksgemeinschaft«).
Schmid Noerrs Publikationen brechen 1939 bis Kriegsende im Wesentlichen ab, ohne dass indes ernsthaftere Schwierigkeiten vorausgegangen wären. 1936 erscheint *Unserer Guten Frauen Einzug*[33], eine Auseinandersetzung mit dem »Mythos der deutschen Welt«, in dem auch der Versuch steckt, Germanentum und Christentum – zeitgemäß – aneinanderzuführen. Er selbst nennt später Schriften aus der Kriegszeit, die sozusagen für die Schublade geschrieben waren, darunter auch ein »Aktionsprogramm zur Beseitigung der Hitler-Herrschaft ... im Auftrag der Erneuerungsbewegung 1939«, »Aufrufe an das Volk 1940 ff.«, ein »Wörterbuch der Volksgemeinschaft«.[34]

Ein »Einfaches Leben«?

Den baltendeutschen Schriftsteller **Otto von Taube** (1879–1973) aus Gauting rechnen manche Nachschlagewerke[35] einer protestantisch geprägten Gruppe mit Anti-Haltung um die Zeitschrift *Eckart* zu, in der auch Schneider, Bergengruen und Schmid Noerr publizierten. Bei seinen Romanen, Erzählungen und Aufsätze hat von Taube aber keine Publikationsprobleme, zumal vieles davon die Behauptung des Deutschtums im Baltikum zum Thema hat – »Otto Freiherr von Taube ... ein Dichter, der, obwohl er schon lange nicht mehr in seiner baltischen Heimat lebt, aufs tiefste deren Kräften und Schicksalen verbunden ist.«[36] Während des Dritten Reichs erscheinen fast jedes Jahr Bücher von ihm. Als Lektor der Evangelischen Landeskirche seit 1941 hält er gelegentlich auch Gottesdienste in Starnberg.[37]
Leo von König wurde schon als Porträtist von Binding erwähnt. Seine Adresse ist damals eine Anlaufstelle für viele Künstler, zumal für solche in politischen Schwierig-

Abb. 115: Leo von König malt Ernst Wiechert.

keiten. Er malt viele von ihnen: Ernst Barlach, Reinhold Schneider, Albert Talhoff, Ernst Wiechert, Käthe Kollwitz.

Bei von König nimmt Reinhold Schneider auf dieser Reise Kontakt zu **Ernst Wiechert** (1887–1950) auf, der Maler arbeitet gerade an einem Bild von Wiecherts Frau. Beide halten diese Begegnung und das Zusammensein in Wiecherts Hof Gagert etwas östlich vom See fest: Wiechert in seinem Erinnerungsbuch *Jahre und Zeiten*[38], Schneider in Briefen und indirekt in einem Aufsatz für ein Wiechert-Gedenkbuch.[39]

Manche sehen damals Wiechert als gebrochenen Mann. In einer von vielen Hörern als mutig empfundenen Rede *Der Dichter und die Zeit* 1935 in der Münchner Universität (»ich hörte sie mit angehaltenem Atem«, schrieb Ben-Chorin[40]) hatte er an die Jugend appelliert: »... beschwöre ich Sie heute, sich nicht verführen zu lassen zu schweigen, wenn das Gewissen Ihnen zu reden befiehlt«.[41] Dies und sein Eintreten für den widerrechtlich inhaftierten Martin Niemöller zog ihm die Feindschaft der Machthaber zu. Goebbels persönlich schaltete sich ein. In seinem Tagebuch notiert er unter dem 4. August 1938: »Vernehmungsprotokolle von dem sogen. Dichter Wiechert gelesen. So ein Stück Dreck will sich gegen den Staat erheben. 3 Monate Konzentrationslager. Dann werde ich ihn mir persönlich kaufen.«[42]

Man möge sich, wenn man ihm helfen wolle, an Ina Seidel wenden, nicht aber an Hanns Johst, ließ Wiechert verlauten. Ein halbes Jahr nach der Entlassung aus dem KZ, Anfang 1939, konnte er aber *Das einfache Leben* veröffentlichen, mit hohen Auflagen. »Vielleicht war der erste Umriß schon in den schlaflosen Lagernächten entstanden ... es war ein Traumbuch, in dem ich mich mit Flügeln über diese grauenvolle Erde hinaushob.«[43]

Wiecherts und Schneiders Bücher gehören zur Lektüre von Mitgliedern der Weißen Rose. »Es ist eigentümlich, welche überragende Bedeutung Schneider für uns gewonnen hat«, schreibt der 1943 hingerichtete Student Willi Graf aus der genannten Widerstandsgruppe.[44]

Diese erste Begegnung mit Ernst Wiechert beschreibt Reinhold Schneider in dem schon erwähnten Brief vom 1. August 1939 an Otto Heuschele[45]:

»Wiechert holte uns mit seinem Auto am Seeufer ab und fuhr uns in den einsamen Hof, den die Blütenbeete und Wiesen umschließen und von dem der Blick weit über das Gebirge schweifen kann; die Wolken und Lichter wechselten über den fernen Gipfeln; ein Gewitter hielt uns fest, so wurden die Gespräche enger und persönlicher; daß sie sehr ernst waren, können Sie sich wohl denken. Doch hat sich gleich eine geistige Verbindung gefügt.«

Von diesen ernsten Gesprächen ist mehr das Nichtgesagte festgehalten. »Von Buchenwald sprach er nicht. Aber er hatte eine Art, Erfahrenes mitzuteilen, die keines

Schreiben »für die Schublade«   139

Abb. 116: Ernst Wiecherts Das einfache Leben *in einer Ausgabe von 1939.*

Abb. 117: Ernst Wiechert.

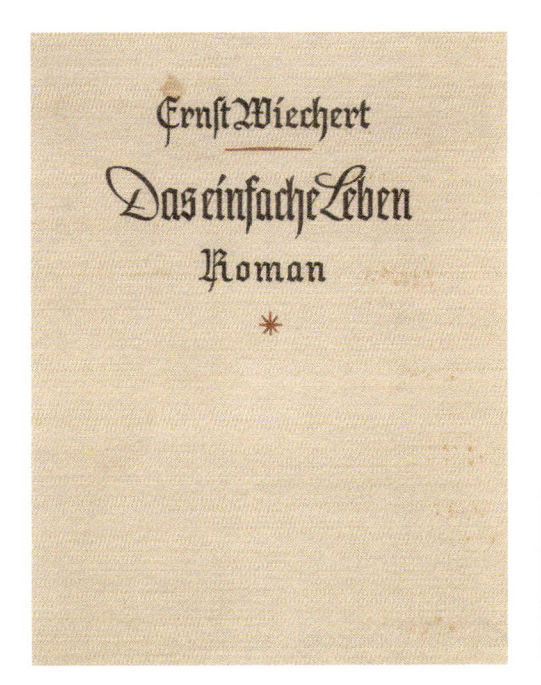

Wortes bedurfte.« So drückt Reinhold Schneider das nach Wiecherts Tod 1950 aus und gedenkt dabei der Besuche bei Wiechert.[46]
Reinhold Schneider gewinnt aus dem Zusammentreffen mit Wiechert ein besseres Verständnis für dessen Buch *Das einfache Leben*: »... aber ist mir klar geworden, warum das Buch so und nicht anders ist; und so hielte ich es für sehr unrecht, etwas dagegen zu sagen« (im schon erwähnten Brief an O. Heuschele vom 1. August 1939).
Am 26. Juli kehrt Schneider wie bereits erwähnt nach Freiburg zurück, nachdem er vorher noch bei Schmid Noerr Station gemacht hat. »In Percha fand ich Ihre gütigen Grüße vor«, genügt als Aussage an den Briefpartner Heuschele, der über die Situation hier vielleicht im Bilde gewesen sein wird, wenn man aus der Vereinbarung der Nachsendeadresse »Percha« vor der Reise auf ein naheliegendes Gesprächsthema schließen darf. In einem Artikel zu Schmid Noerrs 85. Geburtstag schreibt Heuschele über dessen Buch *Dämonen, Götter und Gewissen* von 1938, es sei als Absage an die Ideologie des Nationalsozialismus gemeint gewesen.[47]
Bei aller Vorsicht wird Schneider Informationen weitervermittelt haben. Der Aufbau **zuverlässiger Informationsnetze** war wichtig. Wiechert selbst hatte für den Fall seiner Verhaftung einen Meldeweg in die Schweiz zu Max Picard organisiert. Jesuiten waren daran beteiligt, Max Picard hielt das fest in der Skizze *Der Bote*[48]. Eine vielleicht nur als Traum getarnte Kenntnis eines solchen Informationsnetzes überliefert Christian Ferber, das ist Georg Seidel, von seinem Vater Heinrich Wolfgang Seidel in Starnberg: »Ich bückte mich und entzifferte den Namen: ERNST WIECHERT ... Ich wusste ... dass dies eine Veranstaltung der Freunde Wiecherts war, mir Nachricht zu geben, und ich bewunderte im Traum ihre List und Geschicklichkeit.«[49]

Im Dienste der Literatur – Starnberger Verleger

von Johannes Kippenberg, LL. M., Söcking
Rechtsanwalt, Verlag C. H. Beck

Der erste Verleger in Starnberg war **Franz-Xaver Gegenfurtner**, geb. 1830 im Bayerischen Wald, der 1875 die Zeitung *Land- und Seebote* gründete. Als Verlags- und Druckhaus diente ein Anwesen neben der »Starnberger Alm«. Sein Nachfolger als Verleger war **Ferdinand Geiger** bis 1910. In diesem Jahr übernahm ein Konsortium mit **Josef Jägerhuber sen.** (1867–1939) an der Spitze Verlag und Druck der Heimatzeitung. Jägerhuber war 1912–1918 Landtagsabgeordneter und 1921–33 Erster Bürgermeister der Stadt Starnberg. Seinem Sohn, Vater des heutigen Inhabers, wurde die Zeitung 1937 enteignet und im parteieigenen Eher-Verlag herausgegeben.
Der heutige Druckereibesitzer, **Josef Jägerhuber** (geb. 1926), war kaum nach schwerer Verwundung und Gefangenschaft heimgekehrt, als 1947 sein Vater starb. Mit 21 Jahren übernahm er das Geschäft und erhielt im Dezember 1948 von der Besatzungsmacht die erste Lizenz für eine Heimatzeitung in Bayern. Infolge der Konkurrenz der großen Münchner Tageszeitungen musste das Heimatblatt 1990 sein Erscheinen einstellen. Der Zeitungstitel befindet sich aber in Besitz von Josef Jägerhuber, der mit seinen Söhnen Josef und Ludwig die Druckerei weiterführt. Durch seine langfristigen Wettervorhersagen ist er in ganz Bayern bekannt.
Hermann Wiechmann (1861–1932) wurde in Oldenburg geboren und gründete dort 1892 seinen Verlag. 1907 zog er nach Goslar, 1915 nach München. Wiechmann brachte mit großem Erfolg bebilderte Bücher zu deutschen Landschaften sowie Postkarten heraus, arbeitete viel mit dem Starnberger Fotografen Wörsching zusammen und druckte die Bilder des Starnberger Malers Paul Thiem (1858–1922), der zwei Häuser weiter wohnte,[1] sowie später z. B. Hundertwasser. 1932 übernahm der Sohn Franz Wiechmann (1896–1962) die Leitung des Verlages und erwarb 1940 das herrschaftliche Wohnhaus Fischhaberstraße 31.[2] Als Bomben auf München fielen, wurde auch der Verlag von München nach Starnberg in die Villa verlegt, nach dem Krieg in einen Neubau im Garten. Ab 1962 leitete Franz' Witwe Klara den Verlag bis zu ihrem Tode 1989. Die Töchter Susanne Buschmann und Carsta Korhammer sowie die Kinder des vorverstorbenen

Bruders verkauften den Verlag 1998 an Joachim Groh Kunstdruckverlag, Wörthsee. Heute wohnen die beiden Schwestern mit Nachkommenschaft im großen Haus, der Neffe im ehemaligen Verlagshaus.

Direkt oberhalb der Wiechmanns liegt, schon auf Söckinger Flur, die Lenbach-Villa.[3] Franz von Lenbachs zweite Tochter Gabriele heiratete den Kölner Verleger **Kurt Neven Du Mont**. Die Villa ist inzwischen Wohnungseigentum, doch Park und nebenliegende Grundstücke gehören weiterhin der Erbengemeinschaft Neven Du Mont. Eine Tochter der Neven Du Monts heiratete Ernst Brücher, den Bruder von Hildegard Hamm-Brücher. Deren Sohn **Daniel Brücher** leitete 2000–06 die deutsche Niederlassung des englischen Verlages Dorling-Kindersley im Starnberger Gewerbegebiet.

Wiederum oberhalb der Lenbach-Villa liegt an der Prinz-Karl-Straße mit Nr. 47 das Haus des heute hochbetagten **Heinz Fleischmann** (geb. 1903). Der Sohn eines Handwerkers in Königsberg arbeitete als Landvermesser zunächst in Ostpreußen und dann im Krieg in besetzten Gebieten. Aus der Gefangenschaft nach Bayern entlassen, zeichnete er zusammen mit seiner Frau in München historische Karten für bayerische Schulen. Dann kam ihm die Idee, unter dem Namen »Kompass« Wanderkarten zu verlegen, mit breitem grünen Balken und links einem Kompass darauf. Von finanziellem Erfolg getragen, verlegte Fleischmann den Wohnsitz seiner Familie von München nach Starnberg, 1957 zunächst in die Maximilianstraße 14, 1961 in das eigene Haus an der Prinz-Karl-Straße. Dem Verlag schuf Fleischmann weitere Niederlassungen in Innsbruck und Meran, und schließlich existierten Wanderkarten von Sylt bis zu den Liparischen Inseln. In den 1990er-Jahren erkrankte die älteste Tochter schwer und starb 2001. Deshalb verkaufte Fleischmann seinen Verlag an den bereits langjährigen Geschäftspartner Mair in der Nähe von Innsbruck.

Abb. 118: Ein Bild von Paul Thiem, herausgegeben als Postkarte von Hermann Wiechmann.

Ganz anders begann **Ernst Heimeran** (1902–55): Seine Eltern besaßen eine Textilfabrik in Oberfranken, dazu ein Haus in Nürnberg. Als der Sohn in München studieren sollte, kauften die Eltern flugs ein Haus in Schwabing. Germanistik und Kunstgeschichte schloss Ernst Heimeran mit den Rigorosen ab, die durch das Tragen der Koffer des Herrn Professor zum Bahnhof bestanden wurden. 1922 wurde Ernst Heimeran – damals noch nicht volljährig – nach ersten Versuchen bald mit der »Tusculum«-Reihe zweisprachiger Bände alter griechischer und römischer Autoren erfolgreich. Als der Vater zu Hause den Bekannten erzählte, sein Sohn sei nun »Verleger«, meinten sie mitfühlend, es würden sicherlich auch für den Sohn wieder bessere Zeiten kommen.

Es kam jedoch eher umgekehrt, denn 1933 verlor Ernst Heimeran seine Redakteursstelle bei den *Münchner Neuesten Nachrichten*, der heutigen *Süddeutschen Zeitung*. Ganz auf den Verlag angewiesen, wurde Ernst Heimeran in den nächsten Jahren mit Auflagen von bis zu 200.000 Stück zugleich sein erfolgreichster Autor: *Der Vater und sein erstes Kind*, *Christiane und Till*, *Grundstück gesucht*, *Lehrer, die wir hatten* und *Sonntagsgespräche mit Nele* beschreiben das familiäre Leben des Verlegers, *Das stillvergnügte Streichquartett* fehlt in keinem musikpflegenden Haushalt. 1940 zog Familie Heimeran in das Haus Prinzenweg 27 in Starnberg. Krieg und Nachkriegszeit verhinderten dessen Ersetzung durch einen Neubau, vielmehr wurde hier und da und immer wieder etwas umgebaut, sodass das Haus heute ein wunderbar verwunschenes und gewundenes Innenleben zur Entdeckung stellt.

Ernst Heimeran starb 1955. Schon 1948 hatte seine Frau Margrit (1906–97) mit *Tomaten und Parmesan* eine erfolgreiche Kochbuch-Reihe begonnen, die in den nächsten 25 Jahren den Broterwerb sicherte. Als Sohn Till (geb. 1938) seit Anfang der 60er-Jahre

Abb. 119: »Bücherjongleur« Heimeran, gezeichnet von Ernst Penzoldt.

die kranke Mutter vollständig entlastete, trennte er die zwei Verlagsbereiche, denn die mit »Ernst Heimeran« verbundene schöne Literatur sollte nicht länger auch den Geruch von Speiseöl und Knoblauch tragen. Till Heimeran startete die 37-bändige Plinius-Reihe, die Reihe *Dichter und ihre Dichtungen*, brachte Kafka, Kleist und die erste Gesamtausgabe von Baudelaire. 1980 verkaufte er die Buchreihen einzeln an andere Verlage und widmet sich seither leidenschaftlich dem interkulturellen Dialog großer Persönlichkeiten des Geistes aus aller Welt. Heute lebt er in Niederösterreich, das Starnberger Heimeran-Haus wird von den Nachkommen Ernst und Margrit Heimerans bewohnt.

Karl Specht (1896–1963) kaufte 1940 das Haus am Hanfelder Berg Nr. 44 (jetzt Nr. 76). Geboren bei Kempten, fuhr er als Verlagsvertreter durch fast ganz Europa und ging 1929 nach Leipzig zu Goldmann. Dann heiratete er eine Tochter des schweizerischen Landkartenverlegers Hallwag. Der Schwiegervater gab ihm die Mittel für den Erwerb des Berliner Verlages der *Gartenschönheit*, damals die führende Gartenzeitschrift, welche Karl Specht nach finanziellen Notzeiten wieder zur Blüte brachte. 1936 gründete er dazu einen Buchverlag, in dem er, beginnend mit Fotobänden über die Olympiade 1936, eine Reihe großformatiger Bildbände herausbrachte. Ebenso wie die o.g. Enteignung des *Land- und Seebote* erzwangen die Nationalsozialisten auch den Verkauf der Zeitschrift *Gartenschönheit* an den »Reichsnährstand«, den gleichnamigen Buchverlag durfte Specht behalten. Als Bomben auf Berlin fielen, ließ Karl Specht den Verlag nach Starnberg überführen, doch beide Güterzüge wurden bombardiert, und die Verlagsunterlagen verbrannten restlos. Daraufhin ging Karl Specht 1942 als kaufmännischer Leiter für ein deutsches Unternehmen nach Rumänien und geriet dort in Kriegsgefangenschaft. Nach seiner Rückkehr 1946 wagte er keinen Neubeginn des 1944 eingestellten Verlagsbetriebs mehr, da ihm die Währungsreform alle liquiden Mittel genommen hatte. Bis 1955 leitete er den Verlag Wilhelm Goldmanns und übernahm dann den Schulbuchbereich des Kösel-Verlags. Sein Sohn Fritz Peter Specht studierte Jura und war jahrzehntelang Starnberger Stadtrat und Zweiter Bürgermeister.

Die letzten beiden Verleger noch aus der Kriegszeit sind Heinrich Franz Seraph Bachmair und Hans Ludwig Oeser. **Heinrich Franz S. Bachmair** (1889–1960) wurde in Pasing geboren und gründete bereits 1911 seinen Autorenverlag mit Sitz in Berlin und München. Sein erstes Werk war Lyrik

des befreundeten Johannes R. Becher. Im Ersten Weltkrieg wurde Bachmair Artillerist. Danach waren seine Vorkriegsautoren zu anderen Verlagen abgewandert, doch er gewann u. a. den in Berg lebenden Oskar Maria Graf neu hinzu. Gleichzeitig und bis gegen Ende des Zweiten Weltkrieges arbeitete er zumeist als Hersteller in München, dabei 1925–28 im Simplizissimus-Verlag. Seit 1938 in der Starnberger Schlossbergstraße 18 zur Miete, kaufte Bachmair 1947 in Söcking das kleine Haus Birkenleite 2. Dort verlegte er wieder schöngeistige Literatur, bis Johannes R. Becher ihn 1950 nach Ostberlin zur Leitung von Presse und Werbung beim Aufbau-Verlag einlud. 1956–58 arbeitete Bachmair für die Deutsche Akademie der Künste (DDR), ab 1959 leitete er das Johannes R. Becher-Archiv in Ostberlin.
Das »Bilderwerk« *Deutscher Wald* von **Hans Ludwig Oeser** (1894–1954), Verfasser kulturhistorischer und naturwissenschaftlicher Schriften, erschien zuerst 1941 bei der Deutschen Buchgemeinschaft, 1951 dann als *Das Buch vom Wald* im Söckinger Selbstverlag. Beide Auflagen wurden ein großer Verkaufserfolg.
Josef Keller (1905–97) startete seinen Verlag 1948 in einem Haus am See in der Possenhofener Straße. Dort verlegte er in den 50er-Jahren Literatur zum Bremsen von Eisenbahnen, träumte aber von »schönen Büchern«, wie *Rom in Libyen* (1962) und *Die Traumschlösser König Ludwigs II.* (1963). Als das ehemalige Frick-Anwesen in Kempfenhausen[4] zum Kauf stand, verlegte Josef Keller Verlag und Wohnsitz dorthin. Inzwischen leitet nach dem Sohn Peter der Enkel Patrick Keller (geb. 1970) den bekannten Telefonbuch-Verlag.
Gleichfalls in der Possenhofener Straße kauften die Eltern von **Werner Raith** (1940–2001) 1950 das Haus Nr. 36. Werner Raith wurde in Regensburg geboren, studierte Pädagogik und verlegte ab 1969 in seinem Elternhaus v. a. Pädagogik-Bücher. Die 68er-Jahre schlugen ihre Wellen mit Titeln wie *Sexualerziehung in der Grundschule* (1974). 1973/74 wohnte und arbeitete im Verlagshaus auch **Antje Kunstmann**. Als Werner Raith in finanzielle Schieflage geriet, nahmen sich Peter Weismann (Sohn des Verlegers und Widerständlers Willi Weismann) und Antje Kunstmann des Verlages an. Werner Raith war dreimal verheiratet, zog nach Italien, publizierte über den Mezzogiorno und die Mafia, war für die *taz* Italien-Korrespondent und verstarb nur gut 60-jährig in Terracina.
Christian Strasser (geb. 1945) lebte 1999–2007 in der Klenzestraße 7a in Söcking. Christian Strassers Vater, Neffe des manchmal in Starnberg bei sei-

nem Bruder Heinrich weilenden Insel-Verlegers, hatte bei seinem Onkel Verleger gelernt. Beim Schanzen in Ostpreußen traf er eine Königsbergerin, die 1945 auf der Flucht Christian gebar. Sein Halbbruder Matthias Wegner (Rowohlt-Verlag und Bertelsmann-Buchclub) bildete ihn später aus. Strasser ging nach New York und London, und nach seiner Rückkehr begann er, zunächst mit Heinrich Hugendubel als Kompagnon, das Verlagshaus Goethestraße in München aufzubauen. Später an Springer verkauft, aber weiterhin unter Strassers Leitung, firmierte es als Ullstein Heyne List. Den Verkauf der Springer-Buchverlags-Gruppe an Bertelsmann und weiter an Bonnier (Schweden) konnte Strasser nicht verhindern, sein Managementbuy-out scheiterte. Daher erwarb Strasser im Herbst 2004 den Pendo-Verlag. Heute lebt er wieder in München.

Nicht nur ein kurzes Intermezzo in Starnberg gab der in München geborene **Rolf Simon Schulz** (1925–95). 1958 begann er im Dachzimmer eines Münchner Reihenhauses seinen juristischen Verlag, mit dem er vorwiegend Lose-Blatt-Werke zum Sozialrecht, Medizin- und Arzneimittelrecht, aber auch Journalistenhandbücher und eine Zeitschrift für Aids-Forschung veröffentlichte. 1960 zog er privat und 1967 mit dem Verlag nach Percha in die Berger Straße 8–10. Mit seinen beiden Buben Roman und Daniel wurde Schulz regelmäßig in der Starnberger Pfarrkirche gesichtet. Nach seinem Tod 1995 übernahm Wolters Kluwer den Verlag, legte den Firmensitz aber im Herbst 2002 nach Unterschleißheim.

Soweit scheint R. S. Schulz' Biographie erfolgreich, aber unspektakulär. Wenn da nicht wäre: 1943 stand er mit Peter Pasetti auf der Bühne des Prinzregenten-Theaters, der Fehler war nur, dass das Stück *Cavour* von Benito Mussolini geschrieben war (so August Everding in der Festgabe zum 30-jährigen Bestehen des Verlages). Schulz verstand es, glanzvolle Feste zu geben. 1963/64 war er Münchner Faschingsprinz. Franz Josef Strauß war sein Freund, der auch seine Memoiren bei ihm verlegen ließ. Schulz stiftete den Sigi-Sommer-Preis für journalistisches Können und ein Elefantenbaby für Hellabrunn. Mit Peter Gauweiler am Klavier sang er das Lied vom Wildschütz Jennerwein. Und er machte den Bootsführerschein, den Hubschrauberpilotenschein, den Jagdschein und wurde geprüfter Heilpraktiker. Den Trauschein bekam er gleich dreimal. Für Venezuela wurde er Honorarkonsul. Nicht ganz zu Unrecht wurde behauptet, R. S. bedeute nicht »Rolf Simon«, sondern »Rex Serenissimus«. Der charmante Verleger Schulz hat auf seine Art gut nach Starnberg gepasst.

Zweiter Weltkrieg und Nachkriegszeit

Abb. 120: Der Maler Otto Engelhardt-Kyffhäuser hatte wie Hanns Johst den Rückkehr-Zug der Wolhyniendeutschen begleitet und einen Gemäldezyklus dazu geschaffen, mit dem auch Johsts Buch Ruf des Reiches (siehe S. 149) illustriert wurde.

Der Kriegsbeginn im September 1939 wiegt für Schreibende im Lande als Einschnitt nicht unbedingt schwerer als das Jahr 1933 und die folgenden, im Gegenteil: In jenen Jahren waren die Schreibbehinderungen für Unerwünschte, »Unzuverlässige« ausgebaut worden, wie umgekehrt andere, dem NS-System Nahestehende Förderung erfahren konnten (durch Preisvergaben, Übernahme von Funktionsstellen oder weil sie später leichter an kontingentiertes Druckpapier kamen). Mit Kriegsbeginn verschärfen sich Maßnahmen und Propagandaabsichten allerdings. Bücherverbrennungen im Mai 1933 und zunächst mehr inoffizielle »Schwarze Listen«[1] haben bereits Autoren getroffen, die mit Starnberg und dem See verbunden sind: Arnold Zweig, Gustav Meyrink (der aber schon Ende 1932 gestorben ist) und Waldemar Bonsels. Bekannt ist aber auch Oskar Maria Grafs »Verbrennt mich!«, in der *Wiener Arbeiterzeitung* vom 12. Mai 1933[2] geäußert – er hätte als volksnaher Schriftsteller auch Chancen für einen Platz auf einer »Weißen Liste« gehabt. Die Flammensprüche des 10. Mai 1933 ließen bereits eine Ausrichtung auf Kriegsbereitschaft erkennen: Remarques Bücher wurden mit dem Ruf »Gegen literarischen Verrat am Soldaten des Weltkriegs – für Erziehung des Volkes im Geist der Wehrhaftigkeit«[3] ins Feuer geworfen.

Literatur für den Krieg und im Krieg

Mit Gründung der **Reichsschrifttumskammer** 1933 (RSK; seit 1935 mit dem in

Oberallmannshausen wohnenden Hanns Johst als Präsident) bzw. der obligatorischen Zwangsmitgliedschaft als Voraussetzung, als Schriftsteller Bücher veröffentlichen zu können, war ein wirkungsvolles Zensurinstrument geschaffen. (Die RSK war untergeordnet der Reichskulturkammer, diese in gewisser Weise unterstellt dem Reichsministerium für Volksaufklärung und Propaganda, mit Joseph Goebbels an der Spitze.[4]) Nach den Nürnberger Gesetzen 1935 verschärfte sich der Druck auf »nichtarische« Autoren, auf »Versippte« oder sonstwie »Unzuverlässige«, und Ende 1935 kam eine offizielle *Liste 1 des schädlichen und unerwünschten Schrifttums*[5] heraus, die Einzeltitel oder das Gesamtwerk eines Autors nannte, was aber nicht automatisch ein Berufsverbot bedeutete[6]. Ein vielgestaltiges Werk (Reisebücher, Märchen – *Biene Maja* –, aber auch welt-

Abb. 121: *Die Aufnahme bzw. Nichtaufnahme in die Reichsschrifttumskammer war ein wichtiges »Zensursieb«. Seit 1935 war der am See ansässige Hanns Johst deren Präsident.*

Geschichtliche Rahmendaten

8. Juli 1939 Rund 20 000 Personen und 8000 Autos werden beim Seefest in Starnberg gezählt
1. September 1939 Einmarsch deutscher und sowjetischer Truppen in Polen; der Zweite Weltkrieg beginnt
Februar 1940 Der Starnberger See ist zugefroren, Temperaturen unter -25 °C
1941 Ernst Heimeran zieht nach Starnberg; Beginn des Krieges gegen die Sowjetunion; Heß' Flug nach England
1942 Die Städtische Oberschule (13 Klassen) wird von 197 Schülern und 161 Schülerinnen besucht
Ende April 1945 Der Häftlingsmarsch aus Dachau berührt Starnberg
30. April 1945 Amerikanische Truppen ziehen in Starnberg ein
8. Mai 1945 Deutsche Kapitulation
12. Mai 1945 Klaus Mann als amerikanischer Soldat in Feldafing
23. Juli 1945 Das Amtsgericht Starnberg wird mit Genehmigung der Militärregierung wiedereröffnet
August 1945 Atombombenabwürfe über Japan
Herbst 1945 Ernst Wiecherts (4.) *Rede an die deutsche Jugend*
27. Januar 1946 Erste Gemeindewahlen seit 1945 in der Stadt Starnberg: CSU 10 Sitze, SPD 5 Sitze
März 1948 Eine Wohnungserfassungskommission beschlagnahmt in Starnberg 265 Wohnräume »zur Belegung durch den Flüchtlingskommissar«
Juni 1948 Währungsreform
Ende 1948 Starnberg hat 8904 Einwohner, darunter 1424 Flüchtlinge, 583 Evakuierte und 629 Ausländer
Juli 1949 Erste »Tanzfahrt« nach dem Krieg auf dem See mit dem MS *Bayern*
1951 Wolfgang Koeppen: *Tauben im Gras*
November 1951 Im Landkreis Starnberg sind noch immer 1185 Vermisste registriert

anschauliche Dichtungen) weist **Waldemar Bonsels** (1881–1952) aus Ambach auf, von dem 1935 sechs Titel auf dieser Liste standen. Er wurde später wegen seiner »politischen Anpassungsbereitschaft« und in »Hinblick auf seine gute Auslandswirkung«[7] wieder daraus gestrichen. Auch Starnbergs Bürgermeister Franz Buchner hatte sich als NSDAP-Kreisleiter für ihn eingesetzt.[8] Man rechnete Bonsels wohl an, dass er aus dem Ausland freiwillig zurückgekehrt war. (Hanns Johst, Freund »aus früheren Tagen«, soll dabei eine Rolle gespielt haben.[9]) Zusätzlich prüften auch andere Stellen mehr oder weniger unabhängig oder sogar in Konkurrenz das Schrifttum. Erwähnt seien das Schrifttumsamt Rosenberg[10], in enger Verbindung stehend zum »Kampfbund für deutsche Kultur«, ferner die »Parteiamtliche Prüfungskommission zum Schutze des NS-Schrifttums«.

In dieser Dienststelle bzw. im (übergeordneten) Stabe des Stellvertreters des Führers Rudolf Heß arbeitete **Ernst Schulte-Strathaus** (1881–1968), der Schwiegersohn Ina Seidels, nicht nur dadurch auch mit engeren Beziehungen zu Starnberg, als Sachbearbeiter für Kulturfragen.[11] Er war mit der Familie Heß auch persönlich befreundet[12] und durch wissenschaftliche Schriften sowie als Herausgeber bekannt geworden. Posthum erschien noch sein bibliophiles Erinnerungsbüchlein an Anton Kippenberg (*Kippiana*[13]). In seiner Dienststelle scheint er mehrfach zur Abmilderung von Anordnungen anderer Parteiinstanzen tätig geworden zu sein – beispielsweise bei Schwierigkeiten des Verlegers Oldenbourg,[14] ferner bei Problemen des Verlagsleiters des Langen-Müller-Verlages, Pezold, der sich gegen eine Einverleibung seines Verlages in den (zentralen NS-) Eher-Verlag sträubte. Auch mit der Bearbeitung eines möglichen Verbots der Anthroposophie war er befasst und suchte es zu unterlau-

fen,[15] vielleicht sogar mit stillem Wohlwollen seines Dienstherrn, mit dem ihn nach anderen Quellen auch eine Schwäche für esoterische Richtungen (etwa die Astrologie) verbunden haben soll. Er soll sogar für den Heß-Flug nach England 1941 ein günstiges Horoskop erstellt haben.[16] Nach diesem Ereignis wird Schulte-Strathaus als enger Mitarbeiter von Heß bis 1943 interniert. Schon vorher hat sich Goebbels über die »unnationalsozialistische Kulturpolitik«[17] von Schulte-Strathaus beschwert. Die Familie verliert die Dienstwohnung in Pullach, und die Ehefrau zieht mit ihren vier Kindern zur Mutter Ina Seidel nach Starnberg.

Nach der Entlassung findet Schulte-Strathaus Beschäftigung in der Münchner Staatsbibliothek, worüber Heinrich Wolfgang Seidel an Albrecht Goes schreibt: »Der arme Strathaus-Vater kann seine Familie, von der er ja so lange getrennt war, nur sonntags sehen, da er dienstlich in München gebunden ist; er hat an der Staatsbibliothek so gut es geht die verbrannten Bestände wieder zu erneuern (hauptsächlich durch Käufe in Holland), aber die Aufgabe ist fast unlösbar.« (Brief vom 1. Januar 1944[18]) Wie wird die Requirierung von Büchern im besetzten Holland wohl vor sich gegangen sein?[19] Ohne auf die Vorgeschichte einzugehen, heißt es im Nachwort der schon erwähnten *Kippiana* (verfasst von Vorständen der Gesellschaft der Bibliophilen): »Vom April 1943 bis Herbst 1945 hatte er, von dem Generaldirektor berufen, als wissenschaftlicher Hilfsarbeiter an der Bayerischen Staatsbibliothek den Auftrag einer Wiederbeschaffung der durch mehrere Brände vernichteten Bestände von vielen hunderttausend Bänden.«[20]

Das Schreiben im Krieg und speziell das Schreiben *für* den Krieg beginnt nicht erst 1939. Beispiele werden uns in den folgenden Abschnitten begegnen oder sind es bereits in den vorigen. »Pro bello«: Geschichten aus dem Ersten Weltkrieg, heldenhaftes Durchhalten, Führertum und Volksgemeinschaft im Krieg, Propagandabeiträge, ablenkender Humor in schweren Zeiten zur Entspannung. Und als Gegenstrategien: unverfängliche, z. B. geschichtliche Themen oder Sprachbücher, aber auch Schreiben für die Schublade, kryptisches Schreiben zwischen den Zeilen oder schlichtweg Verstummen. Manchmal verbirgt man sich in kleinen Namensretuschen, um Gefährdungen durch nichtarische Verwandtschaftsbezüge zu vermeiden: Der Villenbesitzer und Autor Robert Friedländer-Prechtl aus Kempfenhausen, später Percha, schreibt zeitweise bewusst lieber als Robert Prechtl.[21]

Kriegserleben und -verarbeitung sowie Kriegsgefangenschaft finden in der Nachkriegszeit ihren literarischen Niederschlag, ja, sie entwickeln sich zu Wegweisern an Scheidewegen literarischer Richtungen. Die noch so nahen Kriegsschrecken gehen auch ein in die heftigen Debatten zur Wiederbewaffnung – auch von Autoren am See geführt –, und im neuentstehenden Kalten Krieg trennt sich die Literaturentwicklung in Ost und West. Die literarisch so reiche Landschaft um den Starnberger See, Starnberg mitten darin, kann mit ihren Autoren vieles davon belegen. Schließlich haben die freiwillig-unfreiwilligen Wanderströme von Kriegs- und später Nachkriegszeit auch Autoren an unseren See »verschlagen«. Davon wird ein späteres Kapitel handeln.

Dichterfahrten und Dichtertaten

Fahrten in Kriegs- oder eroberte Gebiete dienten oft Propagandazwecken. Ein Teilnehmer, Hermann Stahl aus Dießen am Ammersee, mit Starnberg durch Besuche und später auch persönlich-verwandtschaftlich verbunden, schildert in der aus einer Dichterfahrt entstandenen gleichnamigen Veröffentlichung *Gesichter, von Grauen geprägt*.[22]

1940 veröffentlicht auch Schrifttumskammerpräsident Johst höchstselbst Eindrücke von einer Reise an der Seite Himmlers, des »Reichsführers SS«, der auch Johst angehört, zum Ankommen des letzten Trecks der Wolhyniendeutschen an der nach dem Krieg gegen Polen neu entstandenen deutsch-russischen Grenze. Die Rückführung war vertraglich vereinbart. Nach Johst haben sie »die Stimme des Vaterlan-

Abb. 122: Eine der Dichterfahrten führte Hanns Johst zu einem Grenzübertritt von Wolhyniendeutschen aus der Sowjetunion in den nach 1939 annektierten Teil Polens, in dem sie angesiedelt werden sollten.

des, die Stimme des Blutes« gehört: »vom Führer dieses erwachten großdeutschen Lebensraums« gerufen – gemeint waren die einzudeutschenden eroberten Teile Polens –, »zu Dienst und Arbeit in der unmittelbaren Volksgemeinschaft«.[23] Schon 1935 war Johst zu einer, wie man heute sagen würde, PR-Reise für die neuen Machthaber aufgebrochen; das daraus entstandene Buch *Maske und Gesicht* widmet er »Heinrich Himmler in treuer Freundschaft«.

Vergnügliche Spracherziehung ...

Mindestens drei Autoren aus Orten um den Starnberger See lassen sich nennen, die in der betrachteten Zeit Spracherziehungsbücher verfasst haben (Hans Reimann, Oskar Jancke, W. E. Süskind). Der Vergleich von Auflagen, zum Beispiel vor und nach 1945, lässt in etwa die zeittypische Auswahl von Beispielswörtern erkennen. Oskar Jancke ist dabei seiner Zeit um mehr als ein halbes Jahrhundert voraus: »Menschenmaterial« hält er für das hässlichste Wort«[24] (es wurde vor Kurzem zum Unwort des [20.] Jahrhunderts gewählt!).
Wilhelm Emanuel Süskind (1901–70) wohnt zwar am Ostufer, ist aber durch verwandtschaftliche Verbindungen mit Starnberg so nah verbunden, dass seine einschlägigen Bücher hier kurz betrachtet werden sollen.
»Vielleicht lag es am Zeitpunkt des Erscheinens. Damals war ja die Zeit der Sprachregelung; der gesellige Ton des Buches stach davon ab und drückte vielleicht wirklich für viele ein heimliches Verlangen nach Demokratie aus, sagen wir es einfacher: eine Sehnsucht nach Wärme und Leichtigkeit, was damals rare Dinge waren.«
Das schrieb W. E. Süskind im Vorwort zu seinem Spracherziehungsbuch *Dagegen hab ich was* (1969), und er erinnert an dessen Vorläufer im selben Genre, nämlich

Abb. 123: W. E. Süskind: Vom ABC zum Sprachkunstwerk (Ausgabe 2001). Von dem erstmals in Kriegszeiten erschienenen Sprachlehrbuch sind viele, immer wieder leicht veränderte Nachkriegsausgaben entstanden.

an das 1940 erstmals erschienene Buch *Vom ABC zum Sprachkunstwerk* (das bis in die Gegenwart immer wieder Neuauflagen erfährt).
Konnte man sich mit Sprachbüchern den Zeitbedrängnissen entziehen? Es fällt nicht leicht, das zu glauben: den Bedrängnissen vielleicht, der Zeit selber und ihren Wertungen sehr viel schwerer. Hebung des Sprachstils stand unter den damaligen Erziehungszielen sicher nicht auf hohem Rang. Süskind muss beispielsweise (1940) zuerst etwas gegen die Meinung sagen, Grammatik sei etwas Undeutsches; für Sprachschulung plädiert er, indem er sie mit bewusster Körperausbildung vergleicht. Manchmal wird die Sprache des Volkes gegen die der Gebildeten ausgespielt. Seine Beispielsätze sind nicht selten der Zeit und ihren Bildern verbunden.

Oder will er Zeitverhaftetes nur unverfänglich aufspießen und so kritisieren? Vielleicht deshalb »schwärt eine Wunde am Leibe der Volksgemeinschaft«. Ein Vichy-Abschnitt aus einer Zeitung, das Ende eines Systems illustrierend, dient zur Verdeutlichung der Konjunktivverwendung. Nicht selten sind Beispiele aus Kampf- und Kriegsschilderungen entnommen: »Hagen erschlug Siegfried« – daran wird entwickelt, wie ein Satz zur Erzählung ausgeweitet werden kann. Gehören sie einer fernen Vergangenheit an, können sie ohne Weiteres in die Nachkriegszeit übernommen werden – die erste Nachkriegsausgabe erscheint 1946 mit Lizenznummer 21 der Militärregierung; bis auf die weggefallenen Reklameanhänge ist sie praktisch unverändert. Später (Ausgabe 1953) ändert sich das Buch dann doch ein bisschen (abgesehen von nicht seltenen stilistischen Glättungen – den Weg zum Sprachkunstwerk selbst beschreitend). So wird aus der Alternative »Mein Haß auf die Polen« oder »gegen die Polen«[25] viel unverfänglicher: »Mein Haß auf die Lüge«[26] usw. Die Schärfung des Sprachgefühls an den Zusammensetzungen »Feindflug« und »Feindflugzeug« fällt heraus, ja der Verfasser trennt sich sogar vollständig von der Wertung »ein so herrlicher Sprachmeister wie der verstorbene R. G. Binding«, dessen eigenwillige Kommasetzung ursprünglich eine Art Atemrhythmus ausgedrückt hatte.

Schon Ende 1945 / Anfang 1946 erscheint in Einzelartikeln die nicht mehr heitere Sprachanalyse *Aus dem Wörterbuch des Unmenschen* (1957 als Buch). Drei Journalisten, zwei der ehemaligen *Frankfurter Zeitung*, verfassen sie: Dolf Sternberger, Gerhard Storz und Süskind. Jeder von ihnen nimmt sich ein knappes oder reichliches Dutzend Begriffe der eben vergangenen »Tausend Jahre« vor. Das Material haben sie wohl schon länger gesammelt. Süskind bespricht zum Beispiel »Härte«, »Kulturschaffende« und »Lager«.

... ablenkender Humor ...

»...in Zeiten, die von so starken Spannungen erfüllt sind, muß ich in der Kunst für Entspannung sorgen«,[27] wusste schon Goebbels. Und »als Indiz dafür, daß Goebbels das steigende Bedürfnis nach Ablenkung von den Problemen der Wirklichkeit ... richtig erkannt hatte ... [kann] die überaus große Beliebtheit der humoristischen Literatur gelten ...«[28] Hier seien als Beispiele Bücher von Georg Britting, Heinrich Spoerl und Ernst Penzoldt (siehe S. 155 und 184) genannt.

Ein Autor wie **Hans Reimann** (1889–1968), der jahrzehntelang den Sommer am See verbrachte und seine Memoiren im Untertitel »Lebensmosaik eines Humoristen« nennt, mag davon profitiert haben. Seine Lebensbahn allerdings erscheint kurvenreich. 1932 unterlässt er es lieber, von Hanns Johst bei einem Spaziergang am See gewarnt, eine Hitlerparodie *(Mein Krampf)* zu schreiben. Jedenfalls kann er auch im Dritten Reich an humoristischen Zeitschriften (*Brennessel* im Eher-Verlag, am *Kladderadatsch* – marginal übrigens sogar am *Schwarzen Korps*, der SS-Zeitschrift) mitarbeiten, andererseits aber wird seine Beteiligung an anderen Werken verborgen, manchmal erst in Nachkriegslexika erwähnt, oder er muss sogar gerichtliche Auseinandersetzungen um Tantiemen bzw. Verfilmungsrechte führen.

Wie weit ist er ein Mitvater des Filmklassikers *Die Feuerzangenbowle*? Nach einer gemeinsamen Bahnfahrt mit Heinrich Spoerl (»Hinrich«) nach Starnberg (wobei sie Ecksteins Pennälerklassiker *Besuch im Karzer* lesen) entsteht angeblich ein Plan: »Noch bevor wir in Leoni landeten, stand für uns beide fest: Es wird kein Stück geschrieben, sondern ein Film. Was dabei herauskam, wurde von mir ›Die Feuerzangenbowle‹ betitelt. Hinrich, der gewissenhafte Arbeiter, ging gern auf Nummer Sicher. Wir schrieben also nicht – wir entwarfen. Das dauerte etwa einen Monat. Dann brachte ichs zu Papier, Hinrich fuhr nach München und diktierte das umfangreiche Exposé in einem Büro. Den Schluß hatte er ... allein konstruiert.«[29]

Die Freundschaft mit dem erfolgreicheren Spoerl zerbröckelt aber (der gilt ja allgemein als der Verfasser der Feuerzangenbowle), und das folgende Zitat macht das vielleicht etwas verständlich: »1933 war die erste Garnitur der deutschen Humoristen (von Thomas Mann bis Robert Neumann) ins Exil gezwungen worden; die Nazis suchten händeringend einen Jünger der heiteren Muse; Spoerl, in jeder Hinsicht ein unbeschriebenes Blatt, wäre ein Narr gewesen, wenn er sich gesträubt hätte«.[30]

Reimanns Mitarbeit an dem Kriegs-Aufmunterungsbüchlein *Lachendes Feldgrau* rückt ihn in eine geistige Verwandtschaft mit Georg Queri, der zur Zeit des Ersten Weltkriegs eine Reihe von »lustigen Kriegsbüchlein« veröffentlicht hatte. Queris *Kraftbayrisch* und *Bauernerotik und Bauernfehme* schätzt und besitzt Reimann.[31]

... und weltanschaulicher Spott

Schon in früheren Abschnitten wurde auf Preisträger und anderweitig im Dritten Reich Geförderte eingegangen, die – zu unterschiedlichen Zeitpunkten – zu Starnberg in Beziehung traten (Wilhelm Pleyer, Heinrich Zillich, Franz Buchner, Hanns Johst u. a.). Nun noch ein weniger bekannter Autor: **Hannes Kremer** (1906–76). *Legenden der Bosheit. Erfundene und wahrhaftige Geschichten für hochgemute Deutsche*[32] – der Titel lässt die besondere Art des Humors ahnen, über die Buchners (siehe S. 115) Mitpreisträger des Münchner Literaturpreises von 1938 verfügt, demselben Jahr, in dem Kremer auch nach Starnberg zieht (er behält bis in die Nachkriegszeit die Adresse im sogenannten Mühlbergschlösschen).

Lesern, die mit ihm weltanschaulich übereinstimmen, sind die Aussagen, die er in seinen Büchlein ab 1939 in ein »humorvolles« Kleid verpackt, hinreichend bekannt. Etwa, dass der Sanfte, der die Wange hinhält, dann doch den Starken zum Schutz braucht. Oder dass Demokratie nicht funktionieren könne. Man brauche sich nur den Fall einer demokratischen Entscheidung über den Ruderkurs eines auf eine Klippe zulaufenden Schiffes vorzustellen, bei der zwei gleichstarke Gruppierungen steuern wollen: »sechs wollten links, sechs wollten rechts ´rum drehen«. Sie können sich nicht entscheiden und: »Drum fuhr das stolze Demokratenschiff /– oh, Freiheit! – rumps! – auf das Korallenriff.«[33] Ähnlichen weltanschaulichen Spott bekommt der Sozialist, der Staatsbürger allgemein ab.

Den Preis bekam Kremer jedoch für sein Buch *Gottes Rune*[34], das, auf andere Weise zeitgemäßer, mit dem Tod, dem Erschlagenwerden eines »Hakenkreuzlers« einsetzt, also mit einem Märtyrertum für den Nationalsozialismus, und sich dadurch in der Art, nicht aber in der Absicht von Buch-

Abb. 124: Mit Starnberg ein bisschen am Rande zu tun hat (nicht nur durch den Hauptdarsteller) die erfolgreiche Filmkomödie Die Feuerzangenbowle. *Heinz Rühmann lebte von 1982 bis zu seinem Tod 1994 am Starnberger See.*

Abb. 125: Hannes Kremer: Legenden der Bosheit für hochgemute Deutsche.

ners manchmal eher sportlich geschildertem NSDAP-Siegeszug *Kamerad! Halt aus!* unterscheidet. Beide konnten bei der Preisverleihung nicht auf eine größere Anzahl von Werken verweisen – aber es ging ja auch mehr darum, engagierte Nationalsozialisten zu ehren. Für den dritten Preisträger, Alfons von Czibulka, Feldafing, galt das so nicht; er hatte sich damals mit historischen Romanen, nicht selten in der österreich-ungarischen Militärwelt spielend – der Czibulka entstammt –, schon einen Namen gemacht, der bis heute nicht verblasst ist.

Die durch drei geteilten 2000 Reichsmark Preisgeld wirken an sich vielleicht bescheiden; für Kremer werden Buch und Preis aber eine gute Ausgangsbasis für seine Parteikarriere: Er wird in der Propagandaabteilung der NSDAP Reichshauptstellenleiter,[35] dann Amtsleiter[36] und rangiert dabei nur wenige Stufen unter dem Reichspropagandaleiter Goebbels. Aus dieser Position heraus verfasst er eine Denkschrift: *Plan für die praktische Weiterentwicklung der Kulturarbeit der Reichspropagandaleitung*, vom 1. Mai 1941. Es »herrsche immer noch ›eine gewisse Verständnislosigkeit gegenüber dem Wert kultureller Mittel für eine großzügige Volksführung und Volkserziehung im Parteileben«‹, heißt es dort.[37]

Profilierungsmöglichkeiten bestünden im Rahmen der jährlichen Woche des Buches, anlässlich von Feierstunden und bei »Heranführung der Massen an das wertvolle deutsche Schrifttum«. Die Partei dürfe nicht einfach eine »Indexpolitik« betreiben, also Schwarze Listen verbotener Literatur produzieren.

In der Folge wird im Juli 1941 das Hauptamt Kultur gegründet, das aber wenig Einfluss erlangt, weil an ihm auch innerparteiliche Querelen (zwischen Goebbels und Rosenberg) zerren. Natürlich wurde es nach 1945 still um Kremer; er zog, mit größerer Kinderschar, nach Feldafing.

Das »Tuskulum« Starnberg

Ein wichtiger Name ist recht eng mit Starnberg verbunden, eigentlich eine ganze Autorenfamilie, von der Wohn- und Geburtsadresse, Grundstückskataster, Straßenname, Krankenhausregister, Schülerverzeichnisse und Grabstein in Starnberg künden. Gemeint ist die Familie des Schriftstellers und Verlegers Ernst Heimeran mit seinem Schwager Ernst Penzoldt. Während des Krieges hat sich **Ernst Heimeran** (1902–55) in Starnberg ein *Grundstück gesucht*[38] (so der Titel einer seiner autobiographischen Schriften, die die Landschaft um den See nur schwach verhüllt. Das gilt

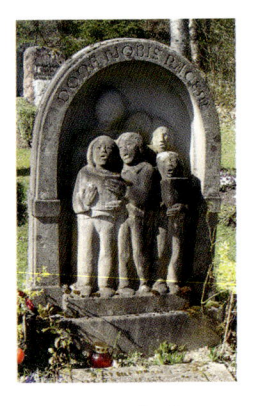

Abb. 126: Grabstätte der Familie Heimeran auf dem Starnberger Waldfriedhof.

auch für manche Abschnitte seines Buches zu den ersten Lebensjahren seiner Kinder *Christiane und Till*[39] bzw. *Sonntagsgespräche mit Nele*). Ab 1941 lebt er, mit Unterbrechungen, in Starnberg.

Wenn man die Schwierigkeiten bei der Suche nach einem Grundstück und mit dessen Eigenheiten beim Umbau und Umzug so von der heiteren Seite nimmt, wie es *Grundstück gesucht* vorführt, dann ist das Ergebnis vielleicht schließlich ein »Tuskulum« – ein »ruhig behaglicher Landsitz« (so die Worterklärung im *Duden-Fremdwörterbuch*), und wie das antike Tusculum am Rande Roms hat ja auch Starnberg weithin den Charakter einer Villensiedlung im Umkreis der Großstadt. Ob ihn das nach Starnberg führte, bei der Bedeutung, die »Tusculum« für Heimeran hatte?

Seinen Verlag gründete Ernst Heimeran 1922 in München-Schwabing, sozusagen aus Liebhaberei, ohne dass er finanziell viel abgeworfen hätte. »Mein Verlag war eine Passion geblieben, die sich allmählich selber trug, aber mich mitzutragen offenbar nicht zureichte.«[40] Im Gegenteil: Die Einkünfte aus seiner Tätigkeit bei den *Münchner Neuesten Nachrichten* mussten dem Verlag immer wieder »unter die Arme greifen und den Ausbau der Tusculum-Reihe fördern«.[41] Diese Reihe ist ein Kerngedanke des Verlagsprogramms: zweisprachige Klassikerausgaben oder auch kleine, gut lesbare Schriften zu den unterschiedlichsten Lebensbereichen der Antike (Mode, Heilkunde, Stenographie, Küche, Jagd und vieles andere).

Über den Beginn seines Zeitungsangestelltendaseins schreibt Heimeran: »[Ich] zog im Jahre 1928 zu meinem Freund Eugen Roth in die Lokalredaktion der Münchner Neuesten Nachrichten«[42], die Zahl der neuen Verlagstitel nahm danach rapide ab – bis zum Jahre 1933. »... war ich nicht wenig erstaunt, als mir im April 1933 zwei in unbehagliches Schwarz uniformierte Männer der politischen Polizei als Dank für meine Mühen folgenden Erlaß überbrachten: ›Auf Grund amtlicher Unterlagen und Verfügungen sehen wir uns genötigt, Sie mit sofortiger Wirksamkeit zu entlassen‹«.[43] (Näheres zu den Kündigungen teilt Hoser mit.[44]) Notgedrungen sozusagen muss jetzt die Verlags- und Schriftstellerarbeit in den Mittelpunkt rücken.

Während des Dritten Reiches stehen im Heimeran-Verlag weiterhin Bücher zu Themen der Antike ganz im Vordergrund, unter den zahlreichen Bereichen ist antike

Abb. 127: Ernst Heimeran suchte und fand ein Grundstück am Starnberger Prinzenweg.

Kriegskunst nur einer von vielen. Antiker Humor gehört dazu, Heiteres nimmt aber auch sonst einen Spitzenplatz unter den Titeln ein. Hinzu kommen etliche Ratgeber, Anstands- und Spielbüchlein, Anleitungen für den lyrischen Bastler wie für den Glückwunschschreiber.

Wilhelm Dieß (1884–1957), zuvor als mündlicher Erzähler bekannt, findet für seine Stegreifgeschichten hier seinen ersten Verleger (1936); darunter sind allerdings auch Soldatengeschichten aus dem Ersten Weltkrieg, deren Heldentum in dieser Zeit Resonanz findet. (Ein zweites Bändchen, *Heimweh*, bespricht Wilhelm Hausenstein in der Literaturbeilage der *Frankfurter Zeitung* 1941.) Zum Starnberger See hat Dieß nur eine recht marginale Beziehung durch Besuche. Seine Erwähnung im Starnberger *Heimatbuch*[45] wirkt ganz unverhältnismäßig, wenn man an andere, dort nicht erwähnte Starnberger Autoren denkt (z. B. an Gustav Meyrink). Nach 1933 nimmt die Zahl der Neuerscheinungen im Heimeran-Verlag zunächst rasch zu, sogar 1944 erscheinen noch fünf Titel, dann kommen auch einige Bücher von Heimeran zuerst in einem Schweizer Verlag heraus, vermittelt vermutlich durch Beziehungen von Ehefrau Margrit, einer geborenen Schweizerin. Sie hat übrigens die Heimeran-Verlags-Palette um einige eigene Titel, z. B. Kochbücher, bereichert. Auch Sohn Till wird später Schriftsteller. Nach dem Krieg bzw. dem Wiederaufbau des Verlags 1948 – einige Zeit waren die Heimerans in der Schweiz – ändert sich das Verlagsprofil ein wenig. Man findet jetzt auch russische, englische, französische Autoren und manchmal welche aus der näheren Umgebung des Starnberger Sees: Hans Poeschel (1882–1949) und W. E. Süskind aus Ambach, die Gautinger Künstler-Familie Zacharias. Besonders schön und ergiebig für das Nachforschen nach Autoren – und anderen »Prominenzen« – vom See ist das bereits mehrfach erwähnte *Starnberger-See-Stammbuch*, das die Journalistin Grunelia Grunelius für den Heimeran-Verlag 1950 gesammelt hat (siehe Seite 128).

Die Buchen, die heute noch das Haus am Prinzenweg 9, später 27, – alias Buchenweg 9 – umstehen, hat auch Heimerans Schwager **Ernst Penzoldt** (1892–1955) beschrieben *(Die Buche*[46]*)*. Zu seinen bekanntesten Werken gehören *Die Powenzbande* und, während des Krieges erschienen und völkerversöhnend, *Korporal Mombour*. Eine Erkrankung während des letzten Kriegsjahres – er war als Sanitäter eingezogen – kuriert er zeitweise im Starnberger Krankenhaus aus und verbringt anschließend ein Genesungsjahr am Prinzenweg 9. In dieser Zeit erneuert und vertieft sich seine freundschaftliche Beziehung zum Verleger und Autor Reinhard Piper – der besucht ihn z. B. im Krankenhaus –, Penzoldt wird jetzt gelegentlich bei Piper verlegt.

Auch andere und weiter wirkende Kontakte knüpft oder verstärkt Penzoldt hier in Starnberg: zu Wilhelm Hausenstein in Tutzing (»Gestern noch Besuch des so gescheiten und sympathischen Ernst Penzoldt«, Tagebucheintrag vom 31. August 1945[47]), zu Hermann Uhde-Bernays (die beiden, ferner Berthold Spangenberg und Wolf Lauterbach geben die Zweimonatsschrift *Deutsche Beiträge* in München heraus[48]), zu Otto Falckenberg, berühmter Gründer und Regisseur der Münchner Kammerspiele, der vom letzten Kriegsjahr bis zu seinem Tode in der Starnberger Mathildenstraße wohnt.

Penzoldts Sohn Dr. Günther P. berichtete in einem Leserbrief an die *Süddeutsche Zeitung* vom 13. Januar 1990 von ausgedehnten Spaziergängen seines Vaters und Falckenbergs in Starnberg Anfang 1945, bei denen sie einmal berieten, ob Falckenberg zu Hitlers Geburtstag am 20. April eine Glückwunschadresse schicken solle, wie es erwartet wurde (und was er dann, wenige Tage vor Kriegsende, noch tat, obwohl Penzoldt ihm einige Auswege vorgeschlagen hatte).

Nach dem Kriege taucht Penzoldts Name, als Unbelasteter, bald in der *Neuen Zeitung* auf; in einer Rede macht er den Vorschlag, Deutschland solle ein Sanitätsheer aufstellen. 1948 erhält er den Münchner Literaturpreis. Er wird noch später in einem anderen Zusammenhang zu erwähnen sein (siehe S. 184). Eine besonders schöne Reminiszenz an Starnberg findet sich in dem Text *Sinnbild der Sehnsucht*[49], die sich für Ernst Penzoldt in einem Landungssteg an einer Seeuferpromenade mit grünen Bänken und mit Blick aufs Gebirge konkretisiert.

Eugen Roth (1895-1976), der erwähnte Mitredakteur Heimerans, hat sich ebenfalls durch Heiter-Nachdenkliches, etwa in seinen Versbüchern *(Ein Mensch)* einen Namen gemacht. Dieses Buch, das erstmals 1935 erschien, erreichte bis in die Nachkriegszeit fast eine halbe Million Auflage. Für ihn wurde Ernst Penzoldt als Zeichner (unter dem Pseudonym Fritz Fliege) tätig, ebenso für Heimeran und viele andere. Gegen Ende des Krieges entfloh Eugen Roth

Abb. 128: Der Physik-Nobelpreisträger Werner Heisenberg in jüngeren Jahren.

Spaziergänge

Der erwähnte Spaziergang Ernst Penzoldts mit Otto Falckenberg verführt dazu, zwei andere starnbergnahe Spaziergänge mit einer gewissen Nachwirkung zu nennen:
Im Herbst 1920 wird **Otto Falckenberg** erstmals von seinem späteren Bühnenbildner Otto Reigbert besucht: »... bei strömendem Regen gingen wir stundenlang durch die nassen Herbstfelder auf den Höhen längs des Starnbergersees spazieren. Da war es, daß jener Stil des Kammerspiel-Bühnenbildes geboren wurde, der gewiss ekstatisch, aber doch nicht expressionistisch im Sinne einer stereotypen Richtung war.«[50]
Und: »An einem hellen Frühlingstag mit einer Gruppe von vielleicht zehn oder zwanzig Kameraden unterwegs ... durch das Hügelland am Westufer des Starnberger Sees« wandert ebenfalls im Jahr 1920 der damals 19-jährige Physikstudent und spätere Nobelpreisträger **Werner Heisenberg**. »Auf diesem Weg ist es merkwürdigerweise zu jenem ersten Gespräch über die Welt der Atome gekommen, das mir in meiner späteren wissenschaftlichen Entwicklung viel bedeutet hat.«[51] (Das Zitat nahm auch, für den Titel bedeutsam, der französische Romanschriftsteller Michel Houellebecq in seinen später auch verfilmten Bestseller *Elementarteilchen* auf.)

dem bombardierten München und wohnte eine Zeitlang in Feldafing.

Das Kriegsende

Von 1932 bis in die Nachkriegszeit wohnt der Journalist und Kunstschriftsteller **Wilhelm Hausenstein** (1882–1957) in Tutzing am Starnberger See, in einer Landschaft, die er schon fast seit der Jahrhundertwende immer wieder besucht und geschildert hat. Dadurch, besonders aber durch ein über mehr als vier Jahre hinweg geführtes Tagebuch aus Tutzing (1942–46) hat er für das Seegebiet ein persönliches, auch sich selbst nicht schonendes, wertvolles Zeugnis hinterlassen.

Später drückt er aus, was ihm in der NS-Zeit wichtig war, und formuliert dazu: »Wohl aber gehörte etwas dazu, zwölf Jahre lang bemüht zu bleiben, journalistisch das Gute als solches, um seinetwillen rein zu pflegen, in einem Stil, als ob es den Hitler und seine Halunken überhaupt nicht gegeben hätte, und gleichwohl unter täglicher Gefahr.«[52] Diese Haltung prägt, was er im Dritten Reich zu Papier bringt, das gilt für Veröffentlichtes und Unveröffentlichtes, sozusagen für die Schublade Geschriebenes, als die Schreibbehinderungen für ihn eintreten. Joseph Wulf notiert zu ihm in seiner Standardsammlung *Kultur im Dritten Reich* in einer Fußnote: »Dr. Wilhelm Hausenstein ... Kunstschriftsteller, 1934–43 Redakteur der literarischen Beilage der Frankfurter Zeitung. Er war kein Jude, weigerte sich jedoch, die Namen jüdischer Künstler aus seinen Büchern zu entfernen. 1943 erhielt er Berufsverbot.«[53] Und ergänzend dazu in Drews/Kantorowicz' *Verboten und verbrannt*: »1938 wurde seine allgemeine Kunstgeschichte auf Befehl des ›Propagandaministeriums‹ und der Gestapo eingestampft, weil er sich dem Befehl widersetzte, die Namen jüdischer Meister zu streichen.«[54] Zwischen 1933 und 1936 kann er aber im Frankfurter Societätsverlag noch einige Bücher herausbringen, und in diesem Verlag erscheint auch bis zu ihrer Einstellung 1943 die *Frankfurter Zeitung*, zu deren Redaktionsmitgliedern er gehört, bis im Mai 1943 sein Name aus der Liste der Schriftleiter gelöscht wird.[55]

Aus dem, was er schreibt, solle »keine künftige Generation auch bloß schließen können, daß sie in der Zeit des Hitlerismus ... geschrieben wurden.«[56] Das geht so weit, dass aufwühlende Zeitereignisse manchmal höchstens beiläufig erwähnt werden. Außerdem fürchtet er in seiner Situation stets die Möglichkeit einer »Haussuchung«: Seine Gattin ist Jüdin, die Tochter emigriert, die Zeitung, in der er noch schreiben kann, gehört zu denen, die »unter die Lupe« genommen werden.

In eine mehrseitige Schilderung einer Ruderbootsfahrt auf der Würm vom Seeausfluss bis Leutstetten und zurück sind nur zwei, drei Zeilen auf die Nacht vorher verwandt, als der Himmel von Leuchtkugeln und Brandröte des bombardierten Münchens gefärbt war. Wesentlicher scheinen ihm die folgenden ästhetischen Überlegungen zu sein: »Das Ufer, fast durchweg mit Schilf bestellt, spiegelte sich in dem stillen Wasser. Ich sah lieber das Gegenbild als die unmittelbare Wirklichkeit: indem die spitzen Blätter ... sich im Wasser spiegelten, waren sie gleichsam schon in eine vermittelnde Anschauung gefaßt; indem sie sich im Gegenbild unter Wasser selbst darstellten, gingen sie gereinigt, geadelt, gebunden, fast abstrahiert und gleichsam magisch verdeutlicht in die Betrachtung ein«[57], »... daß das Gegenbild einer Wirklichkeit, das im Wasser erscheint, überhaupt und grundsätzlich die Kunst bestätigt.«[58]

2. Weltkrieg und Nachkriegszeit

Abb. 129: Schilf an der Würm regte Hausenstein zu einem philosophischen Gedankengang an.

Auf diesem Ausflug begleitet ihn **Franz Xaver Hirschbold** (1896–1969) aus Leutstetten, in diesen Jahren ein wichtiger Freund für manche klärenden Gespräche philosophischen Inhalts. Hirschbold liefert auf dieser Bootsfahrt auch das Stichwort Karlsburg und die Verwandlung ihrer Steine in das spätere Schloss, eine Metamorphose einer Epoche in eine andere, was Hausenstein besser gefällt als Denkmalpflege – er denkt vielleicht an aktuelle Parallelen. Gleich nach dem Krieg wird Hirschbold Bürgermeister von Leutstetten und versucht in dieser Funktion auch Hausenstein zu einer Entschädigung zu verhelfen. Noch in Hausensteins letztem Jahr als Botschafter in Paris schreibt er den Hirschbolds einen Brief in freundschaftlicher Verbundenheit.[59]

Auch zu Hermann Uhde-Bernays (siehe S. 77) in Starnberg hält Hausenstein über den Krieg hinweg Kontakt, der merkwürdigerweise bei Kriegsende zerbricht. Sie besuchen sich gegenseitig, Uhde-Bernays liest aus Werken vor, an denen er gerade arbeitet (Spitzweg-Buch u. a.). Meist ist er (in einer über vierzig Jahre währenden Bekanntschaft) bei Treffen zunächst etwas cholerisch, gereizt. Zuletzt »ein leider alberner Brief von Uhde-Bernays: der alte Mann konstruiert sich in eine weltgeschichtliche Rolle hinein. Die greisenhafte Donquijoterie hätte auf sich beruhen mögen; aber etliche fatale Momente in dem Brief, gegen mich gerichtet, werden der alten Freundschaft ein Ende gesetzt, mindestens aber Grenzen gezogen haben (16. Juni 1945)«[60] Die Beziehung scheint sich nicht mehr eingerenkt zu haben; als Hausenstein später etwas zu Uhde-Bernays (80.?) Geburtstag an die Zeitung geben will, bittet er, dabei nicht namentlich als Verfasser genannt zu werden.

Schatten am Rande der Dorfstraße

Eine Kette gleichgestalteter Erinnerungsmale zwischen Dachau und Waakirchen zum sogenannten Häftlings- oder Todesmarsch mahnt in sinnfälliger Weise an das Kriegsende in unserer Landschaft. Dieser Strom ausgemergelter Gestalten, der sich in den letzten Apriltagen 1945 von Dachau nach Pasing, dann würmaufwärts über Planegg, Gauting, Petersbrunn, Starnberg, Percha, Aufkirchen bis nach Wolfratshausen bewegte und noch darüber hinaus, eine Spur des Todes auf seinem Weg hinterlassend, hat – wie die Bahntransporte, die in Tutzing und Seeshaupt endeten – da-

Das Kriegsende

mals wie noch heute stärkste Emotionen ausgelöst. Furcht und Angst auch bei den Zuschauern, ein Aufrütteln des Gewissens im Angesicht einer unabweisbaren Wahrheit. »Wir sahen den Zug der Gefangenen/Worte reichen nicht hin«, beginnt ein Gedicht von »Nora Braun, Mai 1945 Augenzeugin in Starnberg«[61]
Nicht alle sahen oder begriffen das Gesehene gleich. Der Kunsthistoriker Wilhelm Hausenstein (siehe oben), der in Mischehe nach den Nürnberger Rassegesetzen mit Frau Margot in Tutzing die Kriegszeit überdauert hat, berichtet in seinem schon erwähnten Tagebuch *Licht unter dem Horizont*: »1. Mai 1945. Man wird der Erlösung von der Chimäre der zwölf Jahre nicht froh: sie existiert unmittelbar vor unseren Augen weiter – in Gestalt der zweitausend polnischen, ungarischen, rumänischen, wohl auch russischen Juden aus dem Konzentrationslager Dachau, die ... hier in Tutzing hängen geblieben und nun einer armseligen Freiheit teilhaftig geworden sind: der Freiheit vor den Türen um Essen zu betteln ... Andererseits fehlte es nicht an deutschen Soldaten (Lazarett-Insassen), die im Hinblick auf die Juden aus dem Fenster schrieen: ›Haut die Bande hinaus!‹ Dergleichen bleibt von dem Régime des Monstrums nach – und wird es weiter nachbleiben; zumal da die Brut der bisher aktiven Hitleristen im Ort nach wie vor unbehindert herumläuft.«[62]
Auch Ernst Wiechert empfindet *(Jahre und Zeiten)* einen Symbolcharakter des Todesmarsches:

»Und dann, eine Woche vor dem Ende, sah das Land noch einmal wie in einem schrecklichen Spiegel die Summe der vergangenen Jahre: den Todeszug der Verdammten, die aus den Lagern in die Berge getrieben wurden, um dort zu verhungern oder ermordet zu werden ... Tausende lagen zu Tode erschöpft oder sterbend am Rand der Dorfstraße, indes die Henker mit Pistolen und Bluthunden an ihnen entlanggingen. Noch immer, als der Zeiger in der zwölften Stunde stand, war das Volk nicht fähig, die Hand gegen das Grauen zu erheben ... Ich selbst kann diese Wege nicht mehr gehen, so oft ich sie früher gegangen bin. Die Schatten stehen an ihrem Rand, Hunderte und Tausende von Schatten.«[63]

Wiecherts Erschütterung geht auch in seine *Rede an die deutsche Jugend* vom Herbst 1945 ein, die später kurz gestreift wird.
Der Komponist und Musikschriftsteller **Karl Amadeus Hartmann** – er hatte Kontakt zur Widerstandsgruppe Neu Beginnen und vergrub im Krieg eine verzinkte Kiste mit Werken – sah den Menschenstrom sich am Hause seiner Schwiegereltern in Kempfenhausen vorbeischleppen. Unter diesem Eindruck stellte er der unmittelbar danach geschaffenen Klaviersonate Nr. 2 das Motto voran: »unendlich war der Strom – unendlich war das Elend – unendlich war

Abb. 130: Der Häftlingsstrom in Percha.

das Leid«. Es existieren nur sehr wenige Fotos dieses Zuges, darunter die des Perchaer Restaurators Benno Gantner, der sie von seinem Haus in der Würmstraße aus heimlich aufnahm.

Mit mehr als 50-jährigem Abstand erschien 1997 Hildegard Hamm-Brüchers *Lebensbilanz*[64] (siehe auch S. 165); sie hatte das Kriegsende in der Hanfelder Straße in Starnberg zugebracht und davon Schilderungen festgehalten, zum Beispiel von allerletzten Appellen der »Starnberger Werwolfführerin«,[65] Panzer mit kochendem Wasser aufzuhalten. Auch sie erinnert an die »›Kzler‹ die den Todesmarsch überlebt hatten – es waren herumirrende ausgemergelte Gestalten in verschlissenen Sträflingsanzügen ... die sich, mit oder ohne amerikanische Hilfe, beschafften was sie brauchten« und: »Bei der vergleichsweise wohlbehaltenen Bevölkerung überwogen aber nicht etwa Mitleid oder Schuldgefühle, sondern eine Art instinktive Abwehr, oft sogar eine kaum unterdrückte Abneigung gegen so viel lebende Anklage.«[66]

Auch unter den Dahinziehenden waren einige, die später ihre Erinnerungen niederschrieben, ja dabei zum Schriftsteller wurden, sei es nur, um der als notwendig erachteten Dokumentation willen.

Bücher der Erinnerung an schwere Zeit

1980 erschien in Johannesburg **Levi Shalits** Buch *Beyond Dachau*[67]; er war in Wolfratshausen befreit worden. Dem österreichischen späteren Arzt **Josef Schneeweiß** gelang unterwegs die Flucht. In *Keine Führer, keine Götter*, so seine Autobiographie[68], und in *Wer wenn nicht wir*[69] nimmt er Erinnerungen, auch in Gedichtform, davon auf. Dem Theologen, späteren CSU-Gründungsmitglied und Verfasser sozialgeschichtlicher Werke **Emil Muhler** gelang in Percha die Flucht zu einem Freund.[70] Andere Geistliche aus dem Zug wurden auf die Rottmannshöhe der Jesuiten gerettet.

Max Mannheimer (geb. 1920) war mit einem Transportzug auf langer Irrfahrt durch Oberbayern schließlich nach Seeshaupt gekommen. Auf dieser Endstation wurde sein Transportwaggon geöffnet, die Insassen befreit.

Abb. 131: Bei der Einweihung des Starnberger Häftlingsmarsch-Denkmals war unter den Gästen Zwi Katz aus Israel. Im April 1945 war er unter den Mitgetriebenen gewesen.

Freunde drängten Mannheimer später zur Niederschrift seines Leidensweges.[71] Er und der beim Todesmarsch 17-jährige, heute in Israel lebende **Zwi Katz** (geb. 1927) sowie Solly Ganor (geb. 1928) setzen Schrift und Rede zur aufklärenden Erinnerung ein. Zwi Katz war unter den Anwesenden, als in Starnberg eines der letzten Denkmäler dieser Reihe eingeweiht wurde.

Rückkehrer aus dem Exil

Die Rückkehr emigrierter Autoren ist mit vielen Hemmnissen belastet. Schon der Versuch, in frühere Besitzverhältnisse wieder einzutreten, ist alles andere als einfach.

Als Zeitzeugin von Arisierungsfolgen ist **Charlotte Stein-Pick** (1899–1991) bekannt geworden. Ihre Erinnerungen erschienen erst 1992 als Buch[72] – die Autorin war kurz zuvor in Kalifornien gestorben. Ihr Vater, der Arzt Dr. Fritz Baron, hatte sich noch 1934 in hoffnungsbereitem Vertrauen ein »Holzhaus in Söcking bei Starnberg« errichtet, mit Blumen- und Gemüsegarten, als Freizeitdomizil. »Einer unserer nächsten Nachbarn, der das ganze Jahr dort wohnte, wurde unser getreuer Eckhard und Freund ... Wieviel Mühe gab er sich, meinen Mann aufzurichten, als die Nürnberger Gesetze verkündet wurden oder als die ersten Schilder in Starnberg erschienen ›Juden unerwünscht‹.« Vor ihrer Emigration 1939 wurde Charlotte Stein-Pick zuerst noch ehrenamtliche Leiterin der Hauswirtschaftsschule des Jüdischen Frauenbundes in Wolfratshausen (diese Schule sollte die Auswanderung nach Palästina vorbereiten). Bei der »Rückkehr 1951« – so ein mehrteiliger Buchabschnitt – hat sie durch Bürokratie, Steuer und Wiederherstellungskosten Probleme, an ihr Eigentum zu kommen. Das »Starnberger Häusl ... war in sehr schlechtem Zustand. Trotzdem mußte ich, um es überhaupt zurückzubekommen, ein großes Geldopfer bringen für angebliche Verbesserungen, z. B. einen ›Sektkeller‹, den sich die Nazibewohner hatten anbauen lassen.« Auch mit dem Treuhänder gab es Probleme. Schließlich verkauft sie das Grundstück unter Wert.

Die Kontaktaufnahme zu früheren Freunden ist für viele Emigrierte ein besonders heikler Punkt. **Oskar Maria Graf** muss zu den Geschwistern, von denen er aus der Ferne manche als Zwangsnazis betrachtet hat[73], erst wieder Verständnis aufbauen. Lange Jahre kann er nicht die Heimat besuchen, weil er auf keinen Fall eine Rückkehrmöglichkeit in die Staaten verlieren will – erst 1958 erhält er einen amerikanischen Pass. Wenige Monate danach führt ihn seine erste Europareise nach München und Berg. Sein Kontakt zum Herkunftsland muss sich auf Briefe, Hilfsaktionen, Besuche von dort und auf Verlegerbeziehungen beschränken – diese in der West- wie der »Ostrepublik«[74]. Es ist die verbreitete Bemühung, Lesepublikum (zurück) zu gewinnen,

Abb. 132: Kurz vor ihrem Tode schrieb die emigrierte Charlotte Stein-Pick noch ihre Erinnerungen an die verlorene Heimat. Darin erwähnt sind die Probleme, in ehemalige (auch Starnberger) Besitzverhältnisse wieder einzutreten.

hier besonders erschwert, wenn man in die Fronten des Kalten Krieges gerät.
Wenigstens erwähnt sei **Klaus Mann**, da seine Fahrt unmittelbar nach Kriegsende durch Starnberg nach Feldafing führt. Am 10. Mai 1945 kommt er als Angehöriger der US-Armee und »special correspondent« von *Stars and Stripes* in das ausgebombte München, tags darauf gehört er zu einer Gruppe von Presseleuten, die Hermann Göring in Augsburg interviewen. Am 12. Juni notiert er in München: »Langer Gang durch die zerstörte Stadt. Fahrt nach Feldafing; Besuch bei Roth und Hörschelmann.«[75] Es ist die Kontaktaufnahme mit einem, der zum engen Freundeskreis der Manns vor 1933 gehört hatte. Der Balte **Rolf von Hoerschelmann** (1885–1947), Zeichner, Kunstsammler und Autor, war bei

der Premiere von Erika Manns Kabarett *Die Pfeffermühle* 1933 mit Bruno Frank und W. E. Süskind neben den Manns gesessen; er hatte Thomas Manns »Zauberer Cipolla« als Glückwunschkarte zum Nobelpreis gezeichnet, in familiärer Weise. Er war auch noch 1935 bei der Trauung von Fritz Rosenthal, besser bekannt unter dem Namen Schalom Ben-Chorin, in der Münchner Synagoge anwesend und schenkte dem Brautpaar ein Aquarell seines Hauses am Starnberger See. An seiner damaligen Gesinnung gab es also keinerlei Zweifel. Bei seiner Schilderung des Kriegsendes kommt Hoerschelmann auch auf den Besuch Klaus Manns zu sprechen, allerdings ohne Namensnennung: »Unerwartete Besuche von Freunden, in der Uniform der amerikanischen Soldaten, brachten mir wieder die erste Berührung mit der Außenwelt, von der ich acht Jahre abgeschlossen gewesen war. Lebhafte Gespräche vermochten langsam die eingerissene Kluft zu überbrücken.«[76] In einem ausführlichen Brief an seinen Vater am 16. Mai 1945 (auf englisch!) geht Klaus Mann auf diese Wiederbegegnung ein (hier in der deutschen Übersetzung):

»In ganz ähnlichen Worten sprach er über W. E. Süskind, der ebenfalls irgendwo am Starnberger See sitzt – verheiratet, Vater von zwei Kindern. Sein letzter Beruf war der eines literarischen Redakteurs an der ›Krakauer Zeitung‹ in Polen, unter der Schirmherrschaft des berüchtigten Gouverneurs Frank. Doch Hörschl schwört, daß auch W. E. S. in Ordnung sei, lediglich an seiner Kunst interessiert und so weiter. Was soll man da sagen? ... Sie hätten gelitten ... hätten einem geheimen, immer gefährdeten Kreis von Nicht-Nazi-Intellektuellen angehört. Das mag ja alles so sein; jedenfalls habe ich es bis jetzt abgelehnt, Süskind oder Falckenberg zu sehen.«[77]

An der Rückkehr bzw. Nichtrückkehr von Exilautoren nach Deutschland ab 1945 entzündet sich eine – aber nicht die einzige – literarische Kontroverse der Nachkriegszeit. Autoren vom See spielen bei diesen Auseinandersetzungen eine nicht unbedeutende Rolle. Dieser Thematik widmet sich das folgende Kapitel. Zunächst aber noch: Das Kriegsende in einer literarisch verschlungenen Perspektive!

Literatur aus Kellerloch und Erdloch

»Koeppen tauchte unter und lebte zeitweise in Starnberg.« So liest man im Klappentext zu **Wolfgang Koeppen**s Roman *Das*

Abb. 133: Wolfgang Koeppens »Roman«.

Treibhaus in der SZ-Bibliothek von 2004. Der Satz führt in die Irre, denn genau genommen müsste es »in Feldafing« heißen. Immerhin hat die Nähe zu unserer Stadt ein paar Einsprengel »Starnberg« in Koeppens Werk verursacht.

Wegen wachsender Ablehnung des Regimes und um einer Einberufung zu entgehen, verwischt Koeppen seine Spuren selbst. Die Bombenzerstörung seiner Berliner Wohnung und fingierte Bestätigungen über einen kriegswichtigen Einsatz dienen dazu. Schließlich taucht er in den letzten Kriegsmonaten in Feldafing unter; in einem Interview dazu sagt er: »Ich lebte bei jemandem, der allmählich wußte, was mit mir los war. Dieser Mann hätte mich gerne denunziert, was meinen Tod bedeutet hätte, aber er konnte mich nicht mehr denunzieren, weil ich hätte nachweisen können, daß er mich im Bewußtsein, daß ich ein Wehrdienstverweigerer war, beherbergt hatte. Also setzte er mich in seinen Keller.«[78] In Feldafing lernt Koeppen seine spätere Frau Marion Ulrich kennen.

1948 erscheinen die *Aufzeichnungen aus einem Erdloch*, in denen der nichtarische Münchner Briefmarkenhändler Jakob Littner sein Überleben beschreibt. Um dieses Buch entbrennt in den 1990er-Jahren eine rege Diskussion um Beteiligung oder Autorschaft Koeppens. Koeppen hatte am Text von 1948 mitgearbeitet. Das Original ist inzwischen (im Jahre 2000), ins Amerikanische übersetzt, in die Reihe *Holocaust Memories* aufgenommen. Eine deutsche Ausgabe davon kam erstmals 2002[79] heraus, sodass man sie erst seitdem mit Koeppens literarischer Bearbeitung (von 1948) vergleichen kann. Aus einem Brief Koeppens (aus den 1970ern) an den Suhrkamp-Verlag bzw. Siegfried Unseld geht hervor, dass er mit dem Text des Buches von 1948 große Umgestaltungspläne vorhatte, die daraus ein koeppentypisches Zeitdokument[80] gemacht hätten, verschränkt mit der Perspektive des »Schriftsteller[s], der auch aus dem Kellerloch kam«. (Koeppen wohnt zum Kriegsende hin im Souterrain eines Feldafinger Klubhauses alias Keller!) Tatsächlich beschränkte sich die Bearbeitung, die 1991 erschien, auf ein eher missdeutbares Vorwort, einen verdunkelnden Klappentext und den irreführenden Untertitel »Roman«.[81] Und eben darüber Wolfgang Koeppen als Autorname.

An einem Parteifeiertag (am 9. November 1938) löst Jakob Littner die Geschäftsbeziehung zu seiner nichtjüdischen Partnerin während eines Ausflugs an den Starnberger See; dessen »silberne Ruhe«, die »erhabene Lieblichkeit dieser Landschaft«, kontrastieren zur düsteren Wirklichkeit ihrer Gedanken und Gespräche.[82] Aber das ist bereits ein Koeppen-Text und kein originaler Littner.

Aus Wolfgang Koeppens Roman *Tauben im Gras* von 1951 stammt folgende Skizze einer Starnberger Lehrerin:

»Eine amerikanische Lehrerin verdient – was verdient sie? – ach, unendlich viel mehr als ihre deutsche Kollegin in Starnberg, das arme verschüchterte Wesen, ›ja keinen Anstoß erregen, etwas Puder im Gesicht, der Herr Vikar könnte es übel vermerken, der Herr Schulrat könnte es in die Schulakten schreiben‹. Erziehung ist in Deutschland eine ernste und graue Angelegenheit, fern jeder Daseinsfreude, ein Pfui dem

Abb. 134: Johannes Tralow, hier auf einer Briefmarke der DDR, zeitweise Ehemann von Irmgard Keun, war Entnazifizierungsrichter in Starnberg.

In Starnberg untergetaucht?

Die Schriftstellerin **Irmgard Keun** (1905–82) war, wie Koeppen, nach Kriegsbeginn wieder in das Reichsgebiet zurückgekehrt und quasi wie er untergetaucht. Das Munzinger-Archiv, eine wichtige, ausführliche zeitgeschichtlich-biographische Quelle, nennt dabei Starnberg als einen ihrer Wohnorte, wo sie verborgen gelebt habe. Diese Notiz hat in Biographien der Autorin Eingang gefunden, kann aber vorerst nicht näher lokalisiert werden. Es könnte dabei ein Zusammenhang mit einem Treffen mit ihrem geschiedenen Mann, dem Schriftsteller Johannes Tralow (siehe S. 163), bestehen, der in Starnberg nachweisbar ist.

Abb. 135: Irmgard Keun in späteren Jahren. Über ihren Starnberg-Aufenthalt in den letzten Kriegsmonaten oder gar -jahren konnte noch nichts Näheres in Erfahrung gebracht werden.

Mondänen, und es bleibt ewig unvorstellbar, eine Dame auf einem deutschen Schulkatheder zu sehen, geschminkt, parfümiert, zu den Ferien in Paris.«[83]

Diese Ewigkeit hält – Gott sei Dank – nicht.

Neue Zeitungen

Bevor im folgenden Kapitel näher auf Kontroversen zwischen Literaten eingegangen wird, soweit sie sich hier am See ereignet – um nicht zu sagen aufgeladen, munitioniert – haben, ein Blick auf die (Wieder-)Begründung von Zeitungen und Zeitschriften, für die es auch hier sehr frühe Impulse und erste Mitarbeiter gab. Massenmedien wurden von den amerikanischen Besatzungsbehörden als wichtiges Instrument der sogenannten Re-education, der Wiedererweckung von Wertvorstellungen in der deutschen Bevölkerung angesehen. Nicht selten wurden diese Medien auch bald die Bastionen, die Kampfbahnen literarischer Auseinandersetzungen.
Für die *Süddeutsche Zeitung (SZ)* reklamiert Wilhelm Hausenstein (siehe S. 157) die Namensgebung für sich, offenbar ist aber zuvor auch schon an anderer Stelle die Bezeichnung angedacht worden. Er versucht, auf Gestaltung und Redaktion der zu gründenden Zeitung maßgeblichen Einfluss zu gewinnen. Einiges erreicht er auch: »Ich konnte bei den Amerikanern Schöningh als den maßgebenden (durch sein persönliches Schwergewicht entscheidenden) Mann der neuen Zeitung durchsetzen ... Sonst ist von meinem Konzept freilich nichts übriggeblieben.«[84]
Der Schriftsteller und Journalist (unter den Vorgeschlagenen) Wilhelm Emanuel Süskind[85] könnte von den Amerikanern abgelehnt worden sein, weil sein weniger kontinuierliches Leben in den letzten Kriegsjahren in einer Grauzone verlief.

Klaus Manns Beziehung zu Süskind vor 1933 und nach 1945 wurde schon erwähnt, Süskind und der Literaturteil der *Krakauer Zeitung* etwa. Die *Krakauer Zeitung* war ein Blatt für den deutschsprachigen Bevölkerungsteil im Generalgouvernement – und das waren natürlich auch die deutschen Besatzer, deutsche Umsiedler auf enteigneten polnischen Höfen, Helfer bei der Zwangsgermanisierung. Richtig gelesen, enthält das Blatt »außergewöhnlich viele Informationen über das jüdische Thema«[86] und sekundiert die Maßnahmen in Bezug auf »Bevölkerungswesen und Fürsorge« im Generalgouvernement, mit welcher Bezeichnung die Aussonderungs- und Umsiedlungspolitik bemäntelt wird. »Die Fürsorgearbeit mußte nach den deutschen Verwaltungsnotwendigkeiten völlig neu orientiert und zugleich in ein starkes Überwachungssystem gebracht werden«, kann man etwa anlässlich der Verabschiedung ihres ersten Amtsleiters lesen.[87] Wenn in dieser Zeitung über die erste Volkszählung im Generalgouvernement berichtet und an anderer Stelle betont wird, dass jede Volksgruppe referatsmäßig gesondert behandelt wird, darunter eben auch die jüdische »Volksgruppe«, so liegen die Pläne zur Verminderung der öfters betonten Über-Bevölkerung schon nahe. Süskind wird zunächst zwar nicht Lizenzträger der *SZ*, der Redaktion gehört er doch bald in maßgeblicher Weise an (zunächst im Feuilleton, bald im politischen Bereich) und berichtet für sie beispielsweise über die Nürnberger Prozesse. 1963 erscheinen diese Berichte als Taschenbuch.[88]

Beiträge für die *Neue Zeitung*

Den Absichten der Re-education diente vor allem auch die **Neue Zeitung**. Für sie arbeiten aus Starnberg regelmäßig der vielseitige Autor **Gustav René Hocke**, über den im nächsten Kapitel mehr berichtet wird, und **Hildegard Brücher** (geb. 1921), damals ebenfalls in Starnberg wohnend, später verheiratete Hamm-Brücher. Sie begann ihre journalistische und bald politische Laufbahn mit Artikeln in der *Neuen Zeitung (NZ)* und stellt das in ihren Erinnerungen ausführlich dar.[89]

»Im Herbst 1945 reiften bei mir neue Pläne. Da an naturwissenschaftliches Arbeiten[90] nicht zu denken war ... beschloss der Geschwisterrat, ich sollte es ... mit dem Schreiben bei einer Zeitung versuchen, die gerade lizenziert worden war ... Gesagt getan, ich machte mich also per Rad von Starnberg auf zur amerikanisch geleiteten NEUEN ZEITUNG in die Münchner Schellingstraße, ins ziemlich ramponierte, frühere NS-Verlagshaus des ›Völkischen Beobachters‹.«[91]

Abb. 136: Die Neue Zeitung. Eine amerikanische Zeitung für die deutsche Bevölkerung. *Hier die Titelzeile vom Juni 1948, dem Monat der deutschen Währungsreform.*

Brüchers erster Artikel über den Chemiker Fritz Haber wird zwar fast zur Unkenntlichkeit gekürzt, aber im Frühjahr 1946 folgt eine Festanstellung. 1947 interviewt sie den soeben aus der britischen Internierung zurückgekehrten und nobelpreisgekürten Physiker Otto Hahn.
Lang ist die Liste ihrer Buchveröffentlichungen zu Bildungsfragen, Demokratie etc. etc.

Kontroversen nach Kriegsende

Abb. 137: Blick von der Ilkahöhe bei Tutzing über den Starnberger See in Richtung Ambach und Gebirge.

Blick über den See, Blick über den Ozean

»Aus dem Fenster meines Arbeitszimmers schaue ich über den eisengrauen Starnberger See, und ich erblicke Ambach, Ammerland, die verschneite Landschaft um Leoni in jenem perspektivischen Anschein, den man ›Verkürzung‹ nennt. Ich weiß jedoch: so oft ich ans andere Ufer trat, machte ich aufs Neue die Erfahrung, daß die Situation an Ort und Stelle sich aus den verschiedensten leibhaftigen Gegenständlichkeiten aufbaut, die ich inzwischen vergessen hatte, weil sie über das Wasser herüber nicht sichtbar waren.«

Wenig später: »In der ... Perspektive, die sich über das Meer notwendig ergab, blieb Ihnen wie manches andere Conkretum der Eingang verborgen. Wir kannten ihn.«[1]

Diese aufeinander bezogenen Sätze finden sich in dem heftigen, leidenschaftlichen Plädoyer, das aus Tutzing **Wilhelm Hausenstein** (s. auch S. 157) als Offenen Brief an Thomas Mann richtet, der die Literatur, die während des Dritten Reichs in Deutschland erschien, mit einem harten Verdikt belegt hatte: »Es mag Aberglauben sein, aber in meinen Augen sind Bücher, die von 1933 bis 1945 in Deutschland überhaupt gedruckt werden konnten, weniger als wertlos und nicht gut in die Hand zu nehmen. Ein Geruch von Blut und Schande haftet ihnen an. Sie sollten alle eingestampft werden.«[2]

Hausenstein antwortet darauf mit einer Zusammenstellung; er hält Thomas Mann entgegen, dass »eine große Anzahl von Büchern entstanden ist, die auch jetzt standhalten, wo die Hölle vorüber ist«.[3]

Die guten Bücher »bildeten zusammen, so inwendig gelesen, wie sie inwendig geschrieben waren, das Gefüge, das Labyrinth, die Nischen einer Katakombe«, zu dem man über den Ozean herüber den Eingang nicht sehen könne.

Unter den Büchern vom See, die Hausenstein unter seinem Hundert nennt und die auch schon in dieser örtlichen Literaturschau genannt werden, sind W. E. Süskinds *Vom ABC zum Sprachkunstwerk*, Werke von Reinhold Schneider und Ernst Penzoldt. Übrigens: Thomas Mann nimmt Hausensteins Artikel kaum wahr, antwortet ihm nicht, was wiederum Hausenstein nachhaltig kränkt. Man muss auch in anderer Richtung im Bilde bleiben: Auch der Blick über den Ozean vom zerstörten Deutschland aus führt zu Verzerrungen.

Frank Thiess' Vorwurf, die Emigranten hätten »aus den Logen und Parterreplätzen des Auslands der deutschen Tragödie«[4] zugeschaut, verkennt die materielle (Not-)Lage der meisten im Exil Lebenden. In kurzer Zeit wird viel gegenseitiges Verstehen zerstört bzw. unmöglich gemacht, mindestens erschwert. Die Rückkehr aus dem Exil wird immer schwerer; die Chance, von denen zu lernen, die frühzeitig die Entwicklung richtig beurteilt hatten und emigriert waren, schwindet. Im Gegenteil: Nicht selten knüpfen »Neuanfänge« an Personen an, die schon in der NS-Zeit einen Platz eingenommen hatten. So kommt beispielsweise später (1950) der Telefonanruf an Hausenstein, in dem ihm das Generalkonsulat in Paris angetragen wird, von dem Beamten im Bundeskanzleramt Hans Globke,[5] der eine unrühmliche, mindestens unklare Rolle als Kommentator der Nürnberger Gesetze 1935 gespielt hatte – Gesetze, die die Familie Hausenstein bis in die letzten Kriegswochen höchst gefährdeten.

Die politische und kulturelle Gesamtentwicklung schreitet jedenfalls fort zu immer tiefer reichender Spaltung – nicht nur innerhalb des Staatsgebiets, der gesamten Staatenwelt, sondern auch in der Literatur. Der Kalte Krieg zieht herauf. Mehr oder weniger berührt das auch die literarischen Auseinandersetzungen, in die Autoren aus Starnberg bzw. unserem Seegebiet mitver-

---

Geschichtliche Rahmendaten

August 1945 Atombombenabwurf über Japan
Herbst 1945 Wiecherts (4.) *Rede an die Jugend*
24. Dezember 1945 Offener Brief Wilhelm Hausenstein an Thomas Mann
August 1946 *Der Ruf* erscheint
1946 Churchills Rede vom »Eisernen Vorhang«
1947 W. Lippmann prägt den Begriff »Kalter Krieg«
1947 Erstes Treffen der später sogenannten Gruppe 47
1948 Währungsreform; getrennte Währungen in West- und Ostdeutschland
1948 Wolfgang Hildesheimer zieht (für fünf Jahre) nach Ambach
1948 Friedrich Märker wird Vorsitzender des Schutzverbandes Deutscher Schriftsteller
1949 Bundesrepublik Deutschland und Deutsche Demokratische Republik
1949 Erste Tagungen in der Evangelischen Akademie Tutzing. 1951: »Das verlorene Lachen« und »Wozu Dichtung?«
1949 Max Dingler liest erstmalig in Starnberg sein Osterstück *Auferstehung*
1949 Künstler-Weihnachtsmesse in Starnberg; Goethejahr-Hilfswerk gegründet (daraus später Kunstkreis Buzentaur)
1950 Koreakrieg
1951 Wiederbewaffnungsdiskussion
Ostern 1951 »Starnberger Gespräch«: Treffen von Schriftstellern aus BRD und DDR in Starnberg
Oktober 1951 Spaltung des Deutschen PEN

wickelt sind und über die im Folgenden berichtet wird.

Arkadien am Starnberger See

Aus amerikanischer Kriegsgefangenschaft in den Ebenen Kentuckys »1946 schließlich nach Starnberg verschlagen, wo Freunde und Bekannte wohnten«, hat es einen bedeutenden, vielfach preisgekrönten Kunst- und Literaturwissenschaftler[6] und Schriftsteller, der nun meint: Hier, »in Starnberg, habe ich meine endgültige Heimat gefunden.« Und der trotzdem, am herbstlich-abendlichen Seeufer sitzend, hinter den Bergen Rom ganz nah wähnt, dem das »Ockergelb einer Fassade in der Maximilianstraße« die Nähe des Pantheon vorspiegelt und »die breite Front des Pellet-Meyer ... die Umrisse der Medicäischen Villa«. »Die südliche Atmosphäre, der See, die Berge ... die soziale Struktur der kleinen Kreisstadt« fügen sich ihm zu einem »modernen, ... illusionslosen Arkadien der musischen Arbeit«.[7] Daher lassen sich mit der Starnberger Zeit manche Werke dieses Autors, des Schriftstellers und Journalisten **Gustav René Hocke** (1908–85), verbinden, auch wenn sein Redaktionsbüro in München (bzw. in Krailling) liegt, auch

Abb. 138: Gustav René Hockes Lebenserinnerungen erschienen erst 2004 – unter dem Titel Im Schatten des Leviathan.

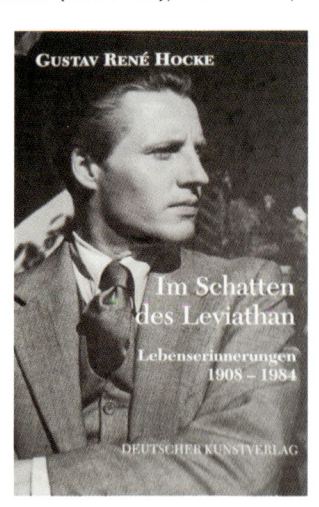

wenn die meisten seiner Arbeiten in Rom entstehen oder dort fertiggestellt werden. 1950 verlegt Hocke seinen Wohnsitz vorübergehend – bis 1957 – von Starnberg nach Rom, kehrt dann hierher zurück und übersiedelt 1968 endgültig in die romnahen Albanerberge.

Ernst Wiecherts Rede an die deutsche Jugend im Herbst 1945

Das Kriegsende und die folgende Auseinandersetzung mit den zutage getretenen Abgründen führten zu ganz unterschiedlichen Positionen. Ernst Wiechert hielt im Herbst 1945 eine *Rede an die deutsche Jugend* (seine vierte dieser Art). Er versuchte darin, das Vergangene zu erklären, sah in der »Volksgemeinschaft« einen Abgrund von Neid, Hass, Diebstahl, räumte Schuld ein. Unerwarteterweise folgten heftige Reaktionen, von Seiten der Noch-Nazinahen sowieso, aber auch von den Emigranten, von den Konservativen der Inneren Emigration – und schließlich von solchen Schriftstellern, die einen Neuanfang (nach einem »Kahlschlag«) propagierten. Einen Neuanfang, der sich schon bald in einen im Osten und einen im Westen des geteilten Deutschland aufspalten sollte.
Aus dem Osten besuchte Wiechert 1946 Johannes R. Becher (und blieb ohne Verständnis), wohl auf einer Reise nach Starnberg zur Herausgabe seines ersten Nachkriegsbuches im hiesigen Bachmair-Verlag. Wiechert indes glaubte, eine Hitlergläubigkeit wahrzunehmen, und emigrierte schließlich 1950 in die Schweiz, wo er im selben Jahr starb.

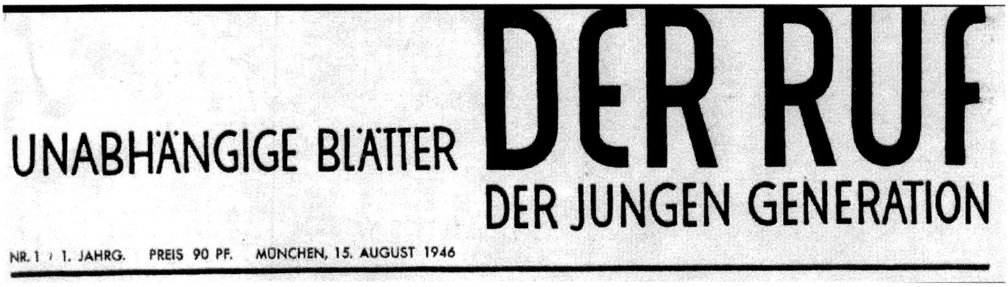
UNABHÄNGIGE BLÄTTER DER RUF DER JUNGEN GENERATION

NR. 1 / 1. JAHRG. PREIS 90 PF. MÜNCHEN, 15. AUGUST 1946

Abb. 139: Der Ruf. Unabhängige Blätter der jungen Generation.

Der Ruf

1948 würdigt der Starnberger Journalist Herbert M. Schönfeld Hocke in einem Zeitungsartikel und bespricht dessen kurz zuvor erschienenen Roman *Der tanzende Gott*. In der Vorkriegszeit war Hocke Mitarbeiter der *Kölnischen Zeitung*, für die er z. B. 1937 zur damaligen Pariser Weltausstellung eine Artikelserie über »Das geistige Paris« schrieb. Er verhehlt dabei nicht die Skepsis der Franzosen gegenüber dem Nationalsozialismus, versucht aber ausgleichend auch ein punktuelles Näherkommen zu bemerken. 1940 wird er Korrespondent in Rom, in der letzten Kriegszeit bis zum Vordringen der Amerikaner hält er sich in Rom verborgen, wird dann »dort 1944 von US-Offizieren für den Aufbau einer deutschen Kriegsgefangenen-Zeitung in den USA gewonnen«[8] und in ein Kriegsgefangenenlager in die USA gebracht. Dort redigiert er zuerst die Lagerzeitung *Der Europäer* und arbeitet seit dessen Gründung an dem vergleichbaren *Der Ruf* mit, dem Vorläufer der gleichnamigen Publikation in Deutschland und zwecks Unterscheidung von dieser auch *USA-Ruf* genannt.
Ab 1. Juni 1945 ist Hocke vier Monate Chefredakteur; er beginnt mit einer Sondernummer zur Kapitulation, mit der »Verpflichtung ..., ein wahrhaft freies Deutschland neu aufzubauen.« Herausragend dabei sind in den folgenden Nummern Artikel zum deutschen Widerstand, zu demokratischen Traditionen in Deutschland, gegen die »Kollektivschuld«. Auch zu einem »Ausgleich zwischen Ost und West«, sogar von einem »Vereinten Europa« wird gesprochen. Die schon erwähnten Re-education-Absichten der Amerikaner werden so bereits überschritten.
Als 1946 die maßgeblichen Gestalter des *USA-Ruf*, **Gustav René Hocke**, **Alfred Andersch** (1914–80) und **Hans Werner Richter** (1908–93) nach Deutschland, in die Nähe Münchens, entlassen werden, dauert es nicht lange, bis hier ***Der Ruf*** neu entsteht – inzwischen schon mit der Absicht, sich von der Re-education zu lösen (der Untertitel jetzt: »Unabhängige Blätter der jungen Generation«).
In einer Gedenkveranstaltung im Münchner Gasteig für Alfred Andersch liest der Schriftsteller und Journalist Erich Kuby (er löste 1947 die gerade Genannten als Chefredakteur des Ruf ab) aus seinem (unveröffentlichten) Merkbuch eine Stelle vor, dass er sich mit Andersch im Gasthaus Mühlthal zu einer Besprechung getroffen habe, das lag auf dem Wege zwischen Weilheim bzw. Gut Rösselsberg, wo Kuby wohnte, und Krailling, der Redaktionsadresse des Ruf. »20. 4. 46: ... Nachts die Lizenzschrift für den *Ruf* ins reine geschrieben«, zitiert er ebenfalls daraus in einem autobiographischen Artikel in der *SZ* vom 6. Mai 1995, betitelt *Die Kassandra vom Dienst*.

»Glanz und Elend« der deutschen Literatur

Am 15. November 1946 erscheint in der 7. Nummer des neuen *Ruf* ohne Namensnennung ein Artikel von Hocke (er wohnt inzwischen schon einige Monate in Starnberg, und dieser wichtige Aufsatz ist wohl hier entstanden), der mit markanten Formulierungen die literarischen Diskussionen um den Wert und Unwert literarischer Produktionen aus Krieg und Nachkriegszeit wesentlich mitprägt: *Deutsche Kalligraphie oder Glanz und Elend der modernen Literatur*.

Eigentlich bezieht sich Hocke dabei auf eine historische literaturwissenschaftliche Kontroverse: Calligrafisti contra Contenutisti, Letzteres bedeutet etwa Inhaltler, Wahrheitssucher. Kalligraphen, Schönschreiber werden seitdem (Hocke selbst nennt keine Namen) z. B. Vertreter der »Inneren Emigration« genannt, vielmehr diskreditiert. Hocke hat für solche »Behutsamkeit, zu schreiben, ohne sich politisch zu kompromittieren oder um der wölfischen Zensur auszuweichen«, sehr wohl Verständnis: »Es muß zugegeben werden, daß die ästhetisierende Prosa ... einen besonderen Sinn hatte ... während der letzten fünfzehn Jahre.«

Jetzt aber, unter den veränderten Bedingungen, seien andere Formen und Inhalte erforderlich, es gelte, die Wirklichkeit zurückzugewinnen, und dazu gäbe es schon Ansätze: »Eine neue Gattung, so könnte man sagen, ist in den Zeitschriften aller Zonen entstanden: der kaleidoskopartige Bericht über Deutschlandfahrten«; man bezeichnet offen, »was man am Rande der Wege und Ruinen findet.«[9]

Selber knüpft Hocke 1949 als Italienkorrespondent einer großen deutschen Zeitung an seine ähnliche Vorkriegstätigkeit an.

Die Gruppe 47

Die Gruppe 47 führt ihren Namen auf ihre erste Zusammenkunft im Herbst 1947 am Bannwaldsee bei Füssen zurück. Die Teilnehmer – es waren 16 Schriftsteller – kannten sich meist, z. B. als Mitarbeiter der Nachkriegszeitschrift *Der Ruf. Unabhängige Blätter der jungen Generation*, oder schon von deren Vorgängerin, einer Zeitschrift für deutsche Kriegsgefangene in den USA.

Diese Zusammenkunft sollte ursprünglich Schwierigkeiten und Umgestaltung des *Ruf* mit einer neuen Zeitschrift *(Der Skorpion)* auffangen. Heraus kam aber ein Gesprächskreis von Schriftstellern und Kritikern (sowie Verlagsleuten), der sich künftig auf Einladung von Hans Werner Richter ein- bis zweimal jährlich an wechselnden Orten traf; dort lasen die Teilnehmer aus Manuskripten und stellten sich der Diskussion, aus der eine immer wirkungsvollere Kritik wurde. Später vergab die Gruppe auch einen Literaturpreis. Diskussionen, Kritiken, Kontakte – auch Verlagskontakte – verschafften der Gruppe 47 bis Ende der 1960er-Jahre eine bedeutende Rolle im Literaturbetrieb, weshalb sich in den Teilnehmerverzeichnissen der rund 30 Tagungen ein großer Teil der namhaften Autoren der Bundesrepublik – aber keineswegs alle! – findet. Da die Anfangsmitglieder auch in einigen gemeinsamen Einschätzungen der Kriegs- und Nachkriegszeit übereinstimmten, blieb die Gruppe einer gewissen (politischen) Ausrichtung verbunden.

Die Gruppe 47 am See

Hockes Artikel deutet nicht nur neue Literaturformen an, sondern auch Differenzen, ein gegenseitiges Kaum-zur-Kenntnis-Nehmen von literarischen Gruppen.
Einerseits finden sich (im benachbarten literarischen Leben Münchens – und in Starnberg lässt sich, wie noch gezeigt wird, ein Abglanz davon bemerken) im »Literatur-Establishment« viele schon länger ortsbekannte Namen, die sozusagen unbeschadet die Zäsur 1945, den »Nullpunkt« durchlaufen haben. Es entsteht »das Bild einer traditionsbewußten und münchenzentrierten Literaturpflege«[10], wenn man Ehrungen und Literaturpreisvergabe betrachtet.
Andererseits erwähnt die Historikerin Marita Krauss (aus Pöcking) in der Untersuchung, aus der die gerade zitierten Sätze stammen, ausdrücklich Hocke, dass er nämlich als Ehrengast bei der Carossa-Feier eine der seltenen Ausnahmen eines Vertreters der neueren Literaturrichtung gewesen sei. Darunter wird man jetzt aber, dazu passt Hockes oben zitierter Schlusssatz, eher die sogenannte **Gruppe 47** (siehe Kasten) verstehen müssen. Dieser gehört Hocke selbst allerdings gar nicht an; er schließt sich vielmehr bald einer eher militant wirkenden Bewegung an, der »Moralischen Aufrüstung« (davon später).
Von unserem See soll er sich hier mit einem Satz verabschieden, in den er viele hier von ihm verspürte Geistesströmungen einfließen lässt: Über den Starnberger See »weht nicht nur der Wind, der die Segel der Yachten und Jollen bläht, über ihn streicht auch europäischer Geist.«[11]

Eine »neue Richtung der Literatur«

Die oben angesprochene »neuere Literaturrichtung der Nachkriegszeit«, vielmehr eine davon, die sich mit dem Namen Gruppe 47 verbindet, hat unterschiedliche Bezüge zum See und zu Starnberg bzw. dessen unmittelbarer Nachbarschaft.
Der erwähnten Zeitschrift *Der Ruf* (siehe S. 169) erwachsen von Seiten der amerikanischen Besatzungsbehörden schon bald Widerstände (Verbot? Auflagenbeschränkung?), weil die Beiträge zwar einerseits die amerikanische demokratische Tradition bewundern, andererseits aber andere Übernahmen aus Amerika ablehnen oder sogar Kritik an den Alliierten üben. »In Wahrheit mißfiel – nicht zuletzt auch mir ... der nationale Tonfall«, schreibt Erich Kuby.[12]
Ganz geklärt scheinen aber die Hintergründe nicht zu sein.[13] Die bisherigen Herausgeber, Alfred Andersch und Hans Werner Richter, werden – auf Vorschlag von Hocke! – jedenfalls durch Erich Kuby abgelöst. Eine Reihe von Autoren des »alten« *Ruf* halten indes Kontakt. Als die Gründung einer Nachfolgezeitschrift *(Der Skorpion)* in Anfängen steckenbleibt, kommt es aus ihren Reihen zur Gründung der Gruppe 47. Ein Hauch davon streift auch Starnberg:
Am 6. September 1947 fährt hier ein Zug durch, »nach zermürbender Anfahrt von München her (wir wurden ins Abteil gepreßt wie Räucherheringe in der Holzkiste) ein Häuflein unentwegter Literaten.«[14] Im Abteil: Wolfdietrich Schnurre, Heinz Friedrich, Walter Kolbenhoff, Wolfgang Bächler, Hans Werner Richter und andere, »alle ehemalige Mitarbeiter des ›Ruf‹«. Der Zug fährt bis Weilheim; weil der angepeilte Linienbus nach Hohenschwangau besetzt ist, muss die Gesellschaft mit einem Holzgas-LKW weiterreisen nach Schwangau, wo die Schriftstellerin Ilse Schneider-Lengyel am Bannwaldsee ihr Häuschen für das Treffen zur Verfügung gestellt hat.
In späteren Jahren tagt die Gruppe 47 zweimal an unserem See, und man muss dazu über die Ortsgrenzen von Starnberg nur eine kleine Strecke hinüberschauen: in

Abb. 140: Ingeborg Bachmann im Gespräch auf der Terrasse der DGB-Schule Niederpöcking (während der Tagung der Gruppe 47 im Jahre 1957).

die DGB-Schule Niederpöcking nämlich. 1956 liest hier bei der 18. Tagung Günter Eich aus dem Text des Kriegsromans *Vergeltung* von Gert Ledig, weil der Autor selber am Lesen gehindert ist.[15] Der Roman sollte interessanterweise erst 1999 ein Bestseller werden. Über diese Tagung verfasst neben anderen der Schriftsteller Helmut Heißenbüttel einen Bericht.[16]

Die folgende 19. Tagung, sozusagen die Jubiläumstagung zum 10-jährigen Bestehen der Gruppe, findet 1957 ebenfalls in der DGB-Schule statt. Von dieser Tagung wurde im Jahre 2004 ein Tonbandmitschnitt veröffentlicht[17], der eine Diskussion um das von **Ingeborg Bachmann** vorgelesene Gedicht *Liebe, dunkler Erdteil* enthält. Dabei muss Carl Amery zugeben, dass er schon die Überschrift nicht richtig gehört hat. An der Diskussion beteiligen sich neben anderen und einigen, deren Stimme auf dem Tonband nicht mehr identifiziert werden kann: Martin Walser, Hans Magnus Enzensberger, Walter Höllerer und Joachim Kaiser, der darüber auch in der *Frankfurter Allgemeinen* einen Bericht veröffentlicht. Ferner lesen auf dieser Tagung in Niederpöcking Heinrich Böll, Ilse Aichinger, Wolfdietrich Schnurre – also insgesamt eine hochrangige, literarische Prominenz jener Zeit unverblasster Namen. Ob einer von ihnen wohl das kleine Häuschen auf der anderen Straßenseite bemerkt hat, in dem Richard Billinger (siehe S. 112) wohnt?

Zeitweilige Seeanwohner

Der Gruppe 47 und wohnsitzmäßig wenigstens zeitweise unserem See enger verbunden waren zwei Autoren, die das Jahr 1946 hergeführt hat, einen davon aus der Kriegsgefangenschaft. Sie seien hier zumindest kurz gestreift.

In einem Auswahlband bis dahin unveröffentlichter Texte von Mitgliedern des deutschen PEN beginnt **Ernst Kreuders** (1903–1972)[18] Erzählung *Abgelegenes Haus am See*[19]: »In dem altmodischen, abgelegenen Haus am Starnberger See mußte man das Wasser aus der Küche holen. Ich wohnte im unteren Seezimmer, die Räume nebenan waren seit Jahren mit Möbeln vollgestellt und abgeschlossen.« In wenigen Sätzen deutet sich schon eine etwas unheimlich, traumartig wirkende Szenerie an, Merkmale, die man auch in seinem 1946 erschienenen Buch *Die Gesellschaft vom Dachboden* findet. Es gilt übrigens als das erste im Nachkriegsdeutschland neu erschienene belletristische Werk, das in Fremdsprachen übersetzt wurde. Kreuder dürfte im Sommer 1946 angekommen sein. Jedenfalls nennt ihn das *Starnberger-See-Stammbuch* als seit 1946 in Seeshaupt ansässig, er zog aber bald nach Darmstadt. Die Verfasser der Beiträge im *Stammbuch* (siehe Seite 128) finden meist freundliche

Worte für unser Seegebiet, sie kennen den See schon lange, wollen jetzt hier bleiben oder können sich das wenigstens vorstellen. Eine Ausnahme bildet **Walter Bauer** (1904–76), geboren in Merseburg an der Saale, seit 1946 in Feldafing lebend: »Ich bin hier und bin Fremdling; ich werde es hier auch bleiben ... ich entbehre den Anblick der großen Werke, die wie Schiffe in der Ebene ruhen.« Eine Industrielandschaft bestimmte seine Jugend und seine Entwicklung zum Schriftsteller. In der von Hans Werner Richter herausgegebenen Gedichtsammlung *Deine Söhne, Europa. Gedichte deutscher Kriegsgefangener*[20] ist Bauer mit dem fast titelgebenden Gedicht *Ich bin dein Sohn, Europa* vertreten. 1952 wandert er nach Kanada aus.

Ein Autor gehört schließlich an diese Stelle, der in der Gruppe 47 früh und lange verankert erscheint,[21] dessen Zugehörigkeit jedoch besondere Facetten zeigt: **Wolfgang Hildesheimer** (1916–91), ab 1948 fünf Jahre in Ambach wohnhaft.

»Lade ihn ein. Er springt zwar hier in Ambach über alle Zäune, weil er Zäune nicht leiden kann. Aber schreiben kann er. Sehr gut sogar«, meldet Walter Kolbenhoff aus Ambach an Hans Werner Richter.[22] Umso lieber wird man Hildesheimer mit unserem See verbinden, weil er selbst in einem Lebensbericht (scheinbar ganz präzise) den Moment benennt (»18. Februar 1950 vormittags«), an dem er, der Maler, Schriftsteller wurde: weil es am Fenster für das Malen zu kalt, am Ofen aber dafür zu dunkel gewesen sei ...[23] In einem Brief an seine Eltern berichtet er freilich schon früher von Geschichten, die er Nachbarskindern vorgelesen habe[24] – vielleicht mit ähnlicher, nur scheinbarer Genauigkeit – und die er, illustriert vom befreundeten Maler Jo von Kalckreuth aus St. Heinrich, der *Neuen Zeitung* anbieten wolle. Andererseits sollen die ältesten seiner 1952

Abb. 141: Wolfgang Hildesheimers Rede vor Weilheimer Schülern 1991, gedruckt.

erstmals veröffentlichten *Lieblosen Legenden*, zu denen diese ersten Geschichten wohl gehören, schon 1948 entstanden sein.[25] Das Buch mit diesen Geschichten empfindet der Kritiker Karl Krolow als »modern, entschieden modern, ohne auf Anmut und jene geistige Heiterkeit zu verzichten, die man in kleinmütigen Stunden ausgestorben wähnt«. Um zu dieser Heiterkeit zu gelangen, muss Hildesheimer, der emigrierte Rabbinerenkel und Simultandolmetscher bei den Nürnberger Prozessen, nach eigenen Aussagen Vieles verdrängen. Kurz vor seinem Tode führte ihn die Verleihung des Weilheimer Literaturpreises (vergeben durch dortige Gymnasiasten) 1991 noch einmal in die Nähe unserer Landschaft. Seine *Rede an die Jugend* dort, von schwindender Hoffnung über Zustand und Zukunft der Erde überschattet, auch mit einer Entschuldigung für sein Verstummen als Schriftsteller, ist zusammen mit einem *Postskriptum an die Eltern* einer seiner letzten Texte.[26]

Ein Streifzug durch Schönfelds »Klebebuch«

Nach 1945 scheint sich das kulturelle Leben in Starnberg vorwiegend in Form von Zirkeln zu organisieren, in denen sich Personen zusammenfinden, deren ästhetische und sonstige Wertvorstellungen wohl weitgehend deckungsgleich sind. Das lässt sich gut verfolgen an zahlreichen Zeitungsbeiträgen, wie sie etwa **Herbert M. Schönfeld** (1905-82), Volkswirtschaftler und Journalist, vor allem auf lokaler Ebene, 1948 bis 1951 verfasst hat (siehe auch S. 177). Er sammelt sie in einem **Klebebuch**, meist mit einem handschriftlichen Datum versehen, aber ohne Angabe der Zeitung, in der sie erschienen (meist *Neuer Seebote*, Starnberg – in einer Übergangsphase –, dann wieder *Land- und Seebote*, ferner Starnberg-Seiten des *Münchner Merkur*.) In dieses Klebebuch konnte der Verfasser einmal Einblick nehmen, und es soll hier summarisch ausgewertet werden, freilich ohne Überprüfung von Datum und Standort der Beiträge, also ohne genaue Zitatbelege. Und: Es ist natürlich die (filternde?) Sicht nur eines einzelnen Journalisten. Auffällig ist etwa die große Zahl der Hauskonzerte (in den Privathäusern Dreher, Schmid Noerr, Schmid-Ehmen, Lemberg). Bei den Auftretenden begegnen einem immer wieder die gleichen Namen von Künstlern, die oft schon seit den 1920er-Jahren im Seegebiet ansässig sind. Manchmal ergänzen Lesungen die Konzerte. Tourneebühnen bieten Theateraufführungen von offenbar schwankender Qualität, und natürlich begründet sich die Heimatbühne wieder. (In ihr las der Biologe und bekannte bayerische Mundartschriftsteller Max Dingler 1949 zum ersten Mal sein »Bairisches Osterstück« *Auferstehung*.)

Vorträge und Vortragsreihen

Vorträge haben in dieser Zeit der Neuorientierung eine große Bedeutung. Rührig ist z. B. der **Arbeitskreis Evangelium und Geistesleben** der Evangelischen Kirche (begründet von Pfarrer Schwinn, fortgeführt von Pfarrer Schmidt), der sich für einen längeren Zeitraum Rahmenthemen wie »Humanismus und Christentum« oder »Mythus« gestellt hat und dabei prominente Theologen (zugleich Autoren) als Redner vorweisen kann: Paul Althaus, Karl August Meissinger, Walther Künneth, ferner die Schriftsteller Otto von Taube, Heinz Flügel und Rudolf Alexander Schröder. In einem anderem Rahmen las auch Hans Carossa.

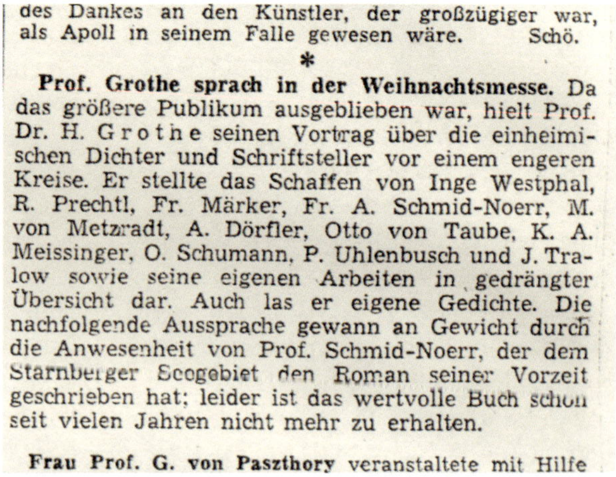

> des Dankes an den Künstler, der großzügiger war, als Apoll in seinem Falle gewesen wäre. Schö.
>
> *
>
> **Prof. Grothe sprach in der Weihnachtsmesse.** Da das größere Publikum ausgeblieben war, hielt Prof. Dr. H. G r o t h e seinen Vortrag über die einheimischen Dichter und Schriftsteller vor einem engeren Kreise. Er stellte das Schaffen von Inge Westphal, R. Prechtl, Fr. Märker, Fr. A. Schmid-Noerr, M. von Metzradt, A. Dörfler, Otto von Taube, K. A. Meissinger, O. Schumann, P. Uhlenbusch und J. Tralow sowie seine eigenen Arbeiten in gedrängter Übersicht dar. Auch las er eigene Gedichte. Die nachfolgende Aussprache gewann an Gewicht durch die Anwesenheit von Prof. Schmid-Noerr, der dem Starnberger Seegebiet den Roman seiner Vorzeit geschrieben hat; leider ist das wertvolle Buch schon seit vielen Jahren nicht mehr zu erhalten.
>
> **Frau Prof. G. von Paszthory** veranstaltete mit Hilfe

Abb. 142: In einer Künstler-Weihnachtsmesse wurde 1949 an einheimische Schriftsteller erinnert. Zeitungsausschnitt aus Herbert M. Schönfelds »Klebebuch«.

Eine Künstler-Weihnachtsmesse bietet im Dezember 1949 Gelegenheit, auf einheimische Schriftsteller hinzuweisen, bzw. diese können sich mit Bücherspenden in Erinnerung bringen. An erster Stelle steht die Familie Seidel (siehe S. 119), es fallen ferner die Namen Theodore von Rommel, Heimeran, Friedrich Märker, Ernst Penzoldt, Waldemar Bonsels, Walter Foitzick, Robert Prechtl, Heinrich Zillich und Wilhelm Pleyer. Die finanzielle Ausbeute bleibt aber wohl sehr bescheiden.

Hugo Grothe (siehe S. 92) hält einen Vortrag über einheimische Dichter und Schriftsteller, und auch er selber ist natürlich ein Autor: Aus seinem beruflichen Werdegang heraus hat er eine Reihe einschlägiger Werke geschrieben, über Ausland- und Grenzdeutschtum, die Deutschen in Übersee, in der Zips usw. Auch der Gedichtband *Morgenland* sei erwähnt.

Für unser Gebiet nennt Grothe als Autoren Robert Prechtl, Friedrich Märker (siehe S. 177), Friedrich Alfred Schmid Noerr (siehe S. 134), Mathilde von Metzradt, Anton Dörfler, Otto von Taube, Johannes Tralow, Karl August Meissinger u. a. Das schon mehrfach erwähnte *Starnberger-See-Stammbuch* im Heimeran Verlag erweitert dieses Feld und ergänzt informative Details. Alles in allem bleibt es dennoch ein überschaubarer Reigen von Namen. Es würde den Rahmen dieses Buches sprengen, alle Genannten näher vorzustellen, so reizvoll das bei den doch recht unterschiedlichen Persönlichkeiten und Lebensläufen (und Zeitverstrickungen!) wäre. Manche wurden oder werden aber an anderer Stelle gestreift.

Zu einer **Vortrags- und Vorstellungsreihe über Verlage** trägt Gustav René Hocke (siehe S. 168) bei. Auf seine Initiative, mindestens aber von ihm eingeführt, kommt sein ehemaliger Leipziger Verleger Karl Rauch nach Starnberg, der hier aber vor allem seine Gründe erläutert, die Ostzone noch vor der DDR-Gründung zu verlassen: *Auch ich wählte die Freiheit.*
Wie schon erwähnt, wurde Hocke in Starnberger Zeitungen auch mit einem Kurzporträt und einer Besprechung seines Romans *Der tanzende Gott*[27] vorgestellt, den er während des Krieges – für die Schublade – verfasst hatte. Interessierten Lesern wird er inzwischen auch als ein maßgeblicher Lektor bei der neugegründeten Nymphenburger Verlagsgesellschaft oder durch Beiträge als Redakteur bei der *Neuen Zeitung* aufgefallen sein, der »amerikanischen Zeitung für die deutsche Bevölkerung« in München seit Oktober 1945. Oder auch dadurch, dass er 1949 zusammen mit weiteren namhaften Journalisten (darunter Walter Kolbenhoff und Hildegard Brücher) aus der Redaktion ausscheidet,[28] als die Zeitung stärker ein einseitiges Publikationsorgan im Kalten Krieg werden soll. Das bleibt für ihn ohne unmittelbare Folgen. »Im Gegenteil: Ein Mitglied des Verwaltungsrates der ›NZ‹ besuchte mich in Starnberg, um mich, beschwörend fast, zur Rückkehr zu bewegen.«[29] Hocke hat sich inzwischen der Bewegung »Moralische Aufrüstung« mit Sitz in Caux am Genfer See angenähert, sieht sie als einen »Geistigen Kreuzzug des 20. Jahrhunderts«[30].

»Kräfte der geistigen Überwindung im gegenwärtigen Schrifttum« heißt ein **Vortrag von Kurt Ihlenfeld**, einem protestantisch-theologischen Schriftsteller aus Berlin. Schönfelds Zeitungsbericht darüber: »Gegenüber dem religiösen Gehalt neuerer Dichtung war dem Vortragenden die ästhetisch-künstlerische Seite des Romans eine Frage zweiter Bedeutung, wenngleich er immerhin allgemeingültige Gestaltung und nicht nur Reportage (›Sie fielen aus Gottes Hand‹ – [Gruppe 47 – Hans Werner Richter]) verlangte. Zum Schluss las Ihlenfeld ein eindringliches Kapitel aus seinem Roman ›Wintergewitter‹«. An anderer Stelle hebt Schönfeld hervor, dass etwa Heinz Flügel »selbst für äußerlich abstoßende Werke wie [Sartres] die ›Fliegen‹ Aufmerksamkeit zu wecken« verstand.

Vom »Hilfswerk« zum »Kunstkreis«

Goethes 200. Geburtstag 1949 wird vielfältig wirksam. Eine örtliche Zeitung stellt in einer Serie von Artikeln Goethebeziehungen einheimischer Familien heraus (der Stolberg, Almeida, Riedesel, Brentano u. a.).
Aus einer Gruppe geladener Gäste tritt im Beisein des Direktors Midzor von der örtlichen Militärregierung im Juni 1949 ein Komitee zusammen, das ein **Goethejahr-Hilfswerk des Landkreises Starnberg** vorbereiten soll. Einen guten Monat später kann sich der Verein schon eine Satzung geben, unter den sechs Unterzeichnern sind drei schon als Schriftsteller hervorgetreten (neben diesen noch Hilde Süskind – ihr Mann wird im Jahr darauf Starnbergs Bürgermeister, ein Fräulein von Rommel, wohl verwandt mit der Schriftstellerin Theodore von Rommel, und Gerhard Krain, der Leiter des Starnberger Amerikahauses in der Possenhofener Straße, in dessen Räumen auch die Gründung stattfand). Die Schriftsteller: Hugo Grothe (wir kennen ihn schon), Karl August Meissinger (ein ausgewiesener Kenner von Humanismus und Reformationszeit, demokratisch eingestellt und 1933 aus dem Amt entfernt, seit 1935 in Gauting) und Andre Eckardt (Verfasser grundlegender Werke zur Kenntnis Koreas). Weitere Komiteemitglieder sind Bürgermeister Hirschbold aus Leutstetten und Professor Hans Amandus

Traditionsbewusste Literaturpflege

Die Historikerin Marita Krauss hat das Münchner literarische Leben in den ersten Nachkriegsjahren in ihrer Dissertation untersucht.[31] *Auf geflickten Straßen* hieß eine Ausstellung mit Begleitbuch[32] für diese Zeit. Krauss´ Untersuchung lässt erkennen, dass für die offiziellen literarischen Ereignisse der Landeshauptstadt eine relativ begrenzte Einladungsliste existierte – im Sinne einer »traditionsbewußten und münchenzentrierten Literaturpflege«.

Fast die Hälfte der Namen dort haben auch das Starnberger kulturelle Leben der Nachkriegsjahre bereichert: Alverdes, Bonsels, Britting, Dieß, Foitzick, Heimeran, Märker, R. A. Schröder, Ina Seidel, Süskind, Uhde-Bernays, Carossa, Penzoldt, von Taube. Oder es sind Namen, die im »Starnberger Kreis« (siehe S. 119) bzw. allgemein vor und während des Krieges eine Rolle gespielt haben. Hier wie dort eine Ausnahme zur sonst nicht berücksichtigten Generation, die sich einer neuen Richtung der Literatur zu-

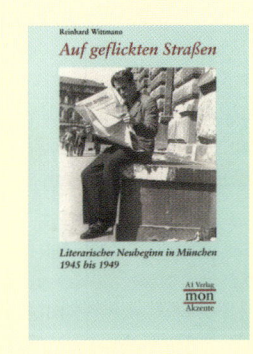

Abb. 143: Auf dem Buchtitel: ein Leser der Neuen Zeitung.

wendet, ist Gustav René Hocke (siehe S. 168). Diese Richtung, angenähert an die Gruppe 47, wird nach Krauss' Buch jedoch vom offiziellen München kaum wahrgenommen.

Münster, dessen Lebensweg vielleicht doch ein wenig zu nahe an die NS-Zeit herangeführt hatte.
Das Hilfswerk – Ziel war, eine Hilfseinrichtung für unverschuldet in Not geratene Künstler zu sein (der Vorsitzende Meissinger spricht in einem Brief allerdings einmal von einem »Klüngel von kleinen Nutznießern« und deren privatem Süppchen) – wandelt sich schließlich im Oktober 1950 in den **Starnberger Kunstkreis Buzentaur**. Dieser behält Grundgedanken des Hilfswerks bei, stellt aber doch beim Vereinszweck »die Pflege des kulturellen Lebens in Starnberg und Umgebung durch Veranstaltung von Vorträgen, Dichterlesungen, Konzerten, Kunstausstellungen« an die erste Stelle.
Der »Buzentaur« lässt in den Nachkriegsjahren vor allem Personen aus den genannten Gruppen zum literarischen Wort kommen, etwa Ina Seidel (sie wird auch Mitglied), Hans Carossa, Otto von Taube und Ernst Heimeran.
In seinen inzwischen mehr als 50 Jahren hat der »Buzentaur« seither ein sehr facettenreiches Programm entfaltet, das durchaus auch über den langen Schatten zu springen vermag, den sein Gründungsanlass »Goethe« immer noch ein bisschen wirft.
Anderseits bleibt es trotzdem verwunderlich, ja schlechthin unbegreiflich, wenn der seinerzeitige Buzentaurvorsitzende Herbert M. Schönfeld (siehe S. 174) 1972 im *Heimatbuch* der Stadt Starnberg im Kapitel über mit Starnberg verbundene Literaten den konservativ abgesteckten Zaun seiner Berichterstattung nicht zu überschreiten vermag. Gerade die Starnberger Autoren, die (an Übersetzungsvielfalt und Auflagenhöhe gemessen) weltweit die größte Resonanz gefunden haben, werden nicht erwähnt: Gustav Meyrink und Arnold Zweig. Auch Oskar Maria Graf sucht man vergebens. Von gelegentlichen und unerwähnt gebliebenen Aufenthalten z. B. Thomas Manns in Starnberg bräuchte man nicht zu reden, fänden nicht andere, auch nur einmal in Starnberg anwesende Dichter in diesem Kapitel Platz.

Friedrich Märker und die Moderne Physiognomik

Der Publizist, Schriftsteller und Organisator **Friedrich Märker** (1893–1985) führt seine Bekanntschaft mit dem Starnberger See bis zu Urlaubswochen 1919 zurück. Bald danach schon mietet er eine »Bauernhütte hoch über Ammerland und führte das ungebundene Leben eines Junggesellen«. Das Gedichtbändchen *Höhenheimkehr* passt wohl dazu.
Außerdem verfasst Märker damals einen kleinen Führer *Zur Literatur der Gegenwart*[33], in dem der 28-Jährige entschlossen urteilt: über Heinrich Mann (»Gleichgültigkeit, aus der heraus Heinrich Manns meiste Werke entstanden sind«) ebenso wie über Thomas Mann. (»Seine Dichtungen werden gewiss einen dauernden Wert als vollendete Darstellungen ihrer Zeit – als Zeitspiegel haben. Als Zeitspiegel sage ich – und fasse damit Alles, was gegen den Dichter Thomas Mann zu sagen ist, in ein Wort zusammen.«) Dagegen mache es »Hanns Johsts einzigartige Stellung unter den Dichtern der gegenwärtigen Literatur [aus], daß er wie keiner sonst befähigt ist, den unmittelbaren Brand des Gefühls zu vermitteln«.
Bemerkenswert sind die Gründe des Umzugs nach Starnberg nach 1945:

»Mein jetziger Starnberger Aufenthalt hat weniger poetische als politisch=merkantile Hintergründe. Zu meiner Verwandtschaft gehörte nämlich eine Base, die – selbstver-

FRIEDRICH MÄRKER

Mitglied des P.E.N.-Clubs, der Comunità europea degli scrittori, Rom, und der Internationalen Gesellschaft für Urheberrecht, Gründer der „Stiftung zur Förderung des Schrifttums", München, hat u. a. veröffentlicht: „Literatur der Gegenwart" (Albert Langen-Verlag), „Typen" und „Autokraten und Demokraten" (Eugen Rentsch-Verlag, Zürich), „Wandlungen der abendländischen Seele" (Quelle und Meyer). 1969 ist erschienen:

Junge Rebellen alte Tyrannen

Verlag: F. Märker 8133 Feldafing bei München   Kart. DM 10,—

Nur über den Buchhandel

Aufnahme Erica Loos

Abb. 144: Werbung für ein späteres Werk von Friedrich Märker.

ständlich ganz gegen ihre Überzeugung – seinerzeit, so ungefähr vor tausend Jahren, in die Partei eingetreten war. 1945 verursachte ihr das einige Unannehmlichkeiten. Sie mußte zum Beispiel befürchten, ihre neue Sommervilla auf dem westlichen Ufer mitsamt allen Möbeln werde beschlagnahmt werden. Geschäftstüchtig, wie sie ist, erinnerte sie sich des ›völlig unbelasteten‹ Vetters ... Er ... zog in die nüchtern vornehme Zementfabrikanten-Villa.«[34]
Etwas undankbar klingt es dann, wenn er in einem seiner Nachkriegsbücher[35] vom »seelisch veröderten Intellektuellen« feststellt: »Es fehlt ihm die richtunggebende Kraft der Seele. (Weshalb er, als es ihm befohlen wurde oder förderlich erschien, Nationalsozialist wurde, und dann, als das Bekenntnis zu Hitler nachteilig war, mit halber Ehrlichkeit behauptete, nie dessen Anhänger gewesen zu sein).«

Wann war man damals »völlig unbelastet«? 1961, inzwischen nach Feldafing übersiedelt, veröffentlicht Märker *Das Weltbild der Goethezeit*.[36] 100 Seiten sind dafür natürlich knapp bemessen. Trotzdem: Hätte nicht Goethes Beziehung (und Mitarbeit!) zu Lavater und seinen *Physiognomischen Fragmenten zur Beförderung der Menschenkenntnis und Menschenliebe* erwähnt werden sollen? Gerade mit ihm oder besser mit von ihm ausgehender zeitgerechter Wirkung hatte sich doch Märker in Werken vor 1945 ausführlich befasst,[37] etwa in seinem *Charakterbilder der Rassen. Band 1: Rassenkunde auf physiognomischer und phrenologischer Grundlage* (Frundsberg-Verlag, Berlin, 1934), in *Symbolik der Gesichtsformen* (1938) oder auch in *Autokraten und Demokraten*, schon 1930 in Zürich, der Heimat Lavaters, erschienen. Darin kamen die Demokraten eher schlecht weg.[38]

1948 wird Märker zum Vorsitzenden des Schutzverbandes Deutscher Schriftsteller gewählt. Der schon als Seeanwohner erwähnte Schriftsteller Walter Kolbenhoff darüber in *Schellingstraße 48*: »... es wollte auch niemand diesen, mit viel Arbeit verbundenen Posten haben, wenn er nicht mit irgendwelchen Naturalien aufgewogen werden sollte. Schließlich erhob sich ein Mann, den ich nicht kannte, es war Friedrich Märker, und sagte freimütig: ›Wählen Sie mich, denn ich verstehe etwas von Büchern und – was in diesem Fall noch wichtiger ist – auch von Organisation.‹ Er wurde gewählt, ohne daß jemand über diese Wahl diskutiert hätte. Wir hatten einen neuen Vorsitzenden, damit hatte es sich. Und wie sich später herausstellte, war es eine gute Wahl.« 1959 erhält Märker das Bundesverdienstkreuz.

Ebenfalls Schriftstellerin, lebt mit Märker in Starnberg seine Ehefrau **Grete Willinsky** (1906 –??), geboren in Lettland und zunächst hervorgetreten mit Übersetzung und Herausgabe sowjetischer Satiren (1938, in fast unveränderter Zusammenstellung dann wieder 1959): *Schlaf schneller, Genosse!* Besonders produktiv ist sie als Verfasserin von Kochbüchern mit weltweiten kulinarischen Spezialitäten.

Schriftstellertreffen 1951

In der lokalen Berichterstattung zu literarischen Themen in der Nachkriegszeit bleibt die viel umfassendere, sich verschärfende Ost-West-Auseinandersetzung nicht außen vor, zumal der Kalte Krieg ja auf der publizistisch-propagandistischen und damit auch der schriftstellerischen Ebene sein besonderes Kampffeld hat. Eine objektive Darstellung aus diesem Zeitraum ohne »Ideologieverdacht« kann natürlich gar nicht angestrebt werden. Eingepasst in diesen weitgesteckten Rahmen muss jedoch eine Tagung oder Zusammenkunft von Autoren etwas näher betrachtet werden, die 1951 in Starnberg stattfand, das sogenannte Starnberger Gespräch, Ostern 1951.[39] Autoren sind dabei die Akteure, aber über literarische Richtungsstreitigkeiten gehen die Kontroversen dabei weit hinaus. Es sind selbstverständlich keine isolierten Ereignisse, sie haben Vorgeschichte und Nachwirkungen.

Das »Starnberger Gespräch«

Fast wäre es bereits auf einer Tagung des Deutschen PEN-Klubs Anfang Dezember 1950 in Wiesbaden zu einer Spaltung dieser nur ein Jahr zuvor 1949 (wieder-)begründeten deutschen Schriftsteller-Vereinigung gekommen, die, als Teil des Internationalen PEN, eigentlich zu »einer Art Völkerbund« der Schreibenden (Brockhaus) gehört. Die Kontroverse entzündet sich an Ausschlussanträgen zu ostdeutschen Teilnehmern sowie an anderen Punkten.[40] Die vielfältigen Folgen einer Ost-West-Trennung von Autoren (in Organisationen, in Verlagen, Leserschaften und damit finanzieller Auswirkung, aber auch an schwindender politischer Einflussmöglichkeit) bedenkend, kommt es von mehreren Seiten zur Anregung von gegensteuernden Gesprächen unter Schriftstellern. »Johannes R. Becher und Arnold Zweig als Vertreter der Ost-Berliner Deutschen Akademie der Künste wandten sich im Dezember 1950 an Alfred Döblin und schlugen offizielle Gespräche zwischen den Mitgliedern der Mainzer Akademie der Wissenschaften und der Literatur [deren Vizepräsident Döblin war] und denen der Ost-Berliner Institution vor.«[41] Ein weiterer Brief vom 15. Januar 1951 folgt. Döblin antwortet

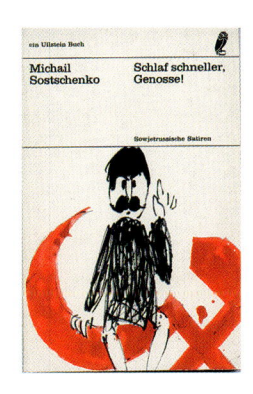

Abb. 145: Schlaf schneller, Genosse! Übersetzt und herausgegeben von Grete Willinsky.

(am 12. Februar 1951), es wäre dafür zu umständlich, die Maschinerie solcher Organisationen in Bewegung zu setzen, es genüge »und ist besonders im Beginn notwendig, sich als freie Schriftsteller irgendwo nebeneinanderzusetzen, als Menschen und Friedensfreunde.«[42] Bei anderer Gelegenheit verdeutlichte Döblin: »Wofern es sich um die politische Einheit des ehemaligen deutschen Reiches [–] oder der deutschsprachigen Gebiete von heute? – handelt, so beteilige ich mich nicht an einem solchen Gespräch.«[43]

Fast gleichzeitig appellieren Arnold Zweig, Johannes R. Becher, Bertolt Brecht und Anna Seghers öffentlich an »alle Schriftsteller im Westen unseres Vaterlandes«, zu überlegen, was »der Erhaltung des Friedens und der Wiedervereinigung von Ost und West« dienen könne, und erklären, dass sie selbst bereit seien, sich »an jedem beliebigen Ort« zu treffen.[44] Eine Gruppe von Schriftstellern aus unserer Region (darunter beispielsweise Johannes von Guenther, später Seeshaupt) schlägt dafür München vor.

Verwirklicht wird das Treffen dann am 26. (Ostermontag) und 27. März 1951 in Starnberg. Organisierend und federführend tätig ist dabei der Verleger **Willi Weismann**, der darüber 25 Jahre später mit nicht mehr zuverlässigem Gedächtnis (man mag zweifeln, ob er unser Treffen meint) berichtet, er habe »1950 Schriftsteller aus Ost und West zu einem Gespräch nach Starnberg [eingeladen]. Über 300 waren erschienen. Die Presse war nicht zugelassen, weil viele sich sonst gefürchtet hätten, frei zu reden.«[45] In der Heimatpresse war dazu jedenfalls nichts zu finden. Ansonsten hat »Das Starnberger Gespräch« durchaus seine Spuren hinterlassen. Mit dieser Bezeichnung überschreibt etwa Stephan Hermlin seinen Bericht in dem Buch *Die Sache des Friedens*.[46] Von den ca. 50 Teilnehmern aus der Bundesrepublik nennt er 15 namentlich. Ernst Penzoldt spricht die Begrüßungsworte.[47] Hermlin selbst ist aus der DDR angereist, ebenso Peter Huchel, Willi Bredel und Bodo Uhse. (Die Anreger Bertolt Brecht, Johannes R. Becher und Arnold Zweig kommen allerdings nicht.)

Abb. 146: Starnberg aus der Luft, aufgenommen am 5. August des Jahres 1958.

Nachdem am 30. September 1950 das bayerische Innenministerium eine Tagung von Friedensinitiativen von Frauen aus Ost und West verboten hatte[48], hat ein solches Schriftstellertreffen geradezu einen konspirativen Anstrich. Man spürt das aus dem Antwortschreiben **Hans Henny Jahnns** (1894–1959) an den einladenden Willi Weismann: Weil er Präsident der Freien Akademie der Künste in Hamburg sei (die Jahnn mit ins Leben gerufen hat), könne er »nur immer als Privatmann sprechen. Ich muß Ihnen ja nicht erst erklären, daß sich die Lage der ›Freiheit‹ im Westen bedeutend verschlechtert hat«, schon ein einziges Wort könne seinen Rücktritt auslösen. »Ich bin also gezwungen, sehr behutsam vorzugehen.«[49]

Jahnn kommt aber doch zum Treffen, weil er sich von einem Gespräch mit den erwarteten einflussreichen DDR-Intellektuellen Vorteile für das behinderte Erscheinen sei-

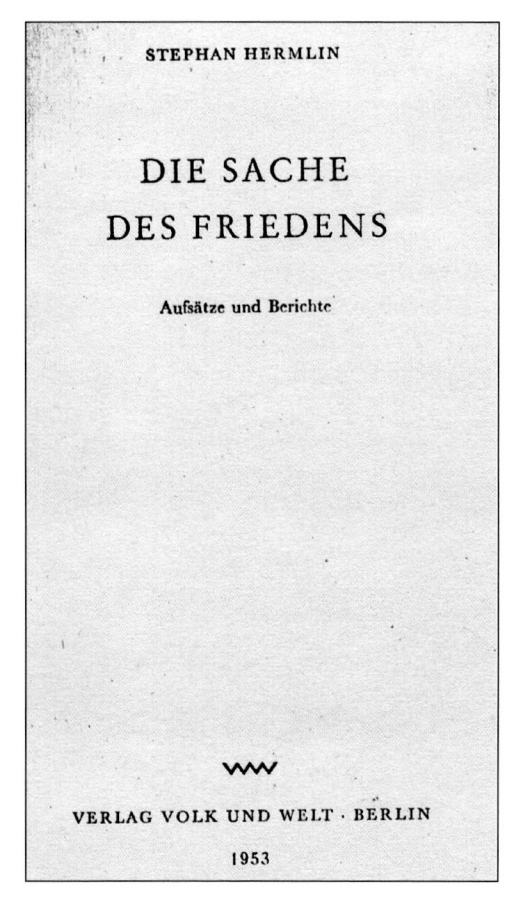

Abb. 147: In dieser Aufsatz-Sammlung ist das Starnberger Schriftstellertreffen dokumentiert.

ner Bücher in der DDR verspricht: Weismann hat ihn mit dem Kommen von Johannes R. Becher, dem späteren DDR-Kulturminister, geködert. Dieses Treffen scheitert, doch Jahn kommt in Starnberg z. B. mit Peter Huchel ins Gespräch. »Ich bin noch immer glücklich darüber, daß ich Sie in Starnberg kennenlernen durfte«,[50] schreibt er im Juni 1951 an Huchel, der in der DDR die bedeutende Zeitschrift *Sinn und Form* herausgibt und darin auch Jahnn-Texte veröffentlicht. Und auch von Willi Bredel, Schriftsteller und Chefredakteur, erfährt er im Anschluss an Starnberg Positives: »Nun hat mir Herr Bredel geschrieben«,[51] dass nämlich ein Hindernis,

das für den Weismann-Verlag in der DDR bestand, weggefallen sei und der zweite Band eines Jahnn-Romans[52] in Leipzig gedruckt werden könne. Am 3. Juli 1951 kann Jahnn in sein Tagebuch schreiben: »Gestern gab es noch freudige Überraschungen. Mein Verleger Weismann sandte mir [ausgedruckte Bogen] des zweiten Teils der ›Niederschrift‹.«[53] Sozusagen im Gegenzug stellt Jahnn einen Tagebuch-Abschnitt aus dieser Zeit noch 1951 der DDR-Zeitschrift *Aufbau, Kulturpolitische Monatsschrift* zur Verfügung – ungeachtet der Tatsache, dass der Herausgeber, der »Kulturbund zur demokratischen Erneuerung Deutschlands«, inzwischen in Westdeutschland verboten ist.

Auch Bodo Uhse hat Erinnerungen an das Treffen in seinen *Reise- und Tagebüchern* festgehalten. Zwar sind es keine unmittelbaren Notizen der Starnberger Tage, aber am 4. April 1951 notiert er: »Seit der Starnberger Reise die erste ruhige Stunde.« Und wenige Zeilen später: »Wie erschreckend ist der Gedanke an die vergangenen Tage, die ohne Aufzeichnung blieben, obwohl es gerade da so nötig gewesen wäre.«[54]

Unter den westdeutschen Teilnehmern dieses Starnberger Gesprächs sind einige aus der Gruppe 47: Hans Werner Richter, Walter Kolbenhoff und der Lyriker Wolfgang Bächler. Bei dem Gedicht, das dieser auf dem Treffen laut Hermlin vorträgt, könnte es sich um *Nächte des Jahres 1951* handeln,[55] mit einer Anspielung an den Koreakrieg. Aber noch ganz andere Richtungen sind in Starnberg vertreten, etwa der Schriftsteller Karl Jakob Hirsch, der mit einem pazifistischen Roman über den Ersten Weltkrieg Erfolg hatte, aus Gauting Rudolf Schmitt-Sulzthal, als »Obertukan« der 1930 gegründeten und 1937 verbotenen Literatengesellschaft Tukankreis bekannt, dazu wie schon erwähnt Ernst Penzoldt, in den letzten

Kriegsjahren noch als Sanitäter eingezogener Pazifist.
Ferner werden genannt: Curt Thesing (ein Sachbuchautor zu biologischen Themen, nach dem Krieg Herausgeber des Tagebuchs von Reck-Malleczewen, *Tagebuch eines Verzweifelten* – er war im KZ Dachau gestorben), Irma Loos (heute fast vergessen, lt. Hermlin aber: »meiner Meinung nach begabteste Autorin Westdeutschlands«), Rolf Italiaander (ein vielseitiger, aufgeschlossener [vor allem Sachbuch-] Autor), Georg Schwarz (Münchner Literaturpreisträger 1949 und Tukanpreisträger), Peter Martin Lampel (der, 1949 aus der Emigration zurückgekommen, aber nicht an den Erfolg seiner Vorkriegswerke anknüpfen kann), Carl August Weber (Frankreich-, Englandbücher) und andere.
Teilnehmer ist auch der damals in Gauting lebende Schriftsteller **Johannes Tralow** (1882–1968). Er konnte vor und während des Krieges Unterhaltungsliteratur publizieren, gilt aber nach dem Krieg als unbelastet und kann deshalb zeitweise, 1945–47, in Starnberg einer Spruchkammer vorstehen. In eine Lebensbeschreibung Tralows[56] ist, allerdings ohne eindeutige Namensnennung, auszugsweise ein Artikel aus *Der Ruf* aufgenommen, der – sozusagen als einer der schon erwähnten Streifzüge in Deutschland – eine Spruchkammerverhandlung schildert, wobei es sich um eine von Tralow geleitete handeln soll.[57]

Der völkerverbindende PEN spaltet sich in Deutschland

Im Oktober des Jahres 1951 spaltet sich der Deutsche PEN, d. h. genau genommen trennt sich eine Westgruppe ab, die unter anderem die Wahl Tralows zum geschäftsführenden Präsidenten nicht hinnehmen will (zu diesen »Dissidenten« gehören auch Autoren, die uns schon am See hätten begegnen können; Walter Bauer und Hanns Braun, später schließen sich Wilhelm Hausenstein, Ernst Kreuder, Rudolf Schneider-Schelde, Hermann Uhde-Bernays und Werner Bergengruen an). Tralow bleibt bis 1960 Präsident des Deutschen PEN West und Ost, er übersiedelt später nach Ostberlin.
Die Inhalte der im Rahmen des »Starnberger Gesprächs« geführten Unterhaltungen werden von Hermlin (von dem deutlich gesagt werden muss, dass er zu dieser Zeit »daheim« in der DDR Vorkämpfer einer prononciert klassenkämpferischen Literatur ist) eher knapp, beiläufig erwähnt. Dass mehrfach Fragen der Kunst angesprochen sind, wird wohl eine Reaktion auf die seit 1950 im Kalten Krieg aggressiver gewordenen Töne dazu in der DDR sein, sowohl im Innern wie nach außen. »Man unterhielt sich über Formalismus und Realismus«,[58] klingt harmlos, hat aber wohl die »Formalismuskampagne« in der DDR im Visier, mit ihrem Verdikt bestimmter literarischer Texte, bzw. den propagierten »Sozialistischen Realismus«. Offenbar auf beiden Seiten hat man sich gegen den Vorwurf einer Naivität gegenüber Argumenten der anderen Deutschlandhälfte zu wehren.
Die **Schlussresolution** bleibt dennoch auch ein eher wortkarger Rahmen, geradezu eine Platitüde: »Die versammelten Schriftsteller verurteilen das Bestehen einer neuen Literatur in Deutschland, die der Verherrlichung des nationalsozialistischen Regimes, des Militarismus und des Krieges dient.«[59] Ferner will man sich für einen Interzonenhandel mit schöngeistiger Literatur und für eine gesamtdeutsche Literaturzeitschrift einsetzen.

Veröffentlichungen zum »Starnberger Gespräch«

Zwei Büchlein sind im Zusammenhang mit der Tagung erschienen. *Wir heißen Euch*

WORTE
WIDER
WAFFEN

Schriftsteller mahnen zum Frieden

Herausgegeben
von
Georg Schwarz
und
Johannes Tralow

WILLI WEISMANN VERLAG · MÜNCHEN

Abb. 148: Georg Schwarz und Johannes Tralow gaben Worte wider Waffen *heraus.*

hoffen[60] wurde wohl schon als Einstimmung auf das Treffen vorgelegt, mit Beiträgen einer großen Zahl von Teilnehmern, aber auch Grüßen aus der Ferne, z. B. von Anna Seghers und Arnold Zweig. Da der Ort Starnberg nicht genannt ist und das Vorwort von Georg Schwarz ein Datum vor dem Treffen trägt, scheint das Konzept der kleinen Anthologie noch vor der endgültigen Wahl des Treffortes erfolgt zu sein.

Das Nachfolgebändchen *Worte wider Waffen*[61] vereinigt für das Titelanliegen nicht nur Autoren aus der Gesprächsrunde, sondern auch als Grußtext einen Offenen Brief von Bertolt Brecht, dazu schon anderweitig Erschienenes, z. B. von Hermann Hesse, Reinhold Schneider und Ludwig Renn. Aber im Kalten Krieg beginnt Friedensfreund = Kommunistensympathisant eine kurzschlüssige Assoziation zu werden. Selbst ein so integrer Schriftsteller wie Reinhold Schneider, manchmal als ein Zentrum des katholischen Widerstands im Dritten Reich angesehen, ist vor solchen Verdächtigungen nicht gefeit.

Der Münchner Willi-Weismann-Verlag, der die zwei Büchlein zum Starnberger Gespräch herausbringt und in der Nachkriegszeit mit großen Ambitionen gestartet war – er wollte Elias Canetti, Hans Henny Jahnn und Hermann Broch verlegen –, muss nicht zuletzt wegen der gegen ihn argumentierten Kommunismusnähe jahrelang mit sehr leichter Kost seinem Ende entgegengehen.

Die Tutzinger Tagungen

Die Tutzinger Tagungen 1951, die nur wenige Monate später stattfinden, sind mit dem »Starnberger Gespräch« höchstens in eine zeitliche Nähe zu bringen. Mit ihnen beginnen nämlich ganz andere literarische Richtungen. So soll etwa der Humor, eigentlich in seiner Nähe zum Glauben, wieder an Boden gewinnen; R. A. Schröder, ein konservativer, manchmal als epigonal bezeichneter Dichter, ist ein wichtiger literarischer Berater der Akademie; das Gespräch mit jüdischen Autoren wird aufgenommen, aber es werden auch hochrangige NS-Militärs in einer Tagung zusammengeführt, die entstehende Bundeswehr erhält Verbündete.

Es gibt unseres Wissens nur einen Teilnehmer, der in Starnberg *und* Tutzing anwesend war: **Ernst Penzoldt**, ein zurückhaltender, mitfühlender, toleranter, wie schon erwähnt pazifistisch eingestellter (er war in beiden Weltkriegen Sanitäter), fantasievoller Autor. Er hält im Juni 1951 ein Referat auf der Tutzinger Tagung »Das verlorene Lachen« und wählt dazu auch persönliche Anekdoten aus (er erzählt z. B. von seiner Zwangsidee, Karl Barth bei einem Vortrag telekinetisch die Krawatte zurechtrücken zu müssen).

Die Teilnahme war aber wohl auch nicht

Abb. 149: Briefpartner im Kalten Krieg: »Bleichgesicht« Ernst Penzoldt und »Rothaut« Stephan Hermlin.

Abb. 150: Hanns Jobsts verwitterten Grabstein auf dem Söckinger Gemeindefriedhof zieren Schwert und Rose – ebenso wie auf seinem Buchtitel.

so einfach. Nach dem »Starnberger Gespräch« vom April 1951 kommt es zu einem Briefwechsel zwischen Ernst Penzoldt und Stephan Hermlin (»Bleichgesicht grüßt Rothaut«) – über die anwachsenden Kalter-Krieg-Mauern hinweg. Penzoldt lässt dabei an seinem Standort keinen Zweifel: Christ – Gegner der Remilitarisierung (»wo auch immer«) – Friedliebender – Befürworter des Starnberger Gesprächs. Seine Gutgläubigkeit, mit solchem Ansinnen Vertrauen zu genießen, sei »ein Irrtum« gewesen; er versuche sich seiner Haut zu wehren, aber er sei »keine Kämpfernatur«. Und so halte er sich zurück – aus der »Verpflichtung, für das tägliche Brot zu sorgen«. Mit dieser Einstellung – ist es eine Distanzierung von politischer Einmischung? – ist der Weg nach Tutzing leichter, auch wenn er das Fazit ziehen muss: »der legitime Platz des Künstlers ist der zwischen zwei (und mehr!) Stühlen. Da sitz ich nun.«[62]

Vom Literaten zum Schulleiter
Ein Zeitungsbericht in der *Münchener Allgemeinen* über die erwähnte Tagung der Evangelischen Tutzinger Akademie, »Das verlorene Lachen« (1951), ist den düsteren Zeitumständen ein wenig verbunden. Etwa wenn der Verfasser des Artikels – Hanns Jobst – in seiner Auswahl von Mitteilungen über die Tagung den »totalitären Staat« und dessen »gelenkte Berieselung mit Heiterkeit« nicht vergisst. Der Begriff vom totalitären Staat kämpft aufrechnend an der gemeinsamen Front gegen Nazitum und Sowjetstaat und dabei zeitgemäß eher stärker gegen letzteren. Dem politischen Witz steht **Hanns Jobst** (1903–92) unentschieden gegenüber, betont freilich, dass es dabei auf die Haltung derjenigen ankomme, die den politischen Witz schaffen, und dass überhaupt der gläubige Mensch müheloser zum Humor findet als der ungläubige. Hanns Jobst wird wenige Jahre später in die Leitung der Städtischen Oberrealschule Starnberg berufen (in dem hier betrachteten Jahr, 1951, führt ihn das *Bayerische Philologenjahrbuch* jedoch noch nicht auf. Er hatte aber, lange zurückliegend, an einer Starnberger Privatschule pädagogische Erfahrung gesammelt.). Er setzt in dieser Übergangs-Nachkriegszeit als Übersetzer und Journalist zunächst seine Vorkriegstätigkeit fort. Damals war er Schriftleiter und Mitarbeiter einer Zeitschrift *(Stimmen aus dem Südosten, Zeitschrift des Südost-Ausschusses der Deutschen Akademie*[63]), die durchaus nicht ideologiefrei wirkt. Welche deutsche Dichtung hatte wohl Jobst im Auge, wenn er 1935 schreibt: »Wie viel wäre noch zu tun, um ... die gleichmäßige, zuweilen ausschließliche Bevorzugung der Bücher V. Baums, H. Manns, St. Zweigs, J. Wassermanns, F. Werfels auszugleichen oder zu beheben?«[64] Jobst bedauerte auch die fehlende völkische Ausrichtung der deutschen Siedlergruppen im Südosten, sodass man »wertvollstes Volkstum unbekümmert über die Grenzen des Reiches«[65] verloren habe. Daneben veröffentlicht Jobst 1939 das Gedichtbändchen *Rose und Schwert*[66], in dem es auch Töne gibt, die *Das neue Reich* besingen: »ein Geschlecht sich selbst befehle:/harte Hand und zarte Seele,/Bild und Beispiel, Damm und Deich,/neues Volk im neuen Reich.« 1962 gibt er ein Erinnerungsbändchen an den 1933 ausgebürgerten Autor Leonhard Frank heraus.

»Freies Schreiben« am Gymnasium Starnberg

von Dr. Ernst Quester, Gymnasiallehrer für Deutsch, Geschichte und Politik

Die Anfänge des Literaturzirkels »Freies Schreiben« am Gymnasium Starnberg führen in die Pfingstferien 1991 zurück: Familienurlaub am Gardasee; im Appartement unter uns wohnt ein älteres Ehepaar, der Herr sonnt sich gern in seiner Feinripp-Unterhose im Liegestuhl. Auf freche Sprüche unserer jüngeren Tochter reagiert er gelassen, es kommt zu gegenseitigen Einladungen und gemeinsamem Weinkauf in einem Dorf über Garda.

Eines unserer Gesprächsthemen ist ein Schreibkurs, den der pensionierte Herr – Deutschlehrer Edgar Höricht aus Gräfelfing – in seinem Garten abhält und von dem er gerne erzählt. Seine Methode: ein Thema vorgeben, die Schüler im Garten verteilen und eine Weile schreiben lassen, die Texte gegenseitig vorlesen, dann einsammeln, abtippen und dabei ganz behutsam redigieren. Wie er erzählt und spricht, das wirkt heiter, gelöst und erfahren. Mit seiner Frau erzählt er Anekdoten aus der Münchner Studienzeit unmittelbar nach dem Krieg: Wie die Studenten Holz ins Seminar mitbrachten, damit geheizt werden konnte ...

Mit solchen Vorgaben kam es im September 1991 zu den ersten Treffen unseres Zirkels. Die Schulleitung unter Dr. Rudolf Zirngibl gab grünes Licht. Wir fanden uns überall zusammen, nur nicht im Schulgebäude: am Seeufer bei Kempfenhausen, auf dem Aussichtspunkt über der Schießstätte, in der Gaststätte zur Au, an stillen Uferpartien der Würm. Unser Credo: »Um Gottes willen noch nicht vom nächsten Sommer reden, keine Kopien austeilen, nicht so viel planen.«
Johanna Klante mit ihrer schönen Vorlesestimme war dabei, Christine Adler mit ihrem vorzüglichen Bayrisch, beide heute Schauspielerinnen; Christoph Schmolz mit seiner Vorliebe für die englische Romantik und vorzüglichen Computerkenntnissen, Sonja Pandel (heute Haanraads) und Julia Jückstock mit ihren ausdrucksstarken Gedichten, außerdem Patricia Czezior mit ihren raffinierten Erzählungen. Laetitia v. Baeyer zeichnete das erste Titelbild.

Seither ist alle zwei bis drei Jahre unter dem Titel *Skizzen* ein Sammelband mit Texten aus unserem Zirkel erschienen. Mit Edition und Layout befassten sich Dorian Credé, Ivo Hartz, Gunter Gemmel, vor allem aber der in Fragen der Buchproduktion erfahrene Anglist und Germanist Christoph Schmolz, der die meisten Ausgaben der *Skizzen*, dazu Sonderhefte und CDs gestaltet hat.

Überhaupt war das Sammeln der Illustrationen von besonderem Reiz. Vieles ist »unbeabsichtigte Kunst«: Heftkritzeleien, Zeichenübungen auf Löschblättern, karierte Blätter, auf denen Fünftklässler ihre Filzstifte vergeudeten, Malvorlagen von Graffiti-Sprayern, Tempo-Taschentücher, mit denen über Jahre der Füller gereinigt wurde. Insbesondere Laura Winkler und Johanna Schöner, beide Absolventinnen im Leistungskurs Kunst, übergaben mir ganze Stapel ihrer Produktion, aus denen ich mir schöne Stücke heraussuchen durfte.

Abb. 151: Freies Schreiben im Schuljahr 2007/08. 2. Reihe von links nach rechts: Claudia Scheele, Sarah-Janina Hannemann, Julia Behr, Melanie Fuchs, Anne Friedrich, Anna Fee Brunner, Fabian Müller, Amelie Czerwenka. 1. Reihe: der Verfasser, Pauline Petereit, Viola de Blécourt, Florian Schwepcke.

Das Besondere an Literaturzirkeln dieser Art ist, dass man Schüler in fast familiärem Rahmen von der unteren Mittelstufe (ab ca. siebter Klasse) bis zum Abitur begleiten kann und auch bei einem Schulwechsel oder längerem Aufenthalt im Ausland der Kontakt nicht abreißt. Mehrere Schülergenerationen durchliefen diesen Zyklus. Philipp Steglich, der heute als junger Germanist für die Berliner *Jungle World* schreibt, gehörte zeitweise dazu, außerdem Simon Döbrich, Marion Modes, Siwanto Schiefenhövel, Angelika Zierer und Christine Steiner.

Abb. 152, 153: Den Titel der ersten Ausgabe der Skizzen, in denen die Arbeiten der ersten Teilnehmer des Literaturzirkels der Jahre 1991/93 versammelt sind, gestaltete Laetitia v. Baeyer. Das Cover der bislang letzten Ausgabe, 04/06 (siehe Seite 189), stammt von Johanna Schöner.

Während die ehemaligen Schüler, jetzt im Studium oder berufstätig, in größeren Abständen mein Wohnzimmer als eine Art Salon nutzten, konstituierte sich in der Schule ein neuer Schreibzirkel mit »Nachwuchsstars« wie Christian Galata, Sabrina Greifoner und Sophie Stahl, außerdem Julia Rinser, Ruth Götzinger, Stefanie Böhm, Christian Wurzbacher, Maximilian Forbach, zu denen noch in ihrer fünften Klasse Anna Fee Brunner stieß. Lina Ghosh übernahm vor allem die Rolle einer kritischen Zuhörerin. Märchenhaftes, Satirisch-Realistisches, Journalistisches und Lyrisches waren bei dieser Schülergeneration gemischt. Später stießen auch Leonard Röll und Elias Wagner dazu, ein ausgesprochenes Erzähltalent.

Die Schülerinnen und Schüler, die derzeit das »Freie Schreiben« besuchen, sind stärker von der Fantasy-Literatur geprägt und haben in ungebremster

Schreibfreude schon Werke mit mehreren hundert Seiten verfasst: Sarah-Janina Hannemann, Julia Behr und Saskia Hinze gehörten in diese Reihe, Anne Pytlak, Fabian Müller, Pauline Petereit, Melanie Fuchs, Claudia Scheele, Amelie Czerwenka und Viola de Blécourt. An Erzählungen mit italienischem Hintergrund schreiben Julia Schwepcke, Larissa Böhm und Anne Friedrich. Viele arbeiten zugleich in der Schülerzeitung *Die Meinung* mit.

Vor allem auf Anna Fee Brunners Initiative geht eine Kleinkunstbühne zurück, die vom Herbst 2004 bis zum Sommer 2006 jeden Monat eine nur von Schülern organisierte Vorstellung lieferte.

Ein Schriftsteller vom Format eines Andreas Neumeister, eines Patrick Süskind oder einer Petra Morsbach, alle ehemalige Schüler des Starnberger Gymnasiums, ist aus unserem Kreis bisher nicht hervorgegangen, aber es ist gut möglich, dass sich der eine oder die andere noch einen Namen macht. Jedenfalls bin ich für die Lese- und Plauderstunden dankbar, in denen ich die Texte des Literaturzirkels anhören und manchmal auch Selbstgeschriebenes vortragen durfte. Die Entwicklung der einzelnen Persönlichkeiten zu verfolgen, hatte seinen eigenen Reiz.

Viele Menschen durchlaufen in den Jahren um die Pubertät die Geniezeit ihres Lebens, ehe berufliche Spezialisierung ihre Fantasie erstickt. In der Erinnerung bleiben die offenen Gespräche, die Freundlichkeit und Verlässlichkeit untereinander: ein kleines Reich der Freiheit jenseits der Notenschaukel.

Anschluss an die Gegenwart

Abb. 154: Blick vom Turmzimmer des Mühlbergschlösschens über das von Bäumen verhüllte Starnberg über den See und nach Percha.

Wenn nun abschließend noch ein Anschluss bis an die Gegenwart versucht wird, dann tauchen neuartige Herausforderungen auf:
1. Die Zeit ist noch nicht mit ihrem Sieb über Werke und Autoren hinweggegangen.
2. Eine notwendig beschränkende Auswahl, also sowohl das Erwähnen wie auch ein Weglassen, kann verletzen, zumindest kann die Darstellung völlig unausgewogen sein und willkürlich wirken.
3. Die Zuordnung zu Zeitereignissen bzw. ein Zeitbezug wird schwierig, eben weil auch der Abstand fehlt.
Als Lösung bot sich an, Gruppen von Autoren zusammenzufassen, nach ihren Themen, nach unterschiedlichen Berufsfeldern oder anderen, ähnlichen Kriterien.
Bei manchen dieser Gruppen erfolgt eine Art zeitlicher Längsschnitt, der auch weiter zurückreichen kann, um den einen oder anderen Autor wenigstens andeutend nachzutragen. Dies gilt insbesondere für die gleich anschließenden »Autoren aus dem Pfarrhaus« sowie für die »Verleger als Autoren« und die »Heimatverbundenen Autoren«.

Autoren im Pfarrhaus

1938 erscheint eines der Hauptwerke Ina Seidels, *Lennacker*, die fiktive Geschichte einer Pfarrerfamilie über zwölf (Pfarrer-)Generationen hinweg und damit auch eine Art Geschichte der evangelischen Kirche wie des Pfarrhauses. Obwohl Ina Seidel damals schon einige Jahre in Starnberg wohnt, hat sie dabei wohl nicht an das hiesige Pfarrhaus gedacht.

Die Herkunft der Schriftstellers- und Pfarrersgattin Ina Seidel aus einer Familie mit Pfarrern und Schriftstellern zeigt die an sich einleuchtende Nähe von Autorsein und Pfarrerberuf, müssen doch in letzterem zumindest regelmäßig Predigten formuliert, niedergelegt werden.

An der nun schon weit über hundert Jahre alten Evangelischen Kirche in Starnberg, also an einem doch etwas herausgehobenen Platz, ist diese Nähe besonders gut zu demonstrieren: Nicht wenige ihrer Pfarrer waren auch Autoren, wenn auch ganz unterschiedlicher Richtung.

Übrigens: Bereits an der Wiege der ersten evangelischen Gemeinde Starnbergs stand ein Autor, für dessen Theaterstücke manchmal Goethe Ratschläge gab: der sächsisch-coburgische Gesandte **Franz Elsholtz** (1791–1872), in dessen Haus in Berg 1851 der erste evangelische Gottesdienst stattgefunden haben soll. Dies hat aber wohl nur der erste evangelische Pfarrer von

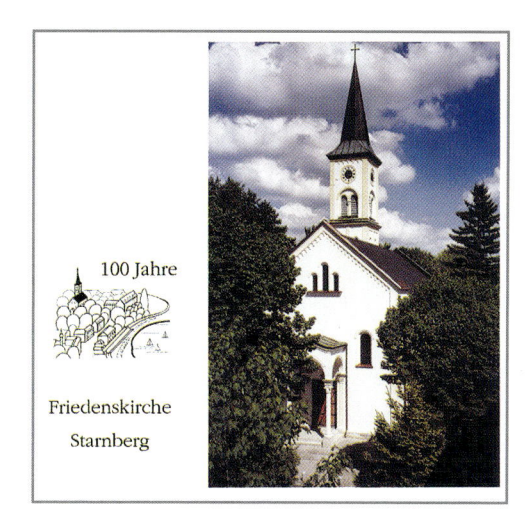

Abb. 155: Viele Pfarrer an der mehr als 100 Jahre alten evangelischen Kirche Starnbergs schrieben Bücher – nicht zuletzt Kriminalromane.

Starnberg, Adolf Heller, berichtet, der eine handschriftliche Kirchenchronik hinterließ, die erst im Kirchen-Jubiläumsjahr 1992 als lokalhistorisches Dokument die Ehre der Vervielfältigung und größerer Verbreitung

---

Geschichtliche Rahmendaten

1938 Ina Seidel: *Lennacker*
1938 Walter Künneth wird Pfarrer in Starnberg
1941/42 Film *Die Goldene Stadt,* nach Richard Billinger: *Der Gigant*, mit Kristina Söderbaum, Regie: V. Harlan
Oktober 1945 Martin Niemöller predigt in Starnberg; Stuttgarter Schuldbekenntnis der Evangelischen Kirche
1957 »Göttinger Achtzehn«: 18 namhafte Naturwissenschaftler, darunter C. F. von Weizsäcker, wenden sich gegen eine Atombewaffnung der Bundeswehr
1960 Johannes Mario Simmel: *Es muß nicht immer Kaviar sein*
1965 Herbert Achternbusch zieht nach Starnberg
1968 Weltweite Studenten- und Bürgerrechtsbewegung

1970 Hildegard Knef: *Der geschenkte Gaul*
1970 Max-Planck-Institut zur Erforschung der Lebensbedingungen der wissenschaftlich-technischen Welt in Starnberg gegründet, Direktor C. F. von Weizsäcker; Jürgen Habermas wird ein weiterer Direktor des Starnberger Instituts (1980 Abtrennung seines Teils als Institut für Sozialwissenschaften)
1985 Patrick Süskind: *Das Parfüm*; der Verlag R. S. Schulz, Percha, startet eine Reihe mit (lokalen, meist) Hobby-Autoren: *Starnberger See G'schichten*
1988 Andreas Neumeister: *Äpfel vom Baum im Kies* (1993 Alfred-Döblin-Preis)
1995 Annette Döbrich: *Am Abgrund der Träume*
2006 Petra Morsbach: *Warum Fräulein Laura traurig war* (2007 Konrad-Adenauer-Preis)

erfuhr. Bevor Starnberg eine eigene evangelische Pfarrei wurde, betreuten »Exponierte Vikare« sie von München aus; deren letzter, Dr. **Georg Schott**, wohnte freilich schon hier, 1905–11, im sich herausbildenden Pfarrsprengel. So passt es dann, dass seine erste Schrift *Lebensfragen* im Starnberger Jägerhuber-Verlag erscheint (1912). Spätere Bücher veröffentlicht er in einem Münchner, später nach Starnberg übersiedelten Verlag (Hermann A. Wiechmann, siehe S. 199). Inzwischen hat sich aber Pfarrer Schott über (kirchlich geduldete) Zwischenstationen zum kirchenfernen Nationalsozialisten entwickelt[1] und das mit Buchtiteln untermauert, darunter das dem Titelhelden äußerst wohlwollende *Volksbuch vom Hitler*[2] und die *Kulturaufgaben des 20. Jahrhunderts*[3], mit scharf militantem Antisemitismus. (Vor Schott war der spätere Münchner Dekan Friedrich Langenfaß 1904/05 als Exponierter Vikar in Starnberg tätig; später wurde er als Mitbegründer der evangelischen Kulturzeitschrift *Zeitenwende* für diese auch Autor.)

Zeitgeschichtliche Zeugenschaft aus erster Hand sind die Erinnerungen von **Walter Künneth** (1901–97; 1938–44 Pfarrer in Starnberg), die nicht wenige Puzzleteilchen zur Ortsgeschichte enthalten.[4] Der vielseitige theologische Autor hat aber während seiner Starnberger Jahre nichts veröffentlicht – verständlich, wenn man um seine vielen Auseinandersetzungen mit Institutionen und Personen im nationalsozialistischen Staat weiß (gegen Alfred Rosenbergs *Mythus* und dessen Pamphlet *Protestantische Rompilger*; als Mitbegründer der Jungreformatorischen Bewegung, aus der Pfarrernotbund und Bekennende Kirche hervorgingen, oder, im Nahbereich, gegen Behinderung des Religionsunterrichts auch an der hiesigen Oberrealschule). Er war aus Berlin sozusagen auf den »ungefährlicheren« Starnberger Pfarrersposten versetzt worden.

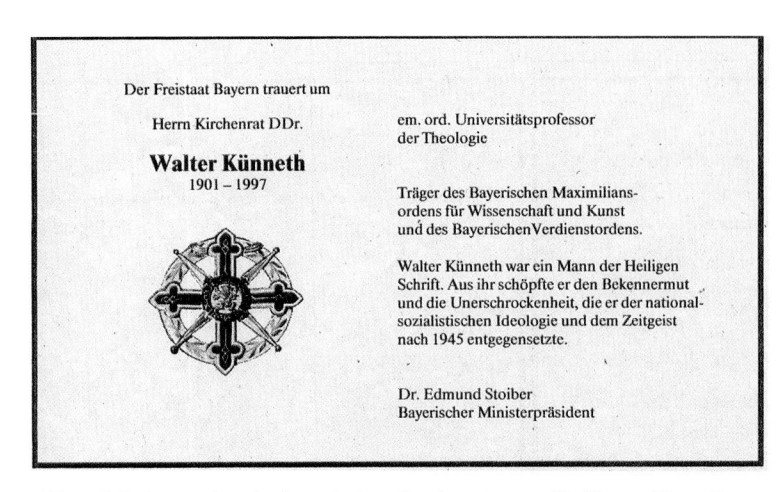

Abb. 156: Todesanzeige der bayerischen Staatsregierung für Pfarrer Künneth.

> Der Freistaat Bayern trauert um
> Herrn Kirchenrat DDr.
> **Walter Künneth**
> 1901–1997
>
> em. ord. Universitätsprofessor der Theologie
>
> Träger des Bayerischen Maximiliansordens für Wissenschaft und Kunst und des Bayerischen Verdienstordens.
>
> Walter Künneth war ein Mann der Heiligen Schrift. Aus ihr schöpfte er den Bekennermut und die Unerschrockenheit, die er der nationalsozialistischen Ideologie und dem Zeitgeist nach 1945 entgegensetzte.
>
> Dr. Edmund Stoiber
> Bayerischer Ministerpräsident

Auch sein Mitstreiter **Martin Niemöller** (1892–1984) soll nach dem Ende seiner KZ-Haft in Dachau und nach der anschließenden Odyssee hier in Starnberg einen ersten Gottesdienst gehalten haben.[5] Jedenfalls hat er in eine Predigtsammlung[6] eine Predigt »19. nach Trinitatis 1945 (Starnberg)« aufgenommen, also Anfang Oktober, mit dem Evangeliumsabschnitt Matth. 9, 1–8: »Da trat er in das Schiff, und fuhr wieder herüber ...« Der Inhalt berührt die Diskussion im Vorfeld des sogenannten Stuttgarter Schuldbekenntnisses, das wenige Wochen später entsteht. Niemöllers Frau und Kinder waren während der zurückliegenden Jahre in Leoni in einer Wohnung des Verlegers Lempp untergebracht, finanziell angeblich unterstützt

Autoren im Pfarrhaus

Abb. 157: Martin Niemöller kurz nach Kriegsende 1945.

von Ernst Wiechert. Walter Künneth konfirmierte zwei Niemöller-Töchter.[7]

Oberkirchenrat Oscar Daumiller schreibt in seinen Erinnerungen, er habe eine Tochter Niemöllers am Lagereingang in Dachau getroffen, aber nicht gleich erkannt. »Einige Monate später ist sie in Starnberg gestorben. Wir haben sie auf dem dortigen Friedhof beigesetzt. Meine Bemühungen, dem Vater die Möglichkeit zu verschaffen, an der Beerdigung seines Kindes teilzunehmen, waren vergeblich.«[8] Nach einer anderen Mitteilung war das Büro Daumillers wegen der Bombardierungsgefahr für das Landeskirchenamt in München in der Arcis-, später Meiser-, künftig Katharina-von-Bora-Straße in der Nähe der »Führerbauten« in das Starnberger Pfarrhaus evakuiert worden.[9] Später ist Daumiller ein gern gesehener Gast im Starnberger Evangelischen Frauenkreis und hält Vorträge.

Pfarrer Wilhelm Schwinn, Künneths Nachfolger (er bekleidete das Amt 1944–49), verfasst in seinem letzten Starnberger Jahr ein Buch über Hermann Hesses Altersweisheit und das Christentum.[10] Er holt, wie schon erwähnt, durch die Veranstaltungsreihe »Evangelium und Geistesleben« bedeutende Autoren nicht nur theologischer Art zu Vorträgen nach Starnberg, darunter Paul Althaus, unter dem er auch von 1928 bis 1935 wissenschaftlicher Assistent in Erlangen war, also in der Zeit, in der Althaus sich der NS-Ideologie sehr angenähert hatte. (Erwähnt sei hier auch der baltendeutsche Schriftsteller Otto von Taube, der während des Zweiten Weltkrieges als Lektor von seinem Wohnsitz Gauting aus mehrfach in Starnberg gepredigt hat.) Schwinns Nachfolger, Dr. **Hans Wilhelm Schmidt** (Starnberger Pfarrer 1949–56) setzt die Reihe »Evangelium und Geistesleben« fort und gibt ihr mit dem aus unterschiedlichen Richtungen beleuchteten Begriff »Mythus« einen neuen Schwerpunkt. Zu Wort kommen dabei auch die Schriftsteller Otto von Taube und Heinz Flügel, ebenso H. W. Schmidt selbst, der sich parallel dazu in der evangelischen Zeitschrift *Eckart* äußert[11] – wohl in Spannung zur damals aktuellen »Entmythologisierung«. Schmidt ist als Verfasser eines theologischen Handkommentars zum Römerbrief[12] bekannt und veröffentlicht eine Reihe weiterer theologischer Schriften – kein Wunder bei seiner Karriere vor seiner Starnberger Zeit.

Wurde mit Künneth ein ausgewiesener Gegner des Dritten Reiches genannt, so hat Schmidt einen anderen Weg hinter sich.[13] Überraschend für seine Amtsbrüder, trat er nach herausragendem wissenschaftlichem Start 1933 der NSDAP und den Deutschen Christen bei und wurde deren Ortsleiter in Bethel. Später (1946) schreibt er, er habe vermutet, bei diesen offene Türen für das Evangelium zu finden. Tatsächlich aber scheinen diese und die örtliche NS-Kreisleitung die Triebfedern für die Hinausdrängung eines regimekritischen Dozenten (Wilhelm Vischer, Schweizer Staatsbürger) aus dem Kollegium und aus Bethel gewesen zu sein. Unmittelbar anschließend erhält Schmidt eine Professur in Münster und ein Jahr später einen Lehrstuhl in Bonn als Nachfolger Karl Barths, der wegen seiner Verweigerung eines Eides auf Hitler entlassen bzw. in den Ruhestand versetzt worden war. Barth folgt einem Ruf nach Basel (seinem Geburtsort). Sein Nachwirken in Bonn und in den starken »Bekenntnisprovinzen« Westfalen/Rheinland soll für den Deutschen Christen Schmidt ein Anstoß gewesen sein, um Verweigerungshaltungen der Studenten zu entgehen auf eine andere Professur hinzuarbeiten – 1939 wird er nach Wien berufen. Obwohl er sich noch dort einer Einrichtung anschloss, die sich der »Erforschung und Beseitigung des jüdischen Einflusses auf das deutsche kirchliche Leben« zum Ziel gesetzt hatte, scheint in Wien im Zusammenwirken mit dem Dekan Entz eine allmähliche Abkehr vom Nationalsozialismus erfolgt zu sein. Einen genaueren Zeitpunkt dafür kann der hier herangezogene Biograph Michaelis aber nicht finden, zumal dafür oft nur Aussagen nach 1945 zur Verfügung stehen.

Jedenfalls kann er nach Kriegsende ab dem Wintersemester 1945/46 wieder an der Uni Wien lehren, von Semester zu Semester neu genehmigt, wird aber im Sommersemester 1947 aus dem Hörsaal heraus von den Sowjets verhaftet, weil er nach einem Alliierten-Gesetz als ehemaliger Parteigenosse und deutscher Staatsbürger in Österreich keine beamtete Stellung hätte antreten dürfen, ja von Ausweisung bedroht war. Danach kehrt er zu seiner bayerischen Heimatkirche zurück und wird nach etlichem Hin und Her dann 1949 Pfarrer in Starnberg (er hatte sich eine ländliche Gemeinde gewünscht, um Zeit für die Ausarbeitung theologischer Schriften zu haben. Der eigentlich überqualifizierte Pfarrer genießt in der Starnberger Gemeinde großes Ansehen!), danach an der Matthäuskirche in München. Das bayerische Kultusministerium sprach ihm später wieder die Berechtigung zu, sich o. Prof. (em.) zu nennen, als sogenannter 131er und mit entsprechenden Bezügen.

Nun aber zu den der Gegenwart etwas näheren Autoren im Starnberger evangelischen Pfarrhaus.

Abb. 158: Pfarrer Wolfgang Hammer.

Wolfgang Hammer (1926–95), Pfarrer Ende der 1950er-Jahre, hat nicht nur bei der Evangelischen Akademie Tutzing als Herausgeber und Mitautor gewirkt, sondern auch in einem Büchlein *(Die letzte Geliebte. Fast ein Kriminalroman*, erschienen 1961 in Basel) persönliche Erinnerungen an die Zeit vor, während und nach der Pfarrstelle hier mitverwoben[14]. Er übernimmt später eine Pfarrei in der Schweiz und schreibt dort ein Buch mit dem eigentümlichen (und irreführenden) Titel: *Adolf Hitler – ein deutscher Messias?*[15] Das Buch erhält später noch eine zweibändige Fortsetzung, worin sich Hammer mit Hitlers religiöser Gedankenwelt auseinandersetzt. Ebenfalls an der Evangelischen Akademie Tutzing, als Studienleiter, arbeitete **Wolfgang Döbrich** vor seiner Starnberger Pfarrerzeit (1986–98); und im Pfarrhaus wohnte schließlich auch seine Frau Annette Döbrich, von der als Krimiautorin gleich berichtet wird.

Krimiautoren

Der Übergang von Kirche und Pfarrhaus und deren Autorenvielfalt zu einer ganz speziell erscheinenden Art von Literatur, nämlich zum Kriminalroman, kommt nicht unerwartet. Denn jedenfalls in Starnberg stellt sich mit der Pfarrersehefrau und Krimiautorin (sogar Krimi-Preisträgerin) **Annette Döbrich** eine solche Verbindung ein. Ob für eine Zentralfigur mancher ihrer frühen Krimis der Pfarrerehemann Wolfgang Döbrich ein wenig Modell gestanden hat? Unwichtig. Wichtig aber ist für die Autorin, dass das Umfeld ihrer Geschichten möglichst genau einer Wirklichkeit nahekommt, in unserer Zeit stimmt; das Ganze ist also mehr als nur ein Kriminalfall, sozusagen auch ein Beitrag zu Zeitproblemen – wie der Rottweiler Amoretta und sein Herrchen mit mörderischer Bisskraft[16] zu Zeiten der Kampfhundediskussion. Die Landschaft um Starnberg und den See liefert Schauplätze: ein Altenheim mit Seeblick und tödlichem Innenleben; in der Bucht bei Percha die angeschwemmte Leiche einer schon länger vermissten älteren Frau ...

Friedrich Ani (geb. 1959), dessen journalistische Vergangenheit in der Starnberger Heimatpresse Spuren hinterlassen hat (siehe S. 203), wandte sich in den 1990er-Jahren (seitdem in München wohnend, die Landeshauptstadt förderte ihn früh) Erzählungen und bald dem Kriminalroman zu, aufgegliedert in zahlenmäßig begrenzte Serien um eng charakterisierte Kriminaler (zuletzt den blinden Kommissar Jonas Vogel). Seine Krimis berühren Problembereiche der Zeit noch schonungsloser als bei Döbrich: Fremdenängste, politische Verfilzungen ...

Erwähnt sei, weil er nicht weit jenseits der Stadtgrenze in Kempfenhausen wohnte, einer der produktivsten Krimiautoren der Gegenwart für das aktuelle Genre der Fernsehkrimis, das sich feste Sendetermine erobert hat: (Drehbuch-)Autor **Herbert Reinecker** (1914–2007), dessen *Derrick*-Serie (unter weiteren) auch ein bedeutender Exportartikel wurde. Darüber sollte aber nicht vergessen werden, dass er auch Romane und Erzählungen und schon vor 1945 Filmdrehbücher schrieb.

Unterhaltungsliteraten

Ein nachdenklicher Herr, der ein modernes Wandbild betrachtet, und eine ältere Dame auf der Gartenbank – Spaziergängern an der heute durch das Rummelsberger Stift stark umgestalteten Waldschmidtstraße werden diese lebensgroßen und lebensechten Plastiken aufgefallen sein. Sie stehen im Vorgarten der Hausnummer 14, mit der

Abb. 159: Friedrich Ani, ein sehr erfolgreicher Krimiautor, war lange auch Mitarbeiter bei Starnberger Lokalzeitungen (Foto: Derleth).

Abb. 160: Im Vorgarten des Hauses Waldschmidtstr. 14, seinerzeit Starnberger Adresse von Johannes Mario Simmel, betrachtet heute ein nachdenklicher Plastikherr ein modernes Wandgemälde.

einer der erfolgreichsten deutschen Schriftsteller der Nachkriegszeit in die Adressbücher Starnbergs eingegangen ist: **Johannes Mario Simmel** (geb. 1924; inzwischen wohnt er an einem Schweizer See).
Mit 75 Millionen wird die Gesamtauflage seiner Romane angegeben, in 40 Ländern erschienen. Und erst allmählich wird er auch klarer von der Literaturwissenschaft wahrgenommen (und eben nicht mehr nur oder zu vordergründig in die Schublade »Unterhaltungsliteratur« gesteckt). Denn in seinen Romanen, deren Titel manchmal zu Schlagworten wurden *(Niemand ist eine Insel)*, kann man auch eine Zeit- und Gesellschaftsdarstellung sehen, auf persönlichen Einstellungen des Autors, beispielsweise pazifistischen, aufbauend.
Ebenfalls Erfolgsautorin mit einer leichten Art zu schreiben und angenehmen Themen für ein großes Lese- und Fernsehpublikum ist **Barbara Noack**. In einem Gespräch erwähnt sie, dass sie, die Berlinerin, (1969) am Westufer unseres Sees »auf Anhieb eine Wohnung mit Steg«[17] (in der Possenhofener Straße?) fand. Später zieht sie in ein niedriges Häuschen hoch über dem See (Almeidaweg 19), dann nach Berg (»See war mir immer wichtiger als Stadt«). Was mag unsere Landschaft zu ihren Büchern beigetragen haben?
Mit rund 10 Millionen verkauften Exemplaren seiner Unterhaltungsromane gehört **Igor von Percha** (eigentlich Igor Sentjurc; 1927–96) nicht zu den Kleinen. Nachdem er Jugoslawien den Rücken gekehrt hat, wohnt er zunächst einige Jahre in der Starnberger Blumensiedlung, und aus einer gewissen Anhänglichkeit an die zweite Heimat am Starnberger See gibt er sich das Pseudonym mit einem Starnberger Stadtteil. Erwähnenswert ist ferner, dass er kurz vor seinem Tod noch am Drehbuch eines *Golem*-Films arbeitete.[18]
Luise Rinser (1911–2002) sollte man hier noch erwähnen, da in den 1970er-Jahren ein kleiner, aber nicht unauffälliger Teil ihrer Schriften, z. B. Reiseerfahrungen, im Perchaer Schulz-Verlag erschienen.

Memoiren von Schauspielern und anderen Künstlern

Vom Einzugsgebiet des Gymnasiums Starnberg hat man manchmal gesagt, hier sei die Medien-Intelligenz zu Hause (wie in anderen Abschnitten des Gürtels um München die technische Intelligenz). Und in der Tat – Zeitungsleute, Schauspieler von Film, Fernsehen und Theater, Sänger und Prominenz aus verwandten Branchen haben hier bzw. am See überhaupt eine besonders hohe Dichte.
Die Schülerzeitung, das Theaterspielen, aber auch alles, was technisch drum he-

rum dazu gehört, haben am Starnberger Gymnasium eine lange und sehr erfolgreiche Tradition. Und – aus Schülern des Gymnasiums rekrutierte sich eine erkleckliche Zahl von (Nachwuchs-)Künstlern. Vielleicht schreiben sie eines Tages ihre Erinnerungen, wie das andere namhafte Schauspieler getan haben, die sich in Starnberg und Umgebung wenigstens eine Weile niedergelassen haben?

Marianne Sägebrecht (1945 in Starnberg geboren) erinnert sich an ihre Kindheit in Bachhausen, aber auch an ihre Zeit als Wirtin hinter dem Tresen des »Spinnradl« am Rande der sogenannten Wassersportsiedlung: ein Magnet im Starnberger Nachtleben, mit gelegentlicher Kleinkunst, ein bisschen Theater (Cocteau, *Die geliebte Stimme*) und viel Musik und Tanz.[19]

Hildegard Knef (1925–2002) wohnt einige Zeit in Percha, Am Mühlberg. In ihren Memoiren[20] erwähnt sie nicht nur Spaziergänge »am Mühlbach« und nach Harkirchen, sondern wenige Zeilen weiter auch einen Besuch des amerikanischen Autors Henry Miller. Erinnerungen an ihn (»Er ist mein großer Freund«) waren ihre ersten größeren schriftstellerischen Bemühungen, erschienen in der Zeitschrift *Twen*. Auch eine ausführliche Zusammenstellung von Artikeln zu und von Henry Miller enthält unter der Nummer C432 den Titel *Percha-Bei-Starnberg (Obb.) Allemagne*.[21] Nachdem ihre Freude am Schreiben geweckt ist, macht sie eine beachtliche Karriere als Autorin, nicht nur ihrer Memoiren, sondern auch von anderen Themen, etwa *Urteil: Mensch, Gegenmensch*, und von Gedichtbänden.

Abb. 161: Henry Miller, ein Weltautor der erotischen Literatur, dürfte Hildegard Knef in Percha besucht haben.

Abb. 162: Zum Bestseller gerieten Hildegard Knef ihre Memoiren Der geschenkte Gaul.

Auch **Ingrid van Bergen**, deren Fatum sie eng mit Starnberg verbindet, schrieb ihre *Autobiographie* (1994).

Die Schwedin **Kristina Söderbaum** (1912–2001), die dritte Frau des Regisseurs **Veit Harlan**, der in der NS-Zeit Karriere gemacht, dann aber auch die Entnazifizierung überstanden hatte, schaute sich nach ihrer Autobiographie zu Beginn der 1950er-Jahre nach einem Grundstück in Bayern um und fand es in Starnberg: »Wir nannten das Haus ›Hofbuchet Drei Kronen‹, nach den drei Kronen im schwedischen Wappen.«[22] Mit einer zwei Meter hohen Mauer umgab sie (nach dieser Quelle) ihr Refugium. Kristina Söderbaum hatte Hauptrollen auch in verfilmten Werken

Abb. 163: Werbung für den Film *Opfergang* mit Kristina Söderbaum, nach einer Novelle von R. G. Binding.

Starnberger Autoren gespielt (*Opfergang* von Binding, Anna in *Die goldene Stadt* nach Billinger vor 1945, nach dem letztgenannten Autor 1951 in *Hanna Amon*). Veit Harlan als Autor: Seine Erinnerungen erschienen erst nach seinem Tod.[23]

Hardy Krüger (geb. 1928) mit Starnberger Nebenadresse wurde nach reichen und abwechslungsreichen Schauspielererfahrungen auch zum Buchautor, mit einer gar nicht mehr kleinen Titelliste.

Auch hundert Jahre sind nicht genug, einer seiner Buchtitel, gilt für **Johannes Heesters** (geb. 1903) als Darsteller, aber auch für einen Zeitraum, nach dem immer noch Neues möglich ist: ein Buch schreiben, mit dem Rauchen aufhören, Gesangsunterricht nehmen und weiterhin beachtliches Publikumsinteresse wecken.

Ein Gedankensalto: Gerade bei Johannes Heesters dürfte einem der Gedanke an Pensionierung nicht kommen, also ist *Pappa ante portas* ganz deplaziert. Aber: Es wird immer schwierig sein, eine ganz unverwechselbare Künstlerpersönlichkeit in einen Rahmen – hier schreibende Schauspieler – einzufügen. Streng Autobiographisches sucht man unter den Werken **Vicco von Bülows** (geb. 1923), besser bekannt als **Loriot**, wohl vergeblich (so sehr auch sein Leben in manchen seiner Sketche stecken mag), und obwohl er eher am anderen Ende des Sees lebt, soll er hier Erwähnung finden. Nicht nur, weil man sich an seinen Auftritt in der Schlossberghalle erinnert mit Saint-Saëns' *Karneval der Tiere*, und natürlich sind seine Filme und Fernsehszenen auch in Starnberg zu Hause. Erwähnt werden könnte hier auch der ungarische Filmregisseur, Drehbuchautor und Dichter **Imre Gyöngyössi**, der mehr als ein Jahrzehnt in Starnberg lebte und sich mit Filmen zu einem Hauptthema des 20. Jahrhunderts, nämlich zu Flüchtlingen und Vertreibungen, einen Namen gemacht hat. In seinem Gedichtwerk gibt es Anklänge an unsere Landschaft.

Lale Andersens (1905–72) Buch *Leben mit einem Lied*, nämlich der frontüberspannenden Lied-Legende »Lili Marleen«, beschreibt Kriegs- und Nachkriegszeit. Ihre Starnberger Krankenhausaufenthalte gegen Ende ihres Lebens können darin also nicht erwähnt sein, und auch das Erscheinen ihres Buches hat sie nicht mehr erlebt.

Nun noch einer, dessen Leben in Starnberg endete: **Erwin Piscator** (1893–1966), Bahnbrecher eines politischen Theaters seit der

Abb. 164: Loriots Filme und Bücher können als Ratgeber für jede Lebenslage dienen, nicht zuletzt auch in Starnberg und Umgebung.

Zeit nach dem Ersten Weltkrieg (zu diesem Thema auch Autor) und experimentierfreudiger Neuerer der Bühnentechnik.

Verleger als Autoren [24]

Wessen Beruf im Herstellen von Büchern anderer Leute besteht, der mag gelegentlich denken: Warum sollte ich nicht selber eines verfassen? Oder umgekehrt: Wer lange nach einem Verlag für sein Werk gesucht hat, entschließt sich vielleicht, selber einen zu gründen. Aus beiden Ansätzen gibt es die nicht seltene Verbindung des Verlegers als Buchautor.

Ein Sonderfall ist **Hans Ludwig Oeser** (1894–1954), Söcking, der bis 1945 mit zahlreichen Bildbänden (zu Wald, Pflanzen, deutscher Landschaft, auch zu Goethe) in verschiedenen Verlagen beheimatet war und nach 1945 im eigenen Starnberger Verlag noch einiges veröffentlicht. Sein Grab auf dem Söckinger Gemeindefriedhof ist schon aufgelassen.

Als schreibende Starnberger Verleger wurden schon erwähnt: Ernst Heimeran und H. F. S. Bachmair sowie die ersten Verleger des *Land- und Seeboten*, die auch selber Büchlein verfassten.

Noch zwei Beispiele: Als der Wiechmann-Verlag nach Starnberg übersiedelte, war Senior **Hermann Adolf Wiechmann** (er hatte unter anderen Bücher des ehemaligen Pfarrvikars von Starnberg, Georg Schott, verlegt) schon als Autor und mehr noch als Herausgeber einer beträchtlichen Anzahl von heimat-, landschafts- und deutschlandbezogenen Werken im eigenen Verlag hervorgetreten, die völkisch inspiriert, aber nicht indoktriniert waren – anders als die von Schott –, anscheinend nicht einmal Wiechmanns wohl letztes: *Deutsche Gedanken und Samenkörner für ein völkisches Leben* (1932). In Starnberg

Abb. 165: Werner Raith, Starnberger Verleger in den turbulenten 1960er-Jahren, wurde danach ein vielseitiger Schriftsteller.

ändert sich das Verlagsprofil; Kunstbücher, Künstlerkalender und Kunstpostkarten stehen nun im Programm.

Ein zweites Beispiel, ein wenigstens in Teilen des Programms sozusagen zeittypischer Verlag in der Possenhofener Straße: **Werner Raith** (1940–2001) verlegt nämlich ab 1969, also gleich nach dem 1968er-Epochenjahr, Beiträge zu Gesellschaftsanalysen, eine ausführliche Zitatensammlung zum politischen Rufmord (darin zur Hetze gegen Emigranten), Satirisches und Aufklärerisches, aber auch Bayerisches (Bücher von Helmut Zöpfl) und Pädagogisches (darunter Raiths Habilitationsschrift). Die spätere Verlegerin und Autorin **Antje Kunstmann** – Frauenthemen – war bei Raith in Starnberg

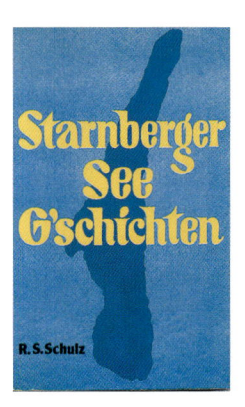

Abb. 166: Der erste von insgesamt sieben Bänden Starnberger See G'schichten, die zwischen 1986 und 1992 im Verlag R. S. Schulz (s. S. 145) erschienen und Kurzgeschichten, Gedichte etc. einiger bekannter und vieler unbekannter Starnberger »Autoren« vereinten.

Lektorin. Mit dem Ende der 1970er-Jahre nehmen die eigenen Schriften Werner Raiths rasch an Zahl und auch Vielfalt zu (auch in einem zweiten Verlag, den er gründet): Historisches und Aktuelles aus Italien, vom alten Rom über Themen des Mezzogiorno und der Mafia bis zu Reiseführern. Im Jahr 2001 stirbt Werner Raith an seinem italienischen Wohnsitz Terracina.

Wissenschaft und Philosophie aus Starnberg [25]

Unter den (Starnberger) Autoren wissenschaftlicher oder philosophischer Werke ist die notwendig beschränkte Auswahl besonders dann schmerzlich, wenn man das Nebenziel nicht vergisst, nämlich aus Mensch und Werk auch Zeitgeschehen herauszuspüren. Der Grund liegt darin, dass viele Veröffentlichungen solcher Autoren bereits Diskussionsbeiträge zu Zeitproblemen sind, die aus der Arbeit von Institutionen (Instituten) in Starnberg und naher Umgebung seit der Mitte des 20. Jahrhunderts hervorgingen. Ihre Wirkung durch ihre Bücher und Vorträge im unmittelbaren Berührungsbereich mit ihren Mitbürgern ist nicht hoch genug einzuschätzen. Das gilt allerdings so noch nicht für das in den 1920er-Jahren entstandene »Gustaf-Britsch-Institut für Kunstwissenschaft« in Starnberg, das der Freund und Schüler von Britsch, Dr. **Egon Kornmann**, in der von ihm 1920 erworbenen Villa am Prinzenweg nach Britsch' Tod für die Ausbildung von Kunsterziehern führte. Vor allem Kornmann war als Kunstwissenschaftler ein recht produktiver Autor. Seine Gedanken über das Zeichnen des Kindes, überhaupt über den Bildungswert des Zeichnens, über Wege zum Bildverständnis fanden Widerhall dann auch in der Zeit des Dritten Reiches und darüber hinaus, gelten heute aber eher als historisch. Ungleich stärker wirkte das Max-Planck-Institut für Verhaltensphysiologie in Seewiesen, von dem herausragende Mitarbeiter in der Kreisstadt wohnen (zum Beispiel die Professoren **Irenäus Eibl-Eibesfeldt** und **Wolfgang Wickler**), deren Erkenntnisse, über den engeren wissenschaftlichen Rahmen hinaus Verständnis für Formen des menschlichen Zusammenlebens in breiter Öffentlichkeit zu wecken vermögen.

Ein eher kurzlebiges Max-Planck-Institut in Starnberg

Zu denken aber ist besonders an das Max-Planck-Institut zur Erforschung der Lebensbedingungen der wissenschaftlich-technischen Welt, das die Max-Planck-Gesellschaft 1970 im sogenannten Riemerschmid-(Mühlberg-)Schlösschen mit dem von hoch oben auf die Stadt herabblickenden Turm für den Physiker und Philosophen **Carl Friedrich von Weizsäcker** (1912–2007) einrichtete.
Es war die Übersiedlung einer Gruppe von Wissenschaftlern aus Hamburg, die sich dort dem Thema *Kriegsfolgen und Kriegsverhütung* (K&K) zugewandt hatten, aus der Atomkriegsfurcht jener Zeit heraus. Weizsäcker hatte sich an die Spitze einer Phalanx von Atomkriegsgegnern (»Göttin-

Wissenschaft und Philosophie

Abb. 167: Carl Friedrich von Weizsäcker, Leiter des Starnberger Max-Planck-Instituts.

ger 18«) gestellt. Und, nicht zu vergessen, es war die Zeit der facettenreichen 1968er: Vietnamkriegsgegner und solche, die den »Muff von tausend Jahren unter den Talaren« zu spüren meinten, sowie andere unruhige Studentengruppen, linkstendierend gegen ein Establishment, waren im Zeitbild. Auch das reichte damit nach Starnberg herein, aber hier dürfte ein Publikumskontakt nicht so einfach gewesen sein.

Nach dem Abschluss von K&K[26] und Nachfolgestudien[27] wandten sich die Mitarbeiter neuen Themen zu: Umweltfragen, Entwicklungsproblematik (Globalisierung klang schon an), Wissenschaft und die Einflussnahmen auf sie und anderes. Vier Bände *Starnberger Studien*[28] fassten Ergebnisse zusammen. Hier kann auch **Tilman Spengler** (geb. 1947) als Starnberger Autor genannt werden; später wendet er sich einer breiteren Themenpalette, auch mit belletristischen Titeln, zu (bleibt aber am See, in Ambach, wohnend).

1971 wurde das Institut erweitert um eine Gruppe um den Soziologen und Philosophen **Jürgen Habermas** (geb. 1929) als weiteren Direktor. Bis zum Ausscheiden von Weizsäckers 1980 war es eine, durch unterschiedliche Ausgangspositionen wohl nicht immer einfache Zusammenarbeit, zumal auch das weitere Umfeld für Habermas nicht einfach blieb: Weder 1973 noch 1980 gelang es, eine Professur in München zu bekommen, während sonst weltweit Angebote kamen. Erwähnt sollte auch werden, dass einer der Ideengeber der Studentenbewegung um 1968, in Amerika und in Deutschland, der Philosoph **Herbert Marcuse**, 1979 bei einem Besuch bei Habermas im Starnberger Krankenhaus starb.

Nach einer Umorientierung (ab 1980 Institut für Sozialforschung) wurde das Institut 1981 geschlossen. Eine Anzahl von Mitarbeitern gründeten danach jeweils eigene Institute in Starnberg.

Mehrere Seiten lang würden jetzt die Listen, würde man Weizsäckers und Habermas' Werke aus den Starnberger Jahren (beide blieben ja hier wohnen) zusammenstellen. Fast willkürlich herausgegriffen: Jürgen Habermas, *Theorie des kommunikativen Handelns* (1981, auch als sein Hauptwerk angesehen). Dazu kommen zahlreiche Werke zu unmittelbaren Zeitfragen (ein Beispiel ist *Vergangenheit als Zukunft*, 1990, nach der Wiedervereinigung). Carl Friedrich von Weizsäckers *Die Zeit drängt*, 1986, also vor den großen weltpolitischen Veränderungen am Ende der 1980er-Jahre erschienen, ist sein Appell an die Christenheit, Gerechtigkeit, Frieden, Schöpfung zu

Abb. 168: Tilman Spengler, einst Mitarbeiter des Starnberger Max-Planck-Instituts, heute vielseitiger Schriftsteller.

Abb. 169: Jürgen Habermas begleitet in seinen Schriften auch aktuelles Zeitgeschehen, wie hier zu den weltpolitischen Veränderungen 1990.

bewahren. Im vollbesetzten Evangelischen Gemeindesaal, bei seinem Vortrag dazu, konnte man das Gefühl haben, dabei zu sein beim Ingangbringen einer Bewegung.

Abb. 170: Um weltweite Resonanz bemüht: eine der Schriften Weizsäckers aus den Starnberger Jahren.

Geschichts- und Naturwissenschaftler, Spracherzieher

Noch ein Wissenschaftler, außerhalb der genannten Institute, soll erwähnt werden, der aus der Emigration zurückgekehrt war und nach der Emeritierung einige Lebensjahre in Starnberg-Perchting verbrachte, der Historiker **Richard Alewyn** (1902 79) Verfasser von Biographien und besonders von Werken zur Barockkultur, Werken, die in gewisser Weise auch zum Verständnis der höfischen Feste auf dem Starnberger See beitragen.

Zahlreiche Buchveröffentlichungen über Bayerns Vorgeschichte bis hin zum Mittelalter hat der ehemalige Landeskonservator **Hermann Dannheimer** (geb. 1929), Wohnort Starnberg-Hadorf, verfasst.

Mit über einem Dutzend Büchern ein moderner Erzieher zu einem schlanken, kräftigen Deutsch – das wären ihm vermutlich schon zu viele Adjektive – ist **Wolf Schneider** (geb. 1925), der vor einigen Jahren in Starnberg-Percha zuzog.

Nicht aufgenommen werden sollen hier Werke von Starnberger Autoren aus medizinischen, technischen, naturwissenschaftlichen oder vergleichbar speziellen Fachbereichen. Ihnen wird ein eigener Band der *Starnberger Stadtgeschichte* gewidmet sein. Wenigstens erwähnt werden aber soll, dass die **Nobelpreisträger** Adolf von Baeyer, Heinrich Wieland und Feodor Lynen in Starnberg Wohn- und Sterbeort oder Grabstätte fanden.

Schüler des Starnberger Gymnasiums werden Autoren[29]

Im Not-Zeichensaal des Gymnasiums, eingerichtet im ehemaligen Krankenhaus Starnberg, las auch **Herbert Achternbusch** (geb. 1938; siehe rechts) einmal – wie mag er auf Schüler gewirkt, welche Samen mag er dabei gelegt haben?

Und heute? Alle zwei, drei Jahre, inzwischen schon zum siebten Mal, veröffentlicht der **Literaturzirkel Freies Schreiben** am Gymnasium Starnberg (s. S. 186ff.) seine *Skizzen*, die gesammelten Schreibversuche einer Reihe von Schülern, auch der verantwortliche Redakteur, der Gymnasiallehrer Dr. Ernst Quester, wagt sich mit eigenen Texten darunter. Sonst soll hier niemand genannt werden, obwohl eine der Jungautorinnen, Julia R., sogar schon

Annähernde Erinnerung: Herbert Achternbusch

Starnberg, Ludwig-Thoma-Weg 30. Eine Säule trägt an einer Ecke des Hauses das Dachgeschoss, so entsteht ein kleiner terrassenartiger Sitzplatz im Freien, aber unter Dach. In meiner Erinnerung steht dort auf einem niederen Tischchen eine Schreibmaschine, aus der auf (Endlos-?) Papier hervorwächst, was Herbert Achternbusch gerade »zu Papier bringt«.

Ob das Gedächtnis täuscht: Das Geschriebene bleibt als Ganzes oder wird als Ganzes verworfen? Mag sein, dass so das Druckbild der ersten Bücher entsteht: einfach fortsetzend, Zeilenumbruch wo es kommt, auch schon nach dem ersten Buchstaben eines Wortes. Die ersten Bücher sahen so aus,[30] erst die nicht nummerierten Seiten unterbrachen zwangsläufig die entstehenden Wortsäulen.

Und im gedruckten, gelesenen Wortfluss schieben sich hinter- und übereinander: unmittelbarste Wahrnehmung der Umgebung mit dem Tun der noch kleinen Kinder; Fortspinnen eines Eindrucks hin nach Tibet, zum Titel der Geschichte; Erinnerung an den spendablen Großvater, in dessen Starnberger Häuschen der Autor jetzt schreibt; Erinnerung an ein Weglaufen, und da ist auf einmal das Kamel da, das dem Buch den Namen gibt. Und so weiter. Der Versuch, all dem gerecht zu werden durch Niederschreiben, was durch das Bewusstsein fließt.

Auch weitere Erinnerungen blieben, bei denen ich immer sprachlos-gelähmt war, in der Nähe eines Autors, dessen Zeit zu kommen begann oder schon da war oder bereits wegzugehen schien. Dessen Schreiben mir unverständlich blieb, bis endlich erkennbar wurde, dass er sein Leben, mit allem Schweren, was dazu gehört – Verluste, Verletzungen, Verkennung – hineinschrieb, wie Leitfossilien in der Prosa, in den Theaterstücken, in seinen Gemälden, in den Filmen, bei denen dann sogar manche Darsteller, Bekannte darunter, aus dem »richtigen Leben« genommen waren.[31]

Zu den Starnberger Jahren (1965–71) schrieb er einmal: »Von Ramersdorf zogen wir 1965 nach Starnberg, in das Häuschen meines verstorbenen Großvaters, das meiner Tante gehörte. Hier verbrachten wir, wenigstens im Rückblick, die schönste Zeit. Dann kam die Betonhölle der Staatsbedienstetenwohnung in Gauting.«[32] Später kehrte er eine Weile an den See zurück, eine Zeit, die unter anderem in *Das Ambacher Exil*[33] einging. Aber eine Seelandschaft war für ihn eher fremd – seine Heimat war ja der mittelgebirgige Bayerwald gewesen.

Friedrich Ani, damals Starnberger Lokaljournalist, hielt, quasi als Würdigung Achternbuschs, den See jener Jahre in einem längeren Gedicht fest, dessen letzte Zeilen lauten:

»am ende blüht ein dorniger busch anstelle des sees
acht blüten hat er und die letzten menschen nennen ihn herbert.«[34]

Abb. 171: Achternbusch Herbert Maler Ludwig-Thoma-Weg 30 (so im Würmtal-Adreßbuch, Ausgabe Starnberg, für das Jahr 1968).

einen Preis von außerhalb erhalten hat. In zehn, zwanzig Jahren oder früher werden vielleicht Pflänzchen aus diesem »Frühbeet« des Schreibens sich einen Namen gemacht haben. Wie ja schon einige ehemalige Schüler des Gymnasiums Starnberg zu weithin beachteten Autoren geworden sind!

Patrick Süskind (geb. 1949) etwa, aus Ambach, einige Jahre Schüler in Starnberg, wurde mit vergleichsweise wenigen Büchern geradezu weltbekannt. (Es wird sogar gelegentlich das Gerücht kolportiert, er hätte von Anfang an vorgehabt, *ein* Buch zu schreiben, von dessen Erträgen es sich leben ließe. Mit dem inzwischen auch verfilmten Hauptwerk, *Das Parfüm*, mag das gewiss gelungen sein.) Es ist müßig zu spekulieren, wieweit die Schule oder das Schriftsteller-Elternhaus (Vater war der schon erwähnte W. E. Süskind, S. 150) seine Begabung förderten.

Bei **Andreas Neumeister** (geb. 1959) ist die Wirkung der Schule unmittelbarer spürbar. *Äpfel vom Baum im Kies*[35], Neumeisters Erstling, reflektiert ohne anzuhalten, in einem unverwechselbar eilenden, aneinanderkettenden Stil unseren Ort und seine Geschichte, Familie, Schule (man erkennt sich wieder, vermag sogar Schulthemen darin zu finden), Freundesbeziehungen des Heranwachsenden. Eine besondere Schulerinnerung hat Neumeister vor Kurzem herangeholt, als Argument in der *Zündfunk*-Debatte des Bayerischen Rundfunks: Er nennt unter den Dingen, »die einem das Leben in der kuriosen Einparteien-Demokratie Bayern ermöglicht haben:

Abb. 172: Schutzumschlag von Andreas Neumeisters Erstling, prall gefüllt mit Starnberger »Innenleben«.

Schüler werden Autoren

für Filmästhetik gemacht, das weithin seinesgleichen suchte; darüber hinaus waren auch wichtige deutsche Autoren zu Lesungen eingeladen: Martin Walser, Horst Bienek, Herbert Achternbusch u. a.

Einige Jahre war **Anton G. Leitner** (geb. 1961) Schüler in Starnberg. Er hat sich mit unbeirrbarem Elan dem Lanzenbrechen für zeitgenössische Lyrik verschrieben, war Mitbegründer der Zeitschrift *Das Gedicht* und suchte neue Wege, um Lyrik, auch seine eigene, wettbewerbsfähig auf den Markt zu bringen. Ein Weg dazu: Gedichte auf Einkaufstüten zu drucken, für Backwaren etwa.

In ihrem bislang letzten Buch, einem Essay mit drei konkreten Beispielen,[37] schreibt **Petra Morsbach** (geb. 1956) darüber, wie es mit der Wahrheit beim Erzählen aussieht, wie sich die eigentliche Wahrheit (»die Erkenntnis von der eigenen Situation«) hervordrängt. Mit diesem Buch verlässt Petra Morsbach ihren vorherigen schriftstellerischen Weg mit Romanen, die jeweils in umgrenzten Welten angesiedelt waren: die Welt der Oper (in *Opernroman*), das Leningrad der 1950er-Jahre *(Plötzlich ist es Abend)*, die überschaubare Welt eines Reiterhofs, in der sich doch auch ein wenig eine Geschichtsepoche entfaltet, oder in unaufdringlicher Weise das (Zölibat-)Umfeld eines geringfügig behinderten Priesters *(Gottesdiener)*. Petra Morsbach hat das Starnberger Gymnasium bis zum Abitur besucht. Inzwischen wieder mit Starnberger Adresse, erhielt sie 2007 den Konrad-Adenauer-Preis.

Ist es ein Zufall? Zeitweise in derselben Klasse wie Petra Morsbach saß **Patricia** (»Pitschi«) **Reimann** (geb. 1955) – inzwischen fest im Literaturbetrieb verankert, als Übersetzerin, Herausgeberin, Moderatorin, vermutlich bald mag sie Buchautorin sein, jedenfalls vermittelt allein schon ihr Nachwort zu einem Lesebuch über zeitgenössi-

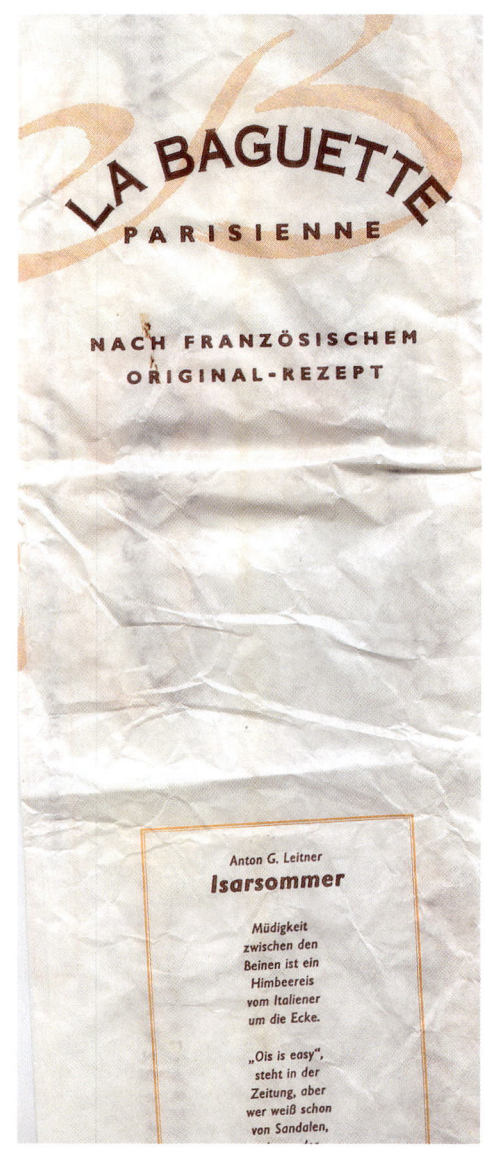

Abb. 173: Anton G. Leitner verbreitete seine Gedichte auch auf Tüten für Backwaren.

Bei mir waren das ein Filmklub in einer dumpfen Kreisstadt ...[und bestimmte Radioprogramme]«.[36]

Dieser **Filmklub**, letzten Endes hervorgegangen aus einer Schüler-Lehrer-Initiative im Gefolge des eher unruhigen Endes der 1960er-Jahre, wurde vom Gymnasiallehrer **Olaf Neumann** zu einem Prägeinstrument

sche israelische Literatur[38] Überblick und klare Einsichten und könnte auch ein eigenes Büchlein sein.

Heimatverbundene Autoren

Dieser Abschnitt versammelt Autoren, deren Schriften ein eher eng gefasstes heimatliches Umfeld zum thematischen Ausgangspunkt haben, von dem aus die Schriften aber unterschiedlich ausstrahlen können.
Weit über Starnberg hinaus reicht als Autor **Georg Queri** (s. auch S. 73), der deshalb auch schon mehrfach in zeitlich-räumlich ausgreifenden Zusammenhängen angesprochen werden konnte.
Noch deutlicher gilt das für **Oskar Maria Graf** (s. auch S. 131), mit Anknüpfungen weltweit, bei dem aber doch der Urboden, aus dem viele seiner Geschichten quellen (ob real benannt oder pseudonymisiert), nicht selten die engere Heimat ist, nämlich Berg über dem Starnberger See. Die Kreisstadt selber ist schon eine etwas andere Welt in seinen Geschichten, nur spärlich gestreift und fremd, gar bedrohlich (z. B. der Losverkäufer Peschel aus Starnberg, eigentlich ein Urheber in der Kalendergeschichte *Das unrechte Geld*).
Die Landschaft **Paul Ernst Rattelmüller**s (1924–2004), aus der er das Leben für seine Bücher zog, war weiter gebreitet, Oberbayern hauptsächlich, dessen Bezirksheimatpfleger er 16 Jahre war und dessen Freilichtmuseum an der Glentleiten er maßgeblich mit ins Leben rief. Mit immer wieder neuen Facetten von (Ober-)Bayerns Kulturtradition befasste er sich, in Büchern, Vorträgen, Rundfunkbeiträgen, mit ihren Festen, Trachten, Reiseliteratur, namhaften Persönlichkeiten, Militärgeschichte, um nur einige Themen herauszu-

Abb. 174: Paul Ernst Rattelmüller stattete viele seiner Bücher mit eigenen Illustrationen aus.

greifen. Bezeichnend auch, dass sein Leutstettener Haus nicht weit vom Schloss und damit von den Wittelsbachern lag.
Wenn er auch nicht Starnberger Bürger ist: **Gerhard Schober**s (geb. 1938) Bücher über seine Heimat, sein Dorf, die Landschaft in Gemälden, die Prunkschiffahrt, über Villen, Schlösser haben geradezu Vorbildcharakter für andere Landschaften.
Hans Zellner (1904–98), ein echter Starnberger, sei hier angeschlossen. Obwohl er zum engeren Ort ein Jubiläums-Festspiel und wesentliche Teile des Starnberger *Heimatbuchs* verfasst hat, waren doch allgemein-bayerische Themen für ihn genauso wichtig: das Zusammenstellen eines Buches über bayerische Trachten[39] etwa, oder die Sammlung und Herausgabe bayeri-

scher Volkslieder. (Zur Ehrung eines oberbayerischen Preisträgers hörte ich ihn auch eines davon mit mühsamer Altersstimme vortragen. Umso kräftiger klang es bei von ihm organisierten Musikantentreffen!) Bei der mit Zellner nach dem Kriege wiederbelebten Starnberger Heimatbühne las **Max Dingler** 1949 erstmals sein bayerisches Osterspiel *Auferstehung.*

Spät wertvolle Quelle geworden ist der *Physikatsbericht* des Landgerichtsarztes Dr. **Carl Joseph Ritter von Linprun** für Starnberg, der eine große Zahl originaler Mitteilungen zu örtlichem Leben (und Sprechen!) für die Mitte des 19. Jahrhunderts enthält.[40]

Eine nicht einfache Gratwanderung zwischen (zu vermeidendem) volkstümlichem Klamauk und Volksstück-Satire zu lokalen Themen (bzw. »wunden Stellen«: Großbauprojekten, missglückten Planungen) versucht die Starnberger Architektin und Stückeschreiberin **Erika Schalper** und hat sich dazu mit einer Theatergruppe umgeben. Nicht vergessen soll schließlich **Friedl Brehm** sein, zwar aus Feldafing und mehr Journalist und Verleger als Autor, aber eben in seinem Verlag ein Förderer von Mundartautoren und eines aktuellen Bayerisch. Einer seiner Autoren, **Ossi Sölderer**, »Pionier der Dialektdichtung« wurde ihm nachgerufen, ertrank am Dampfersteg im Starnberger See. Die von Brehm gegründete Dokumentationsstelle für bayerisches Mundartschrifttum (mit Adresse in Starnberg) hat Brehms Tod nicht überlebt.

Wenn in diesem Zusammenhang der vielseitige Schriftsteller und Hofrat **Maximilian Schmidt** genannt **Waldschmidt** (1832–1919) vermisst wird, nach dem ja sogar eine Starnberger Straße benannt ist, so kann von ihm, der am Ostufer und in Tutzing wohnte, wenigstens die folgende Verbindung zu unserer Stadt erwähnt werden: Er war eines der drei Ehrenmitglieder des Volkstrachtenvereins Starnberg schon im Gründungsjahr 1907.[41] Seine Verdienste um das Trachtenwesen, aber auch seine genauen Schilderungen der Verhältnisse der bayerischen Heimat in seinen (erdachten) Erzählungen werden ihm diese Ehre eingebracht haben.[42]

Abb. 175: Die Starnberger Gruppe beim Festzug zum 100-jährigen Jubiläum des Heimat- und Volkstrachtenvereins Starnberg im Juni 2007: die Frauen mit Otterfellhaube und Seidenspenzer, die Männer mit Bratenrock, Bundlederhose, weißen Wollstrümpfen, breitkrempigem Schlapphut und Hutschnur mit Goldquasten.

Kleines Resümee und großer Dank

Ein kleiner Rückblick nach diesem Aufsuchen von Autoren im Raum Starnberg: Was verbindet sie mit Starnberg? Ganz unterschiedlich sind die Beziehungen; sie wurden hier geboren oder getauft, gingen zur Schule, gründeten ihre Familie, lebten hier ganz unterschiedliche Zeitspannen oder starben hier, Gräber künden von ihnen.
Was hat sie hergeführt? Der See und was sich auf und bei ihm abspielte; die Nähe zu München und der ausstrahlende Sog seiner bedeutenden Kultur; die Landschaft, die Stille, Anregung, Bereicherung bereithält; schon hier wohnende Bekannte; eine herausgehobene Wohnqualität der Villen mit Seeblick (geerbt, gekauft, gemietet), andererseits aber auch preiswerteres Wohnen in manchen Zeiten.
Ein eigenes Thema wäre, dem nachzugehen, was die Autoren dem Starnberger Seegebiet verdanken und was umgekehrt Starnberg seinen Autoren verdankt. Nicht wenige waren ja deutliche oder hintergründige Protokollanten ihrer Zeit, (nicht immer unbestechliche) Zeitzeugen, darüber hinaus aber auch Mitwirkende, Gestalter durch die Verbreitung von Ideen (z. B. religiöser, aufklärerischer, moderner, vaterländischer, ja nationalistischer, irrationaler, monarchistischer oder demokratischer, auch roter oder grüner Art). Sie trugen dazu bei, die Landschaft zu sehen und immer wieder neu zu sehen. Und das übertrug sich auf den Verfasser, der von ihnen Vieles als persönlich bereichernde Sicht dazulernte.

Aber nicht so sehr bei den Autoren als schließlich bei einigen wenigen realen Personen (stellvertretend für eine ungleich größere Schar nicht genannter) ist es dem Verfasser ein großes Bedürfnis, Dank abzustatten.
An erster Stelle Dr. Ernst Quester für die freundschaftliche, beratende und unterstützende Begleitung bei der Entstehung des Manuskripts über Jahre hinweg; Paul Heinemann, dem Starnberger Antiquar, für Hinweise, Einsichtgewähren und stete erwartungsvolle Ermunterung, gleichermaßen seiner zeitweisen rechten Hand, Frau Edith Jungmair aus Salzburg; ganz besonders der Herausgeberin und Lektorin Dr. Eva Dempewolf, die, als es mit dem Buch Ernst wurde, an vielen Stellen entscheidend weiterhalf, unermüdlich Klippen überwand, weit über den professionellen Auftrag hinaus und mit großer Erfahrung in Bahnen lenkte; Stadtarchivar Wolfgang Pusch, für Hinweise und Hilfe, Zusammenarbeit und Gedankenaustausch in Freundschaft; Annette Kienzle, die als Kulturamtsleiterin der Stadt Starnberg das Projekt einer facettenreichen, vielbändigen »Starnberger Stadtgeschichte« zielstrebig vorantreibt – und natürlich der Stadt Starnberg selber; ehemaligen Kolleginnen und Kollegen vom Gymnasium Starnberg (stellvertretend für weitere: Frau Barbara Schwalbe, Frau Barbara Müller-Funk, Herrn Gerhard Plankenhorn, Herrn Dr. Rudolf Zirngibl); Freunden und Bekannten, die mit Tipps und Resonanz weiterhalfen. Ein Teil der auf Starnberg bezogenen Informationen in den »Geschichtlichen Rahmendaten« wurde dem Heimatbuch der Stadt Starnberg entnommen.
Mein Dank gilt weiterhin Büchereien und Bibliotheken, an vorderer Stelle der Münchner Stadtbibliothek im Gasteig und der Bayerischen Staatsbibliothek, die auf Vorschlag auch eine Liste von Büchern älterer Starnberger Autoren in ihr Sanierungskonzept (Entsäuerung) aufnahm.
Besonders danke ich meiner Familie für kritische und geduldige jahrelange Begleitung bei der fixen Idee, »Starnberg, der See und seine Literaten« irgendwann und irgendwie einmal gedruckt zu sehen: meinen Söhnen, die je nach Fachgebiet in Germanistik, Informatik, Diagnostik beistanden, vor allem aber meiner lieben Frau, die wachsende Bücherwände in Schach hielt und das häusliche Umfeld für das etwas spleenige Hobby »Autoren, Bücher, Zeitenwandel« bereitete.

Starnberg, im Juni 2008   Herbert Schmied

Anmerkungen

Stadtgeschichte und Literatur
1 Guardini, Hölderlin S. 15

Anfänge und frühe Jahrhunderte
1 Strabo, Geographica S. 282; dort findet sich im 4. Buch der Flussname »duras«, bei dem der Herausgeber als Fußnote anmerkt: »Vielleicht die heutige Würm.« Duras entspringt danach in Gebirgen, die »oberhalb der Vindelicier gelegen« sind und ergießt sich wie »andere reißende Bergströme in das Bett des Ister«, das ist die Donau. (Strabo, Geographica, MarixVerlag Wiesbaden 2005, nach der Ausgabe von 1855-98)
2 Die sogenannte Tabula Peutingeriana
3 Bauer, Römische Fernstraße S. 67-101
4 Ein ebenfalls in mittelalterlichen Abschriften erhaltenes römisches Reisestationen-Verzeichnis, das Itinerarium Antonini, nennt als wohl nächstgelegenen Ort »Ambre«, vermutlich Schöngeising an der Amper.
5 Vgl. dazu auch die Kopie des Grabsteins und die Erläuterungen in Mühlemeier/Peters, Villa rustica
6 Versunkene Burgen
7 Schmeller, Wörterbuch Bd. 2/2 Spalte 1000
8 Reitzenstein, Ortsnamen
9 Percha Abb. 2
10 Schmidt, 6000 Jahre S. 173
11 Versunkene Burgen S. 29-3
12 Berger, Perchting S. 7
13 Hadorf S. 12 (im Beitrag von Friedrich Helmer)
14 Festschrift Hanfeld S. 5
15 Hinweise dazu in: Gantner, Kirchengeschichte
16 Reitzenstein, Ortsnamen
17 Chronik Bernried S. 3 sowie S. 52 Anm. 8
18 Chronik Bernried S. 52 Anm. 7 und S. 53 Anm. 9
19 Neumann, Herzog-Ernst-Lied
20 Friesenegger, Tagebuch
21 ebenda S. 46
22 ebenda S. 147
23 Chronik Bernried S. 55
24 Bosls Bayerische Biographie; dort weitere Literatur. Ferner Vorwort zu: Aventin, Chronik, s. u., Anm. 26
25 Buck, Krummstab S. 124f. bzw. aus der Veröffentlichung des Reisekalenders
26 Aventin, Chronik S. 28
27 Zur Geschichte der Karlsburg siehe: Versunkene Burgen Kap. 29
28 Aventin, Chronik S. 130
29 Buck, Krummstab S. 125
30 Buck, Krummstab S. 123
31 Apian, Kartographie S. 71
32 Apian, Topographie; daraus die lateinischen Zitate
33 Schober, Prunkschiffe
34 ebenda S. 20. Schober gibt als Quelle an: Mayr, Hans: Ordentliche Beschreibung des herrlichen Einzugs wie der Durchläuchtigste Fürst und Herr ..., München 1604
35 ebenda S. 21. Er stützt sich dabei auf Forschungen zur Geschichte der bayerischen Prunkschiffe des Staatsarchivdirektors Alois Mitterwieser.
36 Heißerer, Wellen S. 17
37 Bary, Henriette S. 294f.
38 Vehse, Höfe S. 115
39 Ongyerth, Würmtal S. 67, dazu Anm. S. 120
40 Wening, Descriptio
41 ebenda

Das Zeitalter der Aufklärung
1 Heiserer, Polling S. 34
2 Niederkorn-Bruck
3 Mathäser, Andechs S. 103f.
4 Hammermayer, Akademie 1 S. 38
5 ebenda S. 16
6 ebenda S. 40
7 ebenda S. 132f.
8 Dülmen, Töpsl S. 334f.
9 Hammermayer, Akademie1 S. 375
10 ebenda S. 303
11 Cassini, Relations; zitiert nach Hammermayer, Akademie 1 S. 199
12 Vehse, Höfe S. 204
13 Hammermayer, Akademie 1 S. 377
14 Friedenskirche Starnberg S. 10
15 Gercken, Reisen S. 360ff.; zitiert nach Heiserer, Polling S. 38
16 Zapf, Reise; zitiert nach Heiserer, Polling S. 43
17 Pezzl, Reise
18 Pezzl, Reise S. 193
19 Mathäser, Andechs S. 36; dort Näheres zur Legende
20 Riesbeck, Briefe

21 ebenda, S. 57
22 ebenda, S. 52
23 Geiger, Mars
24 ebenda S. 34*
25 Zimmermann, Reise 1781
26 Zimmermann, Reise 1966; aus dem Faksimile des Original-Titelblattes in dieser Ausgabe; ferner die folgenden Zitate aus dieser Ausgabe
27 Näheres z. B. bei Kottmeier, Zimmermann S. 7ff.
28 Zimmermann, Reise 1966 Anm. 2, S. 1f.
29 Zimmermann, Reise 2001
30 Westenrieder, Wurmsee 1784 S. 38ff.
31 Schmied, Zimmermann S. 168f.; ferner Schober, Prunkschiffe S. 102
32 Raff, Flößerei S. 39
33 Schober, Villen S. 45
34 Bayerisches Hauptstaatsarchiv, HR I, Fasc. 197/7
35 Huber, Pantheon
36 Cook, Entdecker S. 175
37 Nicolai, Reise; siehe dazu die folgende Anmerkung
38 Dieses und die folgenden beiden Zitate sowie die bibliographische Angabe sind entnommen den Begleittexten in: Zimmermann, Reise 2001 S. 173ff.
39 nach August Kluckhohn, der den schriftlichen Nachlass Westenrieders herausgab (München 1882; Hinweis Brigitte Huber)
40 Westenrieder, Wurmsee 1784
41 Westenrieder, Wurmsee 1784 S. 20
42 Westenrieder, Wurmsee 1784 S. 23
43 Westenrieder, Würmsee 1811
44 Westenrieder, Wurmsee 1784 S. 127
45 Schmeller, Wörterbuch
46 Westenrieder, Würmsee 1811 S. 9
47 Näheres hierzu bei Füssl, Aufkirchen
48 Westenrieder, Wurmsee 1784 S. 73
49 Westenrieder, Erinnerungen
50 Westenrieder, Wurmsee 1784 S. 152
51 Westenrieder, Wurmsee 1784; Günter Goepfert im Nachwort des Reprints 1977 S. X
52 Schrank, Reise
53 ebenda im Titelblatt
54 Näheres zu Strobls Lebensumständen in: Huber, Pantheon
55 Huber, Pantheon S. 29
56 Huber, Pantheon S. 80, Anm. 51

57 Frau Brigitte Huber überließ freundlicherweise eine kopierte Seite aus dem Münchner Anzeiger 1805/6 (?), die die Annonce der Stroblschen Buchhandlung enthält.
58 Weber, Reise
59 Goethe, Reisen. S. 13
60 Goethe, Tagebuch S. 13
61 Goethe, Reisen S. 14
62 Goethe, Reisen S. 20
63 1. Mose 47
64 Hazzi, Statistische Aufschlüsse
65 Heiserer, Polling S. 48
66 Dussler, Reisen S. 231
67 Mathäser, Andechs S. 197
68 Chronik Bernried S. 17
69 Heiserer, Polling S. 49
70 Aretin, Beyträge
71 Der Ausdruck stammt von Wilhelm Heinrich Riehl.

Das romantische Zeitalter

1 Bettine, Goethe S. 308ff.; dort auch die folgenden Zitate
2 Bettine, Goethe S. 316
3 Bettine, Goethe S. 357 (vorgeblicher Brief Bettinas an Goethe vom 13.12.1809)
4 Brief Arnim an Bettina aus Salzburg vom 21.10.1829. In: Achim Bettina, Briefe S. 847
5 Brief Bettine an Arnim. München, 25.10.1808 [Datum des Poststempels]. In: Achim Bettina, Briefe S. 61
6 Bettine, Lebensspiegel S. 186f.
7 Brief Bettine an Arnim vom 12.06.1809. In: Achim Bettina, Briefe S. 193
8 Brief Bettine an Arnim vom 25.08.1809 In: Achim Bettina, Briefe S. 237
9 Brief Bettinas an Goethe ohne Datum. In: Bettine, Goethe S. 643
10 Andacht Menschenbild. »Verworfene Briefblätter können sehr wohl später Goethes Briefwechsel mit einem Kinde zugute gekommen sein«, merken die Herausgeber dieser Briefsammlung an.
11 Bettine, Leben S. 131
12 Clemens Brentano an Achim von Armin vom 1.10.1808; zitiert in: Andacht Menschenbild S. 76
13 Brief Bettine an Arnim vom 05.04.1809. In: Achim Bettine, Briefe S. 161
14 Vgl. auch Weber, Schriften S. CXX

15 Musik-Erzählungen S. 94f.
16 Starnberger See G'schichten 1986 S. 121–125. Auf Fußnoten zu Quellen wird dort wie hier verzichtet, Ausnahme ist der im Musikverlag Schneider, Tutzing, 1997 veröffentlichte Briefwechsel Franz Danzis.
17 Danzi, Briefwechsel S. 139
18 Danzi, Briefwechsel S. 174
19 Danzi, Briefwechsel S. 181
20 Grimm, Leben. S. 112
21 Brief Bettina Brentanos an Friedrich Karl von Savigny von Anfang 1808; zitiert nach: Günzel, König S. 284
22 Karoline, Briefe S. 537
23 Karoline, Briefe S. 558 und 663
24 Aus diesem Jahr existiert ein ausführlicher Brief Carl Maria von Webers an Fannys Mutter, in dem er auch seine eigene Heirat erwähnt und sich nach Fanny in ihrer neuen Situation erkundigt.
25 Brief Jean Pauls an Ehefrau Karoline Richter vom 3.06.1820. Jean Paul, Briefe S. 36
26 Klein, Kempfenhausen
27 Jean Paul, Briefe S. 40
28 Jean Paul, Briefe S. 39
29 Jean Paul, Briefe S. 48 und 49
30 Jean Paul, Briefe S. 40
31 Jean Paul, Briefe S. 50
32 Jean Paul, Briefe S. 43
33 Jean Paul, Ideengewimmel S. 143
34 Aus der Vorrede zur Ausgabe des Bayerischen Wörterbuchs 1827
35 Schmeller, Tagebücher2 S. 537
36 Schmeller, Tagebücher1 S. 384
37 ebenda
38 ebenda
39 Schmeller, Tagebücher1 S. 413
40 Schmeller, Tagebücher2 S. 493f.
41 Schmeller, Tagebücher1 S. 444
42 Schmeller, Tagebücher1 S. 454
43 Schmeller, Tagebücher1 S. 538
44 Schmeller, Tagebücher2 S. 8
45 Mathäser, Andechs S. 198
46 »Kaltschmied« ist ein Söckinger Hausname.
47 Schmeller, Tagebücher1 S. 521
48 Z. B. Ruiz, Kerstorf S. 77–83; siehe auch: Grab, Judenemanzipation S. 62
49 Schmeller, Tagebücher1 S. 446
50 Schmeller, Tagebücher2 S. 42
51 Schmeller, Tagebücher2 S. 274; dort auch die folgenden Zitate
52 Schmeller, Tagebücher2 S. 480
53 Himbsel S. 194
54 Hoffmann von Fallersleben S. 125f.
55 Und zwar aus der Nr. 6 der genannten Zeitschrift 1840, ohne Seitenangaben.
56 Brentano hatte Haneberg, der ins Allgäu reisen wollte – er stammte aus der Nähe von Kempten –, von München bis Starnberg begleitet und war dann nach München zurückgekehrt.
57 Zitiert bei Hoffmann, Brentano S. 374
58 Brentano, Emmerich S. 451; nach: B. Pattloch im Nachwort dieses Werkes

Mitte 19. Jahrhundert bis 1. Weltkrieg

1 Drummer, Tutzing
2 Bauer, Schmeller S. 13
3 Helm, Haushofer
4 Zitiert ohne Herkunftsangabe von Ernst Heimeran im Vorwort zu: Steub, Sommer S. 10
5 Steub, Hochland 1850
6 Steub, Hochland 1860; Zitate zu Tutzing ab S. 424
7 Steub, Hochland 1860 S. 440
8 Der Name taucht in einer Urkunde in den Monumenta Boica auf.
9 Steub, Hochland 1860 S. 434
10 Die Brüder Lachner besaßen ein Haus in Bernried.
11 Steub, Wanderungen
12 Auch aufgenommen in: Steub, Sommer S. 115–126
13 Steub, Sommer S. 126
14 Steub, Culturbilder
15 z. B. A. Link: Der Würm-See (Starnberger See) in Oberbayern. München 1857; Adolph von Schaden: Taschenbuch für Reisende durch Südbayern, Tyrol und das Salzburgische, München 1833. Ferner: Heinrich Noe: Bairisches Seenbuch, München 1865
16 Heyse, Jugenderinnerungen S. 213
17 Adolf Bartels erwähnt die Stelle aus Grosses Erinnerungsbuch »Ursachen und Wirkungen« in seiner einführenden Biographie zu Grosse, Werke.
18 Die Krokodile S. 17
19 Ludwig I., Schauspiele
20 Merta, Ludwig II.
21 Mathilde, Traum

22 Gaessler, Märchen S. 68–71
23 Heißerer, Wellen S. 304f.
24 Schab, Pfahlbauten
25 Kobell, Unter Königen
26 Prinz Karl, der Bruder Ludwigs I., ließ das Starnberger Prinz-Karl-Palais, die heutige Villa Almeida, erbauen; sein Mausoleum steht in Söcking.
27 Trautmann, Herzog Christoph
28 Pocci, Konrad: Fischerstechen
29 Pocci, Nachlaß; Werk
30 Pocci, Nachlaß S. 10: »Meine Gedanken und Betrachtungen«
31 Pocci, Bauern-ABC
32 Pocci, Fischerstechen S. 24–30
33 Dazu später ein eigener Abschnitt (S. 56f.)
34 Muser, Lasalle S. 30–33
35 Wagner, Braunes Buch S. 146f.
36 Link, Starnberger See S.102f., mit zeitgenössischer Abb. des Hauses
37 Altmann, Wagner Briefe S. 386
38 Gutmann, Wagner S. 527, Anmerkung 8: »Als Geschenk vermachte ihm der König die berühmte Klavier-Schreibtisch-Kombination.«
39 Altmann, Wagners Briefe S. 386
40 Mori, Deutschlandtagebuch. Die folgenden Zitate daraus sind nach dem Datum identifizierbar.
41 Schober, Villen S. 452
42 Kisskalt, Pettenkofer S. 99
43 Mori, Deutschlandtagebuch S. 152
44 Mori, Deutschlandtagebuch S. 301, Anmerkung in der Fußnote 1: Wellenschaum. Eine japanische Erzählung aus dem München Ludwigs II. Übers. Wolfgang Schamoni. Hrsg. von der Deutsch-Japanischen Gesellschaft 1976
45 Mori, Deutschlandtagebuch S. 293
46 Vermutlich in der Villa Kornmann am Prinzenweg. 1901 kaufte Eulenburg die Villa Harffen in der Theresienstraße. Dazu Schober, Villen.
47 Eulenburg, Ludwig II. 1934
48 Eulenburg, Ludwig II. 2001
49 Queri, Lesebuch. Darin das Kapitel: Georg Queri und die Eulenburg-Affäre 1908, S. 80–83
50 Queri, Lesebuch S. 85. Die »Zukunft« ist Hardens Zeitschrift.
51 Queri, Kraftbayrisch S. 149
52 Lieckfeld, Herz S. 92. Lieckfeld unterhielt sich mit dem ehemaligen Redakteur Walter Habersetzer.
53 Queri, Kraftbayrisch. Ausführliche Darstellung mit juristischen u. a. Hintergründen im Nachwort von Michael Stephan
54 Queri, Bauernerotik
55 Queri, Kraftbayrisch
56 Enthalten in: Der Briefwechsel von Theodor Fontane und Paul Heyse 1850–1897. Hrsg. von Erich Petzet, Berlin o. J.
57 Er nennt z. B. die Dichter Martin Greif, Julius Schaumberger, Richard Dehmel, Heinrich von Reder und Detlev v. Liliencron.
58 Conrad, Starnberger See S. 16–34; das Zitat findet sich auf S. 21.
59 Conrad, Finsternis
60 Möhl, Conrad S. 32
61 Conrad, Starnberger See S. 23
62 Conrad, Isar
63 Zitate aus Conrad, Ziele S. 141ff.
64 Bierbaum, Kuckuck S. 43ff; daraus die folgenden Zitate
65 Uhde-Bernays, Freiheit 1947 S. 312
66 Uhde-Bernays, Freiheit 1947 (2. Auflage: Uhde-Bernays, Freiheit 1963)
67 Uhde-Bernays, Freiheit 1947 S. 426
68 Uhde-Bernays, Freiheit 1947 S. 517
69 Uhde-Bernays, Weißes Haus; darin S. 42ff. Mein Starnbergersee
70 Schmitz, Moderne
71 Schmitz, Moderne S. 556–558
72 Uhde-Bernays, Freiheit 1947 S. 518
73 Schober, Villen
74 Riehl, Charakterköpfe; darin das Vorwort zur 1. Auflage von 1891
75 In: ADB 53. Band, 1907
76 Riehl, Land
77 Lentner, Bavaria 1987
78 Lentner, Bavaria 1987, Band Oberbayern: Die Landgerichte im Gebirge, Süddeutscher Verlag 1988, S. 48f.
79 Möhler, Volkskunde
80 Riehl, Charakterköpfe. Die Zitate sind dem Wagner-Kapitel der 3. Auflage entnommen.
81 Dussler, Reisen S. 300ff.: Der Handwerksbursche Johann Eberhard Dewald, 1838
82 Blei, Leben S. 437

83 Erinnerung des Wiener Bibliothekars Siegfried Lipiner. In: Wessling, Mahler S. 67
84 La Grange, Mahler S. 168
85 La Grange, Mahler S. 867. Karte vom 23. Mai an die Eltern
86 Zum Beispiel für das Verhältnis Mahler zu seinem frühverstorbenen Komponistenkollegen Hans Rott (Rott, Begründer S. 51)
87 Werfel, Barbara
88 Werfel, Barbara S. 341
89 Schweiger, Verhungert
90 Krzyzanowski, Gift
91 Eingesehen im Katholischen Pfarramt Starnberg
92 Blei, Leben Kap. 45 »O. Krzyzanowski«
93 So Ernst Fischer in Killys Literaturlexikon
94 Krzyzanowski, Gift. Entnommen dem erwähnten Faksimile-Band, S. [2643]. Es sind mehrere Fassungen des Gedichts bekannt.
95 Morgenstern, Gesammelte Werke S. 7 (»Autobiographische Notiz«)
96 Morgenstern, Werke Briefe S. 9
97 Morgenstern, Werke Briefe S. 17, Brief vom 26.08.1887 aus Breslau
98 Morgenstern, Gesammelte Werke S. 591
99 Morgenstern, Alles S. 105, Brief vom 31.12.1901 aus Arosa
100 Morgenstern, Alles S. 330, Brief vom 23.01.1911 aus Taormina
101 Zitiert bei Barth, Morgenstern
102 Morgenstern, Gesammelte Werke S. 7f.
103 Nach der Ablösung von der mehr international verstandenen Theosophischen Bewegung breitete sich die Anthroposophie im deutsch- und englischsprachigen Raum aus; bei ihr haben Aufklärung und rationale Verstandeskräfte nicht Priorität.
104 In der Überhöhung und einseitigen Ausrichtung von Begriffen wie Volk und Nation bei Lagarde, in seinem Glauben an die kulturelle Überlegenheit des Deutschen und in seinem Antisemitismus, kann man irrationale Tendenzen sehen.
105 Kerner Freundeskreis
106 Kerner Freundeskreis S. 61
107 Bock, Steiner
108 Bock, Steiner S. 179
109 So der Titel einer Ausstellung 1992/93 im Heimatmuseum Starnberg, auf deren dort gezeigtes Material im Folgenden zurückgegriffen wird; vgl. Schmied, Meyrink
110 Brief Meyrinks an Bucherer vom 11.06. (1907)
111 Der heiße Soldat (1903), Orchideen (1904), Wachsfigurenkabinett (1908)
112 Brief Alfred Kubins an Ehefrau Hedwig vom 12.03.1905
113 Pulver, Erinnerungen S. 38
114 Nach Carl Vogl an Konrad Wichtl (Weltfreimaurerei, Weltrevolution, Weltrepublik ...), so in: Vogl, Aufzeichnungen S. 147ff.
115 Schachchronik Starnberg; daraus die Zitate
116 Buchner, Kamerad S. 87f. Über dieses aufschlussreiche lokale Zeitdokument später mehr (Buchseite 115f.).
117 Mengel, Meyrink
118 Martens, Lebenschronik S. 127
119 Brod, Leben S. 304f.
120 Zu diesem Schweizer Schriftsteller, der viele Jahre in Starnberg wohnte, an anderer Stelle mehr (Buchseite 126f.).
121 Hermann Uhde-Bernays in: Festschrift Held S. 24f.
122 Mangoldt, Schwelle S. 100
123 Seidel, Wachstuchhefte S. 86f.
124 Ratzel, Glücksinseln. Die Zitate finden sich auf S. 118 und S. 129.
125 Ratzel, Glücksinseln S. 313
126 Ratzel, Lebensraum
127 Ratzel, Deutschland. Die ersten beiden Zitate aus der unpaginierten Vorbemerkung
128 Ratzel, Deutschland S. 303f.
129 Ratzel, Deutschland S. 304
130 Ratzel, Deutschland S. 317
131 Ratzel, Deutschland S. 317
132 Großer Brockhaus 1954, Stichwort: Grothe, Hugo
133 So Wolf Benicke über Grothe in der Neuen Deutschen Biographie (1966)
134 Bayernbuch (Neuausgabe) Band 1, S. 337f.
135 Schullesebuch
136 Scherbaum, Tanera-Haus
137 Queri, Kraftbayrisch S. 200–214
138 Queri, Kalender 1913 S. 79f.
139 Der wöchentliche Beobachter von Polykarpszell. Geschichten aus einer kleinen Redaktion. München 1911
140 Queri, Lesebuch S. 237

141 Thoma, Leute S. 142
142 Queri, Lesebuch S. 237
143 Natürlich ist hier, vom Kapitelthema ausgehend, nur vom »Kriegs- und Nachkriegs-Queri« die Rede. Seiner großen Bedeutung als Sammler, Bewahrer und Gestalter eines kräftigen Urbayerisch tut das Gesagte keinen Abbruch.
144 Kadidja Wedekind, Kalumina. Vor wenigen Jahren von Dirk Heißerer wieder herausgegeben.
145 Sternsdorf-Hauck, Brotmarken S. 12f.
146 Heymann, Erlebtes S. 142

Der doppelbödige Frieden
1 Eine ausführliche Übersicht zu Leben und Werk Queris in: Queri, Lesebuch
2 Knab, Kleinstadt
3 Heller, Pfarrbeschreibung
4 Toller, Briefe S. 40ff.
5 Toller, Jugend S. 138ff. des rororo-Taschenbuchs
6 Feuchtwanger, Erfolg S. 531f.
7 Brief von Landauers Tochter Lotte an die Schriftstellerin Auguste Hauschner
8 Bernstorff, Deutschland
9 Bernstorff, Deutschland S. 33
10 Ludendorff, Frau, z. B. S. 148f.
11 Frentz, Ludendorff S. 212
12 Aus der Novelle »Nicht beschämen« von 1922
13 Zweig, Freud S. 43
14 Zweig/Weyl
15 Zweig/Weyl S. 159f., Brief aus Tübingen-Lustnau vom Oktober 1919
16 enthalten in: Zweig, Jahresringe
17 Zweig/Struck, Antlitz
18 Arnold Zweig widmete dem später Emigrierten und in der Schweiz Verstorbenen eine längere Nachbetrachtung. In: Über Schriftsteller, Berlin und Weimar, 1967. Ernst Kammitzer ist nicht identisch mit dem gleichnamigen DDR-Literaten.
19 Zweig, Caliban; Zitat auf S. 10
20 Zweig/Weyl, Briefe S. 249. Brief Arnold Zweig an Helene Weyl vom 19.10.1922 aus Starnberg
21 Zweig/Weyl, Briefe S. 417 (Anmerkungen)
22 Buchner, Kamerad S. 255
23 Zweig/Weyl, Briefe S. 179, Brief vom Januar 1920
24 Zweig/Weyl, Briefe S. 263, Postkarte vom 30.05.1923
25 lt. Eintrag in der katholischen Taufmatrikel
26 Der Bühnenbildner und Librettist Caspar Neher stattete auch viele Uraufführungen von Stücken seines Freundes Brecht aus.
27 Boie-Grotz, Brecht S. 64. Die Verfasserin knüpft daran Überlegungen zu einer homoerotischen Problematik bei Brecht.
28 Bronnen, Tage S. 63
29 Feuchtwanger/Zweig, Briefwechsel
30 Zweig, Verklungene Tage S. 162
31 Straus, Erinnerungen S. 241
32 Straus, Erinnerungen S. 242
33 Straus, Erinnerungen S. 242
34 Straus, Erinnerungen S. 246f.
35 Zillich, Grenzen
36 Binding, Krieg
37 Binding, Maß
38 Schober, Villen
39 Frau Dr. Renate Heuer vom Archiv Bibliographia Judaica in Frankfurt danke ich auch hier für die Überlassung von Kopien.
40 Straus, Erinnerungen S. 241
41 Michael Georg Conrad, Berlin, Wien, München. In: Die Gesellschaft 1892. Hier zitiert nach: Schmitz, Moderne S. 591
42 Ewiges Deutschland. Die Zitate finden sich auf S. 219ff.
43 Zillich, Schicksalsweg
44 Pleyer, Morgen S. 42
45 Wulf, Kultur Dichtung S. 308
46 Pleyer, Tommahans
47 Pleyer, Morgen
48 Pleyer, Morgen S. 59
49 Langenbucher, Volkhafte
50 Johst, Mutter
51 Zuckmayer, Erinnerungen S. 387
52 Brecht, Liebste Bi S. 58. (Brief von Ende Januar 1920)
53 Zech, Expressionistisch S. 192
54 Lukacs, Expressionismus S. 260
55 So Walter Horn im Geleitwort zu Johst, Erde
56 Loewy, Literatur S. 217
57 Johst, Rolandsruf; hier zitiert nach Loewy, Literatur S. 261
58 Walter Horn im Völkischen Beobachter vom 7.07.1940; zitiert in: Wulf, Kultur Dichtung S. 172
59 Näheres bei Mittenzwei, Akademie

60 Johst, Ruf
61 Johst, Maske S. 205ff.
62 Strohmeyer, Hitler S. 59f.
63 Johst, Vergänglichkeit
64 von Ekkehart Staritz in der Erstausgabe
65 Buchner, Kamerad
66 Knab, Kleinstadt S. 27
67 Näheres dazu in Starnberger SZ Nr. 191 vom 21.08.2000 (Artikel von Günter Baumann)
68 Franz-Willing, Hitlerbewegung; daraus die folgenden Informationen
69 Hoser, Münchner Tagespresse S. 126
70 Hitler, Mein Kampf, S. 556
71 Goebbels, Tagebücher Bd. 1, Erinnerungsblätter. S. 70
72 Knab, Kleinstadt S. 90ff.
73 Knab, Kleinstadt
74 Knab wird hier behandelt und nicht erst im Kapitel Emigranten, weil er im Ausland unverzüglich auf Starnberg reagiert.
75 Frei/Schmitz, Journalismus S. 160–163
76 Nach Günther Baumann, »Odyssee eines Katholiken«, Starnberger SZ vom 15.07.2004
77 Vermutlich der Luzerner Stadt- und Grossrat Anton Auf der Maur, Präsident der Schweizer Caritas und im Vorstand des Schweiz. Kath. Volksvereins
78 Ist Schmid Noerr gemeint?
79 Knab, Märtyrer
80 Widerstand Diözese Augsburg
81 Handbuch Literatur Bayern
82 Handbuch Literatur Bayern S. 456
83 Mittenzwei, Akademie S. 633
84 Seidel, Dank
85 Seidel, Hochwasser S. 78
86 Horst, Seidel
87 Seidel, Michaela S. 182
88 Ferber, Seidels S. 309
89 Nach der wohlmeinenden Deutung ihres Sohnes; Ferber, Seidels S. 305ff.
90 Viktoria, Leben S. 363
91 Seidel, Wachstuchhefte S. 98; notiert 1946
92 Seidel, Brentano S. 5
93 Seidel, Dank S. 12
94 So bei: Mittenzwei, Akademie
95 Briefzitate aus Benn, Briefe S. 27f.
96 Seidel, Dank S. 24
97 Zitate aus: Seidel, Wachstuchhefte S. 98f.
98 Briefstelle Ina Seidels, zitiert bei Mittenzwei, Akademie S. 237
99 Erwähnt sei hier auch Ina Seidels Roman Das Labyrinth zum Leben des oben genannten Georg Forster (siehe S. 31f.)
100 Ebermayer, Erinnerungen S. 47f.
101 Mittenzwei, Akademie S. 531
102 Binding, Briefe S. 315
103 ebenda S. 356
104 ebenda S. 357
105 ebenda S. 367
106 ebenda S. 396
107 ebenda S. 403
108 ebenda S. 366
109 Mann, Tagebücher S. 179
110 Seidel, Briefe S. 79 Brief vom 7.08.1938 an Albrecht Goes
111 Seidel, Briefe S. 68
112 Seidel, Briefe S. 80
113 Zitate nach Internetrecherche
114 So der Eintrag im Schriftsteller-Verzeichnis
115 Nach der Meldekarte
116 Seidel, Wachstuchhefte S. 86
117 Talhoff, Elmau; daraus die folgenden Zitate
118 Talhoff, Totenmal
119 Seidel, Totenmal
120 Talhoff, Nicht weiter
121 Z. B.: Heilige Natur. Gestalten, Landschaften und Geschichte. Deutsche Verlagsanstalt 1935; Messe am Meer, Privatdruck 1940

Innere und äußere Emigration

1 Grunelius, Stammbuch
2 Heißerer, Wellen. Inzwischen: Heißerer, Villino
3 Zitiert nach: Heimatvertriebene
4 Otto Michael Knab, Emigrant im vorigen Kapitel, kehrte zwar später vorübergehend wieder nach Starnberg zurück, aber zur Recherchezeit des Stammbuchs wohnte er nicht hier. Das Stammbuch versammelt Selbstdarstellungen von »Prominenten«, die im Seegebiet in der unmittelbaren Nachkriegszeit wohnten.
5 Der Verfasser konnte ein noch erhaltenes Gästebuch einsehen.
6 Grunelius, Stammbuch S. 78f.
7 Mann, Memoiren S. 9

8 Heißerer, Wellen S. 159f. und S. 235ff.
9 Buchner, Kamerad
10 Feuchtwanger, Erfolg S. 531
11 Mann, Tagebücher S. 61
12 Mann, Tagebücher S. 123
13 Zur Entstehungsgeschichte: Nachwort von Hans-Albert Walter, in: Graf, Mutter 1982
14 Graf, Mutter, im Schlusskapitel »Epilog und Verklärung«
15 Graf, Mutter, Schluss des Kapitels »Ebbe und Flut«
16 Zweig, Verklungene Tage S. 157
17 Heißerer, Wellen S. 169f.
18 Becher, Lesebuch S. 57
19 Graf, Gelächter S. 109f.
20 Schneider, Briefe Freund S. 75 [an Otto Heuschele]
21 Schneider, Verhüllter Tag S. 109
22 Schneider/Ziegler, Briefwechsel S. 62
23 Schneider/Ziegler, Briefwechsel S. 261, Anm. 38
24 Zitiert nach: Sontheimer, Antidemokratisches Denken S. 225
25 Schneider, Leben Dokumente S. 97
26 Schneider, Leben Bild S. 34f.
27 Das Buch wurde von Schneider, aber auch z. B. von Jochen Klepper beim ersten Lesen auf die Verfolgung der Juden bezogen, was dieser in einem Brief an Schneider vom 25.11.1938, also kurz nach der Kristallnacht, zum Ausdruck bringt: »Las Casas wirkt vor dem Hintergrund dieser Wochen mit erschütternder Intensität.«
28 Hoerschelmann, Leben S. 153f.
29 Brief Klepper an Schneider vom 4.01.1938; in: Klepper, Briefwechsel S. 95
30 Brief Schneider an Klepper vom 11.01.1938; in: Klepper, Briefwechsel S. 95, ebenso das folgende Zitat
31 Hoffmann, Widerstand S. 230ff.
32 Meinl, Nationalsozialisten; hier z. B. S. 278
33 Schmid Noerr, Einzug
34 Schmid Noerr, Erlebtes S. 101
35 Autorenlexikon
36 Langenbucher, Volkhafte S. 488
37 Friedenskirche Starnberg S. 36f.
38 Wiechert, Jahre S. 348f.
39 Bekenntnis Wiechert S. 7ff.
40 Ben-Chorin, Jugend S. 134
41 Wiechert, Jugend S. 85
42 Goebbels, Tagebücher Band 3, S. 1247
43 Wiechert, Jahre S. 346
44 Bretschneider, Widerstand S. 182
45 Schneider, Briefe Freund S. 75
46 Wiechert, Gewinn S. 147
47 Stuttgarter Zeitung vom 28.07.1962
48 Bekenntnis Wiechert S. 24
49 Ferber, Seidels S. 296

Starnberger Verleger

1 Vgl. Schober, Frühe Villen und Landhäuser am Starnberger See, Oreos 2. Auflage 1999, S. 72f.
2 Vgl. Schober, aaO, S. 76f.
3 Beschrieben ebenda S. 102ff.
4 Vgl. ebenda, S. 326f.

Zweiter Weltkrieg und Nachkriegszeit

1 Sauder, Bücherverbrennung S. 122f. und andere Stellen
2 Bauer, Graf S. 245
3 Sauder, Bücherverbrennung S. 78
4 Näheres bei Barbian, Literaturpolitik. S. 189ff.
5 Barbian, Literaturpolitik S. 409
6 Barbian, Literaturpolitik S. 410f. Hier auch der Name Walter Bauer, der am See begegnet
7 Barbian, Literaturpolitik S. 411f.
8 Barbian, Literaturpolitik S. 412
9 Lini Hübsch-Pfleger in einer biographischen Studie zu Waldemar Bonsels. In: Bonsels, Wanderschaft Band 1 S. 50
10 Eigentlich: »Reichsstelle zur Förderung des deutschen Schrifttums ... beim Beauftragten des Führers für die Überwachung der gesamten geistigen und weltanschaulichen Schulung und Erziehung der NSDAP«
11 Barbian, Literaturpolitik S. 107
12 Schmidt, Heß
13 Schulte-Strathaus, Kippiana
14 Barbian, Literaturpolitik S. 107
15 Vgl. Werner, Anthroposophen
16 Schmidt, Heß
17 Goebbels, Tagebücher, Band 4 S. 1539 (Datum 18.03.1941)
18 Seidel, Briefe S. 211
19 Man vergleiche dazu Barbian, Literaturpolitik S. 789ff. (»Die Maßnahmen zur Beseitigung der Kriegsschäden«)

20 Schulte-Strathaus, Kippiana S. 63
21 Näheres bei Grunelius, Stammbuch
22 Zitiert bei Barbian, Literaturpolitik S. 455
23 Johst, Ruf S. 24 und 28
24 Jancke, Bitten S. 41
25 Süskind, ABC 1940 S. 106
26 Süskind, ABC 1953 S. 102
27 Sozialgeschichte Literatur S. 394. Das Goebbelszitat ist an sich auf den Film im Dritten Reich gerichtet.
28 Sozialgeschichte Literatur S. 394
29 Sozialgeschichte Literatur S. 439
30 Reimann, Wunder S. 510
31 Grunelius, Stammbuch S. 73
32 Kremer, Legenden
33 Kremer, Moritaten S. 146f.: »Demokratie«
34 Kremer, Rune
35 Langenbucher, Volkhafte S. 621
36 Stockhorst, Wer S. 251
37 Barbian, Literaturpolitik S. 345f.
38 Heimeran, Grundstück
39 Heimeran, Christiane
40 Heimeran, Büchermachen S. 43
41 Heimeran, Büchermachen S. 46
42 Heimeran, Büchermachen S. 42
43 Heimeran, Büchermachen S. 47
44 Hoser, Münchner Tagespresse S. 1010
45 Heimatbuch Starnberg S. 340
46 Penzoldt, Kurzprosa S. 295
47 Hausenstein, Licht S. 391
48 Handbuch Literatur Bayern S. 462
49 Penzoldt, Kurzprosa S. 162
50 Petzet, Falckenberg S. 309
51 Heisenberg, Teil S. 11
52 Hausenstein, Licht S. 357 Eintrag vom 15.05.1945
53 Wulf, Kultur Künste S. 51
54 Drews/Kantorowicz, Verboten S. 65 (Nachdruck 1995)
55 Hausenstein, Licht S. 117
56 Hausenstein, Licht S. 357 Eintrag vom 15.05.1945
57 Hausenstein, Licht S. 153 Eintrag vom 8.09.1943
58 Hausenstein, Licht S. 153
59 Hausenstein, Briefe S. 326ff.
60 Hausenstein, Licht S. 367
61 Das Gedicht ist aufgenommen in: Gegen Vergessen. Über Nora Braun konnte nichts Weiteres ermittelt werden.
62 Hausenstein, Licht S. 337
63 Wiechert, Jahre S. 374
64 Hamm-Brücher, Freiheit
65 Hamm-Brücher, Freiheit S. 75
66 Hamm-Brücher, Freiheit S. 78
67 Titel zitiert nach: Schatten Dachau S. 338
68 Josef Schneeweiß, Keine Führer, keine Götter. Wien 1986. Nach: Schatten Dachau S. 338
69 Josef Schneeweiß, Wer wenn nicht wir ... Wien 1973. Nach: Schatten Dachau S. 336
70 Glees, Kirchenmann
71 Mannheimer; Theresienstadt
72 Stein-Pick, Heimat. Die Zitate finden sich auf S. 43f. und S. 107
73 Bauer, Graf S. 312 u. a.
74 Leiser Jubel S. 117 u. a.
75 Mann, Tagebücher 1944 S. 83
76 Hoerschelmann, Alltag S. 248
77 Mann, Briefe 1922 S. 778
78 Hielscher, Koeppen S. 73
79 Im Berliner Metropol-Verlag
80 Also vergleichbar einem Roman seiner Nachkriegs-Trilogie: Tauben im Gras, Das Treibhaus, Der Tod in Rom
81 Koeppen, Littners Aufzeichnungen
82 Koeppen, Littners Aufzeichnungen S. 23
83 Koeppen, Tauben S. 47
84 Hausenstein, Licht S. 377, Eintrag vom 26.07.1945
85 Ein Neffe des Starnberger Bürgermeisters (1950–1960) Eduard Süskind
86 Nach Hilberg, Vernichtung Bd. 3, S. 1308
87 Krakauer Zeitung vom 22.09.1940: »Dr. Frank verabschiedet Gauamtsleiter Arlt« (zitiert nach Aly/Heim, Vernichtung S. 208)
88 Süskind, Mächtigen
89 Hamm-Brücher, Freiheit. Zitate nach der dtv-Taschenbuchausgabe von 1999
90 Hildegard Brücher hatte während des Krieges bei dem Nobelpreisträger Heinrich Wieland, wohnhaft in Starnberg und später Ehrenbürger der Stadt, Chemie studiert; Wieland schützte sie in dieser Zeit trotz nichtarischer Großeltern.
91 Hamm-Brücher, Freiheit S. 83

Kontroversen nach Kriegsende

1 Süddeutsche Zeitung vom 24.12.1945. Wiederabgedruckt in: Hausenstein, Briefe S. 183f.

2 Das Zitat war einem Offenen Brief Thomas Manns an Walter von Molo entnommen, gedruckt unter der Überschrift »Warum ich nicht zurückkehre« im Augsburger Anzeiger vom 12.10.1945
3 Hausenstein, Briefe S. 174
4 Zitiert nach: Bohn, Literatur 1945
5 Näheres in: Hausenstein, Pariser Erinnerungen S. 13ff.
6 Bedeutend sein ausführlich erläuterndes Sammelwerk Europäische Tagebücher
7 Grunelius, Stammbuch S. 41f.
8 Wehdeking, Nullpunkt S. 16f.
9 Die Zitate aus: Der Ruf. 1. Jahrgang, Heft 7, S. 9ff.
10 Krauss, Nachkriegskultur S. 194
11 Hocke, Leviathan
12 Kuby, Kassandra
13 Näheres in: Gruppe 47, Sonderband S. 26
14 Friedrich, Jahr 47. In: Lesebuch Gruppe 47 S. 18
15 Der Spiegel Nr. 1 1999 S. 160
16 Helmut Heißenbüttel, Bericht über eine Tagung der Gruppe 47; in: Texte und Zeichen. Jg. 2 (1956), S. 654–56
17 Arnold, Gruppe 47 S. 88ff.
18 PEN, Neue Texte
19 PEN, Neue Texte S. 96–101
20 Richter, Söhne
21 Gruppe 47 Sonderband. Hier wird er zu den »Dauermitgliedern« gerechnet, weil er von 1951 bis 1967 »mit einer gewissen Regelmäßigkeit anwesend« gewesen sei (S. 164).
22 In: Richter, Chronist S. 28
23 Zitiert nach: Jehle, Hildesheimer S. 17f.
24 Jehle, Hildesheimer Faksimilierter Brief vom 25.01.1950: »Gestern hat mich die Kälte zum Jugenddichter gemacht ...«
25 Vorbemerkung Hildesheimers zur (überarbeiteten) 2. Auflage der Lieblosen Legenden 1983
26 Hildesheimer, Rede
27 Hocke, Gott
28 Kolbenhoff, Schellingstraße S. 265ff.
29 Hocke, Leviathan; zitiert nach Prinz, Trümmerzeit in München. S. 272
30 So das einführende Vorwort von Hocke; in: Buchman, Welt
31 Krauss, Nachkriegskultur
32 Wittmann, Straßen
33 Märker, Literatur. Die Zitate finden sich auf S. 31, 46, 89
34 Grunelius, Stammbuch S. 54
35 Märker, Wandlungen. Das folgende Zitat findet sich auf S. 131
36 Märker, Goethezeit
37 Märker, Lavater. Märkers Kommentare übersteigen Lavaters Originaltext oft beträchtlich.
38 Friedrich Ebert z. B: »Aus der Schmalheit des Mittelhauptes im Verhältnis zu dem umfangreichen Nacken ergab sich auch, daß Friedrich Ebert keine ausgesprochen christlich-religiösen Neigungen hatte.« (S. 87) oder: »Ebert setzte sich und seine Pläne durch, indem er sich anpaßte; er balancierte. Die Fähigkeit der Balance ist unmittelbar daran zu erkennen, daß der Zwischenraum zwischen Nase und Oberlippe ... lang ist« (S. 90). Stresemann »war wie die meisten Menschen mit sackartigem, umfangreichen Hinterhaupt und weichem, warmem Flachgesicht anhänglich – bis ein stärkerer Eindruck ... ihn umstimmte« (S. 111). Vielleicht empfand er damals wie andere Intellektuelle die »aus dem Unterbewußtsein aufgestiegene Sehnsucht der Intellektuellen, über die dürre Wüste des Zweckhaften und Nützlichen wieder die silberglänzenden Ströme des Irrationalen fluten zu sehen und das Licht des Verstandes verlöschen zu lassen im Rausch« (S. 136).
39 Tutzinger Dichtertagungen vom Juni und September desselben Jahres können nur kurz erwähnt werden, s. S. 184f.
40 Weismann Verlag S. 108
41 Weismann Verlag S. 64
42 Schwarz/Weber, Hoffen S. 47
43 Schwarz/Weber, Hoffen S. 49 (Brief an die Hrsg.)
44 Weismann Verlag S. 65
45 Kürbiskern 1976, Heft 2, S. 128
46 Hermlin, Frieden S. 224–29
47 Jahnn/Huchel, Briefwechsel S. 110
48 Nach: Politeia Ausstellung
49 Zitiert nach Weismann Verlag S. 65
50 Jahnn/Huchel, Briefwechsel S. 15
51 Brief Jahnns an Verleger Weismann schon vom 09.04.1951, also wenige Tage nach dem Treffen. Zitiert nach Weismann Verlag S. 66
52 Es handelt sich um den Roman »Die Niederschrift des Gustav Anias Horn«, Band II.

53 Jahnn, Werke 7 S. 739. Die folgende Anmerkung dazu findet sich auf S. 779.
54 Uhse, Tagebücher S. 12f.
55 Veröffentlicht in: Bächler, Lichtwechsel
56 Tralow, Leben
57 Im heutigen Vermessungsamt Starnberg und wegen Raummenge dann im »Tutzinger Hof« fanden die Sitzungen statt, an die sich noch Zeitzeugen erinnerten – auch an Tralow. Die Ausweitung kann aber auch mit einer weiteren Kammer zusammenhängen, mit der ihm brisante Fälle entzogen werden sollten, wie die erwähnte Lebenschronik (Tralow Leben S. 34) meint.
58 Hermlin, Frieden S. 228
59 Weismann Verlag S. 66
60 Schwarz/Weber, Hoffen
61 Worte wider Waffen
62 Brief Ernst Penzoldts an Stefan Hermlin vom 14.05.1951. In: Hermlin Briefe S. 32
63 Man vergleiche zu dieser Institution (und zu Jobst): München Hauptstadt Bewegung S. 375f.
64 Jobst, Bücherei S. 19
65 Jobst, Südosten 1940 S. 42
66 Jobst, Rose

Anschluss an die Gegenwart

1 Mensing, Pfarrer S. 76
2 Schott, Volksbuch
3 Schott, Kulturaufgaben
4 Künneth, Lebensführungen
5 Liesel Schwinn in: Friedenskirche Starnberg S. 36. (»Zeitzeugen erinnern sich«; die Schilderung enthält aber einige Ungereimtheiten. Liesel Schwinn ist die Frau des damaligen Pfarrers Wilhelm Schwinn)
6 Niemöller, Sechs Predigten S. 5ff.
7 Künneth, Lebensführungen S. 166
8 Daumiller, Geführt S. 82
9 Friedenskirche Starnberg S. 35 (»Die Gemeinde im ›Dritten Reich‹« von Karl Neumann)
10 Schwinn, Hesse
11 Schmidt, Cur S. 122ff.
12 Schmidt, Paulusbrief
13 Die folgende Darstellung bezieht sich im Wesentlichen auf: Michaelis, Vischer. Hier die Lebensskizze Schmidts, S. 140
14 Hammer, Geliebte
15 Hammer, Adolf Hitler
16 Döbrich, Bruno
17 Dieses und das folgende Zitat aus: Hansen, Sisyphus S. 216
18 Nach einer Internetrecherche
19 Sägebrecht, Zukunft
20 Knef, Gaul
21 Cahiers de L'Herne (1963) S. 2020
22 Söderbaum, Nichts S. 241f.
23 Harlan, Schatten
24 Vgl. hierzu auch den »Hintergrund«-Text von J. Kippenberg, S. 140ff.
25 Wesentliche Quellen für diesen Abschnitt: Wiggershaus, Habermas, und Drieschner, Verantwortung
26 Weizsäcker, Kriegsfolgen
27 Z. B. Reich, Sicherheitskonferenz
28 Starnberger Studien
29 Siehe hierzu auch den »Hintergrund«-Text von Dr. Ernst Quester, S. 186f.
30 Z. B. Achternbusch, Kamel
31 z. B. Edgar Frank, Gymnasiallehrer, der in einem halben Dutzend verstreuter Aufsätze Erinnerungen an Herbert Achternbusch beschrieben hat.
32 In der Starnberger Zeit entstanden oder erschienen die Bücher: Südtyroler; Hülle; Das Kamel; Die Macht des Löwengebrülls; Die Alexanderschlacht.
33 Achternbusch, Exil
34 Ani, Bier
35 Neumeister, Äpfel
36 Neumeister, Zündfunkplatz
37 Morsbach, Laura
38 Israel Lesebuch
39 Bayrisch Land
40 Linprun, Physikatsbericht
41 Festschrift Volkstrachtenverein S. 13
42 wieder erhältlich: Maximilian Schmidt, Die Fischerrosl von St. Heinrich. Ein Lebensbild vom Starnberger See um 1840. Reprint (Hrsg. von Dirk Heißerer, Taufkirchen 2000)

Literatur

In das Literaturverzeichnis sind Primärwerke nur dann aufgenommen, wenn im Text aus ihnen zitiert wurde. Verlage sind immer dann genannt, wenn sich daraus weitere Erkenntnisse ergeben können.

900 Jahre Benediktiner in Melk. Katalog zur Jubiläumsausstellung 1989. Melk 1989
Achim und Bettina in ihren Briefen. Briefwechsel von Achim von Arnim und Bettina Brentano. Herausgegeben von Werner Vortriedte. Insel-Taschenbuch 1095. 2 Bände. Frankfurt am Main 1988
Achternbusch, Herbert: Das Ambacher Exil. Schriften 1985–86. Vorliegend als Goldmann Taschenbuch (1991)
Achternbusch, Herbert: Das Kamel. Frankfurt am Main 1969
ADB: Allgemeine Deutsche Biographie. Leipzig 1875–1912. (Nachdruck 1967–1971)
Altmann, Wilhelm: Richard Wagners Briefe nach Zeitfolge und Inhalt. Leipzig 1905
Aly, Götz / Heim, Susanne: Vordenker der Vernichtung. Hamburg 1991
Andacht Menschenbild *siehe* Schellberg, Wilhelm / Fuchs, Friedrich (Hrsg.): Die Andacht zum Menschenbild
Ani, Friedrich, bier beim bierbichler. In: Starnberger Ausgabe der Süddeutschen Zeitung vom 07.09.1988
Apian, Philipp: Philipp Apian und die Kartographie der Renaissance. Begleitbuch zur Ausstellung. München 1989
Apian, Philipp: Topographie oder Descriptio Bavariae. Textteil von Apians Landesbeschreibung, erstmals veröffentlicht im Archiv für vaterländische Geschichte Band 39 (1880)
Aretin, Johann Christoph von: Beyträge zur Geschichte der Literatur, vorzüglich aus den Schätzen der Münchner National- und Hofbibliothek. München 1803–1807
Arnim, Bettine von: Goethes Briefwechsel mit einem Kinde. Vorliegend als Insel-Taschenbuch 767. Frankfurt am Main 1984
Arnim, Bettine von: Lebensspiel. Manesse-Verlag, Zürich 1985
Arnim, Bettine von: Aus meinem Leben. Zusammengestellt von Dieter Kühn. Frankfurt am Main 1982
Arnold, Heinz Ludwig: Die Gruppe 47. Rowohlt Monographie. Reinbek 2004.
Autorenlexikon deutschsprachiger Autoren des 20. Jahrhunderts. Reinbek 1954. Überarbeitete und erweiterte Neuausgabe 1995
Aventinus, Johannes: Baierische Chronik. Herausgegeben von Georg Leidinger. München 1988
Bächler, Wolfgang: Lichtwechsel. Neue Gedichte. Esslingen 1955
Barbian, Jan-Pieter: Literaturpolitik im »Dritten Reich«. Institutionen, Kompetenzen, Betätigungsfelder. Überarbeitete Ausgabe. München 1995
Barth, Alexandra: Christian Morgensterns Leben und Werk – Anwendungsbeispiele seiner Lyrik im Unterricht der Primarstufe (Internetrecherche: christian-morgenstern.de/dcma/christian_morgenstern_leben_und_werk ... 29.04.2006
Bary, Roswitha von: Henriette Adelaide von Savoyen. Kurfürstin von Bayern. München 1980
Bauer, Gerhard. Oskar Maria Graf. Aktualisierte Ausgabe. München 1994
Bauer, Hans: Die römische Fernstraße Salzburg–Augsburg... In: Oberbayerisches Archiv, Band 130 (2006) S, 67–101
Bauer, Reinhard / Münchhoff, Ursula (Hrsg.): »Lauter gemähte Wiesen für die Reaktion«. Die erste Hälfte des 19. Jahrhunderts in den Tagebüchern Johann Andreas Schmellers. München 1990
Bauer, Walter: Fremd in Toronto. Sonderausgabe Europäischer Buchklub. Erstausgabe 1963
Bayernbuch *siehe* Queri, Georg / Thoma, Ludwig: Bayernbuch.
Bayrisch Land – bayrisch Gwand. Eigenverlag Vereinigte Bayerische Trachtenverbände, o.O. 1976.
Becher. Ein Lesebuch für unsere Zeit. Berlin und Weimar 1966
Beheim-Schwarzbach, Martin: Christian Morgenstern. Reinbek bei Hamburg 1965
Bekenntnis zu Wiechert. Ein Gedenkbuch zum 60. Geburtstag des Dichters. München 1947

Ben-Chorin, Schalom: Jugend an der Isar. Taschenbuch-Ausgabe dtv. München 1988
Benn, Gottfried: Briefe an Ernst Jünger, E. R. Curtius, Max Rhychner u. a. Zürich 1960
Berger, Inge: Perchting. Auf den Spuren vergangener Zeiten. 2002
Bernstorff, Johann Heinrich Graf: Deutschland und Amerika. Erinnerungen aus dem fünfjährigen Krieg. Berlin 1920
Berühmte Köpfe. 3000 Männer und Frauen im Bild. Gütersloh 1959
Bettine und Achim. Briefe der Freundschaft und Liebe. Band 2 (1808–1811). Frankfurt am Main 1987
Bierbaum, Otto Julius: Prinz Kuckuck. München o. J.
Binding, Rudolf G.: Die Briefe. Ausgewählt und eingeleitet von Ludwig Friedrich Barthel. Hamburg 1957
Binding, Rudolf G.: Aus dem Kriege. Potsdam 1925
Binding, Rudolf G.: Dies war das Maß. Die gesammelten Kriegsdichtungen und Tagebücher. Vorliegend in einer Ausgabe Potsdam 1940 (beim inzwischen arisierten Verlag Rütten und Loening)
Blei, Franz: Erzählung eines Lebens. Wien 2004
Bock, Emil: Rudolf Steiner. Verlag Freies Geistesleben 1961
Bohn, Volker: Deutsche Literatur seit 1945. Frankfurt am Main 1993
Boie-Grotz, Kirsten: Brecht – der unbekannte Erzähler. Die Prosa 1913–1934. Stuttgart 1978
Bonn, Moritz Julius: So macht man Geschichte? München 1953
Bonsels, Waldemar: Wanderschaft zwischen Staub und Sternen. Gesamtwerk, Hrsg. von Rose-Marie Bonsels. München Wien 1980
Bosls Bayerische Biographie. Regensburg 1983
Brecht, Bertolt: Liebste Bi. Briefe an Paula Banholzer. Frankfurt am Main 1992
Brentano, Clemens: Leben der Hl. Jungfrau Maria. Nach den Betrachtungen der gottseligen Anna Katharina Emmerich ... Aschaffenburg 1966 (Pattloch-Verlag)
Bretschneider, Heike: Der Widerstand gegen den Nationalsozialismus in München. Neue Schriftenreihe des Stadtarchivs München. 1962
Brod, Max: Streitbares Leben. München 1960
Bronnen, Arnolt: Tage mit Brecht. München 1998
Buchman, Frank N. D.: Für eine neue Welt. München 1949
Buchner, Franz: Kamerad! Halt aus! Zentralverlag der NSDAP, München 1938
Buck, Christian: Unterm Krummstab 736 - 1803. Weilheim 1991
Cassini, César: Relations de deux voyages en Allemagne. Paris 1763
Chronik des Augustiner-Chorherrenstiftes Bernried am Starnberger See, Manuskript der Missions-Benediktinerinnen des Klosters Bernried. Bernried 1978
Conrad, Michael Georg: In Purpurner Finsterniß. Roman-Improvisation aus dem 30. Jahrhundert. Verein für Freies Schriftthum. Berlin o. J. [1912]
Conrad, Michael Georg: Lenzesfrische, Sturm und Drang. München 1996
Conrad, Michael Georg: Was die Isar rauscht. Ein Münchner Romanzyklus. Leipzig 1888ff.
Conrad, Michael Georg: Der Starnberger See. In: Otto Julius Bierbaum zum Gedächtnis. Georg Müller-Verlag. München [1912] S. 16–34
Conrad, Michael Georg: Die Ziele der »Gesellschaft für modernes Leben«. In: Schmitz, Moderne S. 141ff.
Cook der Entdecker. Schriften über James Cook. Reclam Leipzig 1991
Danzi, Franz: Briefwechsel (1785–1826). Hrsg. von Volkmar von Pechstaedt. Tutzing 1997
Daumiller, Oscar: Geführt im Schatten zweier Kriege. Verlag des Evang. Presseverbandes. München 1961
Dempewolf, Eva (Hrsg.): Starnberger See. Vilsbiburg 2003
Döbrich, Annette: Bruno in love. In: Mord mit Biss. Hannah-Verlag 2001

Drews, Richard / Kantorowicz, Alfred: Verboten und verbrannt. Berlin 1947 (Nachdruck 1995)
Drieschner, Michael: Die Verantwortung der Wissenschaft. Ein Rückblick auf das Max-Planck-Institut zur Erforschung der Lebensbedingungen der wissenschaftlich-technischen Welt. [Eingesehen mit Internetrecherche: www.ruhr-uni-bochum.de/philosophy/staff/drieschner 27.3.2007)
Drummer, Josefranz: Tutzing und sein Schloss. Geschichtliche Episoden aus 12 Jahrhunderten. Tutzing 1953
Dülmen, Richard van: Propst Franziskus Töpsl (1711–1769) und das Augustiner-Chorherrenstift Polling. Ein Beitrag zur katholischen Aufklärung in Bayern. Kallmünz 1967
Dussler, H.: Reisen und Reisende in Bayerisch-Schwaben. Weißenhorn 1968
Ebermeyer, Erich: Eh' ich's vergesse ... Erinnerungen ... München 2005
edition text+kritik Musik-Konzepte Heft 103/104 (Hans Rott). 1999
Eulenburg-Hertefeld, Philipp Fürst zu: Das Ende König Ludwigs II. und andere Erlebnisse. 1. Band. Herausgegeben von seiner Witwe ... Leipzig 1934
Eulenburg-Hertefeld, Philipp Fürst zu: Das Ende König Ludwigs II. und andere Erlebnisse. Herausgegeben von Klaus von See. Frankfurt am Main 2001
Europäische Tagebücher *siehe* Hocke, Gustav René: Europäische Tagebücher ...
Ewiges Deutschland. Hrsg. vom Winterhilfswerk des Deutschen Volkes. Braunschweig u. a. 1940
Ferber, Christian: Die Seidels: Geschichte einer bürgerlichen Familie 1811–1977. Stuttgart 1979
Festschrift 1050 Jahre Hanfeld. Hanfeld 1984
Festschrift für Hans Ludwig Held. München 1950
Festschrift zum 100-jährigen Bestehen des Heimat- und Volkstrachtenvereins Starnberg e. V. gegr. 1907. Starnberg 2007
Feuchtwanger, Lion: Erfolg. 1929. Vorliegend als Fischer-Taschenbuch. Frankfurt am Main 1975
Feuchtwanger, Lion / Zweig, Arnold: Briefwechsel 1933–1958. 2 Bände. Fischer-Taschenbuch 1986
Franz-Willing, Georg: Die Hitlerbewegung. Band 1. Der Ursprung 1919–1922. Hamburg Berlin 1962
Frei, Norbert / Schmitz, Johannes: Journalismus im Dritten Reich. München 1989
Freising Geistliche Stadt II 1250 Jahre. München 1989
Frentz, Hans: Der unbekannte Ludendorff. Der Feldherr in seiner Umwelt und Epoche. Wiesbaden 1972
100 Jahre Friedenskirche Starnberg. Herausgegeben von der Evangelischen Kirchengemeinde Starnberg 1992
Friedrich, Heinz: Das Jahr 47. In: Lesebuch Gruppe 47. München 1983. S. 11–23
Friesenegger, Maurus: Tagebuch aus dem 30jährigen Krieg. München 1996
Füssl, Wilhelm: Der Schulsprengel Aufkirchen am Starnberger See in der ersten Hälfte des 19. Jahrhunderts. In: Lech-Isar-Land 1988. S. 186–202
Gaessler, Will von: Märchen im Delphin. In: Vom Einbaum zum Dampfschiff. Jahrbuch 3 des Fördervereins Südbayerisches Schiffahrtsmuseum. 1968. S. 68–71
Ganor, Solly: Das andere Leben. Kindheit im Holocaust. Übers. von Sabine Zaplin. Frankfurt a. M. 1997.
Gantner, Benno Constantin: 1200 Jahre Percha 785–1985. Zusammenstellung und Bearbeitung Benno Constantin Gantner. Starnberg 1985
Gantner sen., Benno: Die Kirchengeschichte von Achhaim zusammen mit Starnberg. o. O. o. J.
Gegen das Vergessen. Bilder – Texte – Dokumente. 26. April 1945/26. April 1995. Begleitbroschüre zu einer Ausstellung im Rathaus von Berg 1995
Geiger, Carl Ignaz (anonym erschienen): Reise eines Erdbewohners in den Mars. 1790 in einem fiktiven Philadelphia erschienen. Nachdruck Stuttgart 1967
Gercken: Reisen durch Schwaben, Baiern, angränzende Schweiz, Franken und die Rheinischen Provinzen in den Jahren 1779–1782. Stendal 1783ff. I. Theil. Von Schwaben und Baiern. Zitiert nach Heiserer, Polling
Glees, C.: Ein Kirchenmann – zornig wie Moses. Zum 100. Geburtstag von Emil Muhler. Süddeutsche Zeitung vom 21.04.1992

Goebbels, Joseph: Tagebücher. Band 1 bis 5, vorliegend als Taschenbuch Serie Piper. München 1992
Goethe, Johann Wolfgang von: Die Reisen. Artemis Verlag. Zürich und München 1978
Goethe, Johann Wolfgang von: Tagebuch der Italiänischen Reise für Frau von Stein 1786/87 Verlag Georg Müller. München 1927
Grab, Walter: Der deutsche Weg der Judenemanzipation 1789–1938. München 1991
Graf, Oskar Maria: Gelächter von außen. Ausgabe Deutscher Taschenbuch-Verlag. München 1985
Graf, Oskar Maria: Das Leben meiner Mutter. Kurt Desch Verlag. München Ausgabe 1974
Graf, Oskar Maria: Das Leben meiner Mutter. Taschenbuch-Ausgabe bei dtv 1982. Mit einem Nachwort von Hans-Albert Walter
Grimm, Ludwig Emil: Erinnerungen aus meinem Leben. Leipzig 1911
Grosse, Julius: Ausgewählte Werke I, 1. Berlin 1909
Grothe, Hugo: Die große Heimkehr ins Reich. Leipzig 1940
Grunelius, Grunelia: Starnberger-See-Stammbuch. München 1950
Gruppe 47 Sonderband – Die Gruppe 47, Sonderband der Reihe text + kritik. München 1987
Guardini, Romano: Hölderlin und die Landschaft. Tübingen 1946
Günzel, Klaus: Die Brentanos. Zürich 1994
Günzel, Klaus: König der Romantik [Tieck]. Berlin 1986
Gumbel, Emil Julius: Vier Jahre politischer Mord. Berlin 1922 (Faksimile Heidelberg 1980)
Gutmann, Robert: Richard Wagner, sein Werk, seine Zeit. Heyne-Taschenbuch. München 1985 (6. Auflage)
Habermas, Jürgen: Vergangenheit als Zukunft. Zürich 1990. München 1993 (erw.)
Hadorf siehe Mayr, Marianne / Pusch, Wolfgang: Hadorf
Hamm-Brücher, Hildegard: Freiheit ist mehr als ein Wort. Eine Lebensbilanz. Köln 1996. Vorliegend als dtv-Taschenbuch München 1999
Hammer, Wolfgang: Die letzte Geliebte, Fast ein Kriminalroman. Basel 1961. Später erschienen auch Lizenzausgaben einer Evangelischen Stuttgarter und einer Züricher Buchgemeinde.
Hammer, Wolfgang: Adolf Hitler – ein deutscher Messias? Dialog mit dem »Führer«. München 1970
Hammermayer, Ludwig: Geschichte der bayerischen Akademie der Wissenschaften, Band 1. München 1983
Handbuch der Literatur in Bayern. Regensburg 1987
Hansen, Jürgen Rolf: … und Sisyphus lachte. Literarische Rendezvous im Lande der fünf Seen. Feldafing 2004
Harlan, Veit: Im Schatten meiner Filme. 1966
Hausenstein, Wilhelm: Ausgewählte Briefe 1904–1957. Oldenburg 1999
Hausenstein, Wilhelm: Licht unter dem Horizont. München 1967
Hausenstein, Wilhelm: Pariser Erinnerungen. München 1961
Hazzi, Josef von: Statistische Aufschlüsse über das Herzogthum Baiern, aus ächten Quellen geschöpft. Nürnberg 1801ff.
Heimatbuch Stadt Starnberg. Hrsg. von der Stadt Starnberg. Bearbeitet von Otto Michael Knab, Hans Zellner und Hans Beigel. Starnberg 1972
Die Heimatvertriebenen im Landkreis Starnberg. Faksimilierte Dokumentation, zusammengestellt von Rudolf Schicht. o. J.
Heimeran, Ernst: Büchermachen. München 1959
Heimeran, Ernst: Christiane und Till. Frauenfeld / Schweiz 1944
Heimeran, Ernst: Grundstück gesucht. Frauenfeld / Schweiz 1947
Heisenberg, Werner: Der Teil und das Ganze. Gespräche im Umkreis der Atomphysik. München 1969
Heiser, Dorothea (Zusammenstellung und Kommentar): Mein Schatten in Dachau. Gedichte und Biographien der Überlebenden und der Toten des Konzentrationslagers. München 1993
Heiserer, Karl: So prächtig war Polling. In: Lech-Isar-Land 1987. S. 32–51

Heißerer Dirk (Hrsg.): Thomas Manns »Villino«. München 2001
Heißerer, Dirk: Wellen, Wind und Dorfbanditen. München 1994
Heller, Adolf (Zusammenstellung): Allgemeine Pfarrbeschreibung. Pfarrbuch oder allgemeine Beschreibung des gesamten Kirchenwesens in der evangelisch-lutherischen Pfarrei Starnberg. Gefertigt von Pfarrer Adolf Heller 1913/14 [und fortgeschrieben]. Hrsg. von der Evangelischen Kirchengemeinde Starnberg 1992
Helm, Reinhardt: Vom Eibsee zum Chiemsee. Maximilian Haushofer (1811–1866). [Weilheim] 1990
Hermlin, Stephan – Briefe an Hermlin 1946–1984. Berlin Weimar 1985
Hermlin, Stephan: Die Sache des Friedens. (Ost)-Berlin 1953
Herz, Rudolf/Halfbrodt, Dirk: Fotografie und Revolution. München 1918/19. Berlin 1989
Heuschele, Otto (Hrsg.): Briefe an einen jungen Deutschen 1934–1951. Stuttgart o. J.
Heymann, Lida-Gustava: Erlebtes – Erschautes. Meisenheim am Glan 1972
Heyse, Paul: Jugenderinnerungen und Bekenntnisse. Hertz Verlag. Berlin 1900
Hielscher, Martin: Wolfgang Koeppen. München 1988
Hilberg, Raul: Die Vernichtung der europäischen Juden. Fischer Taschenbuch, 3 Bände. 9. durchgesehene Auflage. Frankfurt am Main 1999
Hildesheimer, Wolfgang: Rede an die Jugend. Mit einem Postskriptum an die Eltern. Frankfurt am Main 1991
Himbsel *siehe* Sterzinger, Sonja / Gröber, Roland / Maucher, Paul: Johann Ulrich Himbsel
Hirsch, Helmut: Bettine von Arnim. Reinbek bei Hamburg 1987
Hirsch, Kurt/Schlumberger, Hella: Die Technik des politischen Rufmordes. Raith Verlag. Starnberg 1974
Hocke, Gustav René: Europäische Tagebücher aus vier Jahrhunderten. Motive und Anthologie. Wiesbaden 1986[1]
Hocke, Gustav René: Der tanzende Gott. München 1948
Hocke, Gustav René: Im Schatten des Leviathan. Lebenserinnerungen 1908–1984. München Berlin 2004
Hoerschelmann, Rolf von: Leben ohne Alltag. Berlin 1947
Hoffmann von Fallersleben, August Heinrich: Gesammelte Werke, Band VII, Mein Leben. Band 6. Berlin 1893
Hoffmann, Werner: Clemens Brentano – Leben und Werk. Bern 1996
Hoffmann, Peter: Widerstand Staatsstreich Attentat. Der Kampf der Opposition gegen Hitler. Serie Piper. 4. neubearbeitete Auflage. München 1985
Hollweck, Ludwig (Zusammenstellung): In München Anno 1782. (Westenrieder/Nicolai). München 1970
Horst, Karl August: Ina Seidel – Wesen und Werk. Stuttgart 1956
Hoser, Paul: Die politischen, wirtschaftlichen und sozialen Hintergründe der Münchner Tagespresse zwischen 1914 und 1934. Band 1, Frankfurt am Main 1990
Huber, Brigitte: Pantheon der kleinen Leute. München 1997
Israel. Ein Lesebuch. Herausgegeben und mit einem Nachwort versehen von Patricia Reimann. München 1998
Jahnn, Hans Henny: Werke und Tagebücher Band 7. Hamburg 1974
Jahnn; Hans Henny / Huchel, Peter: Ein Briefwechsel 1951–1959. Bernd Goldmann (Hrsg.). Mainz 1974
Jancke, Oskar: ... und bitten wir Sie ... München 1937
Jean Paul: Sämtliche Werke. Dritte Abteilung. Achter Band. Briefe 1820–1825. Berlin 1955
Jean Paul: Ideengewimmel. Frankfurt am Main 1996
Jehle, Volker (Hrsg.): Wolfgang Hildesheimer. Frankfurt am Main 1989
Jobst, Hanns: Rose und Schwert. Potsdam 1939
Jobst, Hanns: Ziel und Wert einer »Bücherei Südosteuropa«. In: Südostbericht 1935–37
Jobst, Hanns: Zur Geschichte der deutsch-ungarischen Beziehungen (Schluß). In: Stimmen aus dem Südosten 1940/41 Heft 3/4 S. 42f.
Jobst, Hanns: Gesegnete Vergänglichkeit. Geleitwort Ekkehart Staritz. Frankfurt am Main 1955
Jobst, Hanns: Maske und Gesicht. München 1935.
Jobst, Hanns: Meine Erde heißt Deutschland. Berlin 1938

Johst, Hanns: Mutter ohne Tod. Zwei Erzählungen. München 1933
Johst, Hanns: Rolandsruf. München 1919
Johst, Hanns: Ruf des Reiches, Echo des Volkes. München 1940
Kerner Freundeskreis *siehe* Pocci, Franz (Enkel): Justinus Kerner und sein Münchener Freundeskreis.
Kisskalt, Karl: Max von Pettenkofer. Stuttgart 1948
Klein, Hans Rudolf: Eine bayerische Chronik. Die Hofmark Kempfenhausen am Starnberger See. See-Verlag 1993
Klepper, Jochen: Briefwechsel 1925–1942. Stuttgart 1973
Klepper, Jochen: Unter dem Schatten deiner Flügel. Aus den Tagebüchern der Jahre 1932 bis 1942. 2. Auflage. Gießen 2002
Kluckhohn, August: Aus dem handschriftlichen Nachlass Westenrieders. München 1882
Knab, Otto Michael: Kleinstadt unterm Hakenkreuz. Zürich o. J. (1934)
Knab, O[tto]: Der Märtyrer von Böhmenkirch. Böhmenkirch / Württ. 1975
Knef, Hildegard: Der geschenkte Gaul. Wien München Zürich 1970
Kobell, Luise von: Unter den vier ersten Königen Bayerns. München 1894
Koeppen, Wolfgang: Jakob Littners Aufzeichnungen aus einem Erdloch. Frankfurt am Main 1992
Koeppen, Wolfgang: Tauben im Gras. Frankfurt am Main 1980
Kolbenhoff, Walter: Schellingstraße 48. Erfahrungen mit Deutschland. Stuttgart 1984
Kottmeier, Inamarie: Das ungewöhnliche Leben des Heinrich Zimmermann, kurfürstl. Leibschiffmeister am Starnberger See. In: Vom Einbaum zum Dampfschiff. Jahrbuch 2 des Fördervereins Südbayerisches Schifffahrtsmuseum. 1982
Krauss, Marita: Nachkriegskultur in München. München 1985
Kremer, Hannes: Gottes Rune. München 1938
Kremer, Hannes: Legenden der Bosheit. München 1939
Kremer, Hannes: Moritaten. München o. J.
Die Krokodile. Ein Münchner Dichterkreis. Texte und Dokumente. Hrsg. von Johannes Mahr. Reclam-Verlag. Stuttgart 1987
Krzyzanowski, Otfried: Unser täglich Gift. Leipzig 1919. Das Bändchen ist aufgenommen in die Sammlung »Der jüngste Tag«, als Faksimile erschienen Frankfurt am Main 1981
Kuby, Erich: Die Kassandra vom Dienst. Süddeutsche Zeitung vom 6. Mai 1995
Künneth, Walter: Lebensführungen. Der Wahrheit verpflichtet. Wuppertal 1979
La Grange, Henry-Louis: Mahler. Band I. London 1974
Langenbucher, Helmuth: Volkhafte Dichtung der Zeit. 5. ergänzte Auflage. Berlin 1940
»... und leiser Jubel zöge ein«. Autoren- und Verlegerbriefe [des Ostberliner Aufbau-Verlages] Berlin 1992
Leinert, Michael: Carl Maria von Weber. Reinbek bei Hamburg 1985
Lentner, Joseph Friedrich: Bavaria. Land und Leute im 19. Jahrhundert. Herausgegeben von Paul Ernst Rattelmüller. München ab 1987 (Erstausgabe 1858)
Lesebuch der Gruppe 47. 2. Auflage. München 1997
Lieckfeld, Claus-Peter: Ein Herz aus Papier – der Land- und Seebote. In: Dempewolf (Hrsg.): Starnberger See
Link, A.: Der Starnberger See. Neu herausgegeben und erläutert von Gerhard Schober. Oreos Verlag, S. 92f Gauting o. J. (Reprint der 6. Auflage von 1879/80)
Linprun, Physikatsbericht siehe: Der Physikatsbericht für das Landgericht Starnberg
Loewy, Ernst: Literatur unterm Hakenkreuz. Das Dritte Reich und seine Dichtung. Frankfurt am Main 1983
Loriots Großer Ratgeber, Diogenes Sonderband. Zürich 1971
Ludendorff, Margarete: Als ich Ludendorffs Frau war. München o. J.
Ludwig I., Schauspiele von König Ludwig I. Band 10 der Reihe »Vorwärts, vorwärts sollst du schauen.« Ge-

schichte, Politik und Kunst unter Ludwig I. Veröffentlichung Bayerische Staatskanzlei. München 1986
Lukacs, Georg: Größe und Verfall des Expressionismus (1934). In: Expressionismus – Der Kampf um eine literarische Bewegung. Zürich 1987.
Mangoldt, Ursula von: An der Schwelle zwischen gestern und morgen. Weilheim / Oberbayern (1963)
Mann, Katia: Meine ungeschriebenen Memoiren. Vorliegend als Fischer Taschenbuch. 1976
Mann, Klaus: Briefe und Antworten 1922–1949. Reinbek 1991
Mann, Klaus: Tagebücher 1931–1933. Edition Spangenberg 1989
Mann, Klaus: Tagebücher 1944–1949. Edition Spangenberg 1991
Mann, Thomas: Tagebücher 1946–1948. Frankfurt am Main 1989
Mannheimer, Max: Theresienstadt – Auschwitz – Warschau – Dachau. In: Dachauer Hefte 1 (1985). [inzwischen auch als selbständige Publikation]
Märker, Friedrich: Das Weltbild der Goethezeit. München 1961
Märker, Friedrich (Hrsg.): Lavaters Physiognomische Fragmente. Heimeran-Verlag. München 1948
Märker, Friedrich: Literatur der Gegenwart. Führer zu den Hauptproblemen und den Hauptpersönlichkeiten der gegenwärtigen Literatur. München 1921
Märker, Friedrich: Wandlungen der abendländischen Seele. Psychologische Bildnisse unserer Kunstepochen. Heidelberg 1953
Martens, Kurt: Schonungslose Lebenschronik. Band II, 1924
Mathäser, Willibald: Andechser Chronik. München 1979
Mathilde, Prinzessin von Sachsen-Coburg: Traum und Leben. Gedichte einer früh Vollendeten. München 1910
Mayr Marianne / Pusch, Wolfgang: Hadorf. Aus 950 Jahren Geschichte eines oberbayerischen Dorfes. Hadorf 1995
Meinl, Susanne: Nationalsozialisten gegen Hitler. Berlin 2000
Mengel, Christine: Gustav Meyrink. 1998 (unveröffentlicht). Diese Facharbeit am Gymnasium Starnberg hat Bezüge zwischen Meyrinks Werk und unserer Gegend erarbeitet.
Mensing, Björn: Pfarrer und Nationalsozialisten. Bayreuth 1999
Merta, Franz: König Ludwig II. war von der Literatur besessen. In: Literatur in Bayern, Heft 24 (1991)
Meyrink, Gustav: Des deutschen Spießers Wunderhorn. (Ausgabe in drei Bänden). München 1913
Meyrink, Gustav: Walpurgisnacht. Leipzig 1917
Michaelis, Gottfried: Der Fall Vischer. Ein Kapitel des Kirchenkampfes. Bielefeld 1994
Mittenzwei, Werner: Der Untergang einer Akademie. Der Einfluß der nationalkonservativen Dichter an der Preußischen Akademie der Künste. Berlin und Weimar 1992
Möhl, Friedrich über Michael Georg Conrad. In: Lebensläufe aus Franken, Band 5. 1936
Möhler, Gerda: Volkskunde in Bayern. Eine Skizze zur Wissenschaftsgeschichte. In: Wege der Volkskunde in Bayern. München, Würzburg 1987 S. 38.
Morgenstern, Christian: Alles um des Menschen willen. Gesammelte Briefe. München 1962
Morgenstern, Christian: Gesammelte Werke in einem Band. Taschenbuchausgabe 1989
Morgenstern, Christian; Werke und Briefe. Band VII, Briefwechsel 1878–1903. Verlag Urachhaus 2005
Mori Ogai, Deutschlandtagebuch 1884–1888. Tübingen 1992
Morsbach, Petra: Warum Fräulein Laura freundlich war. Über das Erzählen der Wahrheit. München Zürich 2006
MRSV Bayern Mitteilungen 46. Jg. (1993)
Mühlemeier, Stefan / Peters, Michael: Ein Fenster in die Römerzeit. Die Villa rustica von Leutstetten. Kulturverlag Starnberg. Starnberg 2008
München – »Hauptstadt der Bewegung«. Zur Ausstellung im Münchner Stadtmuseum. München 1993
Muser, Heribert: Lasalles letzte Lebenstage. In: Starnberger See G'schichten. Drittes Buch. Percha 1987
Musik-Erzählungen. Herausgegeben von Stefan Janson. Stuttgart 1990
Neumann, Friedrich: Das Herzog-Ernst-Lied und das Haus Andechs. In: Z. f. dt. Altertum, Bd 93, 1964

Neumeister, Andreas: Äpfel vom Baum im Kies. Frankfurt am Main 1988
Neumeister, Andreas: Zündfunkplatz 1 Digital ist schlechter. In: Süddeutsche Zeitung vom 26.04.2006
Nicolai, Friedrich: Beschreibung einer Reise durch Deutschland und die Schweyz. 1781. Band 6, Berlin und Stettin 1785
Niederkorn-Bruck, J. und M.: Hochbarocke Geschichtsschreibung im Stift Melk. In: 900 Jahre Benediktiner in Melk. Katalog der Jubiläumsausstellung 1989 in Stift Melk. S. 399–403
Niemöller, Martin: Ach Gott vom Himmel sieh darein. Sechs Predigten. München 1946
Noé, Heinrich: Bayerisches Seenbuch. Hrsg. Heidi C. Ebertshäuser. München 1982
Ongyerth, Gerhard: Kulturlandschaft Würmtal. Arbeitsheft 74 des Bayerischen Landesamtes für Denkmalpflege. München 1995
Pechel, Rudolf: Zwischen den Zeilen. Wiesentheid 1948
Penzoldt, Ernst: Kurzprosa und Causerien. Frankfurt am Main 1981
Percha siehe Gantner, Benno Constantin:1200 Jahre Percha
Petzet, Wolfgang: Otto Falckenberg – Mein Leben. Mein Theater. München 1944
Pezzl, Johann: Reise durch den Baierischen Kreis. Faksimile-Ausgabe der 2., erweiterten Ausgabe von 1784. München 1973
Der Physikatsbericht für das Landgericht Starnberg (1861) ... Hrsg. von Brigitte Neubauer und Wolfgang Pusch. Oberbayerisches Archiv 121. Band. München 1997
Piper, Reinhard: Briefwechsel mit Autoren und Künstlern 1903–1953. München Zürich 1979
Pleyer, Wilhelm: Aber wir grüßen den Morgen. Verlag Welsermühl. Wels und Starnberg 1953
Pleyer, Wilhelm: Der Kampf um Böhmisch-Rust. München 1938
Pleyer, Wilhelm: Die Brüder Tommahans. 1937
Pocci, Franz von: Bauern-ABC. München 1856
Pocci, Franz: Lustiges Komödienbüchlein. Köln Berlin 1965
Pocci, Franz (Enkel) (Hrsg.): Justinus Kerner und sein Münchener Freundeskreis. Eine Sammlung von Briefen. Leipzig 1928
Pocci, Franz (Enkel) (Hrsg.): Aus Franz Poccis Nachlaß. München 1921
Pocci, Franz (Enkel): Das Werk des Künstlers Franz Pocci. Zusammengestellt von Franz Pocci (Enkel). München 1926
Pocci, Konrad Graf: Fischerstechen vom Starnberger See. Erinnerungen von Konrad Albert Graf Pocci, Ammerland. In: Vom Einbaum zum Dampfschiff. 2. Jahrbuch des Fördervereins Südbayerisches Schiffahrtsmuseum (1982). S. 24–30
Politeia – Szenarien aus der deutschen Geschichte nach 1945 aus Frauensicht. Ausstellung München (Gasteig) 2000
Prolingheuer, Hans: Wir sind in die Irre gegangen. Köln 1987
Pulver, Max: Erinnerungen an eine europäische Zeit. Zürich o. J. (1953)
Queri, Georg: Bauernerotik und Bauernfehme in Oberbayern. München 1911
Queri, Georg: Georg Queri's Bayrischer Kalender auf das Jahr 1913. Piper-Verlag. München 1913
Queri, Georg: Kraftbayrisch. Edition Monacensia. München 2003
Queri, Georg. Ein Lesebuch *siehe* Stephan, Michael (Bearb.): Georg Queri. Ein Lesebuch
Queri, Georg / Thoma, Ludwig: Bayernbuch. Hundert bayerische Autoren eines Jahrtausends. München 1913. Zweibändige Ausgabe, herausgegeben von Hans E. Valentin. Wilhelm Goldmann Verlag München (1979)
Queri, Georg: Der Tapfere Columbus, ein schöner Soldatengesang. München 1973 (Reprint der Ausgabe von 1912)
Raff, Thomas: Flößerei auf dem Ammersee. In: Vom Einbaum zum Dampfschiff 5 des Fördervereins Südbayerisches Schiffahrtsmuseum. (1985) S. 36–51
Ratzel, Friedrich: Deutschland – Einführung in die Heimatkunde. Leipzig 1898
Ratzel, Friedrich: Glücksinseln und Träume. Gesammelte Aufsätze aus den Grenzboten. Leipzig 1905
Ratzel, Friedrich: Lebensraum. Eine biogeographische Studie. Wieder herausgegeben als Sonderausgabe von der

Wissenschaftlichen Buchgesellschaft Darmstadt 1966

Reich, Utz-Peter: Die europäische Sicherheitskonferenz. München 1971

Reimann, Hans: Mein blaues Wunder. München 1959

Reitzenstein, Wolf Armin von: Lexikon Bayerischer Ortsnamen. 2006

Richter, Hans Werner: Chronist seiner Zeit. Weilheimer Hefte zur Literatur Nr. 3 (1980)

Richter, Hans Werner (Hrsg.): Deine Söhne Europa. Gedichte deutscher Kriegsgefangener. München 1947

Riehl, Wilhelm Heinrich: Kulturgeschichtliche Charakterköpfe. Stuttgart 1891

Riehl, Wilhelm Heinrich: Land und Leute. 1. Auflage 1853

Riesbeck, Johann Kaspar: Briefe eines reisenden Franzosen über Deutschland [als gekürzte Ausgabe erschienen: Stuttgart 1967]

Roth, Eugen / Hansmann, Klaus: Oberammergau. München 1960

Ruiz, Alan: Heymann (Chaim) Pappenheimer, Edler von Kerstorf. In: Geschichte und Kultur der Juden in Bayern. Band Lebensläufe. München 1988. S. 71–75

Sägebrecht, Marianne: Ich trau der Zukunft. München 1994, aktualisiert 1996

Sauder, Gerhard (Hrsg.): Die Bücherverbrennung 10. Mai 1933. Frankfurt, Berlin, Wien 1985

Schab, Sigmund von: Pfahlbauten im Würmsee. München 1876

Schachchronik Starnberg – Die Chronik des Schachklubs Starnberg liegt nur als Manuskript vor, eine Transkription ist in das Internet gestellt. Band I (1920–54)

Mein Schatten in Dachau *siehe* Heiser, Dorothea: Mein Schatten in Dachau

Schellberg, Wilhelm / Fuchs, Friedrich (Hrsg.): Die Andacht zum Menschenbild. Unbekannte Briefe der Bettine Brentano. Jena 1942

Scherbaum, Walburga: Berühmte Bewohner des Tanera-Hauses in Bernried. In: Lech-Isar-Land 1986, S. 70–87

Schlegel-Schelling, Karoline: Briefe aus der Frühromantik. Zweiter Band. Hrsg. von Erich Schmidt. Leipzig 1913

Schmeller, Johann Andreas: Tagebücher 1801–1852. Band 1. Hrsg. von Paul Ruf. München 1954

Schmeller, Johann Andreas: Tagebücher 1801–1852. Band 2. Hrsg. von Paul Ruf. München 1954

Schmeller, Johann Andreas: Bayerisches Wörterbuch. Hier verwendet die Ausgabe im Oldenbourg-Verlag München 1985

Schmid Noerr, Friedrich Alfred: Erlebtes und Überliefertes. Sonderdruck aus Ekkhart-Jahrbuch 1963. Freiburg im Breisgau

Schmid Noerr, Friedrich Alfred: Unserer Guten Frauen Einzug. Leipzig 1936

Schmidt, Hans H.: 6000 Jahre Ackerbau im oberen Würmtal. Buchendorf 2001

Schmidt, Hans Wilhelm: Cur Deus Homo. In: Eckart, Jahrgang 21 (1951 / 52)

Schmidt, Hans Wilhelm: Der Brief des Paulus an die Römer. Berlin (Ost) 1966

Schmidt, Rainer F.: Rudolf Heß – Botengang eines Toren? Düsseldorf 1997

Schmied, Herbert: Heinrich Zimmermann – Leibschiffmeister und Autor. In: Vom Einbaum zum Dampfschiff. Jahrbuch 13 des Fördervereins Südbayerisches Schiffahrtsmuseum. 2004, S. 67–171

Schmied, Herbert: Dokumentation zur Ausstellung »Gustav Meyrink. Ein Schriftsteller in Starnberg« 1992/93 (unveröffentlicht)

Schmitz, Walter (Hrsg.): Die Münchner Moderne. Stuttgart 1990

Schneider, Reinhold: Briefe an einen Freund. Köln und Olten o. J.

[Schneider, Reinhold]: Reinhold Schneider – Leben und Werk im Bild. Insel-Taschenbuch. Frankfurt am Main 1977

[Schneider, Reinhold]: Reinhold Schneider – Leben und Werk in Dokumenten. Hrsg. von Franz Anselm Schmitt. Olten und Freiburg 1969

Schneider, Reinhold: Lektüre für Minuten. Frankfurt am Main 1980

Schneider, Reinhold: Verhüllter Tag. Insel-Taschenbuch. Frankfurt am Main 1991

Schneider, Reinhold / Ziegler, Leopold: Briefwechsel. München 1960
Schober, Gerhard: Bilder aus dem Fünf-Seen-Land. Starnberg 1979
Schober, Gerhard: Frühe Villen und Landhäuser am Starnberger See. Waakirchen-Schaftlach 1998
Schober, Gerhard: Prunkschiffe auf dem Starnberger See. München 1982
Schott, Georg: Kulturaufgaben des 20. Jahrhunderts. Ein Grundriß zur Wiederaufrichtung der deutschen Weltanschauung. Verlag Hermann A. Wiechmann. München 1926
Schott, Georg: Das Volksbuch vom Hitler. 1. Aufl. Hermann Wiechmann-Verlag. München 1924
Schrank, Franz von Paula: Baierische Reise (bei Strobl). München 1786
Schreiber, Matthias: Martin Niemöller. Reinbek bei Hamburg 1997
Schriftsteller-Verzeichnis der Reichsschrifttumskammer. Leipzig 1942
Schullesebuch weißblau – A. Frietinger und H. Heindl. Schullesebuch Weiß und Blau für die bayerische Jugend II. 1895
Schulte-Strathaus, Ernst: Kippiana – Freundliche Begegnungen mit Anton Kippenberg in München 1908 bis 1949. Privatdruck 1969
Schwarz, Georg / Weber, Carl August: Wir heißen euch hoffen. Verlag Willi Weismann 1951
Schweiger, Werner J.: ... verhungert 1918. Otfried Krzyzanowski. In: Die Pestsäule, Heft 2 (1972). So nach Killys Literaturlexikon
Schwinn, Wilhelm: Hermann Hesses Altersweisheit und das Christentum. München 1949
Seidel, Heinrich Wolfgang: Briefe 1934–1944. Witten und Berlin 1964
Seidel, Ina: Albert Talhoffs »Totenmal« (zur Münchner Uraufführung am 20. Juli 1930). Aufgenommen in: Seidel, Ina: Frau und Wort. S. 170ff.
Seidel, Ina: Clemens Brentano. Stuttgart 1944
Seidel, Ina: Dank an Bayern. Lesung anlässlich ihres 70. Geburtstags. Starnberg 1955
Seidel, Ina: Frau und Wort. Ausgewählte Betrachtungen und Aufsätze. Stuttgart 1965
Seidel, Ina: Hochwasser. Novellen. Berlin 1920
Seidel, Ina: Michaela. Stuttgart 1959
Seidel, Ina: Aus den schwarzen Wachstuchheften. Unveröffentlichte Texte. Hrsg. von Christian Ferber. Stuttgart 1980
Söderbaum, Kristina: Nichts bleibt immer so. Bayreuth 1983
Sontheimer, Kurt: Antidemokratisches Denken in der Weimarer Republik. München 1978
Sostschenko, Michail: Schlaf schneller Genosse. Sowjetrussische Satiren. Vorliegend als Ullstein-Taschenbuch. Frankfurt Berlin 1966
Sozialgeschichte der deutschen Literatur 1918 bis zur Gegenwart. Fischer Taschenbuch. Frankfurt am Main 1981
Spengler, Tilman: Wenn Männer sich verheben. Berlin 1996
Starnberger See G'schichten. Band 1, Percha 1986
Starnberger Studien. Vier Bände. Hrsg. Max-Planck-Institut zur Erforschung der Lebensbedingungen der wissenschaftlich-technischen Welt. Frankfurt am Main, ab 1978
Stein-Pick, Charlotte: Meine verlorene Heimat. Bamberg 1992
Stephan, Michael (Bearb.): Georg Queri. Ein Lesebuch. München 2002
Sternsdorf-Hauck, Christiane: Brotmarken und rote Fahnen. Frauen in der bayerischen Revolution und Räterepublik 1918/19. Frankfurt am Main. 1989
Sterzinger, Sonja / Gröber, Roland / Maucher, Paul: Johann Ulrich Himbsel (1787–1860). Buchendorfer Verlag. München 1999
Steub, Ludwig: Altbaierische Culturbilder. Leipzig 1869
Steub, Ludwig: Aus dem bayerischen Hochlande. München 1850
Steub, Ludwig: Das bayerische Hochland. Cotta'sche Buchhandlung. München 1860
Steub, Ludwig: Sommer in Oberbayern. Heimeran-Verlag. München 1947, vorliegend 3. Auflage 1960

Steub, Ludwig: Wanderungen im bayerischen Gebirge. München 1862, 1864

Stockhorst, Erich: Wer war was im 3. Reich. 5000 Köpfe. Wiesbaden o. J.

Strabo, Geographica. Ausgabe Matrix-Verlag Wiesbaden 2005 (nach der Ausgabe von 1855–1898)

Straus, Rahel: Wir lebten in Deutschland. Erinnerungen einer deutschen Jüdin 1880–1933. Hrsg. und mit einem Nachwort versehen von Max Kreutzberger. Stuttgart 1961

Strohmeyer, Klaus (Hrsg.): Zu Hitler fällt mir noch ein … Reinbek 1989

Studium plantarum. Botanik an der Universität Ingolstadt. Ausstellungsbegleitmaterial 1992

Süskind, Wilhelm Emanuel: Vom ABC zum Sprachkunstwerk. Stuttgart 1940 (und 1946)

Süskind, Wilhelm Emanuel: Vom ABC zum Sprachkunstwerk. Stuttgart 1953

Süskind, Wilhelm Emanuel: Die Mächtigen vor Gericht. Nürnberg 1945/46 an Ort und Stelle erlebt. München 1963 [SZ 6.10.2006]

Talhoff, Albert: Elmau. Publikation der Freunde von Elmau e. V. Gotha 1927

Talhoff, Albert: Totenmal. Dramatisch-chorische Vision für Wort Tanz Licht. Stuttgart 1930

Talhoff, Albert: Nicht weiter o Herr! Jena 1919

Talhoff, Albert: Weh uns, wenn die Engel töten. Zürich 1945

Thoma, Ludwig: Leute, die ich kannte. München 1923

Toller, Ernst: Gesammelte Werke Band 5. Briefe aus dem Gefängnis. München 1978

Toller, Ernst: Eine Jugend in Deutschland. Amsterdam 1933. Vorliegend als Rowohlt-Taschenbuch (1963)

Tralow; Johannes – Johannes Tralow – Leben und Werk. Deutsche Staatsbibliothek. Berlin 1968

Trautmann, Franz: Die Abenteuer Herzog Christoph von Bayern, genannt der Kämpfer. Ein Volksbuch. Regensburg 1921. (Vorliegend 3. Abdruck der dritten Ausgabe)

Uhde-Bernays, Hermann: Im Lichte der Freiheit. Erinnerungen aus den Jahren 1880 bis 1914. Insel-Verlag. o. O. 1947

Uhde-Bernays, Hermann: Im Lichte der Freiheit. 2. überarbeitete Auflage. Nymphenburger Verlagshandlung. München 1963

Uhde-Bernays, Hermann: Mein weißes Haus. Erlenbach-Zürich 1954

Uhse, Bodo: Reise- und Tagebücher II. Berlin und Weimar 1981

Vehse, Carl Eduard: Die Höfe zu Bayern 1503–1777. Ausgabe Gustav Kiepenheuer. Leipzig 1994

Versunkene Burgen im Fünf-Seen-Land zwischen Ammersee und Isar. Hrsg. vom Arbeitskreis für Ortsgeschichtsforschung der Würmregion o. J.

Viesel, Hansjörg (Hrsg.): Literaten an der Wand. Die Münchner Räterepublik und die Schriftsteller. Frankfurt am Main 1980

Viktoria Luise: Ein Leben als Tochter des Kaisers. Göttingen 1965

Vogl, Carl: Aufzeichnungen und Bekenntnisse eines Pfarrers. Wien Berlin 1930

Wagner, Richard: Das braune Buch. Tagebuchaufzeichnungen 1865 bis 1882. Hrsg. Joachim Bergfeld. München 1988

Weber, Karl Julius: Reise durch Bayern. Stuttgart 1980. (Die Ausgabe folgt dem 1826 anonym erschienenen Werk: Deutschland oder Briefe eines in Deutschland reisenden Deutschen.)

Weber, Carl Maria von: Sämtliche Schriften. Kritische Ausgabe von Georg Kaiser. Berlin und Leipzig 1908

Wehdeking, Volker Christian: Der Nullpunkt. Stuttgart 1971

Weismann Verlag – Willi Weismann und sein Verlag. Marbacher Magazin 33/1985 (1986)

Weizsäcker, Carl Friedrich: Die Zeit drängt. München 1986

Weizsäcker, Carl Friedrich von (Hrsg.): Kriegsfolgen und Kriegsverhütung. München 1971

Wening, Michael: Historico-topographica descriptio Bavariae, Bd. 1 (1701). Reprint des Süddeutschen Verlages München 1974

Werfel, Franz: Barbara oder Die Frömmigkeit (1929) Vorliegend als Fischer-Taschenbuch. Frankfurt am Main 1988

Werner, Uwe: Anthroposophen in der Zeit des Nationalsozialismus 1933–1945. Oldenburg 1999

Wessling, Berndt W.: Gustav Mahler, ein prophetisches Leben. Hamburg 1974

Westenrieder, Lorenz von: Hundert Erinnerungen. München 1821

Westenrieder (Lorenz) Prof.: Beschreibung des Wurm- oder Starenbergersees ... München 1784. Vorliegend als Reprint des Süddeutschen Verlages. München 1977 (mit den Abbildungen der Ausgabe von 1811)

Westenrieder, (Lorenz): Der Würm- oder Starenbergersee ... (Zweite hie und da veränderte ... Auflage). München und Burghausen 1811

[Widerstand Diözese Augsburg] Christus! – nicht Hitler. Widerstand in der Diözese Augsburg. Beilage Starnberg und Umgebung. Augsburg 1985

Wiechert, Ernst: An die deutsche Jugend. Vier Reden. München 1951

Wiechert, Ernst: Das einfache Leben. 1939

Wiechert, Ernst: Häftling Nr. 7188. Tagebuchnotizen und Briefe. München 1966

Wiechert, Ernst: Jahre und Zeiten. Erlenbach-Zürich 1951

Wiechert, Ernst: Rede an die deutsche Jugend 1945. Europäische Dokumente Hrsg. von Rudolf Schneider Schelde. München 1945

Wiechert, Ernst: Vom bleibenden Gewinn. Mit einer Würdigung des Dichters von Reinhold Schneider. Zürich o. J.

Wiggershaus, Rolf: Jürgen Habermas. Reinbek bei Hamburg 2004

Wittmann, Reinhard: Auf geflickten Straßen. Literarischer Neubeginn in München 1945 bis 1949. München 1995

Worte wider Waffen. Schriftsteller mahnen zum Frieden. Hrsg. von Georg Schwarz und Johannes Tralow. Willi Weismann Verlag. München 1951

Wulf, Joseph: Kultur im Dritten Reich. Literatur und Dichtung. Berlin 1989

Wulf, Joseph: Kultur im Dritten Reich. Die bildenden Künste. Berlin 1989

Zapf, Georg Wilhelm: Über meine literarische Reise in einige Klöster Baierns im Jahre 1780 Augsburg 1783. Zitiert nach Heiserer Polling (siehe dort)

Zech, Paul: Expressionistisch – ein neuer Kunstirrtum? (1923). In: Expressionismus. Der Kampf um eine literarische Bewegung. Zürich 1987

Zillich, Heinrich: Der Schicksalsweg der Siebenbürger Sachsen. Festansprache ... 1950 zu München. München 1950

Zillich, Heinrich: Zwischen Grenzen und Zeiten. München 1936

Zimmermann, Heinrich: Reise um die Welt, mit Captain Cook. bei C. F. Schwan, kurfürstl. Hofbuchhändler. Mannheim 1781

Zimmermann, Heinrich: Reise um die Welt mit Kapitän Cook. Klaus Renner Verlag. München 1966

Zimmermann, Heinrich: Reise um die Welt mit Capitain Cook. Albatros Verlag. Düsseldorf 2001

Zuckmayer, Carl: Als wär's ein Stück von mir. Erinnerungen. Fischer-Taschenbuch 1969

Zweig, Arnold: Caliban oder Politik und Leidenschaft. Versuch über die menschlichen Gruppenleidenschaften dargetan am Antisemitismus. Potsdam 1927. Neuausgabe im Aufbau Taschenbuch Verlag. Berlin 1993

Zweig, Arnold: Freundschaft mit Freud. Berlin 1996

Zweig, Arnold: Jahresringe. Gedichte und Briefe. Berlin und Weimar 1964 (Erstausgabe 1925)

Zweig, Arnold: Verklungene Tage. München 1950. Erstausgabe »Versunkene Tage« Amsterdam 1938

Zweig, Arnold / Struck, Hermann: Das ostjüdische Antlitz. Berlin 1920. Neudruck Berlin und Weimar 1988

Zweig, Arnold / Zweig, Beatrice / Weyl, Helene: Komm her, wir lieben dich. Briefe einer ungewöhnlichen Freundschaft zu dritt. Hrsg. Ilse Lange. Berlin 1996

Bildnachweis

Bildvorlagen: Dempewolf, Dr. Eva 10f., 13, 24, 70, 99r, 110, 111u, 132, 136, 139l, 185; Gantner, Benno C. 122, 125u; Hammerl, Tobias, Herzogskasten Stadtmuseum Abensberg 37; Heimeran, Till 142; Heinemann, Paul 62, 102, 116; Jägerhuber, Josef sen. 98; Korhammer, Karsta 141; Mühlemeier, Stefan 15or; Museum Starnberger See 65; Naeser, Thorsten 15ol; Quester, Ernst 188f.; Privatbesitz 77, 78o, 78u, 103, 135, 178, 192; Rank, Dr. Gertrud 28; Schmidt, Julian 187; Schmied, Herbert 36, 101, 106, 107u, 113u, 121, 127, 131, 153o, 158, 160, 166, 174, 190, 196, 203, 205; Schuhbauer v. Jena, Stefan 207; Stadt Starnberg (Kulturamt) 26f., 53, 61, 65, 68, 74u, 86; Stadtarchiv Starnberg 56, 64, 180f.

Bildzitate aus Werken nach dem Literaturverzeichnis: 900 Jahre Benediktiner 25; Apian Kartographie 20, 21o; Arnold, Gruppe 47 172; Bayern-Mitteilungen (MRSV) 87; Beheim-Schwarzbach, Morgenstern 84o; Berühmte Köpfe 90, 119, 125o, 133, 139, 184ul, 197l; edition text+kritik 81; Freising Geistliche Stadt 16; Friesenegger Tagebuch 19; Grunelius, Stammbuch 130; Günzel, Brentanos 54; Helm, Haushofer 59; Herz/Halfbrodt 99l; Hirsch, Bettine 42; Hollweck, München 34; Johst, Erde 113ol; Johst, Ruf 146; Kisskalt, Pettenkofer 63; Langenbucher, Volkhafte 113or; Leinert, Weber 47; Link, Starnberger See 39; Mori, Deutschlandtagebuch 71; Pocci, Komödienbüchlein 109; Roth/Hansmann, Oberammergau 55; Schneider, Bild 134; Schober Fünf-Seen-Land 21ur, 22/23, 30, 40, 43, 46, 50, 52, 58, 74, 84, 96, 129; Schreiber, Niemöller 193; Spengler, Männer 201lu; Sterzinger/Gröber, Himbsel 53; Steub, Sommer 60; Studium plantarum 35; Straus, Deutschland 107; Trautmann, Herzog Christoph 66; Viktoria Luise 120; Zweig/Weyl 104.

Buchtitel als Bilder sind nach dem Literaturverzeichnis identifizierbar und hier nicht aufgenommen, ebenso abgebildete Zeitschriftentitel. Die übrigen Bilder entstammen der Repro-Sammlung des Verfassers.

Personenregister

Seitenangaben für Haupteinträge sind **fett** gesetzt, solche, die sich auf Abbildungen beziehen, *kursiv*. Namen aus Hintergrund-Beiträgen, Gruß- und Nachwort sind nur in Ausnahmefällen erwähnt.

Achternbusch, Herbert 202f.
Adelheid, Kurfürstin 22
Aichinger, Ilse 172
Albers, Hans 130
Albrecht III., Herzog von Bayern 66
Alewyn, Richard 202
Almeida, Grafen (Familie) 81, 176
Althaus, Paul 174, 193
Alverdes, Paul 124ff., *125*, 176
Amery, Carl 172
Amort, Eusebius 25, 28
Andersch, Alfred 169, 171
Andersen, Hans Christian **65**, 68
Andersen, Lale 198
Ani, Friedrich 195, *195*, 203
Anna von Braunschweig 66
Apian, Philipp **20f.**, 21
Arco (Graf) 34
Aretin, Johann Christoph von **38**
Arndt, Ernst Moritz 63
Arnim, Achim von **41f.**
Arnim, Bettina *siehe* Brentano, Bettina
Auer, Emma 52
Auer, Franz von Paula 50-52
Auer, Juliane 50
Auer, Max 50
Auf der Maur, A. 118
Augspurg, Anita 95
Aventinus, Johannes **19f.**, 24
Baader, Franz von 48
Bach, Rudolf 125
Bächler, Wolfgang 171, 182
Bachmair, Heinrich Franz Seraph 133, **143f.**, 199
Bachmann, Ingeborg 172, *172*
Baeyer, Adolf von 202
Baganza, (Adeliger) 17
Banholzer, Paula 106, 114
Banzer, Sofie 97
Barlach, Ernst 138
Bärmann, Heinrich 46
Barth, Karl 184, 193
Barthel, Ludwig Friedrich 119, 124-126
Baudelaire, Charles 143
Bauer, Walter **173**, 183
Baum, Vicki 185
Baumann, Hans 110
Becher, Johannes Robert **132f.**, *133*, 144, 168, 179f., 182

Becker, August 61
Ben-Chorin, Schalom (Fritz Rosenthal) 138, 162
Benn, Gottfried 121f.
Bergen, Ingrid van 197
Bergengruen, Werner 136, 183
Bergner, Elisabeth 106
Bernays, Michael 91
Bernstorff, Johann Heinrich Graf 87, **100**, *100*
Berthold III. von Andechs 19
Bethmann (Bankhaus) 51
Bierbaum, Otto Julius 75, **76f.**
Billinger, Richard 112f., 172, 197f.
Binding, Karl Enzian 124
Binding, Rudolf Georg 108, 119, 121, **122-126**, *122*, 134, 151, 197
Bismarck, Herbert Fürst von 72
Bismarck, Otto Fürst von 61
Blädel, Egon 56, 68
Blavatsky, Helena 85
Blei, Franz 81ff.
Blunck, Friedrich 110
Bock, Emil 85
Boisserée, Sulpiz 41
Böll, Heinrich 172
Bollinger, Ferdinand 30, 43, 46
Bonsels, Waldemar 115, 146, **148**, 175f.
Bormann, Martin 117
Braun, Hanns 183
Braun, Nora 159
Brecht, Bertolt 78, **106**, 114, 180, 184
Brecht, Frank 106, 114
Brecht, Johanna Marianne 106
Bredel, Willi 180, 182
Brehm, Bruno 110
Breiteneicher, Hans 70
Brentano, Bettina **40ff.**, *42*, 43, 121
Brentano, Clemens 43, **55**, 68, 85, 121
Brehm, Friedl 207
Britsch, Gustaf 200
Britting, Georg 125f., 151, 176
Broch, Hermann 184
Brod, Max 88
Bronnen, Arnolt 106
Brücher, Daniel 141
Brücher, Ernst 141
Brücher, Hildegard *siehe* Hamm-Brücher, Hildegard

Bruckmann (Ehepaar) 136
Buchheim, Lothar Günther 99
Büchner, Georg 104
Buchner, Franz **115f.**, *115*, 148, 152f.
Bülow (Familie Hans von) 70
Bülow, Cosima *siehe* Wagner, Cosima
Bülow, Hans von 70
Bülow, Vicco von 198
Burg, Hansi 130
Burgmeier (Starnberger) 94
Busch, Wilhelm 79
Callixtus II. (Papst) 18
Canetti, Elias 184
Carl Theodor, Kurfürst von Bayern **30f.**, 37
Carossa, Hans 124, 174, **176f.**
Cartheuser, Alexander 21
Cassini, César 26-28
Chapuzeau, Samuel 22
Christoph (Herzog von Bayern) 66
Clementia Popeia 16
Cohen, Fritz 109
Cohen, Therese 109
Conrad, Michael Georg 74, **75f.**, 75, 78, 109
Conrad-Ramlo, Marie 75
Cook, James 27, 30-32
Cornelius, Peter 69
Czibulka, Alfons von 115, 153
Dahn, Felix 63
Dall'Armi, von (Familie) 83
Dall'Armi, Amelie von 83f.
Dall'Armi, August von 83
Dannheimer, Hermann 202
Danzi, Franz 44f., 47, *47*
Daumiller, Oscar 193
Degenhard von Karlsberg 17
Dehmel, Richard 94
Déry, Juliane 75
Dessauer (Familie) 53
Dewald, Johann Eberhard 80
Dieß, Wilhelm 155, 176
Dingler, Max 174, 207
Döblin, Alfred 179f.
Döbrich, Annette 194f.
Döbrich, Wolfgang 194
Doll (Fischerfamilie) 66
Donauer d. Ä., Hans *27*
Dönniges, Helene 68

Personenregister

Dönniges, Wilhelm von 65
Dörfler, Anton 175
Dreher (Familie) 174
Drexler, Anton 116
Dwinger, Edwin Erich 110, 112, 126
Ebermeyer, Erich 123
Ebers, Georg 120
Eckardt, André 176
Eckartshausen 35
Eckstein, Ernst 151
Edlinger, Josef Georg 37
Eibl-Eibesfeldt, Irenäus 200
Eich, Günter 172
Einstein, Albert 107
Eisenhart, August von 66
Eisenhart, Louise von 66
Eisner, Kurt 94
Elisabeth, Kaiserin von Österreich 64
Elsholtz, Franz 191
Emmerick, Katharina 55, 85
Engelhardt-Kyffhäuser, Otto 146
Enhuber, Sofie von 103
Enzensberger, Hans Magnus 172
Epp, Franz Xaver Ritter von 105
Ernst, Ludwig, Wilhelm (Prinzen von Bayern) 19
Ertel, Franz Michael von 50
Esser, Hermann 117
Eulenburg (Töchter) 73
Eulenburg, Augusta Fürstin zu 72
Eulenburg und Hertefeld, Philipp Fürst zu 66, **72f.**, 73
Everding, August 145
Falckenberg, Otto 106, 155f., 162
Fallmerayer, Jakob Philipp 58, 61f.
Ferber, Christian *siehe* Seidel, Georg
Feuchtwanger, Lion 99, 106, 131
Feuchtwanger, Marta 106
Feuerbach, Anselm 77
Fiedler, Hermann Georg 123
Fischel, Albert 131
Fischer, Cajetan OSB 38
Fleischmann, Ernst August 33
Fleischmann, Heinz 141
Flügel, Heinz 174, 176, 193
Foitzick, Walter 175f.
Fontane, Theodor 28, 74
Forster, Georg 31
Frank, Bruno 162
Frank, Leonhard 185
Franz-Willing, Georg 116
Frentz, Hans 100
Freytag, Georg (Pfarrer) 61
Frick, Wilhelm 144
Friedrich, Heinz 171
Friepeis, Benedikt 25
Friesenegger, Maurus **19**, *19*
Gaill, Gelasius 26

Ganghofer, Ludwig 74
Gantner, Benno 160
Gauweiler, Peter 145
Gegenfurtner, Franz Xaver 62, 96, 140
Geiger, Carl Ignaz 30
Geiger, Ferdinand 96, 140
Geis, Papa (Volkssänger) 78
Gercken, Philipp Wilhelm 28
Gernhardt, Ludwig 18
Giehse, Therese 131
Globke, Hans 167
Gnam, Arnulf 56
Goebbels, Joseph 117, 119, 138, 148, 151, 153
Goes, Albrecht 126, 148
Goethe, Johann Wolfgang von **36f.**, 40-42, 51, 176ff.
Goldmann, Wilhelm 143
Goltz, Joachim von der 110
Göring, Hermann 161
Görres, Guido **54f.**, 67f.
Gotter, Pauline 47
Graf, Oskar Maria **131f.**, *132*, 144, 146, 161, 177, 206
Graf, Therese 132
Graf, Willi 138
Gregor VII. (Papst) 18
Grimm, Hans 112, 124
Grimm, Ludwig Emil 41f., 47
Groh, Joachim 141
Grosse, Julius 63
Grothe, Hugo **92f.**, 175f.
Gruithuisen, Franz von Paula 33
Grunelius, Grunelia 128, 130, 155
Grunelius, Jost 130
Guardini, Romano 12
Gudden, Johann Bernhard von 70ff.
Guenther, Johannes von 180
Güll, Friedrich 68
Gumppenberg, Karl Ludwig von 136
Gyöngyössi, Imre 198
Haber, Fritz 165
Habermas, Jürgen 201
Hackländer, Friedrich Wilhelm 66
Hahn, Otto 165
Halbe, Max 126
Hamm-Brücher, Hildegard 141, **160**, 165, 175
Hammer, Wolfgang 194, *194*
Haneberg, Daniel Bonifaz 55
Harden, Maximilian 72, 99
Harlan, Veit 197f.
Harnier, Adolf von 135
Hartmann, Karl Amadeus 159
Hauffe, Friederike 85, 85
Hauptmann, Gerhart 123, 123
Hauptmann, Margarete 123f.

Hausenstein, Margot 136
Hausenstein, Wilhelm 13, 136, 155, **157ff.**, 164, **166f.**, 183
Haushofer, Karl 91, 93
Haushofer, Maximilian **58f.**, 59
Hazzi, Joseph von 37f., *37*
Heesters, Johannes 198
Heimeran, Ernst **142f.**, **153f.**, 175ff., 199
Heimeran, Margrit 142f., 155
Heimeran, Till 142f., 155
Heine, Heinrich 36, 52, 64
Heinemann, Paul 13
Heinzmann, Bernhard 119
Heisenberg, Werner 156, 157
Heißenbüttel, Helmut 172
Heißerer, Dirk 65
Held, Hans Ludwig 88
Heller, Adolf 97, 191
Herb (Kaplan) 83
Herluca 18
Hermlin, Stephan 180, 183, 185, *184*
Heß, Rudolf 91, 120, 148
Hesse, Hermann 184, 193
Hesterberg, Trude 130
Heuschele, Otto 136, 138f.
Heymann, Lida Gustava 95
Heyse, Paul **63**, 74
Hildebrand, Adolf von 76
Hildesheimer, Wolfgang 173
Hillern, Wilhelmine von 94
Himmler, Heinrich 115, 149f.
Hiob, Hanne *siehe* Brecht, Johanna
Hirsch, Karl Jakob 182
Hirschbold, Franz Xaver **158**, 176
Hitler, Adolf 93, 115f., 120f., 134, 137, 156, 193f.
Hocke, Gustav René 165, **168-171**, 175f., 168
Hoerschelmann, Rolf von 136, **161f.**
Hoffmann von Fallersleben, August Heinrich 53
Hofmiller, Josef 74
Hoggner (Baron) 46
Höllerer, Walter 172
Höricht, Edgar 186
Horst, Karl August 120
Hoser, Paul 116, 154
Houllebecq, Michel 156
Hübbe-Schleiden, Wilhelm 85
Hübner, Lorenz 34
Huchel, Peter 180, 182
Hugendubel, Heinrich 145
Hundertwasser, Friedensreich 140
Ihlenfeld, Kurt 175
Italiaander, Rolf 183
Jacobi, Friedrich Heinrich 40-43
Jacobi, Lene und Lotte 40-42

Jägerhuber, Josef (vier Generationen) 140
Jägerhuber, Ludwig 140
Jahnn, Hans Henny **181f.**, 184
Jancke, Oskar 150
Jean Paul **48f.**, *48*, 81
Jelusich, Mirko 110
Joachim (Hausbesitzer) 81
Jobst, Hanns 185
Johst, Hanns 13, 106, 112, **113ff.**, 113, 122ff., 138, 146-150, 152, 177
Jung, Edgar Julius 112
Jungmann, Elisabeth 123f., *123*
Kafka, Franz 143
Kaiser, Joachim 172
Kalckreuth, Jo von 173
Kaltschmid-Anna Mirel 51
Kamnitzer, Ernst 104, *104*
Kant, Immanuel 114
Karl, Prinz von Bayern 66
Karl der Große 19, 20
Karlstadt, Liesl 130
Karoline, Königin von Bayern 48, 109
Kästner, Erhart 123
Katz, Zwi 160, *160*
Kaulbach, Hermann 66
Keller, Josef 144
Kennedy, Ildephons 26
Kerner, Justinus 68, 85
Kerstorf, Heinrich Siegmund von 51f.
Kerzel (Wirt) 61
Keun, Irmgard 164, *164*
Kippenberg, Anton 125f., 145, 148
Kippenberg, Heinrich 145
Kippenberg, Johannes 140
Kirst, Hans Hellmut 99
Kisyla 17
Klante, Johanna 186
Kleist, Heinrich von 104, 143
Klepper, Jochen 136
Knab, Otto Michael 96, 116, **117ff.**
Knebel, Karl Ludwig 36
Knef, Hildegard 197, *197*
Kobell, Franz von 54, 66, 68
Koeppen, Wolfgang 162f.
Kolb (Pfarrer) 34
Kolbenheyer, Erwin Guido 110, 124
Kolbenhoff, Walter 171, 173, 175, 178, 182
Kollwitz, Käthe 121, 138
König, Leo von **136f.**, 134, 138
König, Seraf (Kaplan) 106
Konrad der Tuzzinger 61
Korhammer, Karsta 140
Kornmann, Egon 200
Krain, Gerhard 176

Krauss, Marita 171, 176
Kremer, Hannes 115, **152f.**
Kreuder, Ernst **172**, 183
Kreuder, Peter 130
Krohn, Friedrich 116
Krolow, Karl 173
Krüger, Hardy sen. 198
Krzyzanowski, Heinrich 81ff., *81*
Krzyzanowski, Ottfried 81ff.
Krzyzanowski, Rudolf 81
Kubin, Alfred 86
Kuby, Erich 169, 171
Kuh, Anton 82
Kühn, Lenore 127
Kühner, Johanna 135
Künneth, Walter 174, **192f.**
Kunstmann, Antje 144, 199
Kutscher, Arthur 87
La Grange, Henry 81
Lachner, Franz 62
Lagarde, Paul de 85
Lampel, Peter Martin 183
Landauer, Gustav 99, 101
Lang, Regine 45
Lang, Theobald 45
Langenfaß, Friedrich 192
Lasalle, Ferdinand 68
Laube, Heinrich 69
Lauteren, Christian 70
Lavater, Johann Kaspar 32, 178
Lebschée, Carl August 27
Ledig, Gert 172
Leibniz, Gottfried Wilhelm 114
Leitner, Anton G. 205
Lemberg (Familie) 174
Lenbach, Franz von 141
Lentner, Joseph Friedrich 80
Lessing, Gotthold Ephraim 104
Lichtenberg, Georg Christoph 32
Lichtenstein, Emma von 60
Liedig, Franz 137
Liliencron, Detlev von 94
Link, A. 39
Linné, Carl von 52
Linprun, Carl Joseph Ritter von 76, 207
Littner, Jakob 163
Locke, John 114
Lohmann, Berthold 32
Löhr, Friedrich 83
Loos, Irma 183
Lorl, Johann Georg 26
Loriot *siehe* Bülow, Vicco von
Löwi *siehe* Löhr, Friedrich
Luckner (Graf) 136
Ludendorff, Erich 100f.
Ludendorff, Margarete 100
Ludwig der Bayer 61
Ludwig I. (König von Bayern) 54, 60, 64, 67, 85

Ludwig II. (König von Bayern) 64, 66f., 69-72, 109
Ludwig III. (König von Bayern) 64
Luther, Martin 20
Lynen, Feodor 202
Mannheimer, Max 160
Mahler, Gustav 81f.
Mangoldt, Ursula von 89
Mann, Carl Christian 48
Mann, Erika 131, 162
Mann, Heinrich 87, 121, 177, 185
Mann, Klaus 115, 125f., 131, **161**, 165
Mann, Lukretia 48
Mann, Thomas 90, 115, 121, 128f., **130f.**, 152, 166f., 177
Marcuse, Herbert 201
Märker, Friedrich 175f., **177**, 178f., *178*
Martens, Kurt 87f.
Martius, Karl Friedrich 51, 53
Marx, Anton (Buchbinder) 81
Max, Colombo 95
Max, Gabriel von 90
Max, Herzog in Bayern 68, 85
Max, Stora 95
Maximilian I. (König von Bayern) 46, 48
Maximilian II. (König von Bayern) 63, 65
Mayer von Mayerfels, Carl 62f.
Mayr, Hans 21
Mechow, Benno von 125f.
Méhul, Etienne 45
Meichelbeck, Karl 17, 25
Meissinger, Karl August 174-177
Merkel, Monika 82
Mettingh, Karl 51f.
Mettingh, Moritz 51
Mettingh, Peter Jakob Fritz 51
Metzradt, Mathilde von 175
Meyerinck, Hubert von 130
Meyr, Melchior 61
Meyrink, Gustav 69, **86-90**, *86-88*, 126, 134, 137, 146, 155, 177
Meyrink, Harro 89
Meyrink, Sibylle 87
Michel (Weinwirt) 31
Midzor (milit. Direktor) 176
Miller, Henry 197
Miller, von (Familie) 62
Mirabeau, Charles de 114
Moeller van den Bruck 120
Montesquieu 114
Montez, Lola 58
Morgenstern, Carl Ernst 83f.
Morgenstern, Christian (Maler) 84
Morgenstern, Christian **83ff.**, 84
Mori Ogai 66, **70-72**, 71
Morsbach, Petra 189, **205**

Mrazeck (Diener-Ehepaar) 69
Muhler, Emil 160
Mühsam, Erich 88
Müller, Georg 75
Müller-Elmau, Johannes 126
Münchhausen, Börries von 124
Münster, Amandus 176f.
Muser, Heribert 68
Mussolini, Benito 145
Neher, Caspar (Cas) 106
Neumann, Karl Friedrich **52f.**, 58, 109
Neumann, Olaf 205
Neumann, Robert 152
Neumeister, Andreas 189, **204f.**
Neven DuMont, Kurt 141
Nicolai, Friedrich **32**, *32*
Niemöller, Martin 192f., *193*
Niethammer, Immanuel 48
Noack, Barbara 196
Novalis 120
Oberndorff, Albert von 30f.
Oerthel, Kurt von 96
Oeser, Hans Ludwig 143f., 199
Olcott, Henry Steel 85
Oldenbourg, Rudolf 62, 148
Oster, Hans 137
Otto I. von Wittelsbach 66
Pappenheim, Salomo Chaim *siehe* Kerstorf
Pasetti, Peter 145
Paulus Bernriedensis 18
Paulus, Richard 75
Penzoldt, Günther 156
Penzoldt, Ernst 125f., 142, 151, 153, **155f.**, 167, 175f., 180, 182, 184f., *184*
Percha, Igor von (Sentjurc) 196
Pettenkofer, Max von 71f.
Pez, Bernhard **24f.**, *25*, 28
Pez, Hieronymus 24f.
Pezold, Gustav 148
Pezzl, Johann 29
Pfeffel, Christian 26
Pfemfert, Franz 114
Pfordten, Ludwig von der 61
Picard, Max 139
Picker, Henry 117
Pintamus, Publius Julius 15
Piper, Reinhard 155
Pipin, König der Franken 20
Pippel, Otto 96
Piscator, Erwin 198
Pleyer, Wilhelm 111f., 152, 175
Pocci, Fabricius Evaristus Graf 67
Pocci, Franz Graf (Enkel) 67, 85
Pocci, Franz Graf 54, 56f., **67f.**, 85, 108f.
Pocci, Konrad Graf 67
Poeschel, Hans 155

Poißl, Johann Nepomuk 44f.
Poschinger, Richard 128
Prechtl, Robert 149, 175
Prel, Carl du 90
Prestele, Karl 69
Pringsheim (Familie) 130
Pringsheim, Katja 131
Pusch, Wolfgang 56, 68
Pusinelli 69
Quaglio, Lorenz 50
Queri, Georg 72, **73f.**, **93ff.**, 96, 140, 152, 206
Quester, Ernst *187*, 202
Quidde, Ludwig 95
Raith, Werner 144, **199f.**
Rakonitza 68
Rambaldi (Graf)
Rathenau, Walter 105
Rattelmüller, Paul Ernst 80, **206**
Ratzel, Friedrich **90ff.**, *93*, *90*
Rauch, Karl 175
Raymond, Fred 130
Reck-Malleczewen, Friedrich 183
Reder, Heinrich von 94
Reigbert, Otto 156
Reimann, Hans 130, 150, **151f.**
Reimann, Patricia 205
Reinecker, Herbert 195
Reitzenstein, Wolf-Armin von 18
Remarque, Erich Maria 146
Renn, Ludwig 184
Richter, Hans 69
Richter, Hans Werner 169f., 171, 173, 175, 182
Richter, Karoline 48
Richter, Max 47
Riedesel zu Eisenbach (Familie) 176
Riehl, Wilhelm Heinrich 58, **79f.**, 80
Riesbeck, Johann Kaspar 29f.
Riezler, Sigmund von 91
Ringseis, Johann Nepomuk 41, 54
Rinser, Luise 196
Roda Roda 89
Röhm, Ernst 117f.
Rolland, Romain 124
Rommel, Theodore von 175f.
Rosenberg, Alfred 115, 140, 153
Rosenthal, Fritz s. Ben-Chorin
Roth, Eugen 154, 156, 161
Roth, Hermann 110
Ruederer, Josef 74
Rühmann, Heinz *152*
Rupprecht, Kronprinz von Bayern 135
Sachsen-Coburg, Mathilde von 64f.
Sägebrecht, Marianne 197
Sailer, Johann Michael 35

Saller, Philipp 26
Sartre, Jean Paul 176
Sauermann, Hans 78
Savigny, Friedrich Carl von 41, 47
Schab, Sigmund von 65
Schaden, Familie von 48
Schaeffer, Sylvester 129f.
Schäfer, Wilhelm 110, 124
Schaftenberg (Oberst) 19
Schalper, Erika 207
Schelling, Caroline 47
Scherer, Joseph 51
Schiller, Friedrich 31
Schleich, Eduard 58, **78f.**
Schleußinger, Karl 94, 97, 99
Schlichtegroll, Nathanael von 48f.
Schmeller, Johann Andreas 17, 33, 47, **49-53**, *49*, 58, 74
Schmid, Papa 56
Schmid-Ehmen (Familie)174
Schmid Noerr, Friedrich Alfred 88, **134-137**, *135*, 139, 174f.
Schmidt, Hans Wilhelm 174, **193f.**
Schmidt, Ludwig Friedrich 48
Schmidt gen. Waldschmidt, Maximilian 207
Schmitt-Sulzthal, Rudolf 182
Schneeweiß, Josef 160
Schneider, Reinhold 125, **133-139**, *134*, 167, 184
Schneider, Wolf 202
Schneider-Lengyel, Ilse 171
Schneider-Schelde, Rudolf 183
Schnurre, Wolfdieter 171f.
Schober, Gerhard 21, 109, 206
Schönfeld, Herbert M. 112, 169, **174f.**, 177
Schöningh, Josef 164
Schönwetter, Ferdinand 22
Schöppner, Alexander 53
Schott, Franz 70
Schott, Georg 192
Schrank, Michael (Uhrmacher) 106
Schrank, Franz von Paula **35**, *35*, 51
Schrenck-Notzing, Albert von 90
Schrenk, Jeanette 51
Schröder, Rudolf Alexander 126, 174, 176, 184
Schuller, Xaver 105
Schulte-Strathaus (Familie) 148
Schulte-Strathaus, Ernst 120, **148**
Schulz, Rolf Simon 145
Schwan, Christian Friedrich 31
Schwarz, Georg 183f.
Schwinn, Wilhelm 174, **193**
Scudery, Madame de 22
Seghers Anna 180, 184
Segieth, Paul 88
Seidel, Georg 120, 139

Seidel, Heinrich Wolfgang *119*, 120, 126, 139, 148
Seidel, Ina 89, **119-122**, *120*, 125ff., 138, 148, 175, 177, 190
Seidel, Willy 120
Shalit, Levi 160
Simmel, Johannes Mario 99, **196**
Slezak, Leo 130
Söderbaum, Kristina 113, **197**, **198**
Sölderer, Ossi 207
Sommer, Sigi 145
Spangenberg, Berthold 155
Specht, Fritz Peter 143
Specht, Karl 143
Spee, Friedrich von 135
Speer, Albert 124
Spengler, Tilman 201, *201*
Speyer, Wilhelm 115
Spinoza 114
Spitzweg, Carl 77
Spoerl, Heinrich 151f.
Stahl, Hermann 149
Stein, Charlotte von 36
Steiner, Rudolf 85, 89
Steinheil, Carl August 52
Stein-Pick, Charlotte 160f., *161*
Sternberger, Dolf 151
Stetter, Gertrud 22
Steub, Fritz 60
Steub, Ludwig **59-62**, 91
Stolberg, von (Familie) 176
Storz, Gerhard 151
Strabo 14
Strasser, Christian 144
Strauch, Gustav Adolph von 47
Straus, Elias 107, 109
Straus, Ernst Gabor 107
Straus, Rahel **107**, *107*, 109
Strauss, Franz Josef 145
Streiter, Joseph 62
Strobl, Johann Baptist 33, **35f.**
Suhrkamp, Peter 125
Süskind, Hilde 176
Süskind, Patrick 189, **204**
Süskind, Wilhelm Emanuel 125f., 131, **150f.**, 155, 162, 164f., 167, 176, 204
Talhoff, Albert 89 **126f.**, 138
Tanera, Karl 93
Tassilo III., Herzog von Bayern 17
Taube, Otto von 137, 174-177, 193
Teniers, David 35
Thesing, Kurt 183
Thiem, Paul 79, 140f.
Thiersch, Frieda 136
Thiess, Frank 167
Thoma, Ludwig 74, 89, 93, 95
Tichatschek, Joseph 69f.
Tieck, Ludwig 41, 47
Tirpitz, Alfred von 100, 129
Toller, Ernst 99
Töpsel, Franz 25
Tralow, Johannes *163*, 164, 175, 183
Trautmann, Franz 66
Tresch, Jakob 99
Trevor (engl. Gesandter) 31, 34
Uhde-Bernays, Hermann **77f.**, *77f.*, 87f., 91, 155, 158, 176, 183
Uhse, Bodo 180, 182
Ulrich, Marion 163
Unseld, Siegfried 163
Valentin, Karl 78, 130f.
Varicourt, Lambert von 66
Vesper, Will 110, 112
Vieregg, Mathäus von 33
Viktoria Luise, Prinzessin von Preußen *120*, 121
Vischer, Wilhelm 193
Vogl, Heinrich 70
Voigt (Schuster, Köpenick) 89
Voltaire 114
Wackenroder, Wilhelm Heinrich 44
Wagner, Cosima 64, 69f.
Wagner, Isolde 70
Wagner, Richard **68-70**, 78-80, *79*, 87
Walloth, Wilhelm 74
Walser, Martin 172
Wassermann, Jakob 185
Weber, Carl August 183
Weber, Carl Maria von 44-47
Weber, Gottfried 45
Weber, Karl Julius 36
Wedekind, Kadidja 95
Wegner, Matthias 145
Weingartner, Felix 87
Weinheber, Josef 110
Weismann, Willi 144, 181f., 184
Weiß, Ernst 132
Weizsäcker, Carl Friedrich von 200ff., *201*
Wening, Michael 22f.
Werfel, Franz 82f., 185
Westenrieder, Lorenz von **32-35**, *34*, 46, 62
Westerhold (Graf) 40f.
Weyl, Helene 103f.
Wichmann, Siegfried 66
Wickler, Wolfgang 200
Widemann, Albert 66
Wiebeking, Carl Friedrich von 47
Wiebeking, Fanny 44, **47**
Wiebeking, Friederike 47
Wiechert, Ernst 13, 124f., **138f.**, *139*, 159, 168
Wiechmann, Hermann Adolf **140**, 192, **199**
Wiechmann, Klara 140
Wieland, Heinrich 202
Wigman, Mary 127
Wilhelm II. (deutscher Kaiser) 72f., 90
Willinsky, Grete 179
Winter, H. E. 47
Winter, Peter 45
Wittek, Karl 86
Wulf, Joseph 157
Zacharias (Familie) 155
Zapf, Georg Wilhelm 29
Zech, Paul 114
Zellner, Hans 118, **206f.**
Ziegler, Leopold 134
Zierold, Kurt 122
Zillich, Heinrich **107**, **110f.**, 112, 125f., 152, 175
Zimmermann, Heinrich **30-32**, 35f., 46
Zirngibl, Rudolf 186
Zoff, Marianne 106
Zoff, Otto 106
Zolá, Emile 76
Zöpfl, Helmut 199
Zuccarini, Joseph Gerhard 52
Zuckmayer, Carl 114
Zünd, Robert 77
Zweig, Arnold **100-108**, 131f., 146, 177, 179f., 184
Zweig, Beatrice 103f., 106
Zweig, Michael 103
Zweig, Stefan 185

Weitere Bücher zur Geschichte der Stadt Starnberg

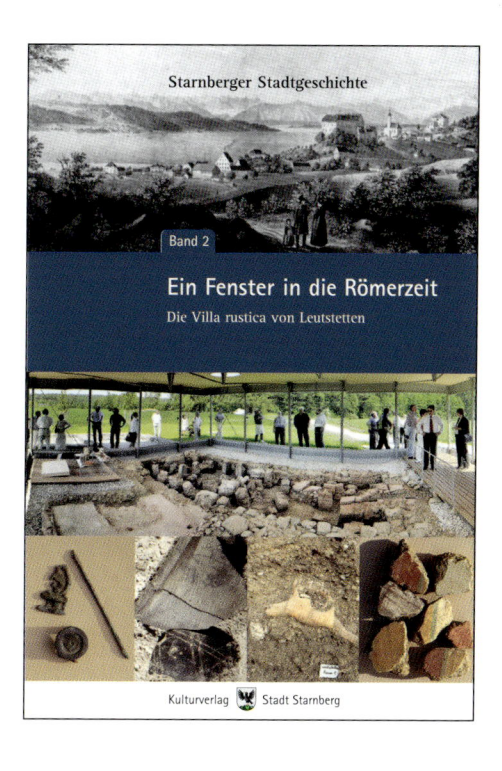

Die Reihe »Starnberger Stadtgeschichte« wird fortgesetzt zu Themen wie Kunst, Architektur, Wissenschaft, Schul-, Gesellschafts- und Kirchengeschichte.

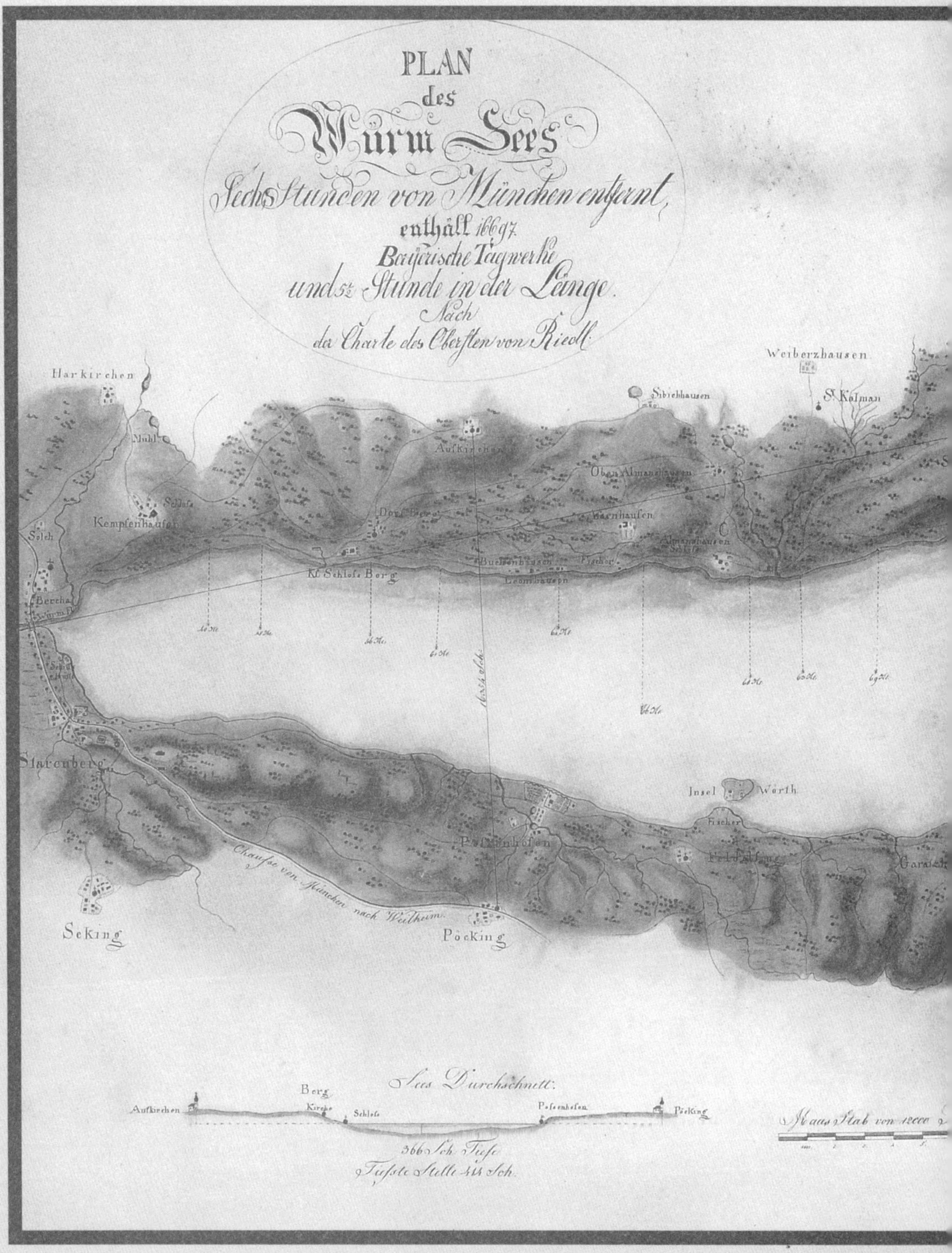
PLAN
des
Würm Sees
Sechs Stunden von München entfernt,
enthält 16697.
Bayrische Tagwerke
und 5½ Stunde in der Länge.
Nach
der Charte des Obersten von Riedl.
Harkirchen
Mühl
Schloss
Kempfenhausen
Sölch
Aufkirchen
Sibichhausen
Weiberzhausen
St. Kolman
Almanshausen
Bachhausen
Dorf Berg
Kl. Schloss Berg
Fischer
Starenberg
Insel Wörth
Fischer
Possenhofen
Chaussee von München nach Weilheim
Seking
Pöcking
Sees Durchschnitt.
Aufkirchen
Berg
Kirche
Schloss
Possenhofen
Pöcking
366 Sch. Tiefe
Tiefste Stelle 414 Sch.

Geographische Beschreibung der Orte.

Rechtes Ufer des See	Stund	Linkes Ufer des See
1. Von Starnberg bis Possenhofen	1	10. Von Starnberg nach Percha
2. Von Possenhofen nach Feldafing	1	11. Von Percha nach Kempfenhausen
3. Von Possenhofen nach Garatzhausen	⅜	12. Von Starnberg nach Berg
4. Von Garatzhausen nach Tutzing	⅝	13. Von Berg nach Leoniehausen
5. Von Tutzing nach Unterzaismaring	¾	14. Von Berg nach Aufkirchen
6. Von Unterzaismaring nach Bernried	1	15. Von Berg nach Allmanshausen
7. Von Bernried nach Seeseiten	1	16. Von Allmanshausen nach Amerland
8. Von Starnberg nach Seching	¾	17. Von Amerland nach Ambach
9. Von Starnberg nach Pöcking	½	18. Von Ambach nach S. Heinrich
		19. Von Seeseiten nach Seehaupt